高职高专汽车类专业技能型教育规划教材

现代汽车维护与保养

第3版

夏长明 主编

机械工业出版社

本书以现代汽车维护保养的“清洁、检查、紧固、调整、润滑和补给”六大维护作业为主线，介绍了我国现行汽车维修管理的法律法规和相关标准；列举了与汽车维护保养润滑、补给作业密不可分的运行材料的正确选用和注意事项；示范了汽车维护作业所需的通用、专用工量器具，保养设备以及为进行维护竣工检验和确定二级维护附加作业项目而进行检测、诊断的通、专用仪器设备的使用操作技术；细述了汽车常规维护、季节维护、免拆维护和新能源汽车维护的作业项目、操作要领和技术要求；讲解了4S店的汽车维护操作流程、安全生产、7S工作制、售前检查等内容；再现了具有维护保养普遍性的全新桑塔纳普通轿车和具有维护保养示范性的奥迪A8高级轿车的典型保养任务和作业规范；分类示范了各车系常见车型的保养灯归零操作要领。

本书章节编排科学，内容系统、连贯、完整；新版增加了大量实操内容和实物图解，图文并茂；与现代汽车4S店作业同步，具有较强的实用性。本书可作为高职高专汽车类专业教材，也可供汽车维修从业人员、汽车驾驶人员以及汽车运行管理人员参考。

图书在版编目（CIP）数据

现代汽车维护与保养/夏长明主编. —3版. —北京：机械工业出版社，2018.8（2021.8重印）
高职高专汽车类专业技能型教育规划教材
ISBN 978-7-111-60399-3

Ⅰ.①现… Ⅱ.①夏… Ⅲ.①汽车－车辆修理－高等职业教育－教材②汽车－车辆保养－高等职业教育－教材 Ⅳ.①U472

中国版本图书馆CIP数据核字（2018）第147270号

机械工业出版社（北京市百万庄大街22号 邮政编码100037）
策划编辑：赵海青 责任编辑：赵海青
责任校对：郑 婕 封面设计：鞠 杨
责任印制：单爱军
北京虎彩文化传播有限公司印刷
2021年8月第3版第4次印刷
184mm×260mm・20.25印张・498千字
4101—4900册
标准书号：ISBN 978-7-111-60399-3
定价：49.90元

凡购本书，如有缺页、倒页、脱页，由本社发行部调换

电话服务	网络服务
服务咨询热线：010-88379833	机 工 官 网：www.cmpbook.com
读者购书热线：010-88379649	机 工 官 博：weibo.com/cmp1952
	教育服务网：www.cmpedu.com
封底无防伪标均为盗版	金 书 网：www.golden-book.com

第3版前言

截至2016年年底，我国机动车保有量达2.9亿辆，其中汽车1.94亿辆，小型载客汽车1.6亿辆，以个人名义登记的小型载客汽车（私家车）1.46亿辆，占小型载客汽车的92.6%，每百户家庭拥有私家车达36辆，已超过汽车社会的世界标准（每百户家庭拥有私家车20辆），私家车主成为汽车维修市场的主要服务对象。

为适应汽车维修市场服务对象的巨大变化，国家对相关法律法规和国家标准进行了较大幅度的修订，并对汽车维护分级、作业内容、检验标准等重新进行了界定。例如，《机动车维修管理规定》（中华人民共和国交通运输部2015年第17号令）、《道路运输车辆技术管理规定》（中华人民共和国交通运输部2016年第1号令）以及《汽车维护、检测、诊断技术规范》（GB/T 18344—2016）等。对此，各级各类学校相关专业、汽车维修企业、拟进入汽车后市场的人士、相关从业人员以及广大车主，均应及时了解相应变化，熟悉相关知识，掌握相关技能，以确保道路运输车辆和私家车的行车安全。

本书根据汽车维护应贯彻“预防为主、定期检测、强制维护”的原则，以现代汽车维护保养的“清洁、检查、紧固、调整、润滑和补给”六大维护作业为主线，详细讲述了汽车常规维护、季节维护、免拆维护和新能源汽车维护的作业项目、操作要领和技术要求等内容。将与汽车维护保养润滑、补给作业密不可分的汽车运行材料的正确选用、使用注意事项，以及各项汽车维护作业所需的通用、专用工量器具，保养设备和为进行维护竣工检验、确定二级维护附加作业项目或小修项目而进行检测、诊断的通、专用仪器设备的使用操作技术，作为汽车维护保养的基础性内容，单独设章编写，使全书具有更加完整的知识体系和技能体系。

本书结合密布全国各地汽车4S店维修模式的成功实践，系统讲解了4S店的汽车维护操作流程、安全生产、7S工作制、售前检查等内容，并以具有维护保养普遍性的全新桑塔纳普通轿车和具有维护保养示范性的奥迪A8高级轿车为例，真实再现了汽车的典型保养任务和作业规范。全部更新后的保养灯归零实例，更加容易实施实践教学，利于提高学生的实际动手能力。

本书章节编排科学，内容系统、连贯、完整；新版增加了大量实操内容和实物图解，图文并茂；与现代汽车4S店作业同步，具有较强的实用性。本书可作为高职高专汽车类专业教材，也可供汽车维修从业人员、汽车驾驶人员以及汽车运行管理人员参考。

本书为机械工业出版社高职高专汽车类专业技能型教育规划教材。为适应新规、新政、新发展的需要，对所有章节过时内容进行了全面更新，并增加了现代新能源汽车的

维护与保养内容。同时，为满足现代职业教育“五个对接”的要求，每章后面均增加了技能训练部分，内容紧扣国家职业技能鉴定实操考核标准，力求实现课程标准与职业标准的对接；4S店案例车型的典型维护与保养项目及作业内容的实施，仔细参照相关汽车的维修保养手册进行，力求达到教学过程与生产过程的对接。

本书主要由广州珠江职业技术学院夏长明副教授主编，广州珠江职业技术学院郭艳红、陈文林、谢绍基、许见诚、周逊、何蕾、潘莹珠、张志超老师参与了部分章节的编写。由于水平所限，本书难免有纰漏甚至错误之处，敬请广大读者给予批评指正！

编　者

目　录

第 1 章 汽车维护与保养概论及相关法规

据公安部交通管理局统计，截至2016年底，全国机动车保有量达2.9亿辆，其中汽车1.94亿辆，小型载客汽车达1.6亿辆，以个人名义登记的小型载客汽车（私家车）达到1.46亿辆，占小型载客汽车的92.6%，每百户家庭拥有私家车达36辆，已超过汽车社会的世界标准（每百户家庭拥有私家车20辆），私家车主成为汽车维修市场的主要服务对象；机动车驾驶人3.6亿人，其中汽车驾驶人超过3.1亿人，汽车后市场仍有巨大的发展空间。

为适应我国汽车维修市场服务对象的巨大变化，近年来国家有关部门出台了一系列政策法规，并对相关法律法规和国家标准进行了较大幅度的修订。例如，中华人民共和国交通运输部2015年第17号令《机动车维修管理规定》、中华人民共和国交通运输部2016年第1号令《道路运输车辆技术管理规定》以及《汽车维护、检测、诊断技术规范》（GB/T 18344—2016）等。

针对上述变化，各级各类汽车维修企业、拟进入汽车维修行业的人士、相关从业人员以及广大车主，均应及时了解相应变化，熟悉相关知识，掌握相关技能，以确保道路运输车辆和广大私家车的行车安全。

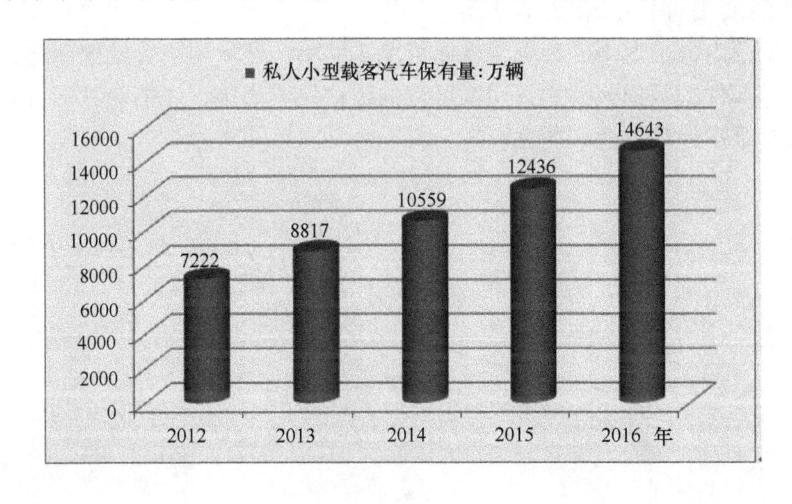

学习目标：

- 知道现代汽车维护保养的意义和目的
- 熟悉我国现行《道路运输车辆技术管理规定》《机动车维修管理规定》等汽车维护保

养制度

- 知道现代汽车维护保养的原则和分类依据
- 掌握现代汽车维护保养的作业规范和作业范围

学习重点：

- 掌握现代汽车维护保养的中心作业内容
- 熟悉我国现行《汽车维护、检测、诊断技术规范》相关内容
- 知道机动车维修企业有关手续办理及营运车辆二级维护备案业务内容

1.1　现代汽车维护与保养概论

1.1.1　现代汽车维护与保养的意义及目的

随着现代汽车制造业的不断进步，新技术、新工艺、新材料得到广泛应用，使得汽车的技术性能和使用寿命都有了很大提高。但是作为机电产品的汽车，即使是性能极其卓越，但随着行驶里程的增加，其零部件都会逐渐发生磨损，技术状况会不断变差，这是不可避免的。图1-1所示为汽车零件磨损的三个阶段。由此看出，其磨损的程度在其他条件（如材料、路况等）相同的情况下，会因使用、保养的情况不同而有很大的差异。图1-2所示为汽车零部件的磨损曲线。由图1-2可知，在相同的里程内，情况1的磨损量就比情况2的小，其使用寿命就比情况2长。由此可见，只有根据零部件的磨损规律制订切实可行的维护保养措施，才能使其保持完好的技术状态，这便是汽车维护保养的意义所在。

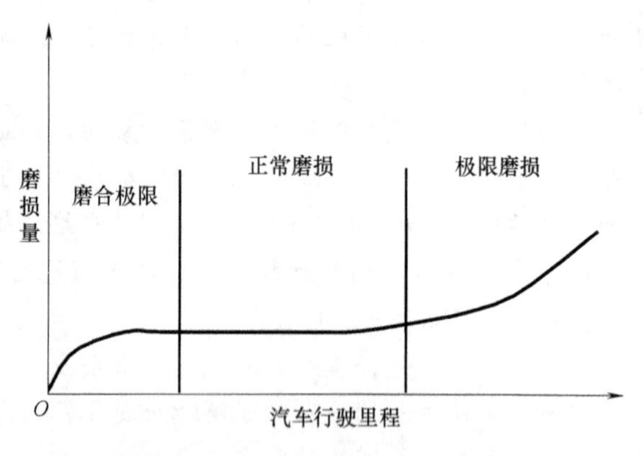

图1-1　汽车零件磨损的三个阶段

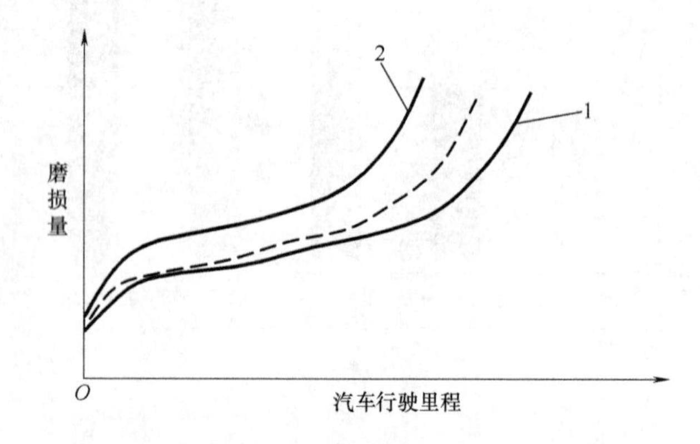

图1-2　汽车零部件的磨损曲线

1—使用方法得当、保养适时的磨损曲线　2—使用方法不当、保养不及时的磨损曲线

汽车行驶一定的里程和时间间隔后，根据汽车维护技术标准，按规定的工艺流程、作业范围、作业项目和技术要求所进行的预防性作业即为汽车维护。其目的就是保持车辆技术状况良好，确保行车安全，充分发挥汽车的使用效能和降低运行消耗，以取得良好的经济效益、社会效益和环境效益。

1.1.2　现代汽车维护与保养的原则

根据《道路运输车辆技术管理规定》（中华人民共和国交通运输部 2016 年第 1 号令），汽车维护应贯彻“预防为主、定期检测、强制维护”的原则，即汽车维护必须遵照交通运输管理部门和汽车生产厂家规定的行驶里程或时间间隔，按期强制执行，不得拖延，并在维护作业中遵循汽车维护分级和作业范围的有关规定，以保证维护质量。

汽车维护是预防性的，保持车容整洁、车况良好，及时消除发现的故障和隐患，防止汽车早期损坏是汽车维护的基本要求。汽车维护的各项作业是有计划定期执行的，其内容是依照汽车技术状况变化的规律来安排的，并赶在汽车技术状况变坏之前进行，以符合预防为主的原则。

定期检测是指汽车在二级维护前必须用检测仪器或设备对汽车的主要性能和技术状况进行检测诊断，以了解和掌握汽车的技术状况和磨损程度，并做出技术评定，根据检测结果确定该车的附加作业或小修项目，从而结合二级维护一并进行附加作业或小修。

强制维护是在计划预防维护的前提下所执行的维护制度，是指汽车维护工作必须遵照交通运输管理部门或汽车使用说明书规定的行驶里程或时间间隔，按期进行，不得任意拖延，以体现强制性的维护原则。

1.1.3　现代汽车维护与保养的分类及作业内容

汽车在使用过程中，由于汽车的新旧程度、使用地区条件的不同，在各个时期对汽车维护保养的作业项目也不同。根据《汽车维护、检测、诊断技术规范》（GB/T 18344—2016）规定，汽车维护分为日常维护、一级维护和二级维护（注：在汽车的实际使用过程中，日常维护、一级维护和二级维护通常称为常规维护，而季节性维护和免拆维护通常称为按需维护）。维护作业以清洁、检查、紧固、润滑、调整和补给六大作业为主，维护范围随着行驶里程的增加逐步扩大，内容逐步加深。各项作业内容如下：

清洁作业是提高汽车维护质量，防止机件腐蚀，减轻零部件磨损和降低燃油消耗的基础，并为检查、补给、润滑、紧固和调整作业做好准备。其工作内容主要包括对燃油、机油、空气滤清器滤芯的清洁，汽车外表的养护以及对有关总成、零部件内外部的清洁作业。

检查作业是汽车维护的重要工作之一，通过对汽车各部位的检查，以确定零部件的变异和损坏情况。其工作内容主要是检查汽车各总成和机件是否齐全，连接是否紧固；是否存在漏水、漏油、漏气和漏电等现象；利用汽车上的指示仪表、报警装置等随车诊断装置，检查各总成、机构和仪表的技术状况；对影响汽车安全行驶的转向、制动、灯光等工作情况应加强检查；汽车拆检或装配、调整时应检查各主要部件的配合间隙。

补给作业是指在汽车维护中，对汽车的燃润料及特殊工作液进行加注补充；对蓄电池进行补充充电、对轮胎进行补气等作业。注意，必须选用合适的运行材料，并及时正确地添加或更换燃润料和冷却液等。

润滑作业是为了减少各摩擦副的摩擦力，减轻机件的磨损所进行的作业。其工作内容包括按照汽车的润滑图表和规定的周期，用规定牌号的润滑油或润滑脂进行润滑；各油嘴、油杯和通气塞必须配齐，并保持畅通；发动机、变速器、转向器、驱动桥等应按规定补充、更换润滑油。

紧固作业是为了使各部机件连接可靠，防止机件松动。汽车在运行中，由于振动、颠簸、热胀冷缩等原因，会改变零部件的紧固程度，以致零部件失去连接的可靠性。紧固工作的重点应放在负荷重且经常变化的各部机件的连接部位上。应及时对各连接螺栓进行必要的紧固和配换。

调整作业是保证各总成和机件长期正常工作的重要环节，调整工作的好坏，与减少机件磨损、保持汽车使用的经济性和可靠性有直接的关系。其作业内容主要是按技术要求，恢复总成、机件的正常配合间隙及工作性能等。

1.1.4　现代汽车维护与保养的作业规范及作业范围

1. 作业规范

维护作业包括上述所讲的清洁、检查、紧固、润滑、调整和补给等内容。一般除主要总成发生故障必须解体外，不得对车辆总成进行解体，这就明确了维护和修理的界限。车辆进行维护时，不能对其主要总成大拆大卸，只有在发生故障需要解体时方可进行解体。很显然，与过去的维护制度相比，现行的维护制度进行了以下规范：

1）取消了整车解体式的三级维护。生产实践证明，对主要总成大拆大卸的工艺方法是不科学的，也是不符合技术经济原则的。同时，“三级维护”作业内容既有维护作业又有修理作业，不便于维护和修理的区分。

2）没有对各级维护周期做统一规定，由省、市、自治区按车型，结合本地区具体情况提出统一的维护周期，但制定了车辆维护技术规范以保证车辆的维护质量。

3）对季节性维护做了规范。当车辆进入冬、夏两季运行时，一般结合二级维护对车辆进行季节性维护。

2. 作业范围

现代汽车各类维护的作业范围（GB/T 18344—2016），见表1-1。

表1-1　各类维护的作业范围

维护种类	作业范围
日常维护	日常维护作业以清洁、补给和安全性能检视为中心内容。其主要内容是： ① 坚持“三检”，即在出车前、行车中、收车后检视车辆的安全机构及各部机件连接的紧固情况 ② 保持“四清”，即保持润滑油、空气、燃油滤清器和蓄电池的清洁 ③ 防止“四漏”，即防止漏水、漏油、漏气和漏电
一级维护	一级维护作业中心内容除日常维护作业外，以润滑、紧固为作业中心内容，并检查有关制动、操纵等系统中的安全部件
二级维护	二级维护作业中心内容除一级维护作业外，以检查、调整制动系统、转向操纵系统、悬架等安全部件为作业中心内容，并拆检轮胎，进行轮胎换位，检查调整发动机工作状况和汽车排放相关系统等

（续）

维护种类	作业范围
季节性维护	由于冬、夏两季的温差大，为使车辆在冬、夏两季可以合理使用，在换季之前应结合定期维护，并附加一些相应的项目，使汽车适应气候变化的运行条件，这种附加性的维护称为季节性维护
免拆维护	免拆维护是指在突出“不解体”的前提下，用专用设备及保护用品对汽车燃油系统、冷却系统、润滑系统、制动系统、空调系统以及自动变速器等进行清洁和补给的维护

1.1.5　现代汽车维护与保养的周期

根据《道路运输车辆技术管理规定》（中华人民共和国交通运输部 2016 年第 1 号令），道路运输经营者和私家车主应当依据国家有关标准和车辆维修手册、使用说明书等，结合车辆类别、车辆运行状况、行驶里程、道路条件、使用年限等因素，自行确定车辆维护周期，确保车辆正常维护。

日常维护周期为出车前、行车中和收车后。汽车一级维护、二级维护周期的确定应以行驶里程间隔为基本依据，行驶里程间隔执行车辆维修资料等有关技术文件的规定；对于不便用行驶里程间隔统计、考核的汽车，可用行驶时间间隔确定一级维护、二级维护的周期。道路运输车辆一级维护、二级维护推荐周期见表 1-2。

表 1-2　道路运输车辆一级维护、二级维护推荐周期（GB/T 18344—2016）

适用车型		维护周期	
		一级维护行驶里程间隔上限值或行驶时间间隔上限值	二级维护行驶里程间隔上限值或行驶时间间隔上限值
客车	小型客车（含乘用车）（车长≤6m）	10000km 或 30 日	40000km 或 120 日
	中型及以上客车（车长 >6m）	15000km 或 30 日	50000km 或 120 日
货车	轻型货车（最大设计总质量≤3500kg）	10000km 或 30 日	40000km 或 120 日
	轻型以上货车（最大设计总质量 >3500kg）	15000km 或 30 日	50000km 或 120 日
挂车		15000km 或 30 日	50000km 或 120 日

注：对于在山区、沙漠、炎热、寒冷等特殊运行环境运行为主的道路运输车辆，可适当缩短维护周期。

注意：当前数量庞大的进口、合资及自主品牌私家车各车型的维护保养规定与我国道路运输车辆的强制维护规定的内容有所不同，为保证这些汽车的合理使用和行车安全，在汽车实际维护保养工作中应以厂家规定内容为准。

上海大众特约维修站所执行的 1.4T 双离合 2017 款上海大众新桑塔纳轿车的保养周期见表 1-3，可供相关车型维护保养时参考。

表1-3　上海大众新桑塔纳轿车保养周期表

保养项目 \ 保养里程	5000 km	10000 km	15000 km	20000 km	25000 km	30000 km	35000 km	40000 km	45000 km	50000 km	55000 km	60000 km
更换机油	•		•	•	•	•	•	•	•	•	•	•
更换机油滤清器	•		•		•		•		•		•	
更换空气滤清器				•				•				•
更换空调滤清器				•				•				•
更换燃油滤清器												•
更换火花塞				•				•				•
更换制动液										•		
检查自动变速器油												•
检查发动机正时带												
检查动力系统	•	•		•		•		•		•		•
检查空调系统	•	•		•		•		•		•		•
检查电气设备	•	•		•		•		•		•		•
检查安全设备	•	•		•		•		•		•		•
检查悬架与转向系统	•	•		•		•		•		•		•
检查制动系统	•	•		•		•		•		•		•

保养项目 \ 保养里程	65000 km	70000 km	75000 km	80000 km	85000 km	90000 km	95000 km	100000 km	120000 km	140000 km	150000 km
更换机油	•	•	•	•	•	•	•	•		•	•
更换机油滤清器	•		•		•		•				•
更换空气滤清器				•				•			
更换空调滤清器				•				•			
更换燃油滤清器									•		
更换火花塞				•				•			
更换制动液								•			•
检查自动变速器油									•		
检查发动机正时带								•			
检查动力系统				•		•		•	•	•	•
检查空调系统				•		•		•	•	•	•
检查电气设备				•		•		•	•	•	•
检查安全设备				•		•		•	•	•	•
检查悬架与转向系统				•		•		•	•	•	•
检查制动系统				•		•		•	•	•	•

保养项目 \ 保养里程	160000 km	180000 km	200000 km	210000 km	220000 km	240000 km	250000 km	260000 km	270000 km	280000 km	300000 km
更换机油											
更换机油滤清器											

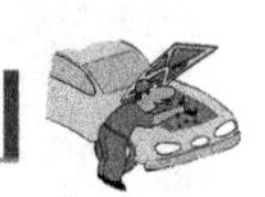

（续）

保养项目 \ 保养里程	160000 km	180000 km	200000 km	210000 km	220000 km	240000 km	250000 km	260000 km	270000 km	280000 km	300000 km
更换空气滤清器											
更换空调滤清器											
更换燃油滤清器											
更换火花塞											
更换制动液			•								
检查自动变速器油											
检查发动机正时带			•								
检查动力系统	•	•	•	•	•	•	•	•	•	•	•
检查空调系统	•	•	•	•	•	•	•	•	•	•	•
检查电气设备	•	•	•	•	•	•	•	•	•	•	•
检查安全设备	•	•	•	•	•	•	•	•	•	•	•
检查悬架与转向系统	•	•	•	•	•	•	•	•	•	•	•
检查制动系统	•	•	•	•	•	•	•	•	•	•	•

1.2　现代汽车维护与保养的相关法规及业务问答

1.2.1　现代汽车维护与保养的相关法规

针对现代汽车维护与保养业务，国家制定了相应的法律法规及标准。常用的法规及标准有《道路运输车辆技术管理规定》《机动车维修管理规定》和《汽车维护、检测、诊断技术规范》等，相关内容详见附录。

1.2.2　机动车维修企业相关手续办理业务问答

1. 相关法律法规问答

1）如何办理机动车维修经营许可的申请、受理、审查与行政许可业务？其办理流程是怎样的？

答：《中华人民共和国道路运输条例》规定：机动车维修经营是道路运输相关业务之一，申请从事机动车维修经营，应当向经营所在地县级道路运输管理机构提出申请，由受理申请的县级道路运输管理机构进行审查并做出许可或不予许可的决定。《道路运输管理条例》明确规定，省、市两级道路运输管理机构将不再受理机动车维修经营申请、办理行政许可手续；外商在中华人民共和国境内申请中外合资、中外合作、独资形式投资机动车维修经营的，应同时遵守《外商投资道路运输业管理规定》及相关法律、法规的规定，由项目所在地的市级交通主管部门受理立项申请，并逐级上报至交通运输部取得立项批件后，由省级道路运输管理机构核发经营许可证。申请从事机动车维修经营许可业务的流程，如图1-3所示。

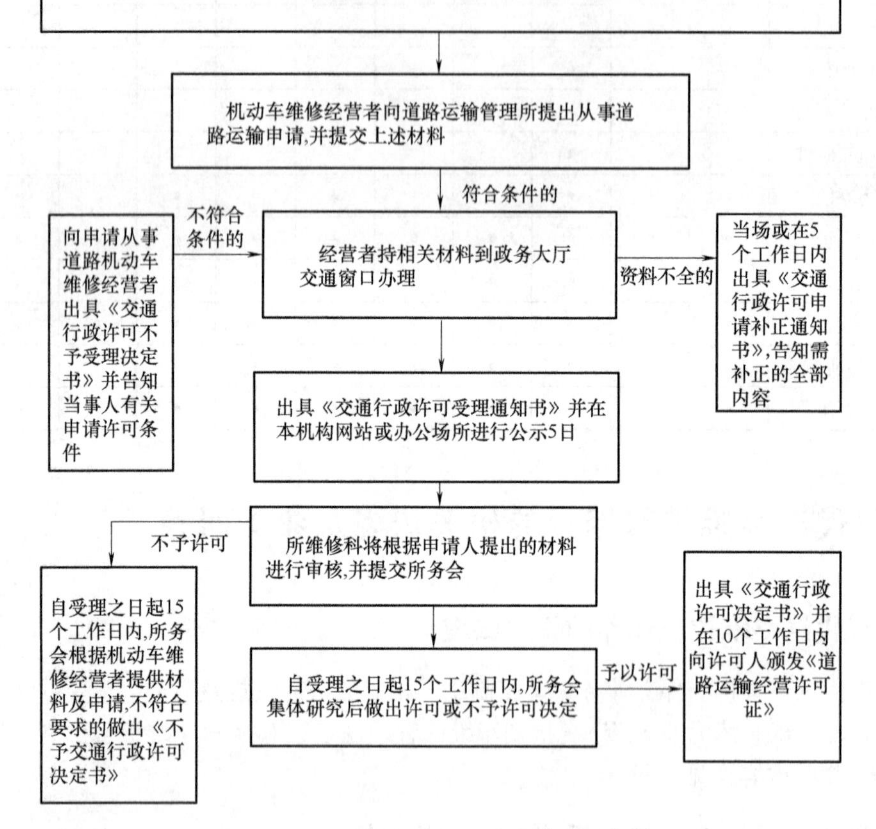

图1-3　申请从事机动车维修经营许可流程图

注意：机动车维修经营许可，许可的是准许进入市场经营的资格和核定的机动车维修项目。

2）何谓机动车维修经营？机动车维修经营应符合的法定条件和具体审查内容有哪些？

答：新修订的《机动车维修管理规定》所称机动车维修经营，是指以维持或者恢复机动车技术状况和正常功能，延长机动车使用寿命为作业任务所进行的维护、修理以及维修救援等相关经营活动。

《机动车维修管理规定》（中华人民共和国交通运输部令2016年第37号）对申请从事汽车维修经营业务或者其他机动车维修经营业务规定了五项条件，分别为：有与其经营业务相适应的维修车辆停车场和生产厂房；有与其经营业务相适应的设备、设施；有必要的技术人员；有健全的维修管理制度；有必要的环境保护措施。这些以“相应”“必要”“健全”而概括的专项条件，将以执行国家标准《汽车维修业开业条件》（GB/T 16739.1—2014）来具体操作新的机动车维修业开业条件，更切合目前我国机动车维修行业经营现实，也有利于

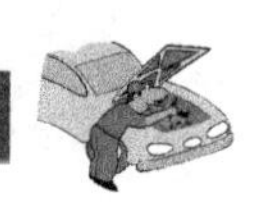

机动车维修业的技术进步和发展。

GB/T 16739. 1—2014 是落实《中华人民共和国道路运输条例》有关规定，进行机动车维修经营许可审批的具体内容。

在实施机动车维修行政许可中，任何机构或个人不能附加其他任何条件。

3）机动车维修经营许可证与工商营业执照的关系是怎样的?

答:《中华人民共和国道路运输条例》规定：从事机动车维修经营应当向道路运输管理机构申请行政许可，并明确规定机动车维修经营者应持许可证明依法向工商行政管理机关办理有关登记手续。《无照经营查处取缔办法》（国务院第 370 号令）也规定：法律、法规规定实行许可审批的，经营者未经行政许可擅自经营属无照经营行为；工商行政管理部门必须凭许可审批部门颁发的许可证或其他文件办理注册登记手续，核发营业执照。因此，从事机动车维修经营活动，依法取得道路运输管理机构核发的经营许可证件，是办理工商登记取得营业执照的前置条件。

根据《中华人民共和国道路运输条例》及国务院有关规定，以下行为属违法经营行为：

① 未取得道路运输管理机构核发的经营许可证件，仅办理营业执照从事机动车维修经营活动的行为。

② 取得道路运输管理机构核发的经营许可证件，但在经营期间被道路运输管理机构撤销、吊销许可证，或行政许可有效期届满未依法重新申请并取得有效行政许可证件，擅自从事机动车维修经营活动的行为。

③ 取得道路运输管理机构核发的经营许可证件，但超出许可的机动车维修经营范围的经营行为。

④ 通过转让、租借、买卖等，非法取得机动车维修经营许可证件从事机动车维修经营的行为。

《无照经营查处取缔办法》明确规定：对无照经营行为的处罚，法律、法规另有规定的，从其规定。《中华人民共和国道路运输条例》对未经许可擅自从事机动车维修经营的违法行为规定了具体的法律责任，是治理机动车维修市场秩序、监督和管理行业的法律依据。

4）机动车维修经营者应如何落实机动车二级维护、总成修理及整车修理质量检验等法律法规?

答:《机动车维修管理规定》（中华人民共和国交通运输部令 2016 年第 37 号）要求：机动车维修经营者对机动车进行二级维护、总成修理、整车修理的，应当实行维修前诊断检验、维修过程检验和竣工质量检验制度。

承担机动车维修竣工质量检验的机动车维修企业或机动车综合性能检测机构应当使用符合有关标准并在检定有效期内的设备，按照有关标准进行检测，如实提供检测结果证明，并对检测结果承担法律责任。

机动车维修竣工质量检验合格的，维修质量检验人员应当签发《机动车维修竣工出厂合格证》；未签发机动车维修竣工出厂合格证的机动车，不得交付使用，车主可以拒绝交费或接车。

机动车维修竣工出厂合格证由省级道路运输管理机构统一印制和编号，县级道路运输管理机构按照规定发放和管理。

禁止伪造、倒卖、转借机动车维修竣工出厂合格证。

注意：这里所指的“检验”，明确为“维修质量”的检验，与《汽车维护、检测、诊断技术规范》（GB/T 18344—2016）、《汽车修理质量检查评定标准-发动机大修》《汽车修理质量检查评定标准-整车大修》等一系列国家或行业技术标准的规定是一致的。

2. 机动车维修企业申请开业业务问答

1）想开一家维修厂，需要办理哪些手续？

答：① 申请人到经营所在地县级道路运输管理机构领取《汽车（摩托车）维修企业开业申请表》。

② 申请人按要求填写好开业申请表，按规定带齐相关资料，统一报送至经营所在地县级道路运输管理机构。

2）需要带齐哪些资料？

答：① 工商部门《企业名称核准通知书》或营业执照复印件。

② 开业（升级）申请报告。

③ 申办企业主管部门批文（无主管部门可免）。

④ 可行性报告。

⑤ 填写好的开业申请表。

⑥ 经营场地所有权或使用权证明文件及复印件。

⑦ 厂区平面和工艺布置图复印件。

⑧ 法人或负责人身份证及复印件。

⑨ 工程技术人员职称资格证及复印件。

⑩ 技工等级证、从业资格培训考核证明及复印件。

⑪ 质量检验员证及复印件。

⑫ 生产管理的各项基本制度（机具设备管理及维修制度、安全生产和文明卫生制度、服务承诺、维修收费标准、维修质量保证制度、质量检验制度等）。

⑬ 消防安全和环境保护措施的相关证明。

3）什么时候才能知道结果？

答：经营所在地县级道路运输管理机构工作人员审查资料齐备后，发给受理回执。在15个工作日内（外商投资企业除外）通过现场核查的形式，做出答复或批复意见。

4）什么时候才能拿到许可证？

答：交通部门同意有关开业申请的，申请人在接到批复通知后，10个工作日内，凭受理回执到经营所在地县级道路运输管理机构领取相关证件。

5）如果修理厂由外商投资，需要什么手续？

答：① 申请人到经营所在地市级道路运输管理机构领取《汽车（摩托车）维修企业开业申请表》。

② 申请人按要求填写好开业申请表，按规定带齐上述第2个问题提出的资料和其他补充资料，统一报送至经营所在地市级道路运输管理机构，由交通运输管理机构逐级上报省交通运输厅、交通运输部批准。

6）外商投资的维修企业还需要哪些补充材料？

答：① 项目建议书。

② 外商的固定国籍和合法身份证明（复印件）、中方营业执照（复印件）。

③ 外商的公司注册证书和有效商业登记证（复印件）。

④ 外商所在国或地区出具的资信证明复印件（包括合法手段取得的银行贷款），其证明资产必须大于项目的投资总额；与多家企业合营的，其证明资产必须大于各项目的投资总额。

⑤ 中方以土地、设备折价入股的，须提供资产评估机构的验资证明。

7）申请外商投资的修理厂什么时候能知道结果？

答：外商投资企业的开业须逐级上报省交通运输厅、交通运输部批准，其开业批复是在交通运输部门收到上级相关批复文件后 15 个工作日内做出。

8）申请外商投资的修理厂什么时候能拿到许可证？

答：外商投资的修理厂由省级道路运输管理机构核发经营许可证。申请人在接到批复通知后，10 个工作日内，凭受理回执到经营所在地市级道路运输管理机构领取相关证件。

3. 机动车维修企业申请变更、遗失补办、停歇业业务问答

1）若想把现在的修理厂搬迁到其他地方，该如何办理？

答：变更经营地点的，要按照上述开业程序及开业需备资料（开业需备资料中的申请开业书改为经营地点变更申请书）办理。

2）若变更企业名称、法人，该如何办理？

答：带上变更申请书（具体说明所需变更的项目）、工商营业执照及复印件、《省道路运输经营许可证》正副本原件等资料，到经营所在地县级道路运输管理机构办理。领取受理回执后 10 个工作日内，凭受理回执和本人有效身份证明到经营所在地县级道路运输管理机构领取变更后的《省汽车摩托车维修行业技术审查合格证》正、副本。

3）若遗失了许可证，该怎么补办？

答：带上遗失声明登报剪报原件及复印件一份（遗失声明可以在当地指定媒体办理）、申请遗失补办报告一份，到经营所在地县级道路运输管理机构办理。领取受理回执后 5 个工作日内，凭受理回执和本人有效身份证明到经营所在地县级道路运输管理机构领取新的《汽车摩托车维修行业技术审查合格证》正本或副本。

4）若暂时或者永久关闭维修厂，应该怎么办理？

答：带上申请停业或歇业的报告、工商营业执照及复印件、《汽车摩托车维修行业技术审查合格证》正副本，到经营所在地县级道路运输管理机构办理，领取停业或歇业证明，凭此证明即可到工商部门办理车辆维修经营项目的注销手续。

4. 营运车辆二级维护备案业务问答

1）车辆要办理二级维护备案，需要哪些手续？

答：① 到经营所在地县级道路运输管理机构提交相关的资料。

② 资料审核通过后，即时在审核备案卡上加盖维护备案章；进行检测的，加盖评定等级印章。

2）办理二级维护备案需要准备哪些资料？

答：营运证、二级维护备案卡、出厂合格证、竣工检验表、车辆维护时的照片（相片或打印件）、合法的维修收费凭证（车辆维护发票）。资料完备要求如下：

① 出厂合格证必须是通过二级维护系统打印（不能手写）的，合格证上必须有质检员签名或盖章并加盖维修厂的公章和二级维护出厂专用章。

② 竣工检验表必须通过二级维护系统打印，盖上二级维护企业公章，竣工表填写内容必须齐全、数据真实无误，表上质检员要签名或盖章，并与上传数据的质检员相同。

③ 照片应能清晰反映该车辆进行二级维护时的状况，即应反映拆检轮胎情况、车辆类型和车牌号，照片背景应反映是在该厂维护，照片时间必须和合格证、竣工检验表打印时间相符（时间相差允许在两天内）。

以上条件不符合或维管信息系统未收到二级维护数据的，不予办理签章。

到期须进行检测的车辆还需提供以下资料：

车辆综合性能检测报告（特殊车辆提供路检记录表）、检测收费发票、检测委托书，需等级评定车辆还须检查其车辆等级评定表。资料完备要求如下：

① 检测报告须打印，检测项目合格，有检测结论，并盖有检测站公章，报告还需有检测单位授权人签名。

② 等级评定表需有检测单位授权人签名和车辆评定的等级（一级、二级、三级）。

③ 检测委托书需有送检单位公章和送检人签名。

④ 新车在车辆登记日起一年内免予上线检测，并评定为一级车。

3）新车首次办理二级维护备案，需要哪些手续？

答：带上运管部门审批表、车辆行驶证或行驶证复印件到经营所在地县级道路运输管理机构提交上述资料。资料审核通过后，通过运政系统打印车辆维护备案卡；一年内的新车在备案卡上盖上“×年×月新车”章（按车辆行驶证的登记年月填写）。需要注意的是：营运车辆新领备案卡的应在营运证出证后15天内办理完毕，如果车辆登记超过一年的，还须提交一般程序所需的资料，运输业户逾期不办理备案卡导致车辆逾期维护、检测的，按规定处罚。

4）若遗失了二级维护备案卡，应怎么办理？

答：带上遗失补办申请书、车辆最近一次的考核资料，到经营所在地县级道路运输管理机构提交上述资料，资料真实无误，并通过维管信息系统查询历次二级维护数据齐备的，即时重新打印备案卡，同时在备案卡上补做最近一次签章记录，盖上“遗失补发”章。

5）若车辆办理过户、迁移，应怎么更换二级维护备案卡？

答：带上车辆过户、迁移审批证明，车辆原审核备案卡或本年度各次考核资料证明，到经营所在地县级道路运输管理机构，即时办理。

6）如果逾期办理二级维护和检测，会受到什么处罚？

答：由道路运输管理机构责令改正，处1000元以上5000元以下的罚款。

7）如果车辆发生事故，不能按期进行二级维护，还要处罚吗？

答：① 因故未能在当月备案的，需书面说明理由，经办理人员审核真实无误后再盖备案章。

② 因特殊原因（如车辆事故或车辆被查扣）引起的逾期维护、检测的车辆，须提供书面报告说明和车辆被查扣的真实凭证，确实无误、时间合理的，免予处罚并在备案卡上最近月份盖章，但被查扣车辆需在被放行后15日内进行车辆二级维护、检测，否则按逾期维护、检测处理。

③ 车辆报停后重新营运的，需在重新营运后15日内进行车辆二级维护、检测后再办理二级维护审核备案手续。如车辆报停前逾期未维护、检测而又未被处罚的，重新营运后按规

定应给予逾期维护处罚。

5. 维修行业违章个案处理问答

1）维修厂违规被查处扣件需要去处理，应该带备哪些资料？

答：① 调查通知书。

②《道路运输许可证》副本及复印件。

③《工商营业执照》副本及复印件。

④ 违章业户负责人或代理人身份证。

⑤ 如被暂扣维修机具的，提交《交通执法行政强制措施凭证》原件。

2）处理的手续是怎样的？

答：① 业户带齐上述资料，按调查通知书指定的时间，到经营所在地县级道路运输管理机构接受询问笔录，当事人对笔录内容如无异议，即时在询问笔录上签名。

② 根据询问笔录，经行政首长审核同意，执法人员填发《交通违法行为通知书》，送达当事人，告知拟给予行政处罚的内容及其违法事实、理由和依据，并告知当事人可以在收到通知书之日起进行陈述和申辩，符合听证条件的可以要求组织听证，当事人需在《交通行政处罚文书送达回证》上签字确认；对违章情节较轻的业户，要求做出书面检查和不再从事违规作业的书面保证，并限期整改。

③ 若当事人对违章事实及所做的行政处罚没有异议，由执法人员开具《交通违法处罚决定书》，当事人需在《交通行政处罚文书送达回证》上签字确认；如对行政处罚决定不服，可申请复议或提起行政诉讼；当事人交回《交通违法行为通知书》和《交通违法处罚决定书》复印件。

④ 执法人员出具《罚款缴款通知书》，当事人按时到指定银行缴纳罚款。

⑤ 当事人交回银行盖章的缴款单后，拿回暂扣的《运输经营许可证》；若被暂扣维修机具的，在《放行条》存根联上签道路名，凭身份证、《放行条》，去保存地点取回被暂扣物品。

6. 危险货物运输车辆维修经营业务问答

1）想增加危险货物运输车辆维修项目，需要办理哪些手续？

答：企业筹建、改造完毕后，申请人到交通部门办证中心或经营所在地县级道路运输管理机构，领取《开业申请表》，并按要求填写完毕后，凭开业需备资料到所在地县级道路运输管理机构提出从事危险货物运输车辆维修经营业务许可的申请。资料齐备的，经营所在地县级道路运输管理机构经办人员发出业务受理回执，并预约现场审查时间。

2）需要带齐哪些资料？

答：① 从事危险货物运输车辆维修经营业务的申请书，以及企业概况、承修车辆类别、承修车辆主要运载的危险品种类、资金、场地、人员、设备及管理制度等资料。

② 填写好的《开业申请表》（一式两份）。

③ 由安监部门核发的企业负责人《安全生产责任人证书》（高危行业类别）、安全管理人员的《安全主任证书》、维修工人上岗证（危运车辆维修）和等级证，由劳动部门核发的电工、焊工《特殊工种操作证》。

④ 企业住所和经营场地的所有权或使用权证明文件以及厂区平面和工艺布置图。

⑤ 安全管理和生产管理的各项基本制度。

⑥ 企业设备和量具明细表、来源证明以及允许外协设备协议。

⑦ 所承修车辆类别及主要运输危险品的技术资料和应急处理资料（待现场审查时提供）。

⑧ 消防及环保部门对维修厂房、车间的验收合格证明。

3）什么时候能知道结果？

答：经营所在地县级道路运输管理机构工作人员审查资料齐备后，发给受理回执。交通部门在15个工作日内（外商投资企业除外）通过现场核查的形式，做出答复或批复意见。

4）什么时候能拿到许可证？

答：交通部门同意有关开业申请的，申请人在接到批复通知后，10个工作日内，凭受理回执、代办人有效身份证明和《道路运输经营许可证》（正、副本）到经营所在地县级道路运输管理机构办理领取、换领新证等手续。

本章小结

1. 汽车维护保养的目的是保持车辆技术状况良好，确保行车安全，充分发挥汽车的使用效能和降低运行消耗，以取得良好的经济效益、社会效益和环境效益。

2. 现代汽车维护的原则是“预防为主、定期检测、强制维护”。

3. 现代汽车维护保养可分为两大类，即常规维护和按需维护。

4. 现代汽车维护作业的规范是：一般除主要总成发生故障必须解体外，不得对车辆总成进行解体。

5. 现代汽车维护保养的中心内容为清洁、检查、紧固、润滑、调整和补给六大作业。

6. 道路运输车辆技术管理规定：总则；车辆基本技术条件；技术管理的一般要求；车辆维护与修理；车辆检测管理；监督检查；法律责任；附则。

7. 机动车维修管理规定：总则；经营许可；维修经营；质量管理；监督检查；法律责任；附则。

8. 申请从事机动车维修经营，应当向经营所在地县级道路运输管理机构提出申请，由受理申请的县级道路运输管理机构进行审查并做出许可或不予许可的决定。

9. 申请从事机动车维修经营规定了五项条件，分别为：有与其经营业务相适应的维修车辆停车场和生产厂房；有与其经营业务相适应的设备、设施；有必要的技术人员；有健全的维修管理制度；有必要的环境保护措施。

基础练习

1. 单项选择

1）为维持汽车完好技术状况或工作能力而进行的作业称为________。

A. 汽车修理　　B. 汽车维护　　C. 汽车检测　　D. 汽车美容

2）外商投资的修理厂由哪级道路运输管理机构核发经营许可证________。

A. 县级　　B. 市级　　C. 省级　　D. 部级

2. 判断正误

1）汽车维护工作必须遵照交通运输管理部门或汽车使用说明书规定的行驶里程或间隔时间，按期进行，不得任意拖延。（　　）

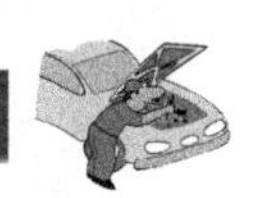

2）汽车强制维护周期的长短虽然各车型产品要求不一，但从作业的深度来看，都基本上分为三级，相当于《汽车维护、检测、诊断技术规范》中提出的一级维护、二级维护和三级维护。(　　)

技能训练

1. 参考表 1-3（上海大众新桑塔纳轿车保养周期表），根据贵校实训车辆类型确定小型载客汽车的保养项目及保养周期。

2. 参考图 1-3（申请从事机动车维修经营许可流程图），利用各大网站搜索引擎下载申报表格等资料，分组训练申请从事机动车维修经营许可的各操作环节。

理论思考

1. 我国现行汽车维护分为哪几类？
2. 汽车维护的中心作业内容有哪些？
3. 我国汽车维护制度的原则是什么？
4. 想开一家维修厂，需要什么手续？需要带齐什么资料？
5. 如果修理厂是由外商投资建的，需要什么手续？
6. 想把现在的修理厂搬迁到其他地方，要怎么办？
7. 如果不小心遗失了许可证，该怎么办理？
8. 车辆需要办理二级维护备案，有什么手续？
9. 如果车辆办理过户、迁移，要怎么更换二级维护备案？
10. 想增加危险货物运输车辆维修项目，需要办理什么手续？

第2章 汽车维护与保养的材料及设备使用技术

汽车维护与保养的清洁、润滑、补给等作业，根据不同车型需要不同型号、不同品牌、不同规格、不同种类的相关设备以及清洁剂、燃润料、冷却液等诸多运行材料；汽车维护与保养的检查、调整、紧固以及过程检验、竣工检验等作业，需要大量不同型号、不同规格、不同用途的工量具及仪器设备。

汽车技术服务人员面对琳琅满目的汽车运行材料及种类繁多的工量器具，能否合理选配、正确使用，将直接关乎汽车维护与保养作业的成败；而汽车维修质检人员对各种先进检查、检测、检验仪器设备的操作熟练程度，将直接决定汽车维护质量的好坏。

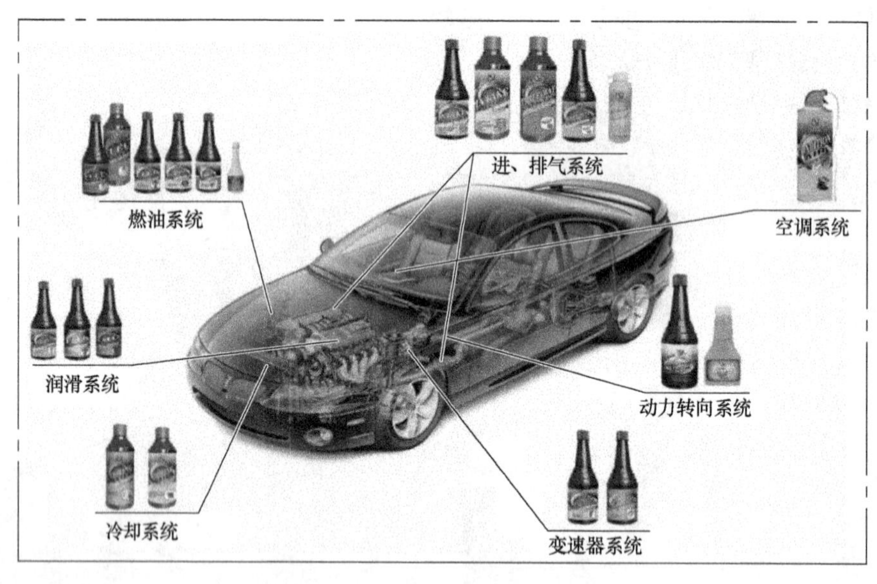

学习目标：

- 知道汽车燃润料、冷却液以及轮胎等运行材料的分类
- 知道汽车燃润料、冷却液以及轮胎等运行材料的使用方法
- 熟悉汽车燃润料、冷却液以及轮胎等运行材料的选用注意事项

学习重点：

- 学会机油、自动变速器油、制动液等重要工作液的正确选用方法
- 知道汽车维护与保养所用各种通、专用工量具，仪器及设备的一般结构和工作原理

- 知道汽车维护与保养所用各种通、专用工量具，仪器及设备的用途
- 掌握汽车维护与保养所用各种通、专用工量具，仪器及设备的使用方法及使用注意事项

2.1 现代汽车维护与保养的运行材料使用技术

汽车维护保养的清洁、检查、紧固、润滑、调整和补给六大作业中，清洁、润滑和补给作业与汽车运行材料的选用密切相关，其选用的正确与否将直接影响到汽车维护作业的成败和保养质量的好坏。例如，机油选用不当，会加快发动机的磨损，缩短发动机的大修间隔里程，严重时会引起发动机的粘缸和抱瓦等故障，直接降低发动机使用寿命；自动变速器使用性能的好坏和寿命的长短取决于自动变速器油的正确选用和适时更换，否则将导致自动变速器过早损坏；在南方夏季，轿车和旅行大巴等高速车辆如果选用DOT3、DOT4等低沸点、易吸潮的制动液高速行驶而紧急制动时，易引起制动液立刻沸腾而产生气阻，从而导致制动失灵，引起车毁人亡；在汽车二级维护作业中的轮胎更换和换位作业时，高速大负荷车辆和一些高级轿车若选用了速度等级不够、气压不符合规定或换位（如装配花纹轮胎时，花纹“人”字尖端有方向要求）不正确的轮胎而行驶时，轮胎易爆裂，导致车辆失控而引发车祸。所以，作为汽车专业维修人员要知道汽车各种运行材料的品牌、规格和型号等技术要求，必须正确掌握选用、更换各种汽车运行材料的方式方法。否则，将无法完成汽车各类维护的作业内容和技术要求。

2.1.1 燃油

1. 汽油

（1）汽油的标号 我国常用的车用汽油分为90、93、97等标号（2012年1月1日起，各地已陆续修改为89、92、95等新标号），它们是按研究法的辛烷值大小来划分的。辛烷值是汽油的重要组分，汽油的标号越高，其辛烷值就越高，汽油的抗爆性就越强。

（2）汽油的选用 选用汽油标号总的原则是不使发动机产生爆燃。为此，应依据以下几点要求选用汽油。

① 依据汽车生产厂家的规定选用汽油。在随车提供的汽车使用说明书中一般都有明确的规定和说明，所以依据使用说明书规定选用汽油是最常用的方法。

② 依据发动机压缩比的高低选用汽油。压缩比越高，发动机越易产生爆燃，因此，高压缩比的发动机不能选用低标号的汽油，否则会产生爆燃。

特别提醒：低压缩比的发动机可选用高标号的汽油，但不经济，而且会导致点火迟滞，使发动机温度过高，易烧结活塞环、火花塞、喷油器等。

③ 依据汽车的使用条件选用汽油。经常处于大负荷、大转矩、低转速状况下使用的汽油车，容易产生爆燃，应选用较高标号的汽油；高原地区由于气压低，空气稀薄，气缸充气性差，汽油机工作时发生爆燃的倾向减小，可适当降低汽油的标号。实践表明，海拔每上升100m，汽油辛烷值可降低约0.1个单位。

（3）汽油的使用注意事项

① 根据使用汽油的标号不同对发动机有关系统进行适当调整。当汽油机使用辛烷值低

于规定标号的汽油时，应调小点火提前角，以免发生爆燃。

② 根据海拔调整有关参数。根据汽车行驶地区的海拔，及时调整点火提前角大小。汽车从平原（或高原）行驶到高原（或平原）后，应及时将点火角适当提前（或推迟）一些。

③ 预防供油系统产生“气阻”。汽车在炎热夏季或高原、高山地区行驶时，应选用隔热物将汽油泵和输油管隔开，尽量减少输油管道的弯角，并加强发动机舱内的通风，以防产生气阻。如已产生气阻，则选择通风处停车，并在汽油泵、输油管和进气管等处敷湿毛巾等使其自然降温。

④ 应及时清除积炭、漆膜等物。在维修发动机时，维修人员要彻底清除进气管、进排气门、燃烧室等处的积炭和漆膜等，以防这些物质的隔热作用而导致发动机产生“早燃”或“爆燃”现象。

⑤ 防止油箱、输油管路等处胶质的产生。油箱内要经常装满汽油，尽量减少油箱中的空气量，保持蒸气空气阀的开闭自如，以免产生胶质而堵塞油道、量孔和喷油器等。

⑥ 在维修车辆时，严禁使用汽油清洗汽车零部件，以免发生火灾。

⑦ 汽油是易燃易爆物品，其蒸气与空气混合达到一定的比例后，一遇火星就会着火，甚至爆炸。运输、维修企业内，暂时储存装卸汽油时，应严格防火、防爆。

2. 柴油

（1）柴油的标号　柴油标号是根据柴油的凝固点来划分的。目前国内汽车用轻柴油按凝固点分为6个标号：10号柴油、0号柴油、-10号柴油、-20号柴油、-35号柴油和-50号柴油。

（2）柴油的选用　选用柴油标号总的原则是在任何气温下，都要保证柴油的流动供给。根据车辆使用地区和季节的不同，选用适应季节气温的柴油，是选用柴油的基本依据。一般选用柴油的凝点应比最低气温低5℃左右，以保证柴油在最低气温时不致凝固而影响使用。各种柴油的适用范围如下：

10号轻柴油适合于有供油系统加热设备的高速柴油机及热带地区盛夏季节使用；0号轻柴油适合于最低气温在4℃以上的地区使用，供全国夏季及华南地区全年使用；-10号轻柴油适合于最低气温在-5℃以上的较冷地区使用，如我国华中、华东地区冬季使用；-20号轻柴油适合于最低气温在-14～-5℃的寒冷地区使用，如我国华北部分地区冬季使用；-35号柴油适合于最低气温在-29℃以上的严寒地区使用，如我国东北、西北地区冬季使用；-50号柴油适合于最低气温在-44℃以上的高寒地区使用，如内蒙古、黑龙江北部边疆地区。

（3）柴油的使用注意事项

① 保持柴油的清洁，以免损伤喷油泵、喷油器中的精密偶件。柴油在使用之前，要经过长时间的沉淀和过滤，以防机械杂质的混入。在加注时，应保持储油容器和加油工具的清洁。

② 可以混用不同标号的柴油。根据不同季节气温适当调配不同标号的柴油掺兑使用，可降低柴油的凝固点，从而提高流动性。但要注意掺兑后的凝点不是两种标号柴油的平均值，要比两者平均值稍高一些。例如-10号和-20号柴油各一半对掺，掺兑后所得柴油凝点不是-15℃，而是高于-15℃，为-15～-14℃。掺兑时要搅拌均匀。

③ 柴油和汽油不能掺兑使用。因为，汽油的燃点较高，柴油中若掺入汽油，燃烧性能将显著变差，导致起动困难，甚至不能起动。汽油进入气缸会冲刷气缸壁润滑油膜，加速气缸的磨损。

④ 尽量选用品质好的柴油。选用柴油时，应尽量选用硫含量较小（不大于0.2%、0.5%）的优质或一级柴油，以减少柴油机各精密偶件的腐蚀磨损。

3. LPG

近年来，国际石油价格迅速上涨，国内汽油价格也随之不断提高，加上国内许多大中城市对汽车排放的要求越来越严格，因此寻找价格便宜而且排放较小的代用燃料显得尤为迫切。LPG（液化石油气）是几种代用燃料中最为成熟的一种，用在汽车上后可有效地降低尾气的污染物。

（1）LPG的含义　液化石油气是石油产品的一种，英文名称Liquefied Petroleum Gas，简称LPG。它是由炼厂气或天然气（包括油田伴生气）加压、降温、液化得到的一种无色、挥发性气体。由炼厂气所得的液化石油气，主要成分为丙烷、丙烯、丁烷、丁烯，同时含有少量戊烷、戊烯和微量硫化合物杂质。由天然气所得的液化气的成分基本不含烯烃。

（2）LPG的指标　液化石油气主要用作石油化工原料，用于烃类裂解制乙烯或蒸气转化制合成气体，可作为工业、民用、内燃机燃料。其主要质量控制指标为蒸发残余物和硫含量等。

（3）LPG的优点　LPG主要由丙烷（C_3H_8）和丁烷（C_4H_{10}）组成，有些LPG还含有丙烯（C_3H_6）和丁烯（C_3H_8）。LPG与其他燃料比较，具有以下独特的优点。

① 污染少。LPG是由G3（碳三）、G4（碳四）组成的碳氢化合物，可以全部燃烧，无粉尘。在现代化城市的公交车辆中应用，可大幅减少对环境的污染。

② 发热量高。同样重量的LPG的发热量相当于煤的2倍。

③ 运输容易。LPG在常温常压下是气体，在一定的压力下或冷冻到一定温度后可以液化为液体，可用火车（或汽车）槽车、LPG船在陆上和水上运输。

④ 压力稳定。LPG车辆供气管道中的LPG在形成可燃混合气前压力稳定，使用方便安全。

⑤ 储存设备简单，供应方式灵活。气站用LPG储罐储存，又可装在车载气瓶里供车辆使用，也可通过配气站和供应管网，实行管道供气。

（4）使用注意事项

① LPG汽车结构组成，除保留燃油多点顺序喷射发动机原有部件外，还需加装钢瓶、气量表、组合阀、管道、转换开关、蒸发调压器、燃气喷射阀、电磁阀、微电脑控制器等组件。

② LPG是一种易燃易爆物品，当LPG在空气中的含量达到一定浓度时，遇明火即爆炸。因此，要注意通风，在加气和维护时要杜绝明火。

2.1.2　机油

发动机润滑油又称机油。目前市场上供应的机油品牌既有国产的，又有进口的，品种较多，如国产长城、南海、飞天、海牌和七星等，进口壳牌、美孚、嘉实多、雪铁戈、埃索、埃尔夫、艾德隆及BP等。一般情况下，汽油机和柴油机采用不同的机油，汽油机使用汽机油，柴油机采用柴机油。但现在市场上供应的通用机油，既可以用于汽油机，也可以用于柴油机。

1. 机油的分类

我国机油的牌号主要是按照机油的黏度等级和质量等级两种分类方法来综合划分的，分别参照了美国石油协会（API）和美国汽车工程师协会（SAE）相应的分类标准。

（1）机油牌号的黏度等级（SAE）分类（图2-1）　1991年，美国汽车工程师协会（SAE）制定了黏度分类法，即机油的牌号根据某一特定温度下的黏度来编制。

① 四冲程汽油机机油。四冲程汽油机机油的黏度等级分类适用于美国汽车工程师学会的分类，即SAE分类。SAE机油黏度分类的冬季用油牌号分别为0W、5W、10W、15W、20W、25W，符号W代表冬季，W前的数字越小，其低温黏度越小，低温流动性越好，适用的最低气温越低；SAE机油黏度分类的夏季用油牌号分别为20、30、40、50，数字越大，其黏度越大，适用的最高气温越高；SAE机油黏度分类的冬夏通用油牌号分别为5W-20、5W-30、5W-40、5W-50、10W-20、10W-30、10W-40、10W-50、15W-20、15W-30、15W-40、15W-50、20W-20、20W-30、20W-40和20W-50，代表冬季部分的数字越小，适用的最低气温越低，代表夏季部分的数字越大，适用的最高气温越高，适用的气温范围越大。

② 二冲程汽油机机油。二冲程汽油机机油的黏度等级分类适用于美国汽车工程师学会的分类，即SEA分类。二冲程汽油机机油有两个黏度级别，即SAE 20和SAE 30，一般情况下选用SAE 30，如果是分离润滑，寒区使用或超轻负荷二冲程发动机则使用SAE 20。

（2）机油牌号的质量等级（API）分类（图2-2）　机油牌号除了按黏度等级分类外，还按质量等级分类。1947年，美国石油协会（API）制定了质量分级法，即机油的牌号根据在发动机试验评定中所表现出的抗磨性、清净分散性、黏温性以及抗氧化安定性等使用性能指标来编制。其中，字母“S”开头的系列代表汽油发动机用油，字母“C”开头的系列代表柴油发动机用油，双字母“S/C”开头的系列代表汽、柴油发动机通用油。

图2-1　SAE分类标识

图2-2　API分类标识

① 汽油机机油质量等级划分。汽油机机油质量等级规格有SC、SD、SE、SF、SG、SH、SJ、SL、SM和SN。

② 柴油机机油质量等级划分。柴油机机油质量等级规格有CC、CD、CE、CF、CF-2、CF-4、CG-4、CH-4和CI-4。

③ 汽、柴油发动机通用机油质量等级划分。若“S”和“C”两个字母同时存在，则表示此机油为汽、柴油通用机油。在S或C后面的字母表示；从“SC”一直到“SM”，每递增一个字母，机油的性能都会优于前一种，机油中会有更多用来保护发动机的添加剂。字母越靠后，质量等级越高，国际品牌中机油级别多是SF级别以上的。例如，壳牌非凡喜力（Shell Helix Plus）是API SM级，而壳牌红色喜力机油（Shell Helix Red Motor Oil）则是API SG级，这说明非凡喜力的质量等级要高于红色喜力。

提示：由于欧洲在发动机设计、车辆行驶条件及政府对节能和环保等政策法规方面，与美国有显著差别，这种差别也反映在欧洲汽车制造商对机油性能的关注重点及程度也不相同。

欧洲汽车工业十分注意节能，把汽车燃料经济性放在首位，兼顾动力性和排放性能。欧洲机油分类标准，即ACEA分类，2007版为3个系列。

① A/B系列为汽油和轻负荷柴油机机油。包括A1/B1、A3/B3、A3/B4和A5/B5系列。

② C系列为适应催化剂型机油。包括C1、C2、C3和C4系列。

③ E系列为重负荷柴油机机油。包括E2、E4、E6和E7系列。

2. 机油的选用

机油号称发动机的血液，选用和更换的正确与否直接影响到发动机的使用寿命。发动机种类不同、新旧程度不同、使用条件不同，所选用的机油牌号也不同。机油牌号选用的正确与否也决定了汽车润滑和补给作业的成败。因此，作为汽车专业维护人员，必须综合考虑机油的黏度级和质量级（也称使用性能等级）这两大选用依据，掌握好换油时机和换油品牌。

（1）机油黏度等级的选择　机油黏度等级选择的主要依据是汽车使用环境温度、发动机磨损情况以及进气方式（自然吸气或废气涡轮增压）等条件。图2-3所示为按当前环境温度选择机油黏度等级的常用方法。

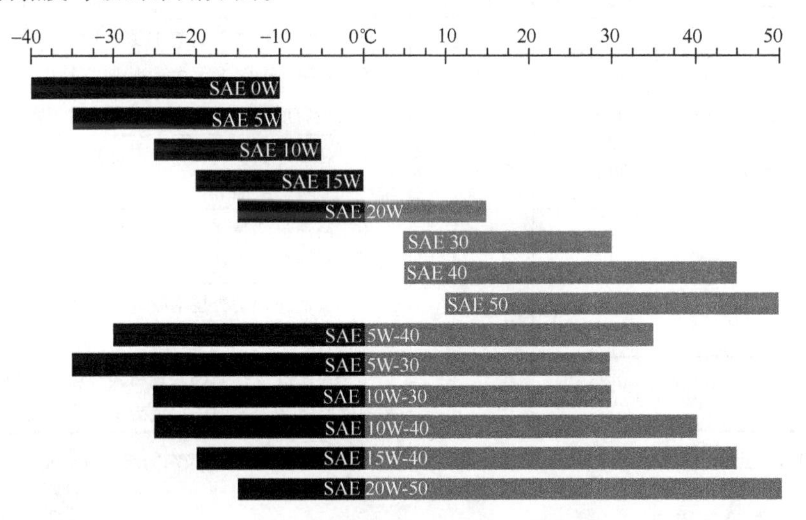

图2-3　机油黏度等级选择的环境温度

（2）机油质量等级的选择　汽油机机油质量等级选择的主要依据是发动机工况的苛刻程度、进排气系统中的附加装置及生产年代等。具体选择方法可参考表2-1。

表2-1　汽油机机油质量等级选用参考表

汽油机机油质量等级	性　能	应用车型
SC	可控制高低温沉积物及磨损、锈蚀和腐蚀	用于国产货车、客车，如以492QG为动力的各类汽车
SD	控制高、低温沉积物、磨损、锈蚀和腐蚀的性能优于SC	用于货车、客车和某些轿车，如解放CA1091、东风EQ1091等车型
SE	具有抗氧化性能及可控制高温沉积物、锈蚀和腐蚀的性能	用于轿车和某些货车，如天津夏利、大发、昌河、五菱等车型

（续）

汽油机机油质量等级	性　能	应用车型
SF	抗氧化和抗磨损性能优于SE，还具有控制沉积物、锈蚀和腐蚀的性能	用于轿车和某些货车，如一汽奥迪、捷达、红旗、CA6440轻客、桑塔纳、切诺基、标致、富康等车型
SG、SH、SL、SM	具有可控制沉积物、磨损和油的氧化性能，并具有抗锈蚀和腐蚀的性能	用于高档轿车，新型电喷车，涡轮增压发动机汽车，例如红旗CA7220AE等车型

柴油机机油质量等级选择的主要依据是发动机的机械负荷和热负荷的总和以及发动机工况的苛刻程度。具体选择方法可参考表2-2。

表2-2　柴油机机油质量等级选用参考表

柴油机机油质量等级	发动机平均有效压力/kPa	发动机的强化系数	燃油含硫量（%）	应用机型
CC	784～980	35～50	<0.4	早期玉柴，扬柴，朝柴4102、4105、6102，锡柴、大柴6110，日野ZM400，五十铃4BD1、4BG1等
CD	980～1470	50～80		康明斯、斯太尔、依维柯、索菲姆等增压柴油机
CE	1470以上	80以上		用于在低速高负荷和高速高负荷条件下运行的低增压和增压式重负荷柴油机
CF-4	……	……		用于高速自然吸气和涡轮增压四冲程柴油发动机，特别适用于高速公路行驶的重负荷货车
CH-4	……	……		用于为适应发动机技术改进和排放法规要求的高速四冲程柴油发动机
CI-4	……	……		用于装配废气再循环装置和尾气后处理技术的高速四冲程自然吸气和涡轮增压重负荷柴油发动机

注：使用CI-4以上级别的柴油机机油，可替代CH-4、CF-4和CE、CD和CC级别的柴油机机油。

3. 机油的使用注意事项

（1）应尽量使用稀机油　在保证发动机润滑可靠的前提下，机油黏度尽可能小些，使其快速循环，及时供应，以充分发挥机油的润滑、清洁和冷却等作用。黏度太大的机油，会使发动机运转阻力增大，油耗增加。但选用黏度太低的机油，会使机油压力过低，润滑油膜变薄，造成密封效果变差。所以应根据车况、季节来正确选用机油。

（2）应尽量使用多级机油　多级机油的黏温性好，使用时间长，可四季通用，便于管理。使用多级机油时，油色容易变黑，机油压力也比普通机油小些，这属正常现象，不影响使用。

（3）应优先选用国产品牌机油　国产长城、南海、飞天等品牌机油质优价廉（仅为进口机油价格的50%～60%），而且符合国际高级润滑油的各项指标，因此可优先选用。

（4）应坚持经济适用的原则　在选择机油的使用级别时，高级机油可以用在要求较低的发动机上，但过多降级使用不经济。切勿将使用级别较低的机油加在要求较高的发动机上使用，否则会加速发动机的磨损而造成过早损坏。

（5）注意机油的混用及代用问题　汽油机机油和柴油机机油原则上应区别使用，只有在汽车制造厂有代用说明或标明是汽油机和柴油机的通用油时，才可代用或在标明的黏度和

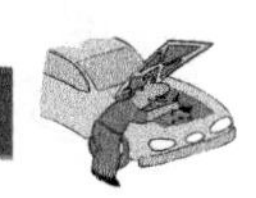

质量级别范围里通用；单级机油和多级机油不要混用；不同牌号机油必要时可临时混用，但不要长期混用。

（6）注意保持合适的油面高度 加注机油时，应注意油量，油量过少，油面就会过低，会引起供油不足并加速机油变质；油量过多，油面就会过高，使机油从活塞和气缸壁的间隙中窜入燃烧室燃烧，使积炭增多。

（7）换油时机应正确得当，确保机油的使用经济有效 在具备油品检测、鉴定等技术条件的情况下，应尽量实行按质换油，以降低用油成本；没有条件时，可按车辆使用说明书规定的换油里程换油。

（8）注意换油的操作步骤和要领 为延长机油的使用期限，在换油时要放净旧机油，并清洗润滑系统；应保持曲轴箱通风装置（PCV）工作良好；添加新油时，应注意不要让杂质和水分混入；换油同时还应更换滤芯。

特别提醒：当前装配废气涡轮增压、废气再循环系统以及尾气后处理等技术的高速高负荷柴油发动机严禁使用含硫量、含水分、含残碳量高，热值低，杂质多的劣质柴油机机油。否则，会导致柴油机性能下降、寿命缩短等严重后果。

2.1.3 润滑脂

润滑脂是指将稠化剂掺入液体润滑剂中制成的一种稳定的固体或半固体润滑产品。在不宜用液体润滑剂的部位使用润滑脂，可起到润滑抗磨、密封防护等作用。例如，汽车的轮毂轴承、各拉杆球头、传动轴万向节等处，均使用润滑脂。

1. 润滑脂的分类及选用

润滑脂的种类有钙基润滑脂、钠基润滑脂、钙钠基润滑脂、汽车通用锂基润滑脂、极压锂基润滑脂、石墨钙基润滑脂等。润滑脂类别标识如图2-4所示。各种润滑脂的特性及适用范围，详见表2-3。

图2-4 润滑脂类别标识

表2-3 各种润滑脂的特性及适用范围

品 种	特 性	适用范围
钙基润滑脂	抗水性好，耐热性差，使用寿命短	使用温度范围为-10~60℃，适用于汽车轮毂轴承、底盘拉杆球节、水泵轴承、分电器凸轮等部位
钠基润滑脂	耐热性好，抗水性差，有较好的极压减磨性能	使用温度可达120℃，只适用于低速高负荷轴承，不能用在潮湿环境或水接触部位
钙钠基润滑脂	耐热性、抗水性介于钙基和钠基脂之间	使用温度不高于100℃，不宜在低温下使用，适用于不太潮湿条件下的滚动轴承，如底盘、轮毂等处的轴承
复合钙基润滑脂	较好的机械安定性和胶体安定性，耐热性好	适用于较高温度及潮湿条件下润滑大负荷工作的部件，如汽车轮毂轴承等处的润滑，使用温度可达150℃左右
通用锂基润滑脂	具有良好的抗水性、机械安定性、防锈性和氧化安定性	适用于-20~120℃宽温度范围内各种机械设备的滚动和滑动轴承及其他摩擦部位的润滑，是一种长寿命通用润滑脂
汽车通用锂基润滑脂	良好的机械安定性、胶体安定性、防锈性、氧化安定性、抗水性	适用于-30~120℃下汽车轮毂轴承、水泵、发电机等各摩擦部位润滑，国产和进口车辆普遍推荐用该润滑脂

（续）

品　种	特　性	适用范围
极压锂基润滑脂	有极高极压抗磨性	适用于-20～120℃下高负荷机械设备的齿轮和轴承的润滑，部分国产和进口车型推荐使用
石墨钙基润滑脂	具有良好的抗水性和抗碾压性能	适用于重负荷、低转速和粗糙的机械润滑，可用于汽车钢板弹簧、半挂车铰接盘、起重机齿轮转盘等承压部位

2. 润滑脂选用注意事项

选用润滑脂时，其性能指标除了应具备适当的稠度、良好的高低温性能，以及抗磨性、抗水性、防锈性、防腐性和安定性等基本条件外，还应注意以下几点：

（1）尽量使用汽车通用锂基润滑脂　汽车通用锂基润滑脂，外观发亮，呈奶油状，滴点高、使用温度范围广，并具有良好的低温性、抗剪磨性、抗水性、抗腐蚀性和热氧化安定性等，是目前汽车最常用的一种多效能润滑脂。

（2）清理润滑部位，保证油脂清洁　加注润滑脂时应特别注意，通过油嘴注入的应擦净油嘴，从油脂枪中先挤出少许润滑脂并抹掉；更换润滑脂的在涂脂前必须用有机溶剂洗净零部件表面并吹干，然后重新加注润滑脂。在更换润滑脂时，要注意不同种类的润滑脂不能混用，即使是同类的润滑脂也不可新旧混合使用。因为旧润滑脂含有大量的有机酸和机械杂质，将会加速新润滑脂的氧化，所以在换润滑脂时，一定要把旧润滑脂清洗干净，才能加入新润滑脂。

（3）用量适当，不宜过多　轮毂轴承的润滑是汽车上最为重要的润滑作业。更换轮毂轴承润滑脂时，应只在轴承的滚珠或滚柱之间塞满润滑脂，而轮毂内腔采用“空毂润滑”，即在轮毂内腔表面仅涂上薄薄一层润滑脂起到防锈作用即可。这样利于散热，并可降低润滑脂的工作温度，防止润滑脂稀化流淌。不要采用“满毂润滑”，即把润滑脂添满整个轮毂内腔，这样既不科学，又很浪费，甚至在汽车频繁制动和制动时间过长的情况下，可能会因轮毂过热而使润滑脂流淌到制动摩擦片表面而引起打滑，使制动失灵，造成车毁人亡。

2.1.4　齿轮油

1. 齿轮油的分类

（1）国外汽车齿轮油的分类（图2-5）　一类是按SAE分类法划分为70W、75W、80W、85W、90、140、250七个黏度级。带“W”字样的为冬季用齿轮油，它是根据齿轮油黏度达到150Pa·s的最高温度和100℃时的最小运动黏度两项指标划分的。不带“W”字样的为夏季用齿轮油，它是根据100℃时的运动黏度范围划分的。另外，还有多级齿轮油，如80W/90、85W/90等。

另一类是按API分类法及工作条件的苛刻程度划分为GL-1、GL-2、GL-3、GL-4、GL-5和GL-6六个使用级。近年来，随着汽车技术的不断发展，许多汽车制造商对汽车齿轮油的要求超过这些技术规范。因此，SAE和ASTM（美国材料试验协会）建议用新的等级表示，即MT-1和PG-2。其中MT-1是机械变速器用油，它的质量高于GL-4，改善了热氧化安定性、

图2-5　齿轮油类别标识

清净性、抗磨性、与密封材料的配伍性。PG-2 质量要求比 GL-5 高，用于驱动桥润滑。

（2）国内汽车齿轮油的分类 目前国内汽车齿轮油的分类方法也有两种，一种是按黏度分类，其分类标准参照 SAE 黏度分类（SAE J306）执行，具体见表 2-4。另一种是按使用性能分类，执行标准为 GB/T 7631.7—1995 的附录 B。

表 2-4 我国汽车齿轮油的黏度分类

黏度牌号	达到 150Pa·s 的最高温度/℃	100℃时运动黏度/mm²·s⁻¹	
		最低	最高
70W	-55	4.1	—
75W	-40	4.1	—
80W	-26	7.0	—
85W	-12	11.0	—
90	—	13.5	24.0
140	—	24.0	41.0
250	—	41.0	—

我国汽车齿轮油的使用级别与 API 分类所对应的关系见表 2-5。

表 2-5 我国汽车齿轮油使用级别与 API 分类对应关系

我国汽车齿轮油	相当 API 分类号
普通车辆齿轮油（SH/T 0350—1992）	GL-3
中负荷车辆齿轮油（GL-4）	GL-4
重负荷车辆齿轮油（GL-5）（GB 13895—1992）	GL-5

目前国内车辆齿轮油 3 类产品标准（GL-4 为企业标准）中已有 17 种标号的系列产品，见表 2-6。

表 2-6 车辆齿轮油质量级别和黏度级别对应组合 17 种标号

质量级别	75W/90	80W/90	85W/90	85W/140	90	140
普通车辆齿轮油（GL-3）		•	•	•	•	•
中负荷车辆齿轮油（GL-4）	•	•	•	•	•	•
重负荷车辆齿轮油（GL-5）	•	•	•	•	•	•

2. 齿轮油的选用

通常按照汽车使用说明书的规定选择与该车型相适应的齿轮油的黏度级及使用级标号，还可参照下列原则选用齿轮油。

（1）根据当地季节气温选择齿轮油的黏度级别 齿轮油的黏度级别有 75W、80W、85W、90、140 和 250 号等标号，分别适用于最低气温为 -40℃、-20℃、-12℃、-10℃、10℃、20℃的地区，应对照当地季节最低气温适当选用齿轮油的黏度级别。

近年来，由于进口品牌的齿轮油在国内大量生产并销售，国内市场上出售的齿轮油基本上都使用国际标准的标号，即 SAE 黏度分级标号和 API 质量分级标号。按照国际标准为汽车选用齿轮油就可以满足汽车使用齿轮油的各项技术要求。旧牌号国产齿轮油与 SAE 规格、

API规格所对应的关系及使用范围，详见表2-7。

表2-7　国产齿轮油与进口齿轮油的对应关系

国产齿轮油	使用范围	相对应的SAE规格（按黏度分类）	相对应的API规格（按质量分级）
20号普通齿轮油	冬季用于一般汽车的齿轮传动装置上	SAE90	GL-2
30号普通齿轮油	长江以南地区全年，长江以北地区夏季，用于一般汽车的齿轮传动装置	SAE140	GL-2
22号渣油型准双曲面齿轮油	冬季用于具有准双曲面齿轮传动装置的汽车上	SAE90	GL-3
28号渣油型准双曲面齿轮油	夏季用于具有准双曲面齿轮传动装置的汽车上	SAE140	GL-3
18号馏分型准双曲面齿轮油	用于气温在－10～30℃地区，具有准双曲面齿轮传动装置的汽车上	SAE90	GL-4
26号馏分型准双曲面齿轮油	用于气温在32℃以上地区，具有准双曲面齿轮传动装置的汽车上	SAE140	GL-4
13号馏分型准双曲面齿轮油	用于气温在－35～10℃严寒地区，具有准双曲面齿轮传动装置的汽车上	SAE85W	GL-5

（2）根据齿轮类型和工况选择齿轮油的使用性能级别　对于一般工作条件下的弧齿锥齿轮主减速器（驱动桥）、变速器和转向器等总成可选用普通车辆齿轮油；对准双曲面圆弧齿轮主减速器，必须根据工作条件选用中负荷车辆齿轮油或重负荷车辆齿轮油。具体选择方法，见表2-8。

表2-8　汽车齿轮油的选择

使用性能级别选择		对应黏度级别（或牌号）的选择	
性能级别	齿轮类型、工作条件和示例	黏度级别	使用气温范围
普通车用齿轮油（GL-3）	工作条件缓和的弧齿锥齿轮主减速器和变速器、转向器（解放CA1091后桥、变速器等）	90	－10℃以上地区全年通用
		80W/90	－30℃以上地区全年通用
		85W/90	－20℃以上地区全年通用
中负荷车用齿轮油（GL-4）	工作条件一般（齿间压力在3000MPa以下，齿间滑移速度在8mm/s以下）的准双曲面齿轮主减速器（东风EQ1090）或要求使用GL-4齿轮油的进口汽车	90（旧18号）	－10℃以上地区全年通用
		旧7号严寒区准双曲面齿轮油	－43℃以上严寒区冬季
		85W/90	－20℃以上地区全年通用
重负荷车用齿轮油（GL-5）	工作条件苛刻的准双曲面齿轮主减速器（丰田皇冠等进口轿车）或要求使用GL-5齿轮油的进口汽车	90	10℃以上地区全年通用
		140（旧26号）	重负荷、炎热夏季
		85W/90	－20℃以上地区全年通用

3. 齿轮油选用注意事项

（1）分清齿轮油和机油的SAE黏度级别　在机油黏度级别分类标准中为避免相互混淆，把高的分级标号用在齿轮油上，而把低的分级标号用在机油上。切不可将齿轮油当成机油使

用，否则会造成发动机粘缸、抱瓦。

（2）分清齿轮油的种类和使用级别　准双曲面齿轮啮合挤压力非常大，普通齿轮油无法保持足够的润滑油膜，如果使用了普通齿轮油，齿轮将很快损坏。也不可随意用准双曲面齿轮油替代普通齿轮油，否则，会造成各啮合齿轮的腐蚀性磨损和不必要的经济损失。应根据齿轮传动的特点及齿轮工作的苛刻条件，选用使用性能级别合适的齿轮油。

（3）不能错误地认为齿轮油的黏度级别越高其润滑性能就越好　若使用黏度标号太高的齿轮油，则会出现供油不及时，润滑不可靠，运动阻力加大，油耗激增，特别是对高速轿车影响更大，所以，应尽可能选用合适的多黏度级齿轮油。

（4）油量要适当，油面高度应合适　用油量应适当，不要过多也不要过少。过多不仅增加搅油阻力和燃料消耗，而且齿轮油容易经后桥壳窜入制动鼓（如果密封不良）造成制动失灵；过少会使润滑不良，温度过高，加速齿轮磨损。齿轮油油面高度一般与变速器、驱动桥壳上的观察螺塞孔下缘平齐即可。

（5）按时换油，合理用油　应按规定换油指标换用新油，无油质分析手段时，可按规定期限换油。汽车制造厂推荐的换油期一般为30000～48000km。换油时，应趁热放出旧油，并将齿轮和齿轮箱清洗干净后加入新油。加新油时，应防止水分和杂质混入。

（6）齿轮油使用禁忌　在使用中，严禁向齿轮油中加入柴油等进行稀释，也不要因影响冬季起步而烘烤后桥、变速器等总成，以免齿轮油严重氧化变质。

2.1.5　液力传动油

液力传动油也称自动变速器油（ATF，Automatic Transmission Fluid），是指专门用于自动变速器（AT）、无级自动变速器（CVT）和双离合自动变速器（DCT）等具有润滑油、液力传递、液压控制功能的特殊油液。ATF对自动变速器的工作、使用性能以及使用寿命都有着非常重要的影响。汽车自动变速器维护保养的主要内容就是对ATF的检查和更换。液力传动油标识如图2-6所示。

图2-6　液力传动油标识

1. 液力传动油的分类

1）国外液力传动油的分类多采用美国ASTM和API共同提出的PTF（Power Transmission Fluid）使用分类法，将PTF分为PTF-1、PTF-2和PTF-3三类。

2）国产液力传动油的分类按100℃运动黏度将液力传动油分为6号和8号两种。国内液力传动油与国外液力传动油的基本对应关系见表2-9。

表2-9　国内外液力传动油对照表

分类	国外分类	国内分类	性能特点	应用范围
PTF-1	通用公司（GM）DEXRON ⅡD、ⅡE、Ⅲ	8号液力传动油	良好的低温起动性能和黏温性能	轿车、轻型货车的自动传力装置
	福特汽车公司（FORD）Mercon、新Mercon和MerconⅤ			
	克莱斯勒（CHRYSLER）MS9006			

（续）

分类	国外分类	国内分类	性能特点	应用范围
PTF-2	艾里逊公司（Allison）的C-3、C-4和C-5	6号液力传动油	适用于重负荷下工作，极压抗磨性要求很高	重负荷货车、履带车、越野车的自动变速器、多级变矩器和液力耦合器用油
	卡特彼勒公司（Caterpillar）To-3、To-4、SAE J1285-80			
PTF-3	约翰狄尔公司（Johndeer）J-120B、J-14B、JDT-303		液压、传动两用油，极压抗磨性和负荷承载能力强	农业和野外建筑机械的液压、齿轮、制动和发动机共用润滑系统
	福特汽车公司（FORD）M2C41A			

2. 液力传动油的选择与使用

（1）液力传动油的选择　按车辆使用说明书的规定，选用适当品种的液力传动油。轿车和轻型货车应选用8号油，进口轿车要求用GMA型、A-A型或Dexron型自动变速器油的均可用8号油代替。重型货车、工程机械的液力传动系统则应选用6号油。

（2）液力传动油的使用注意事项

1）注意保持ATF的正常工作温度。油温过高，易变稀、变质，油压降低，使AT打滑；油温过低，油压变高，时滞时间过长，使AT换档不及时。

2）应经常检查ATF的液面高度。ATF的液面高度检查，分为冷态检查（不行车、不挂档）和热态检查（行车后或停车挂档）两种。检查时要求车辆停在平地上，发动机达到正常工作温度。此时油平面应分别在AT油标尺的冷态上、下两刻线或热态上、下两刻线之间，不足时及时添加。若油面过低，则油压不足而打滑；若油面过高，产生气泡，则同样打滑。

3）按车辆使用说明书的规定更换ATF。通常每行驶10000km应检查油面一次，每行驶30000km应更换油液。应尽量避免人工换油，多采用机器换油。

4）注意观察ATF的品质情况。在检查油面和换油时，在手指上蘸少许油液，检查油质、颜色、气味和杂质等情况，确认ATF是否因打滑或过热等原因变质。现在常用的GM系列Dexron Ⅱ ATF一般染成红色，油质清澈纯净，如颜色变黑、有烧焦味且含有杂质等时，则予以更换。

2.1.6　动力转向传动液和减振器液压油

1. 常用的动力转向传动液及使用注意事项

（1）常用品牌及规格　现代汽车的动力转向系统使用的大多是液压助力系统，不同车型的动力转向系统的精密程度和使用要求有所差异，因此OEM厂家对液压油的选择和换油周期的规定也有所不同。如国内过去一些中低档车的动力转向系统一般用22号汽轮机油或46号液压油，低温寒带地区则选用YH-10号航空液压油、6号或8号液力传动油。现在新型或高档车型多选用ATF或合成液力传动油，这些油品的实际使用性能和寿命都比过去的油品有了很大的提高。动力转向液的选择和更换，一般应根据汽车厂商的车辆保养手册中的规定进行。如：

丰田吉普4700定时定程养护计划规定：每72000km或36个月做一次动力转向系统清洗/

保护；每 48000km 或 24 个月更换动力转向液。

北京众义达汇诚汽车销售服务有限公司针对帕萨特系列动力转向系统规定：每 60000km 检查转向液面，必要时加注转向液。

浙江吉奥汽车规定：每行驶 40000～45000km 需清洗保养一次动力转向系统。若遇转向困难、系统渗漏，则在更换动力转向系统有关配件后，还须清洗保养一次动力转向系统。

（2）使用注意事项

① 油液品质应符合规定。液压动力转向系统所使用的油液牌号，应符合原厂规定。油液应具备良好的黏温特性、耐磨性、抗氧化性、润滑性等性能，并无杂质和沉淀物等。无原厂规定牌号的油液时，可用 13 号机械油或 8 号液力传动油代替，但两种油液不可混用。

② 定期检查转向油罐的液面高度。结合维护周期检查转向油罐液面高度是否在规定刻线之间，不足时应添加；添加的油液要经过滤清，品种要与原油液相同。

③ 应适时换油。因液压动力转向系统的油液是在高温高压下工作的，易变质，所以，要定期更换，一般一年更换一次，或按原厂规定进行更换。换油时，将前轴顶起，发动机以怠速运转，拆下转向器下部的放油螺塞，左、右打转向盘至极限位置数次，待原来旧油液排完时立即停熄发动机并旋上放油螺塞，然后按规定加满新油即可。

④ 应及时排除系统内的空气。在转向系统加油时或转向系统混入空气时，需要将空气排出。排气的方法是先将油液加注到油罐规定的液面高度，然后起动发动机，在怠速状态下左、右打转向盘到极限位置（在极限位置停留不得超过 10s，以防油泵发热而被烧坏），反复几次，并不断往油罐补充油液，同时，松开系统中的放气螺钉，直到油液充满整个系统，放气口没有气泡冒出，油罐内油面不再下降为止，然后扭紧放气螺钉即可。

⑤ 切勿将动力转向液当成制动液来使用。因动力转向液和制动液的流动性、沸点及与橡胶等密封件的配合性等不同，所以，在维修车辆时要特别注意切勿将动力转向液当成制动液来使用，否则会导致制动失灵。另外，转向时不可将方向“打死”，否则易烧坏转向助力泵。

2. 常用的减振器液压油及使用注意事项

（1）常用品牌及规格　汽车减振器油一般是用深度精制的矿物油作为基础油料，再加入油性剂等功能添加剂调制而成的，其标识如图 2-7 所示。如上海产的 190 型汽车减振器油，以深度精制的不同黏度的低凝点矿物油和合成油为基础油，加入各类质量稳定的能提高油品性能的添加剂配制而成，具有优良的抗剪切稳定性、低温性能、抗磨性和低蒸发性等性能，而且与橡胶等密封件有较好的配合性，适用于各类中高级轿车、面包车、大型货车的减振器。该产品按黏度指数分为三个等级，用户可根据使用说明来选用。表 2-10 所列为其典型技术数据，选用时，可作为参考依据。

图 2-7　减振器油标识

表 2-10　典型技术数据

项　　目	典型数据	实验方法
外观	黄色透明液体	目测
运动黏度（40℃）/(mm^2/s)	10.68	GB/T 265
黏度指数	132	GB/T 1995

（续）

项　目	典型数据	实验方法
闪点（开口）/℃	163	GB/T 3536
凝点/℃	-48	GB/T 510
腐蚀试验（100℃，3h，T2）级	1b	GB/T 5096

（2）使用注意事项

① 应保持减振器密封良好，无渗漏现象。在40000～50000km定期维护时，应拆检减振器并更换减振器液压油，且油量要合适。

② 应妥善保管。不要放置于严寒或温度超过60℃的地方；要防止水分、机械杂质混入；切勿与其他油品混合使用。

2.1.7　制动液

1. 制动液的分类

汽车制动液是汽车制动系统中传递能量的一种功能液，要求在各种气候条件下都能保持良好的性能，其质量优劣直接关系到汽车行驶安全。我国制动液从其发展里程分为醇型、矿油型和合成型三种类型。其中，醇型与矿油型已经淘汰，目前市场上供应的制动液均为合成型。

合成型制动液为人工合成，由聚醚、水溶性聚酯和硅油等为主体，加入润滑剂和添加剂组成。其使用性能良好，工作温度可达200℃以上。该类制动液对橡胶和金属的腐蚀作用均很小，适合于高速、大功率、重负荷和制动频繁的汽车使用，因此成为目前使用最多最广的一种制动液。合成型制动液又分为醇醚型、酯型和硅油型三大类型，但使用最多的是醇醚型和酯型。

（1）醇醚型（常见于DOT3）　醇醚型的化学成分为低聚乙二醇或丙二醇。低聚乙二醇或丙二醇具有较强的亲水性，所以在使用或贮存的过程中其含水量会逐渐增高。由于制动液的沸点会随着水分含量的增高而降低，其制动性能会随之下降。

注意：当发现需要用力踩制动踏板才能制动时，则很可能是制动液的水分含量过高，此时应及时更换。

（2）酯型（常见于DOT4）　酯型则是在醇醚型的基础上添加大量的硼酸酯。硼酸酯是由低聚乙二醇或丙二醇通过和硼酸的酯化反应而成的。硼酸酯的沸点比低聚乙二醇或丙二醇更高，所以其制动性能更好。硼酸酯还具有较强的抗湿能力，它能分解所吸收的水分，从而减缓了由于吸水而导致的沸点下降。所以酯型性能比醇醚型更好，价格也更高。

（3）硅油型（常见于DOT5）　硅油型的化学成分为聚二甲基硅氧烷。硅油型制动液的沸点在三类制动液中是最高的（表2-11），所以价格也最贵。聚二甲基硅氧烷具有很强的疏水性，因此硅油型制动液几乎不吸收水分。

表2-11　制动液性能指标（沸点）

沸点（平衡环流沸点）	工作情况	DOT3	DOT4	DOT5
	干	205℃以上	230℃以上	260℃以上
	湿	140℃以上	155℃以上	180℃以上

特别提醒：硅油型制动液对水分有极强的排斥能力，从而使进入制动管道内的水分不能与制动液混溶，而以水的形态存在。相对于制动液而言，水的沸点极低，故在车辆紧急制动或频繁制动时，使不混溶的水分容易沸腾而导致制动性能急剧下降。硅油型制动液的应用范围较窄，应谨慎选用。

2. 制动液的常见标准和规格

（1）SAE 标准　美国汽车工程师协会（SAE）在其 2004 年 SAE J 系列标准中，将制动液分为三类：J1703、J1704 和 J1705。

（2）DOT 标准　美国联邦政府运输部（DOT）在 2004 年标准中，将制动液分为四类：DOT3、DOT4、DOT5 和 DOT5.1。

（3）JIS K 标准　日本 1964 年制定了制动液的标准（Japan Industral Standard），2006 年 JIS K 2233-1995 将制动液分为 BF-3、BF-4、BF-5 和 BF-6。

（4）ISO 标准　国际标准化组织（ISO）2005 年修订版将制动液分为 Class3、Class4、Class5.1 和 Class6。

（5）中国　GB 12981—2012《机动车辆制动液》，提出将合成型制动液分为四级：HZY3、HZY4、HZY5 和 HZY6。

制动液标识如图 2-8 所示。表 2-12 为国内外常见制动液标准的对照表，维护保养车辆时可参照使用。

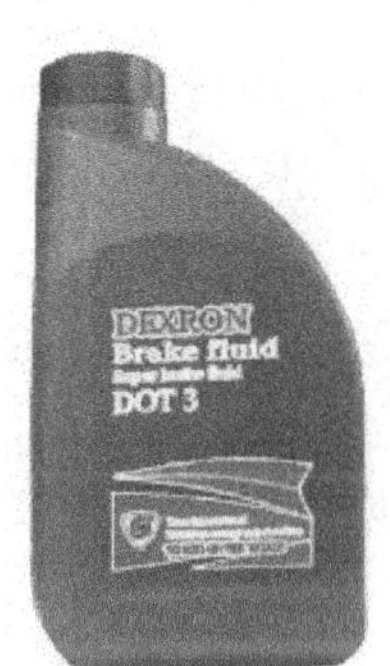

图 2-8　制动液标识

表 2-12　制动液标准对照表

JIS K 2233：2006	BF-3	BF-4	—	BF-5		BF-6
FMVSS NO. 116：Dot 1：2002	DOT3	DOT4		DOT5.1	—	—
SAE J1703：Jun 2003	J1703	—	—	—	—	—
ISO 4925：2005	Class3	Class4	—	Class5	—	Class6
GB 12981—2012	HZY3	HZY4		HZY5	—	—

特别提醒：市场上的杂牌产品大多采用价格便宜的甲醇原料，由其兑水生产的制动液沸点远远达不到国标要求。劣质制动液会导致制动系统内的金属锈蚀，制动主缸和轮缸的皮碗软化、破裂，极易导致制动失灵，严重威胁行车安全，应严禁使用。

3. 制动液的选用注意事项

（1）不能混合使用制动液　各种制动液绝对不能混用，否则会因分层而失去制动作用。

（2）应保持制动液的清洁　加注或更换制动液时要注意清洁，制动液须经过过滤，不允许细微杂质混入制动系统。

（3）应防止制动液的吸潮　存放制动液的容器要密封好，防止水分混入和吸收水汽使沸点降低；更换下来和未密封好的制动液不能继续使用。

（4）应定期更换制动液　由于醇醚类制动液有一定的吸水性，在一般情况下，制动液应在使用一两年后进行更换，以防制动液吸潮后影响制动性能。更换制动液应在每年雨季过

后进行。

（5）注意检查制动液的温度　在山区下长坡连续使用液压制动，或在高温地区长期频繁制动时，制动蹄片温度可达350～400℃，使制动液温度随之升高达150～170℃，此时，已超过一般合成制动液的潮湿沸点。因此，要注意检查制动液温度，以防因气阻发生交通事故。

（6）注意对液压制动系统的保护　防止矿物油混入使用醇型和合成型制动液的制动系统。使用矿物油制动液，制动系统应换用耐油橡胶件；使用醇型制动液前，应检查是否有沉淀，如有沉淀应过滤后再使用。

2.1.8　冷却液

1. 冷却液的分类及选用

（1）汽车常用冷却液的种类　现代汽车所用冷却液是指在原来防冻液的基础上再加防沸剂、防锈剂和防垢剂等添加剂，从而具有防结冰、防沸腾、防锈蚀和防水垢等综合作用的冷却媒介，适用于全国全年各种车辆使用。因过去主要用于防结冰，故许多地方仍称其为防冻液。应注意区分现代冷却液和过去单纯防冻液之间的区别，不要存在冷却液就是防冻液，它只是用于北方地区车辆冬季冷却的错误认识（图2-9）。目前，国产常用的冷却液有以下几个品种：

图2-9　冷却液标识

1）乙二醇-水型冷却液。乙二醇是一种无色微黏的液体，沸点是197.4℃，冰点是-11.5℃，能与水任意比例混合。混合后由于改变了冷却水的蒸气压，冰点显著降低。其降低的程度在一定范围内随乙二醇含量的增加而增加。当乙二醇的含量为68%时，冰点可降低到-68℃，超过这个限量时，冰点反而要上升。乙二醇冷却液在使用中易生成酸性物质，对金属有腐蚀。因此，应加入适量的磷酸氢二钠等以防腐蚀。乙二醇有毒，但由于其沸点高，不易产生蒸气被人吸入体内而引起中毒。乙二醇的吸水性强，贮存的容器应密封，以防吸水后溢出。由于水的沸点比乙二醇低，使用中蒸发的是水，故缺冷却液时，只要加入纯净软水就行了。这种冷却液用后，经过沉淀、过滤，加水调整浓度，补加防腐剂后，还可继续使用，一般可用3～5年。

2）酒精-水型冷却液。酒精的沸点是78.3℃，冰点是-11.4℃。酒精与水可任意比例混合，组成不同冰点的冷却液。酒精的含量越多，冰点越低。酒精是易燃品，当冷却液中的酒精含量达到40%以上时，就容易产生酒精蒸气而着火。因此，冷却液中的酒精含量不宜超过40%，冰点限制在-30℃左右。酒精-水型冷却液具有流动性好、散热快、取材方便、配制简单等优点。它的缺点是沸点低、蒸发损失大、容易着火。酒精蒸发后，冷却液成分改变，冰点升高，所以在高原地区行驶的汽车不宜使用酒精-水型冷却液。

3）甘油-水型冷却液。甘油-水型冷却液不易挥发和着火，对金属腐蚀性也小，但甘油降低冰点的效率低，配制同一冰点的冷却液时，比乙二醇、酒精的用量大。因此，这种冷却液用得较少。

（2）冷却液的选用

1）根据环境温度选择冷却液的冰点。冷却液的冰点是冷却液最重要的指标之一，是

冷却液能不能防冻的重要前提。一般情况下冷却液的冰点应选择低于当地冬季最低气温10～15℃，如当地最低气温为－30℃，则冷却液的冰点应选择在－45℃以下。北京油脂化工厂生产的3号冷却液，或者青岛日用化工厂生产的FG-40冷却液等可供选择。如果选择乙二醇母液，则还可配制成浓度为59%，冰点为－50℃，密度为1.0786g/cm^{3}的乙二醇冷却液。

2）根据车型不同选择冷却液。一般情况下进口车辆，国内引进生产车辆及高中档车辆全年应选用永久性冷却液（2～3年），普通车辆冬季可直接使用防冻液，夏季换用软水即可。

3）按照车辆多少和集中程度选择冷却液。车辆较多又相对集中的单位和部门，可以选用小包装的冷却液母液，这种冷却液母液性能稳定，由于采用小包装，便于运输和贮存。车辆少或分散的情况下，冬季可直接使用实用型的防冻液。

4）应兼顾防锈、防腐及除垢能力来选择冷却液。冷却液除了具有防结冰的重要作用外，防锈蚀也很关键。所以宜选用加有防腐剂、缓蚀剂、防垢剂和清洗剂等添加剂的产品。

5）选用与橡胶密封件和橡胶水管相匹配的冷却液。冷却液对橡胶密封件及橡胶水管应无溶胀和侵蚀等副作用。

2. 冷却液的使用注意事项

1）冷却液及其添加剂均为有毒物质，切勿直接接触皮肤，要放置于安全场所。

2）冷却液的使用浓度（体积百分数）一般不要超出40%～60%的范围。

3）除乙二醇-水型冷却液外，其他品种放出的冷却液不宜再使用，应严格按有关法规处理废弃的冷却液。

4）更换缸盖、缸垫、散热器时，必须更换冷却液。

5）发动机“开锅”时，冷却系统内处于高温、高压状态，因此，“开锅”时切勿打开散热器盖，以防烫伤。

6）必须在发动机处于冷态时添加冷却液，以免高温机体水套遇冷炸裂，损坏发动机。

7）在冬季紧急情况下，若全部加入了纯净的软水，则必须尽快按规定添加冷却液添加剂，使冷却液浓度恢复到正常状态，以防水套结冰。

8）冬季来临前应检查冷却液浓度，并按规定调配，保证冷却液具有足够的防冻能力。

2.1.9　制冷剂

我国于1992年规定：各汽车厂从1996年起在汽车空调中逐步用新型制冷剂R-134a（图2-10）替代R-12，在2000年生产的新车上不准再用R-12。因此，汽车使用和维修人员必须了解和熟悉新型制冷剂R-134a的特点，以便能够熟练、正确地使用制冷剂。汽车用制冷剂标识如图2-10所示。

图2-10　汽车用制冷剂标识

1. 制冷剂R-134a的主要特点

1）R-134a不含氯原子，不破坏大气臭氧层。

2）R-134a有良好的安全性能（不易燃、易爆，无毒，无刺激性、无腐蚀性）。

3）R-134a的传热性能好，因此制冷剂的用量可大大减少。

2. 制冷剂的使用注意事项

1）检修制冷系统时应做好安全防护，避免手和眼睛等处皮肤接触液态制冷剂，以免被冻伤。

2）由于冷冻油与R-134a在高温区和低温区会产生“两者分离”现象，在加注R-134a时需要将它放在盛热水的容器里进行加热，但温度不要超过40℃。绝对禁止用喷灯一类的加热装置加热，要尽量防止出现“两者分离”现象，以免给压缩机的排气压力和制冷带来不良影响。

3）R-134a系统必须使用专用密封圈与密封垫，否则会起泡失效，从而导致制冷剂泄漏。

4）在加注R-134a时，应使盛R-134a的容器保持在直立状态，确保R-134a以气态方式进入系统，否则，R-134a可能会以液态方式进入压缩机，使压缩机损坏。另外，加注作业必须在空气流通的地方进行，以防操作人员因缺氧而窒息。

5）储液干燥器（或气液分离器）必须密封保存，其安装要迅速，否则，空气进入储液干燥器后会使干燥剂吸湿能力减弱，甚至失效。

2.1.10　汽车轮胎

轮胎是汽车行驶系统的主要安全部件，轮胎是否合理使用关系到汽车的行驶安全、能源消耗和汽车运输成本的高低。轮胎的使用费用约占汽车成本的10%以上，轮胎使用维护的好坏，可使汽车油耗的变化幅度达到10%~15%。早在1990年，我国交通部就发布第13号《汽车运输业车辆技术管理规定》，明确要求加强汽车轮胎的管理，提高轮胎使用维护技术水平。

1. 汽车轮胎的分类及规格

（1）轮胎的分类　轮胎的类型较多，按胎面花纹可分为普通花纹轮胎、混合花纹轮胎和越野花纹轮胎；按胎体中的帘线排列不同可分为普通斜交胎、带束斜交胎和子午线轮胎；按有无内胎可分为有内胎的轮胎和无内胎的轮胎。

（2）轮胎的规格　轮胎规格常用一组数字和英文字母表示。例如，165/70R14表示轮胎宽165mm，高宽比70%，轮辋直径14in。中间的字母或符号有特殊含义：“X”表示高压胎；“R”“Z”表示子午胎；“—”表示低压胎。

注意：轿车和载货汽车、有内胎和无内胎轮胎的规格表示方法不同。

（3）轮胎规格最新表示方法及有关文字含义　下面以P225/60 R17 99H轿车轮胎为例（图2-11）解释轮胎规格及胎侧主商标、辅商标、规格、负荷、结构、认证、生产周期，用途等文字标记的含义。

1）轮胎断面宽度：是指两个胎侧之间的宽度，一般用英文字母W来表示，单位为毫米。

2）轮胎断面高度：是指胎根与胎冠之间的高度，一般用英文字母H来表示，单位为毫米。

3）扁平率（即高宽比）：是指轮胎断面高度相对轮胎断面宽度所占的百分比。扁平率越小，轮胎越扁平，轮胎的舒适及制动性能越高。

4）轮胎的结构：如“R”或“Z”表示该轮胎为子午线结构，也就是说它的帘布层是呈子午线状排布在胎体内的。“B”表示轮胎为斜交结构，目前斜交结构的轿车轮胎已不复存在。

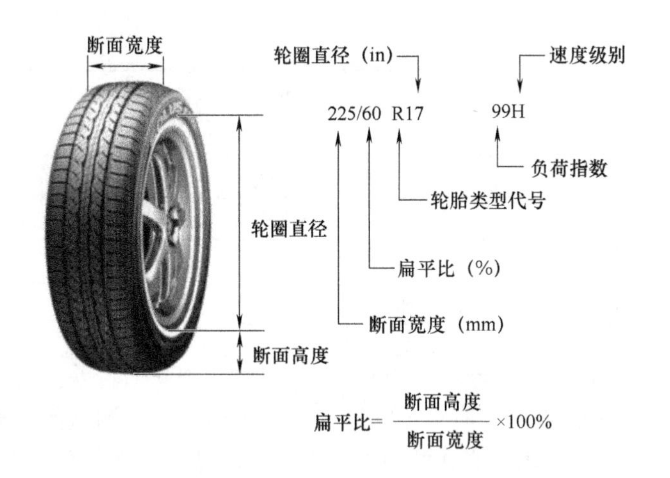

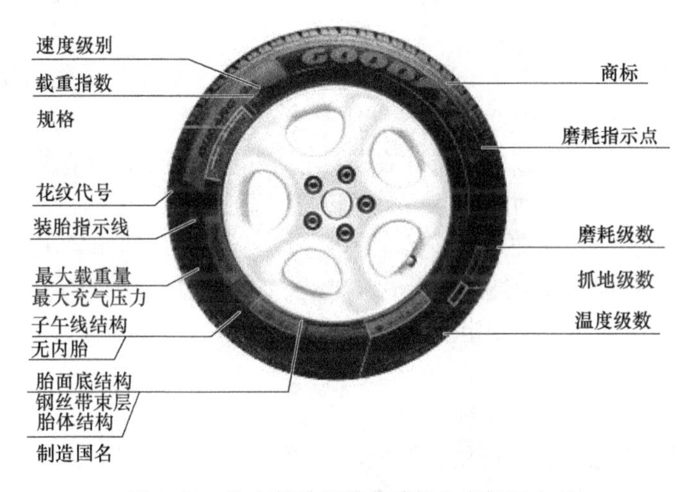

图 2-11　汽车轮胎规格及胎侧文字标记含义

5）载重（负荷）指数：是指轮胎的最高载重量。不同的载重指数代表不同的最高载重量（通常以磅或公斤力为单位）。

6）速度代号（级别）：是指轮胎的最高速度级别，单位是 km/h。速度代号与最高车速之间的对应关系见表 2-13。

7）DOT：表示该轮胎符合美国交通协会（U. S. Department of Transportation，DOT）规定的安全标准。“DOT” 后面紧挨着的 11 位数字及字母则表示此轮的识别号码或序列号。

8）轮胎分级：是指统一轮胎品质分级系统（Uniform Tire Quality Grading System，UTQG）。除雪地胎外，DOT 要求制造厂依据 “胎面磨耗” “抓地力” 及 “耐高温” 三个性能要素将轿车轮胎进行分级。

表 2-13　速度代号与车速对应关系

速度代号	速　度	速度代号	速　度	速度代号	速　度	速度代号	速　度
A1	5	B	50	L	120	U	200
A2	10	C	60	M	130	H	210
A3	15	D	65	N	140	V	240

（续）

速度代号	速　度	速度代号	速　度	速度代号	速　度	速度代号	速　度
A4	20	E	70	P	150	Z	240以上
A5	25	F	80	Q	160	W	270以上
A6	30	G	90	R	170	Y	300以下
A7	35	J	100	S	180		
A8	40	K	110	T	190		

9）胎面磨耗率：超过100为较优，100为标准，低于100为较差。

10）磨耗等级：是根据美国政府指定的试验场地按标准条件测试的磨耗率换算得出的。如某轮胎磨耗等级为200，则表示它在政府指定的试验场地上比等级为100的轮胎可以多跑一倍的时间。而实际上轮胎的磨耗率与使用条件有关，例如：驾驶习惯，路面状况，气候，车轮定位等。

注：磨耗率只能适用于同一制造商的产品进行比较，不同品牌不能比较。

11）抓地力：A为最佳，B为中等，C为一般。

12）抓地等级：是指轮胎按标准条件在美国政府指定的测试场地，在湿滑沥青路面和水泥路面所表现的直线行驶制动性能，不包括转弯性能。

13）温度等级：是指按标准条件在指定的室内实验室的试验车轮上测试，轮胎所表现的抗热量产生能力。持续高温会造成轮胎材质老化，从而缩短轮胎的使用寿命，温度过高则可导致爆胎。因此美国联邦法律规定所有轮胎至少必须通过C级温度等级。A为最佳，B为中等，C为一般。

2. 汽车轮胎的选用更换注意事项

（1）合理选用、搭配轮胎　选用、搭配轮胎要因车而异，同车、同轴不要混装不同规格、不同品牌的轮胎。如果将两种不同规格的轮胎装在同一轴上，就会造成转向过度或不足，容易导致侧滑；轻者影响汽车的操纵灵活性，重者会造成车祸；此外，应尽量避免同车混装不同品牌的轮胎，因为不同品牌轮胎即使是许多参数相同，但其轮胎花纹、轮胎质量等也有很大区别，从而不能保证行车安全。轮胎规格必须与轮辋规格相配；同一车轴应搭配规格、花纹及层级相同的轮胎；轮胎花纹应根据道路条件选择，搭配有方向花纹的轮胎时，花纹“人”字尖端的指向应与车轮前进旋转方向一致。在优先考虑选用原厂轮胎的同时，也可以根据自身需求，换装汽车制造厂商所认定的配套轮胎。

（2）正确检查胎压，合理充气，保持正常气压，避免爆胎　有些车主和维修工利用经验按照轮胎的下沉量、触地面积等来判断轮胎气压是否充足，这是很不科学的。现在轮胎种类繁多，有些轮胎胎压很足时依然与地面保持很大的接触面积，因此气压量表所检测出的气压才是充气时的真实气压。充气不足会加速轮胎磨损，而充气过量时，轮胎帘线会过分伸张，会降低其使用寿命，甚至直接导致爆胎。充气前要检查轮胎气门嘴，看它与气门芯的配合是否平整，若有凹凸不平等缺陷则需要更正，否则不宜充气及测气压。充气前擦净气门嘴上的灰尘，充入气体不要含有水分或油液，若混入水分或油液等杂质则会加速轮胎的老化。另外，轮胎充气一定要等到车凉胎热散去以后进行，否则高温下会影响轮胎气压，使充气不准。轮胎气压是决定轮胎使用寿命和工作好坏的主要因素。气压过低时，胎体变形增大，造

成内应力增加，使轮胎过度升热升温；胎面接触面积增大，磨损加剧，尤其是胎肩部分；滚动阻力增大，燃料消耗增加；双胎中一胎气压过低会使另一胎超载损坏。气压过高时，使胎冠部分磨损加剧，动载荷增大，胎冠易爆裂。

（3）前后轮胎要正确及时换位，防止产生不均匀磨损　车辆行驶到一定里程后（一般为 10000km）就应进行轮胎换位。因发动机一般都置于汽车前面，故前、后桥所承担的负荷不同，而且汽车在制动过程中由于惯性作用，前轮的负荷通常占汽车全部负荷的 70% ~ 80%，这势必造成前胎磨损较快，为减轻这一现象所带来的不均匀磨损，应及时将前后轮胎换位使用。轮胎换位的基本方法有循环换位法和交叉换位法两种，具体选用何种方法应根据轮胎的规格、品种不同而定。

（4）对在用轮胎应定期进行平衡检查　轮胎平衡分为动态平衡与静态平衡两种。动态不平衡会使车轮摇摆，难以操纵，并产生波浪形磨损；静态不平衡会使车辆在行驶时，产生颠簸和跳动现象，使轮胎表面产生平斑形磨损。所以定期做动、静平衡检查并调整不平衡量可延长轮胎寿命，提高汽车行驶的稳定性，避免在高速行驶时因轮胎摇摆、跳动失去控制而造成交通事故。

（5）精心驾驶，掌握车速，控制胎温　驾驶中，要注意起步平稳、加速均匀、选好路面、减少转向、少用制动。坚持经济车速（中速）行驶，避免胎温超过 100℃。过热时，严禁用放气、泼水等方法降压。

（6）适时淘汰磨损超限的轮胎　欲淘汰轮胎，首先要观察其磨损程度，当磨损标志显露时就要淘汰了。一般情况下，轮胎使用至 40000 ~ 50000km 时，就应淘汰。如果行驶里程较少，但使用时间已超过两年以上的同样应淘汰掉。因为轮胎是用橡胶材料制成的，受环境影响，使用时间一长，就会发生变质老化现象，存在龟裂、爆胎等隐患，从而影响行车安全。

2.2　现代汽车维护与保养的工量具、仪器及设备使用技术

现代汽车维护保养的清洁、检查、紧固、润滑、调整和补给六大作业，均要用到汽车通、专用工量器具、检测仪器和维护保养设备。尤其在汽车二级维护前，必须进行检测诊断，以确定二级维护的附加作业或小修项目。而且现代汽车一、二级维护结束后，必须进行竣工检验，二级维护还要进行过程检验。所以，对汽车维护与保养的工量器具、仪器和设备的选用，操作正确与否，将直接影响到汽车维护作业的速度和保养质量的好坏，并可避免不必要的附加作业或小修项目，从而节省维护费用。因此，作为专业汽车维修工，在汽车的各级维护保养作业中，必须熟练掌握汽车通、专用工量器具、检测仪器和维护保养设备的结构原理和使用操作技术，为按期按质完成汽车维护保养任务奠定基础。

2.2.1　汽车维护与保养所需通、专用工具及其使用技术

2.2.1.1　通用扳手

汽车维护保养作业中通用的扳手有呆扳手、梅花扳手、套筒扳手、空心螺栓扳手、管子扳手、活扳手等。扳手可用来拆装带角的螺栓或不带角的圆柱螺栓。

1. 呆扳手

(1) 用途　呆扳手是汽车维修中最常用的工具之一，如图2-12所示，可用来拆装一般螺栓。

(2) 使用注意事项

1) 在使用呆扳手时，为了使扳手不致损坏或滑出，在最初旋松和最后旋紧螺栓时，拉力应施加在较厚一边扳口上。

2) 在使用呆扳手时，最好的效果是拉动，若必须推动时，只能用手掌来推，且手指要伸直，以防螺栓突然松动时碰伤手指，如图2-13所示。

图2-12　呆扳手

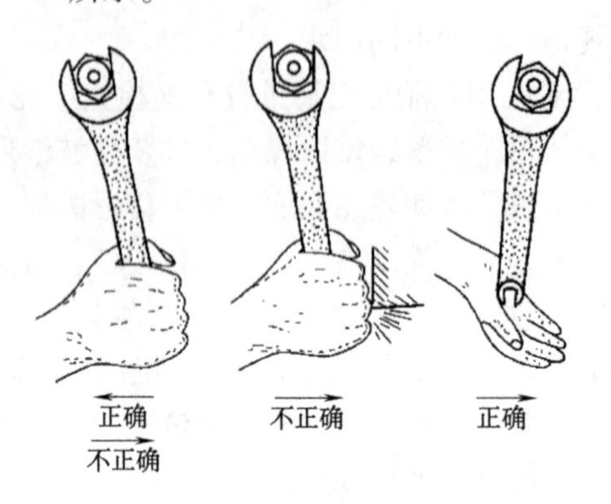

图2-13　呆扳手的使用

2. 梅花扳手

(1) 用途　梅花扳手也是汽车维修工作中最常用的工具之一，如图2-14所示。因其工作部分是封闭的环状，故用起来对螺栓或螺母的棱角损害小，使用比较安全。专门用于拆装进、排气支管螺母的半月形梅花扳手如图2-15所示。

图2-14　梅花扳手

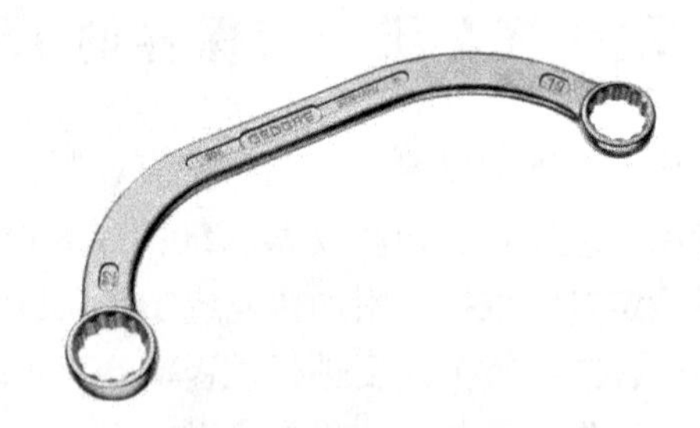

图2-15　半月形梅花扳手

(2) 使用注意事项

1) 使用梅花扳手时，扳口与螺母的尺寸必须符合。如果松动则容易滑脱，易损坏扳手及螺母的棱角，甚至会将手碰伤，如图2-16所示。

2) 在工作中遇到较紧的螺栓不易旋松时，禁止在扳柄上再增加力臂或用锤子锤击扳柄，以免折断扳手。

3. 套筒扳手

套筒扳手使用灵活且安全，不易损坏螺母的棱角，特别适合于空间小的地方使用。它一

般由套筒与扳手组成，可与多种扳手、万向节头、长短接杆、旋具配合使用，如图 2-17 所示。

（1）常用套筒扳手的组合使用

1）与滑动扳手的组合使用。如图 2-18 所示，它可以调整所需要的力臂。使用时，可根据螺栓的松紧程度不同而调整扳手的长度，从而达到所需的力臂。

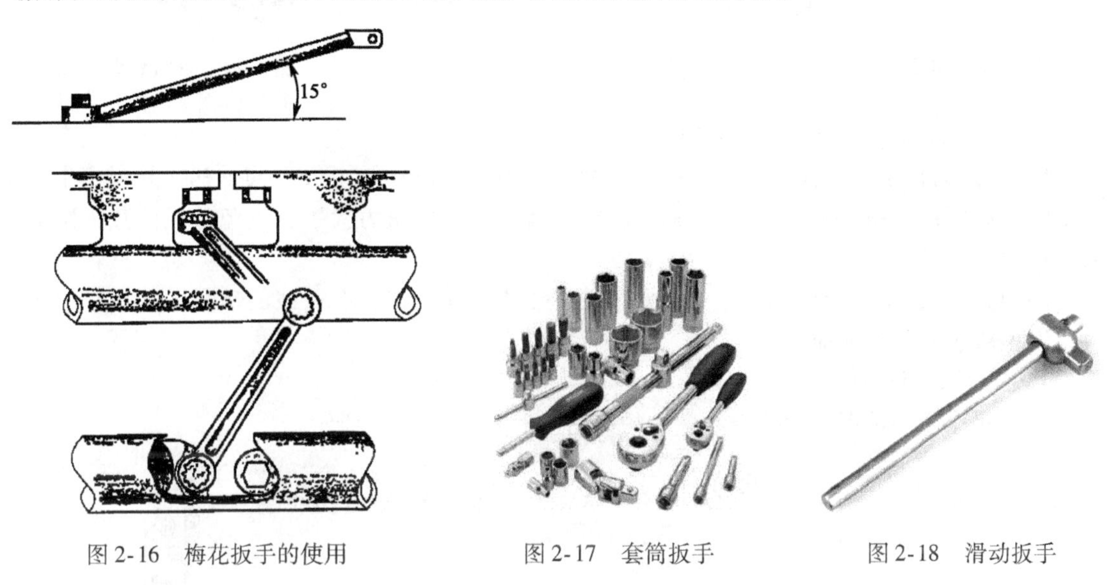

图 2-16　梅花扳手的使用　　图 2-17　套筒扳手　　图 2-18　滑动扳手

2）与快速扳手（摇把）的组合使用。如图 2-19 所示，可用来加快拆下或装紧螺栓的速度，但不能达到较大扭力。

3）与棘轮扳手的组合使用。如图 2-20 所示，它具有棘轮，当扳手朝一个方向转动时，套筒就被锁住而跟随扳手转动，当扳手回转时，棘轮就放松套筒，使套筒空转，省去了从螺栓上取下套筒的麻烦。

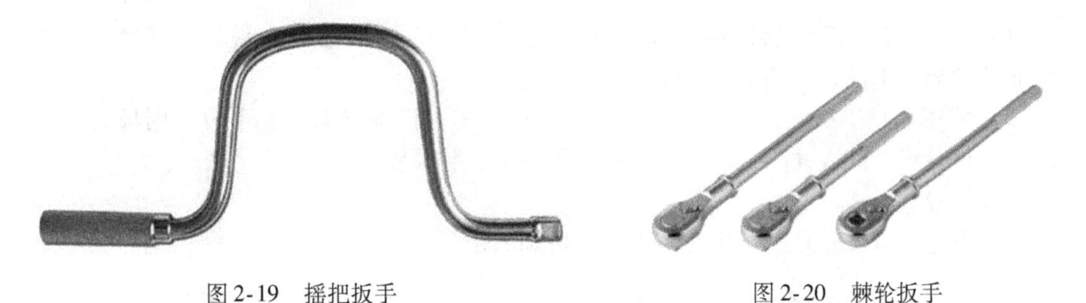

图 2-19　摇把扳手　　图 2-20　棘轮扳手

4）与扭力扳手的组合使用。指针式扭力扳手如图 2-21 所示，它有一根长的弹性杆，一端装手柄，另一端有安装套筒的方头；方头的上端装有一根长指针，刻度盘固定在手柄座上；当扳手弹性杆与刻度盘一起朝旋转方向转动一个角度时，指针尖就在刻度盘上指示出拧紧力的大小。图 2-22 所示为市场上越来越常见的精度更高的数字式扭力扳手。

5）与万向节头的组合使用。如图 2-23 所示，主要用于受限制部位螺母的拆卸，可与上述各种套筒扳手配合使用。

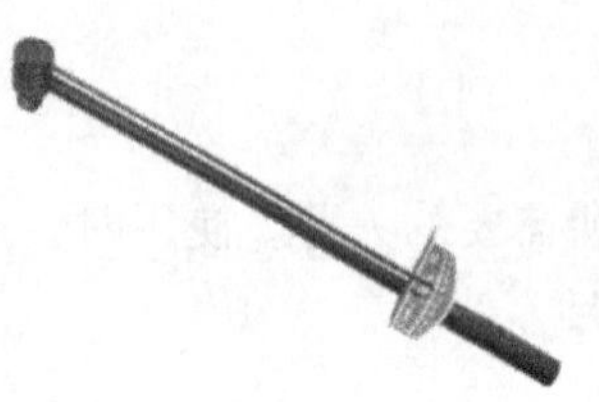
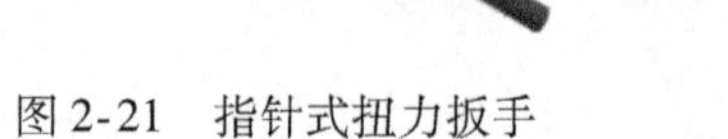

图2-21　指针式扭力扳手

图2-22　数字式扭力扳手

图2-23　万向节头

（2）常用套筒扳手的使用注意事项

1）与扭力扳手组合使用时，一手按住套筒，另一手拉动扭力扳手的手柄，并观察指针指示的力矩值，如图2-24所示。切忌在过载的情况下使用扭力扳手，以免造成读数失准或扳手损坏。

2）与棘轮扳手组合使用时，一定要搞清楚锁止方向，切忌在过载的情况下使用棘轮扳手，以免造成棘轮滑牙损坏。

4. 空心螺栓扳手

空心螺栓扳手是用于拆装空心螺栓的专用扳手，如图2-25所示。

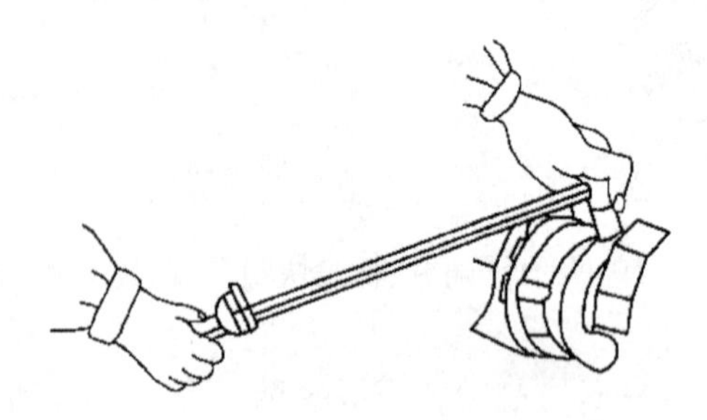

图2-24　扭力扳手的使用

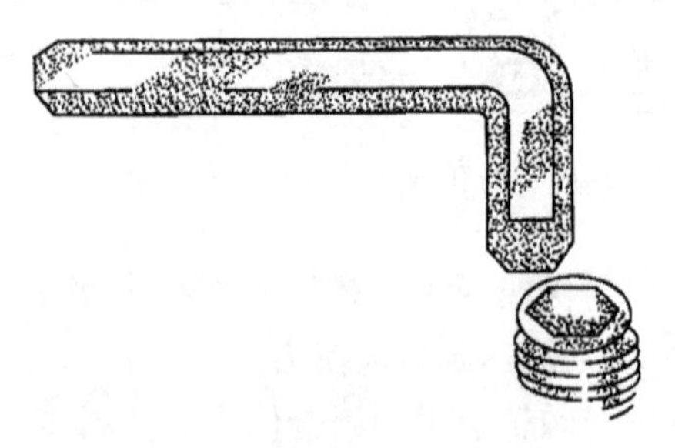

图2-25　空心螺栓扳手

5. 管子扳手

（1）用途　用来转动转向横拉杆、扭杆弹簧等管子、圆棒形零部件以及其他扳手难以夹持的光滑圆形工件，如图2-26所示。

（2）使用注意事项　操作时，要注意其扳口方向，正确方向应朝下方。因扳口上有齿牙，工作时会将工件表面咬毛，故禁止用管子扳手拆装螺栓。

6. 活扳手

活扳手的开口尺寸是在一定范围内任意可调的，如图2-27所示。

图2-26　管子扳手

图2-27　活扳手

（1）用途　用于拆装不规则的螺母或螺栓。

（2）使用注意事项

1）使用活扳手时，应将活动钳口调整合适。

2）工作时，应使扳手可动部位承受推力，固定部分承受拉力，并且用力应均匀。图2-28a所示为正确使用方法，图2-28b所示为错误使用方法，应注意区分。

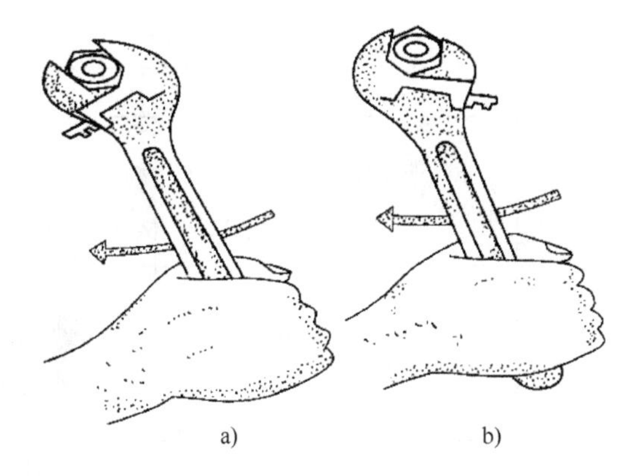

图2-28　活扳手的使用

7. 气动扳手和电动扳手

气动扳手和电动扳手分别用压缩空气和电力作为动力对螺栓、螺母进行拆卸。气动扳手如图2-29所示，电动扳手如图2-30所示。

图2-29　气动扳手

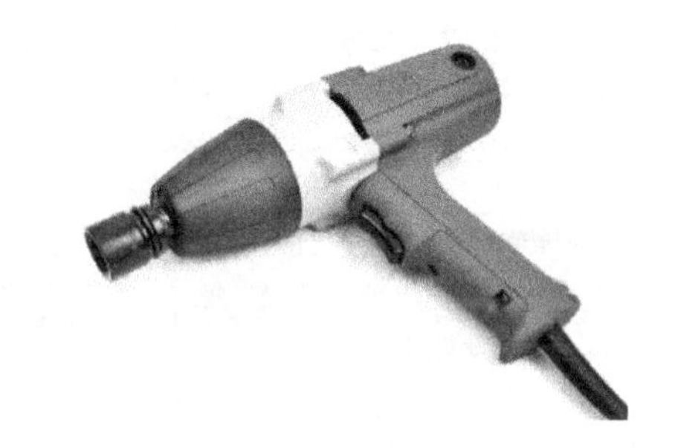

图2-30　电动扳手

2.2.1.2　专用扳手

专用扳手是用途较为单一的特殊扳手的通称，通常以其用途或结构特点来命名。每一种专用扳手又可以按照不同规格和尺寸进行分类。在使用专用扳手时，必须选用与零件相适应的扳手，以免扳手滑脱伤手或损坏零件。常用的专用扳手见表2-14。

表2-14　常用的专用扳手

扳手名称	主要用途	图　例
内六角扳手	扭转内六角头螺栓，如大部分乘用车转向器轴向调整螺栓	
圆螺母扳手	扭转槽形圆螺母，如部分乘用车转向器轴向调整螺栓紧固螺母	
叉形凸缘及转向螺母套筒扳手	扭转轮毂轴承调整、锁紧螺母，如大部分载货汽车和大型客车前轮毂轴承螺母	

（续）

扳手名称	主要用途	图例
方扳手	扭转四棱柱头部的螺栓，如油底壳、变速器等的放油螺栓	
叉形扳手	扭紧圆柱孔定位的螺母，如减振器顶盖等	
气门芯扳手	拆装轮胎气门芯	
钩形扳手	扭转槽形圆螺母等	
专用套筒扳手	扭转特殊螺栓或螺母的扳手，如火花塞、轮毂轴承螺栓、螺母，轮胎螺母等	
机油滤清器扳手	拆装机油滤清器总成	

2.2.1.3　螺钉旋具

1. 用途

螺钉旋具俗称“螺丝刀”或“起子”，主要有一字、十字两种，如图2-31所示，用来拆装有槽口的螺栓。偏置螺钉旋具如图2-32所示，其刀体两端有互相垂直的刀口，主要是在顶部空间受限制的情况下使用。

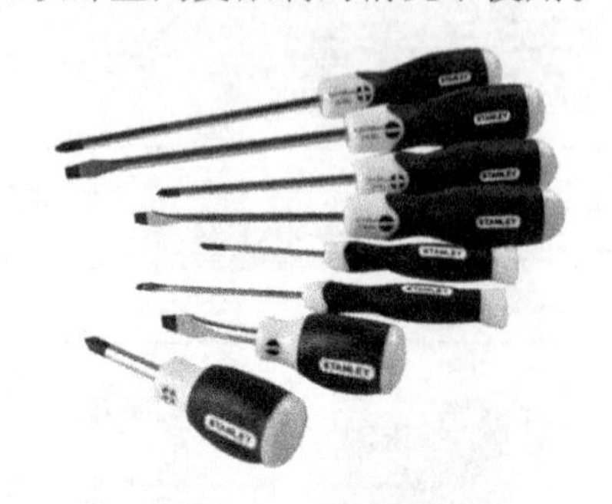

图2-31　螺钉旋具

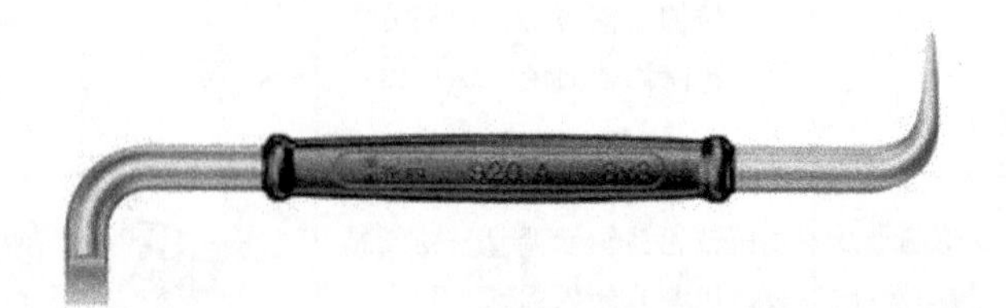

图2-32　偏置螺钉旋具

2. 使用注意事项

1）使用螺钉旋具时，应以手掌心抵住柄端，并使刀口垂直嵌入螺钉槽，再用力压紧和扭转。当使用较长的螺钉旋具时，须以右手压紧和扭转手柄，左手握稳旋具刀体中部，以防滑脱。

2）使用偏置螺钉旋具时，只有当刀口与螺钉（栓）槽口完全吻合后才可用力旋转旋具，这样可避免损坏螺钉（栓）槽口。

2.2.1.4　钳子

维修作业中经常使用鲤鱼钳、尖嘴钳、卡簧钳、剥线钳及制动弹簧钳等各种钳子，其外形如图2-33所示。

1. 常用钳子的用途

1）鲤鱼钳。可用来切割金属丝，或弯扭铜、铁质料，夹持扁或圆柱形的小工作物。

2）尖嘴钳。可用来夹持一些小的零件，如弹性卡簧、锁环等。

3）制动弹簧钳。是分解、组装制动器的专用工具。在装合制动蹄时，需把弹簧的一端套入相应的孔内，另一端则挂在制动弹簧钳的套钩上，将钳的另一侧（半月形）支撑在摩擦片上，然后用手夹紧钳的把柄，便可使弹簧扩张并顺利地将其装在制动蹄装配孔内。

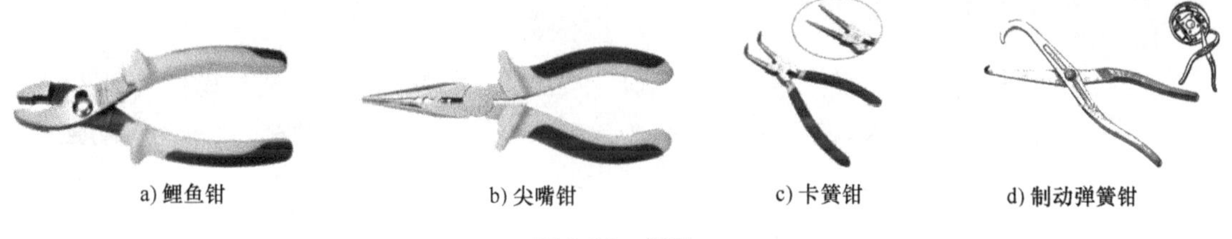

a) 鲤鱼钳　b) 尖嘴钳　c) 卡簧钳　d) 制动弹簧钳

图2-33　钳子

2. 使用注意事项

1）使用前后应擦净钳子上的油污。

2）使用时用右手捏紧手柄的后端，当夹牢工件时再用力切割或弯扭。

3）禁止用钳子代替扳手拆装螺栓，或夹持热的工件，以免将钳子损坏或退火。

2.2.1.5　火花塞套筒

1. 用途

火花塞套筒是用于拆装火花塞的专用工具。火花塞套筒的规格有$\phi 14.8$mm和$\phi 10$mm两种。其规格及组件如图2-34所示。

2. 使用注意事项

使用时应将火花塞套筒对正火花塞，并使火花塞六方与筒六方完全接合，然后再进行拆卸。

2.2.1.6　滑脂枪

1. 用途

滑脂枪俗称为黄油枪，其外形如图2-35所示，是一种专门用来加注润滑脂的工具。

2. 使用注意事项

（1）填装润滑脂

1）拉出拉杆使柱塞后移，拧下油脂枪压力缸筒前盖。

图2-34　火花塞套筒组件

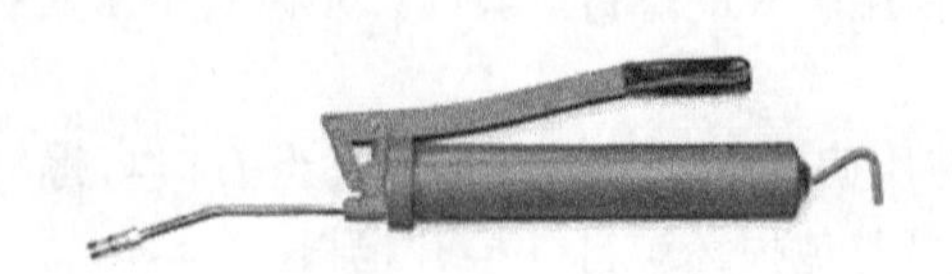
图2-35　滑脂枪

2）把干净的润滑脂分成团状，徐徐装入缸筒内，且使润滑脂团之间尽量相互贴紧，以便于缸筒内空气的排出。

3）装回前盖，推回拉杆，柱塞在弹簧作用下前移，使润滑脂处于压缩状态。

（2）注油

1）把滑脂枪接头对正被润滑的滑脂嘴（滑油嘴），直进直出，不能偏斜，以免影响润滑脂加注和减少润滑脂的浪费。

2）注油时，如果注不进油，应立即停止，并查明堵塞的原因，排除后再进行注油。

2.2.1.7　千斤顶

1. 用途

千斤顶是一种最常用、最简单的起重工具，按照其工作原理可分为机械丝杆式和液压式两种。随着我国女性驾驶人数的逐年增加，为减轻女性驾驶人进行换胎作业时的劳动强度，近年来市场上推出了车载电动丝杆式和电动液压式千斤顶，如图2-36所示。

a) 机械丝杆式千斤顶

b) 液压式千斤顶

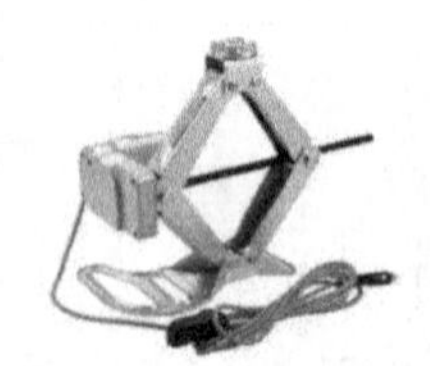
c) 电动丝杆式千斤顶

d) 电动液压式千斤顶

图2-36　千斤顶

2. 使用注意事项

1）用三角形垫木，将汽车着地车轮前后塞住，防止汽车在起顶过程中发生滑溜事故。

2）起顶汽车前，应把千斤顶顶面擦拭干净，拧紧液压开关，把千斤顶放置在被顶部位的下部，并使千斤顶与被顶部位间相互垂直，以防千斤顶滑出而造成事故。

3）旋转顶面螺杆（人力液压式），改变千斤顶顶面与被顶部位的原始距离，使起顶高度符合汽车需要的顶置高度。

4）用手上下压动千斤顶手柄，使被顶汽车逐渐升到一定高度，在车架下放入搁车凳，禁止用砖头等易碎物支垫汽车。落车时，应先检查车下是否有障碍物，并确保操作人员的安全。

5）徐徐拧松液压开关，使汽车缓慢平稳地下降，并架稳在搁车凳上。

2.2.1.8　工作灯

1. 用途

工作灯是一种随车的照明灯具，主要用于维护作业中的局部照明。

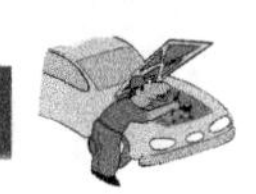

2. 使用注意事项

工作灯必须使用汽车电源，使用时将工作灯插头插入汽车工作灯插座内。工作灯须有防撞罩，使用时，将工作灯悬于需照明的作业部位或手持工作灯灯柄直接照射需照明的作业部位。

2.2.1.9　顶拔器

1. 用途

顶拔器可用来拆卸带轮、齿轮之类的零件，有三根互为120°拉臂的顶拔器、对称两根拉臂的顶拔器和横直拉杆球头顶拔器等结构形式，如图2-37所示。

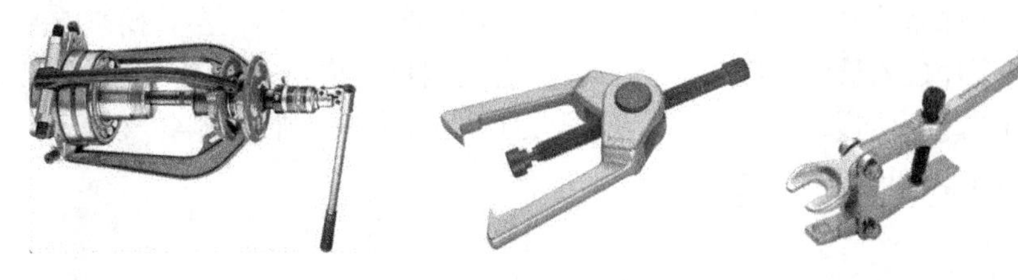

图2-37　顶拔器

2. 使用注意事项

1）拆卸轴承之类的零件，用两根与螺杆在同一平面内的拉臂顶拔器为宜。

2）在拆卸轴承时，应把中间螺杆顶在轴上，两侧的拉臂尖应钩在轴承内圈平面上，不能外撇。然后旋转操纵手柄，即可卸下轴承。

2.2.1.10　锤子

1. 用途

锤子亦称榔头，由锤头和锤柄两部分构成。锤头多用钢材锻造而成，用以敲击工件；有的锤头用铜、硬木或橡胶制成，即所谓的“软锤”，用以敲击不宜用钢质锤敲击的工件或薄板等。锤子的种类繁多，规格用锤头的质量（kg）表示。汽车修理中常用0.5kg、0.75kg的小型圆顶锤子，4kg的大锤（也称八角锤），0.25kg的木锤。常用锤子如图2-38所示。

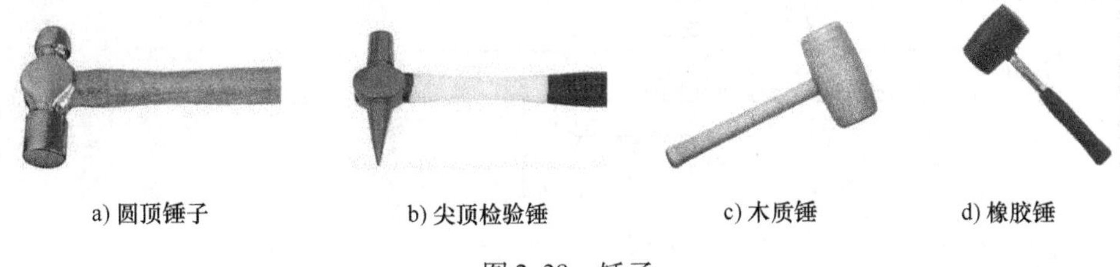

a) 圆顶锤子　b) 尖顶检验锤　c) 木质锤　d) 橡胶锤

图2-38　锤子

2. 使用注意事项

1）小型锤子用一只手使用。锤子的使用手法有三种：腕抖、肘挥、臂抡。腕抖是用手腕的力量运锤，敲击力小，速度快，击点准确。肘挥是用小臂和腕的力量运锤，敲击力较大，击点不很准确。臂抡是用大臂、小臂和腕的力量运锤，敲击力大，但使用不熟练时往往击点不准。

2）大锤用双手使用，用以击打需要重击的部位。使用之前应将锤子和工件上的油污等擦净；确保锤头与手柄接合牢固。击打时使锤头平面与工件表面贴合，不准用锤头棱边击打

工件，严防锤子或锤头脱出造成损伤。

2.2.2　汽车维护与保养所需通、专用量具及其使用技术

2.2.2.1　塞尺

1. 用途

塞尺主要用于测量两个接合面之间的间隙值，比如气门间隙、制动鼓蹄片间隙等。其外形如图2-39所示。

2. 使用注意事项

1）先用干净抹布将塞尺钢片擦拭干净后，再进行测量，否则，会直接影响测量结果。

2）将塞尺钢片插入被测间隙中，来回拉动塞尺钢片，感到稍有阻力时，表明该间隙值接近塞尺钢片上所标出的数值。如果拉动时阻力过大或过小，则该间隙值小于或大于塞尺钢片上所标出的数值，如图2-40所示。

图2-39　塞尺

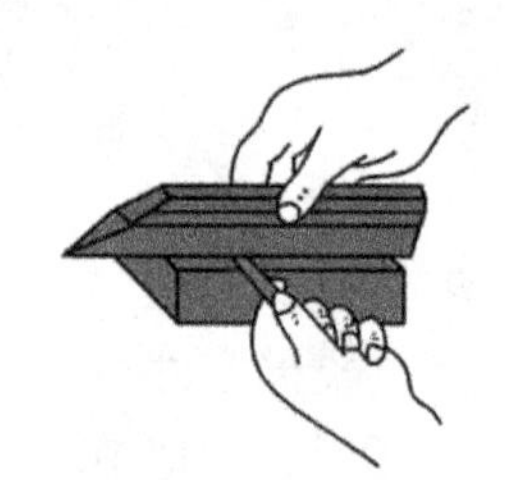

图2-40　用塞尺测量间隙（平面度）

2.2.2.2　游标卡尺

1. 用途

游标卡尺是一种能直接测量工件直径、宽度、长度或深度的通用量具，分为普通游标卡尺和数字式游标卡尺，如图2-41、图2-42所示。

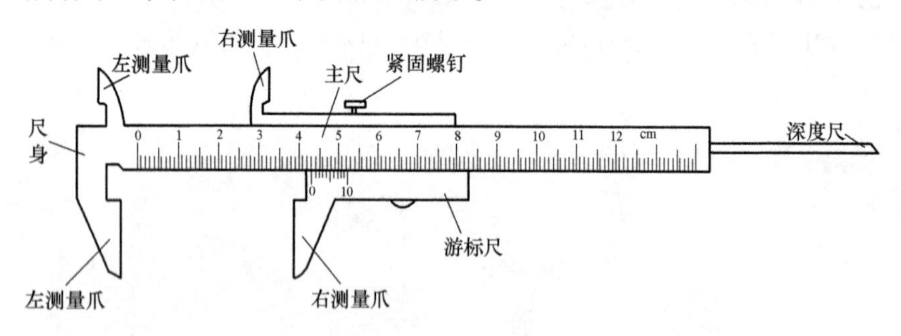

图2-41　普通游标卡尺

2. 使用注意事项

1）使用前，先将工件被测表面和卡钳接触表面擦干净。

2）测量工件外径时，将活动卡钳向外移动，使两卡钳间距大于工件外径，然后再慢慢地移动游尺，使两卡钳与工件接触。

3）测量工件内径时，将活动卡钳向内移动，使两卡钳间距小于工件内径，然后再缓慢地向外移动游标，使两卡钳与工件接触，如图2-43所示。

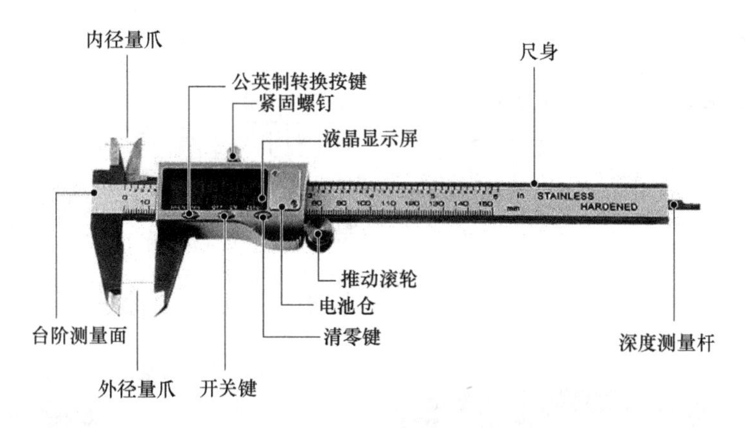

图 2-42　数字式游标卡尺

4）测量工件的内径和外径时，应使游标卡尺与工件垂直。测外径时，记下最小尺寸；测内径时，记下最大尺寸。

5）使用深度游标卡尺测量工件深度时，将固定卡钳与工件被测表面平整接触，然后缓慢地移动游标，使卡钳与工件接触，如图 2-43 所示。

6）使用中，切忌硬卡硬拉，以免影响游标卡尺的精度和读数的准确性。

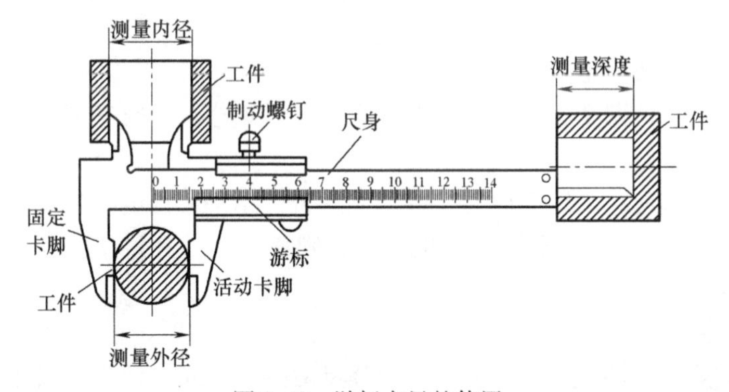

图 2-43　游标卡尺的使用

3. 读数方法

1）读出游标零刻线所指示的尺身上左边刻线的毫米整数。

2）观察游标上零刻线右边第几条刻线与尺身某一刻线对准，将游标精度乘以游标上的格数，记为毫米小数值。

3）将尺身上整数和游标上的小数值相加即得被测工件的尺寸，即工件尺寸 = 尺身整数 + 游标卡尺读数精度 × 游标格数。如图 2-44a 所示，工件尺寸 = 17mm + 5 × 0.1mm = 17.5mm。如图 2-44b 所示，工件尺寸 = 22 + 10 × 0.05 = 22.5mm。

2.2.2.3　外径千分尺

1. 用途

外径千分尺是一种用于测量加工精度要求较高的通用精密量具，其读数精度可达到 0.01mm。按照测量范围可分为 0 ~ 25mm、25 ~ 50mm、50 ~ 75mm、75 ~ 100mm 和 100 ~ 125mm 等多种不同规格。外径千分尺分为普通外径千分尺和数字式外径千分尺，如图 2-45、图 2-46 所示。

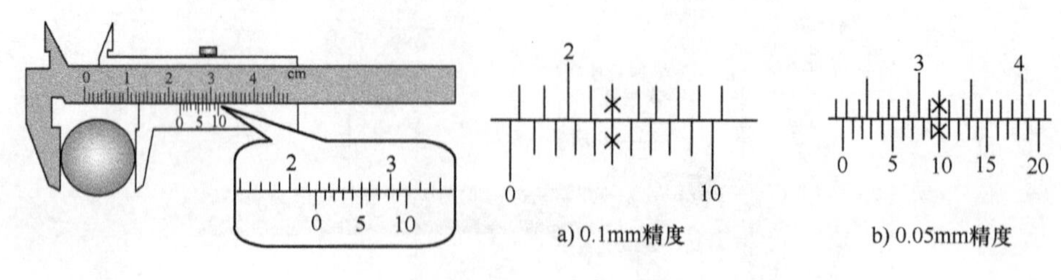

图 2-44　工件尺寸的读数

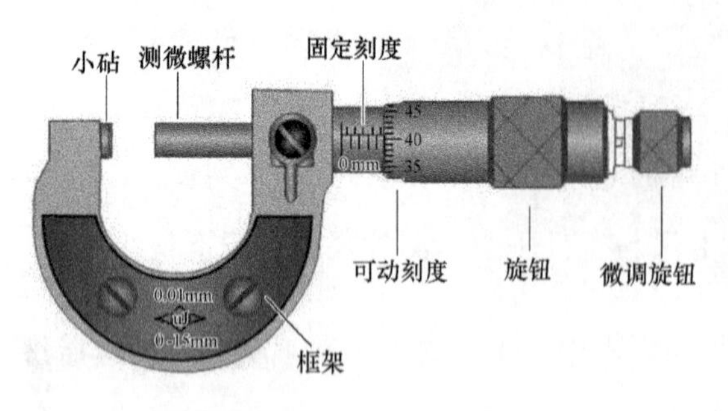

图 2-45　普通外径千分尺

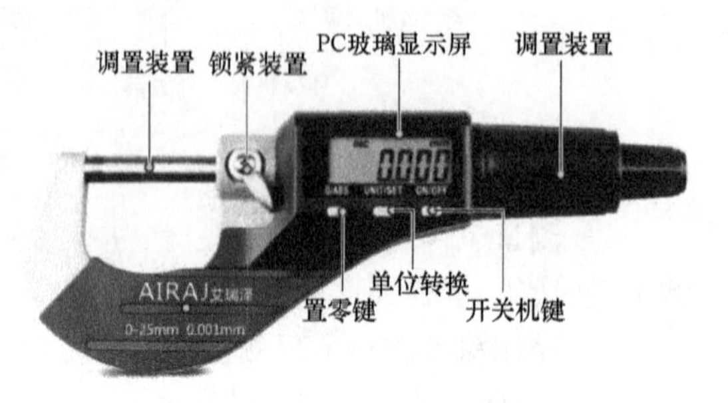

图 2-46　数字式外径千分尺

2. 误差检查

1）把千分尺测砧表面擦拭干净。

2）旋转棘轮盘，使两个砧端夹住标准量规，直到棘轮发出两三声“咔咔”的声响，这时检视指示值。

3）活动套筒前端应与固定套筒的“零”线对齐。活动套筒的“零”线与固定套筒的基线应对齐。若两者中有一个“零”线不能对齐，则该千分尺有误差，应调整“零”线，对齐后才能用于测量。

3. 使用注意事项

1）将工件被测表面擦拭干净，并置于千分尺两砧端之间，使千分尺螺杆轴线与工件中心线垂直或平行。若歪斜着测量，则直接影响测量的准确性。

2）旋转旋钮，使砧端与工件测量表面接近，这时改用旋转棘轮盘，直到棘轮发出“咔咔”声响时为止，这时的指示数值就是所测量到的工件尺寸。

4. 读数方法

1）从固定套筒上露出的刻线读出工件的毫米整数和半毫米整数。

2）从活动套筒上由固定套筒纵向线所对准的刻线读出工件的小数部分（百分之几毫米）。不足一格数（千分之几毫米），可用估计读法确定。

3）两次读数相加就是工件的测量尺寸，如图 2-47 所示（读数为 7. 89mm）。

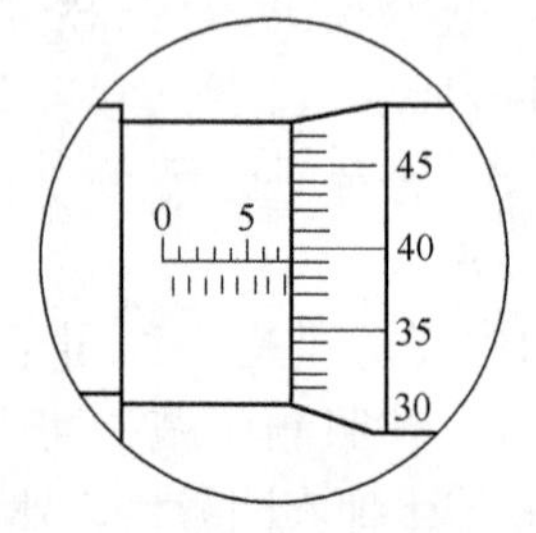

图 2-47　外径千分尺的度数方法

2. 2. 2. 4　金属直尺

如图 2-48 所示，金属直尺是用来测量平面的长度和宽度、确定内外卡钳所测量的尺寸，以及用以进行划线的通用量具，长度有 150mm、300mm、500mm 和 1000mm，精度可达到 0. 5mm。

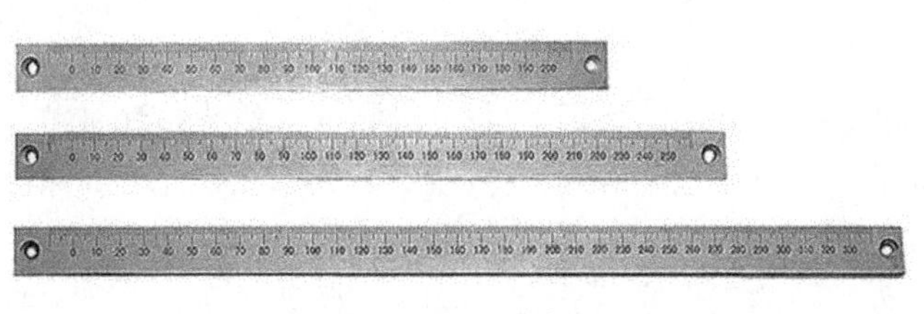

图2-48　金属直尺

2.2.2.5　卡钳

卡钳是一种间接量具，从卡钳上无法直接读数，使用时需与金属直尺或其他刻线量具配合使用。卡钳分为内卡钳、外卡钳两种（图2-49）。内卡钳用以测定工件的内部，外卡钳用以测定工件的外部，所测得的大小，都应用金属直尺或其他刻线量具来确定，其精度可达0.5mm。

2.2.2.6　划规

划规是用来把金属直尺上的尺寸移到工件上以及等分线段、角度，划圆周或曲线，测量两点间距离等的通用量具。划规又称为分线规，如图2-50所示。

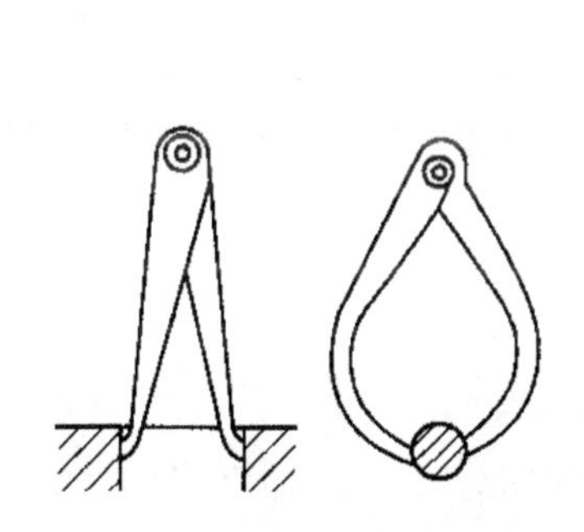

图2-49　内、外卡钳

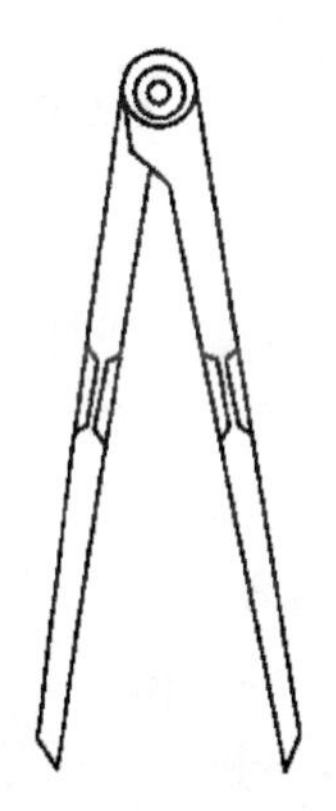

图2-50　划规

2.2.2.7　百分表

1. 用途

百分表是一种比较性测量仪器，主要用于测量工件的尺寸误差和形位误差以及配合间隙等，分为普通百分表和电子式百分表两种，如图2-51、图2-52所示。

图2-51　普通百分表

图2-52　电子百分表

2. 使用注意事项

1）先将百分表固定在表架（图2-53）上，以测杆端量头抵住被测工件表面（测杆轴线应与被测工件表面垂直，否则，会影响测量精度，如图2-54所示，并使量头产生一定的位移（即指针存在一个预偏转值）。

2）移动（或转动）被测工件或百分表支架座，观察百分表表盘上指针的偏转量，该偏转量即是被测物体的实际偏差或间隙值，如图2-54所示。

图2-53　百分表的安装

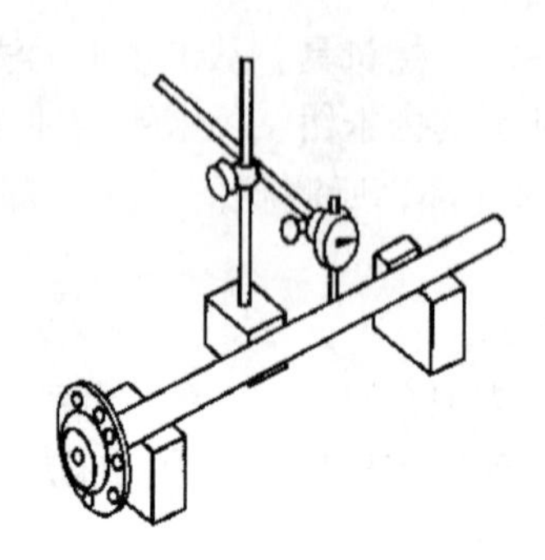

图2-54　百分表的使用

3. 读数方法

百分表的表盘刻度一般分为100格，当量头每移动0.01mm时，大指针就偏转1格（表示0.01mm）；当大指针旋转1圈时，小指针偏转1格（表示1mm）。指针的偏转量就是被测零件（工件）的实际偏差或间隙值。

2.2.2.8　气缸压力表

1. 用途

气缸压力表是一种专门用于检查气缸内气体压力大小的专用量具，如图2-55所示。

2. 使用注意事项

1）起动发动机并运转到正常工作温度，旋出汽油机火花塞或柴油机喷油器。

2）汽油发动机必须将节气门和阻风门完全打开，把气缸压力表的锥形橡胶头压紧在火花塞座孔上，如图2-56所示。

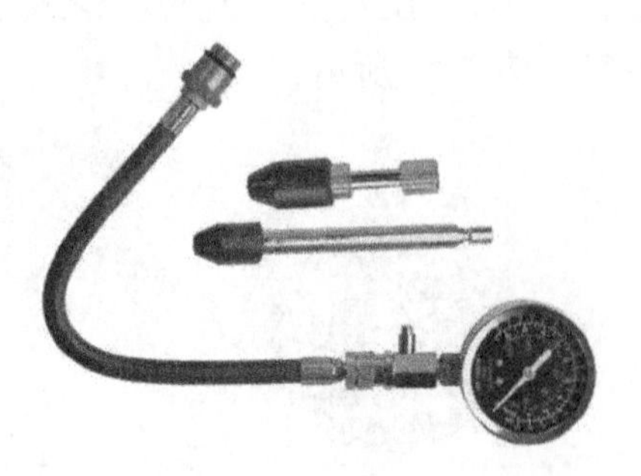

图2-55　气缸压力表

图2-56　气缸压力的测量

3）柴油发动机必须采用螺纹接口式气缸压力表（图2-55），将气缸压力表螺纹接口旋入喷油器座孔内。

4）用起动机带动曲轴旋转3~5s，使发动机转速保持在150~180r/min（汽油机）或500r/min（柴油机），这时气缸压力表所指示的压力值就是该气缸的气缸压力。

5）按下气缸压力表上的放气阀，则压力表指针回零。

6）在实际测量气缸压力时，每个气缸应重复测量两三次，最后取平均值。

2.2.2.9 轮胎气压表

1. 用途

轮胎气压表是专门用于测定轮胎气压的专用量具，常用的形式有标杆式和指针式两种，如图2-57所示。

2. 使用注意事项

1）将轮胎气压表测量端槽口与轮胎气门嘴对正压紧，如图2-58所示。这时轮胎气压表指针发生偏转，其指示值即为该轮胎的充气压力；或者轮胎气压表标杆在气压作用下被推出，这时标杆上所显示的数值即为该轮胎的充气压力。

2）测量完毕后，应仔细检查轮胎气门芯是否有漏气，若有漏气，应予以排除。

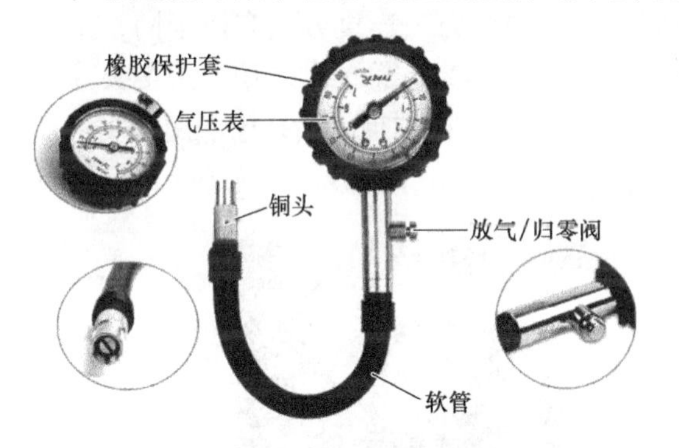

图2-57 轮胎气压表及测量

图2-58 轮胎气压的测量

2.2.2.10 发动机进气歧管真空表

1. 用途

进气歧管真空表是用于测量发动机进气歧管内负压力（真空度）的专用量具。

2. 测量范围

真空表刻度盘一般分为100格，测量范围为0~100kPa，如图2-59所示。

3. 使用注意事项

1）使发动机达到正常工作温度，并调整发动机怠速，使发动机转速保持稳定，怠速运转。

2）将真空表用一根胶管连接到进气歧管或真空连接管上。

3）观察真空表指针的指示值（图2-60），并改变发动机的转速，观察负压力的变化情况，根据负压力值的变化，分析和判断发动机不同工况下的技术状况。

2.2.2.11 燃油压力表

1. 用途

燃油压力表是用来检测燃油供给和喷射系统油压的专用工具，通过测试油压来对燃油系统进行检查和故障诊断。图2-61所示为燃油压力表组套，适用于众多车型。

图2-59　进气歧管真空表

图2-60　进气歧管真空度的测量

2. 使用注意事项

1）释放燃油系统压力。

2）检查蓄电池电压，应在12V左右（电压高低直接影响燃油泵的供油压力），拆开蓄电池负极电缆线。

3）将专用油压表连接到燃油系统中。不同车型燃油压力表连接方式有所不同，主要有三种连接方式：一种是把油压表接到油压测试头上（图2-62），第二种是用专用接头（三通阀门）将油压表连接在输油管的进油管接头处（图2-63），第三种方式是用专用接头将油压表连接在来油管上的油表接头处（图2-64）。

图2-61　燃油压力表

图2-62　油压测试方法1

图2-63　油压测试方法2

图2-64　油压测试方法3

4）擦干溅出的汽油，重新接好蓄电池负极电缆线。起动发动机并维持怠速运转。

5）拆开燃油压力调节器上的真空软管，并用手指堵住进气管一侧的管口。检查油压表指示压力，应符合标准：一般多点喷射系统压力应为0.25～0.35MPa，单点喷射系统压力应为0.07～0.10MPa。

若燃油系统压力过低，可夹住回油软管以切断回油管路，再检查油压表指示压力，若压力恢复正常，说明燃油压力调节器有故障，应更换；若压力仍过低，应检查燃油系统有无泄漏，燃油泵滤网、燃油滤清器和油管路是否堵塞，若无泄漏和堵塞故障，应更换燃油泵。若

油压表指示压力过高，应检查回油管是否堵塞，若回油管路正常，说明燃油压力调节器有故障，应更换。

6）如果燃油压力符合标准，使发动机运转至正常工作温度后，重新接上燃油压力调节器上的真空软管，燃油压力表指示压力应略有下降（约0.05MPa），否则应检查真空管路是否堵塞或漏气。

7）使发动机熄火，燃油泵停止工作，等待10min后，观察燃油压力表（即燃油系统残余压力）：多点喷射系统压力不低于0.20MPa，单点喷射系统压力不低于0.05MPa。若压力过低，应检查燃油系统是否泄漏，若无泄漏，说明燃油泵出油阀、燃油压力调节器回油阀或喷油器密封不良。

8）检查完毕后，释放燃油系统压力，并拆下燃油压力表，装复燃油系统。然后预置燃油系统压力，并起动发动机检查有无泄漏。

2.2.3　汽车维护与保养常用清洁、补给设备及其使用技术

2.2.3.1　汽车外部清洗机的结构原理与使用操作

汽车清洗和清除作业是汽车美容、保养作业的重要项目。通过汽车外部清洗可以起到外观整洁美观、保护漆膜和涂层，减少腐蚀和损伤的作用。汽车外部清洗机主要有冷水清洗机和高温高压清洗机两种结构类型，这里只介绍汽车进行维护保养最常用的冷水清洗机的相关内容。

1. 结构原理

如图2-65所示，冷水清洗机主要由柱塞式高压水泵、电动机、机架、喷射胶管、吸水胶管、喷枪等部分组成。

电动机驱动高压水泵，水泵的偏心轴旋转而带动连杆、柱塞做直线运动，柱塞向后运动，出水阀关闭，进水阀打开，腔内吸入低压水；柱塞向前运动，出水阀打开，进水阀关闭，腔内压出高压水。出水压力的高低由调压阀控制，当关闭出水口时，由于瞬间的高压给卸荷阀一个压力脉冲，卸荷阀动作，将高、低压腔接通产生卸荷，从而使泵处于低功耗运行状态。

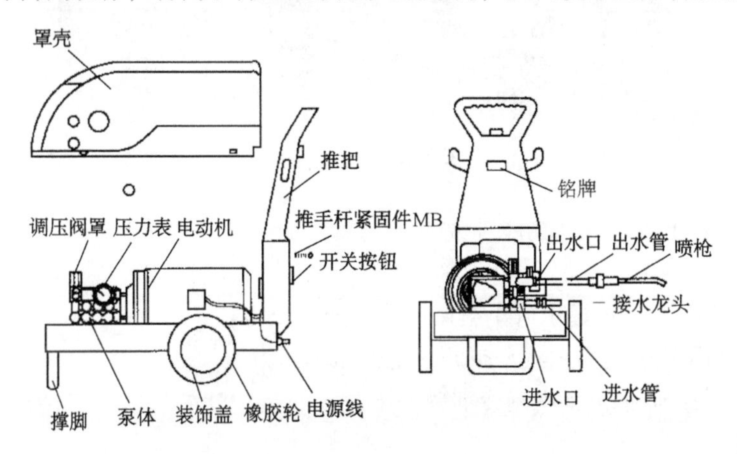

图2-65　冷水清洗机

2. 使用操作

喷枪被设计成手枪式，握紧扳机，使枪的阀门开启，高压液流经喷射胶管，从喷枪喷

出；松开扳机，阀门在弹簧的作用下关闭，即可停止清洗作业。喷枪可进行远距离冲洗也可进行近距离冲洗。进行远距离冲洗时，可旋动调节套向后，高压液流通过螺旋槽，形成扩散雾状从喷嘴喷出。

2.2.3.2　MRF-301M 制冷剂回收加注机的基本组成与使用操作

汽车空调的压缩机不同于一般家用或商用空调，多为半封闭式，而且其使用环境更加恶劣。高温、油、气、水的污染及颠簸振动等因素都会导致汽车空调制冷剂的泄漏和污染，降低制冷效果，因此制冷剂的加注是汽车夏季维护的重要内容。

制冷剂回收加注设备是一种实现制冷剂回收、净化、保存，对空调系统进行抽真空、制冷剂加注的环保设备，正日益受到广大修理厂、特约维修店的重视。

1. 结构原理

如图2-66所示，MRF-301M制冷剂回收加注机具有制冷剂回收、加注、抽真空、自动模式、循环再生五大主要功能，另外具有参数设置、报警提示、信息查询、系统功能、制冷剂自动补充等多种附加功能。

图2-66　MRF-301M制冷剂回收加注机

（1）操作面板　操作面板如图2-67所示。

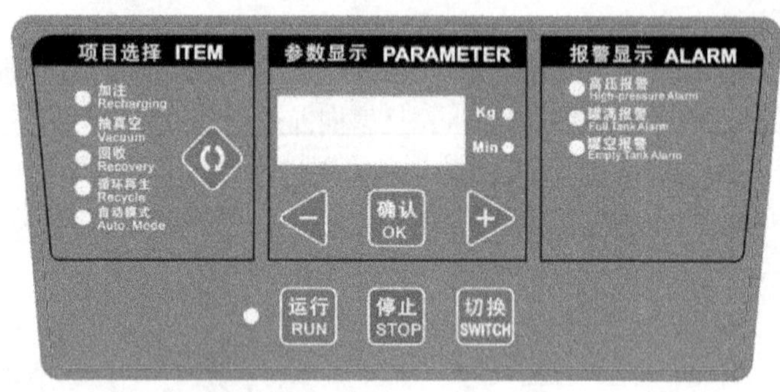

图2-67　操作面板

（2）操作面板上各仪表及功能键说明

1）仪表。

HIGH PRESSURE 表：显示汽车空调系统高压端压力。

LOW PRESSURE 表：显示汽车空调系统低压端压力。

CYLINDER 表：显示设备内制冷剂罐的压力。

2）功能键。

①“运行”键：系统开始工作。

②“停止”键：系统停止工作。

③“切换”键：加注时切换显示剩余的制冷剂加注量和当前罐中制冷剂净重量，回收时

切换显示已回收的制冷剂量和当前罐中制冷剂净重量。

3）面板上各键的附加功能说明。

① 按着“ ”键同时开启设备电源，可以进入“恢复默认值”的设置状态，可以将以下参数恢复成出厂状态：电子秤标定时所用重物重量（10kg），加注补偿量（0g），罐空报警重量值（2kg），罐满报警百分比值（70%），压缩机累计使用报警时间（20h），干燥过滤器累计使用报警时间（20h），真空泵累计使用报警时间（20h）。

② 按着“－”键同时开启设备电源，可以进入自检状态。可以检测各个电磁阀、压缩机、真空泵的功能是否正常。

③ 按着“确认”键同时开启设备电源，可以查询压缩机累计使用时间和累计使用次数、真空泵累计使用时间和累计使用次数、干燥过滤器累计使用时间，并可对该参数进行清零。

④ 按着“＋”键同时开启设备电源，可以进入标定设备电子秤状态。可以标定电子秤的线性度。

⑤ 按着“运行”键同时开启设备电源，可以进入参数设置状态。可设定的参数有罐空报警重量值、罐满报警百分比值、加注补偿量、制冷剂罐重量、制冷剂罐最大容量、压缩机累计使用报警时间、干燥过滤器累计使用报警时间、真空泵累计使用报警时间和抽真空时是否运行循环再生功能。

⑥ 按着“停止”键同时开启设备电源，可以进入设备管路系统抽真空、充氮、制冷剂补充状态。在更换制冷剂罐或干燥器后，需运行系统抽真空功能，对设备的所有管路进行抽真空。充氮功能可检测设备管路的气密性。若设备的制冷剂罐中制冷剂不足时可以运行制冷剂补充功能对设备制冷剂罐进行制冷剂补充。

注意：附加功能可能会对系统参数进行修改，如果操作不当，会引起系统参数不正确，因此用户在使用附加功能时应小心谨慎。

2. 使用操作

使用制冷剂回收加注机对汽车空调进行保养，一般包括以下流程：

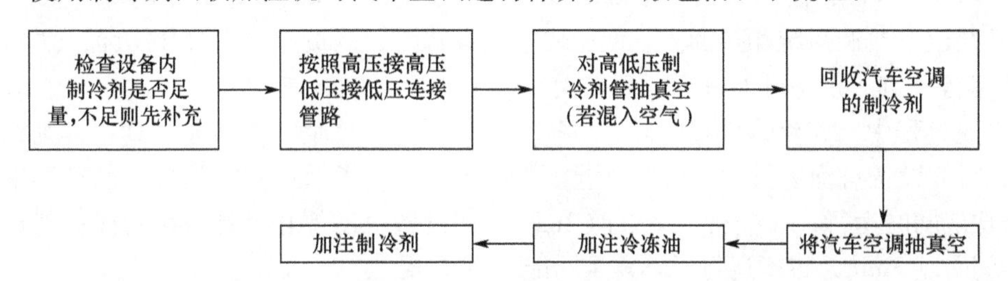

（1）操作前的准备　如果是第一次使用该设备，应首先参看随机手册中的注意事项。

1）检查真空泵的机油是否合适，液位应保持在中间水平。

2）在新油油瓶中加入适量新冷冻油（应符合待保养的汽车空调系统要求），清空旧油油瓶中的旧冷冻油，并打开新、旧油油瓶阀门。

3）把红色高压管和蓝色低压管分别接到汽车空调系统高、低压接头上（此时接头处在关闭状态）。

4）若连接过程中，高、低压管内进入空气，则应先执行抽真空功能，方法如下：确认与汽车空调系统连接的高、低快速接头阀门处于关闭状态（向上旋至顶端），打开侧板上的高（H）、低（L）压阀门，运行抽真空功能（1min 即可）；结束后，打开与汽车空调系统

相接的高、低压快速接头阀门（向下旋至底端）。

5）打开设备中制冷剂罐气、液口的阀门。

（2）R134a的回收方法与步骤　打开电源开关。

1）在“项目选择”中选择“回收”功能。

2）按“运行”键，“运行”指示灯亮，设备开始运行；通过按“切换”键，“参数显示”中将切换显示已回收的制冷剂重量和制冷剂罐中的制冷剂总重量。

3）回收过程中。

① 如果罐内的制冷剂量大于设定值，则回收工作被强制停止，同时设备报警并显示故障码“E001”；此时应将罐内适量制冷剂转移至其他空罐内进行保存；在此报警状态未消除的情况下，该功能不能再次运行。

② 如果设备系统压力高（≥1.75MPa），则回收工作被强制停止，同时设备报警并显示故障码“E004”；此时应使设备冷却或按卸压按钮进行卸压；在此报警状态未消除的情况下，该功能不能再次运行。

③ 如果干燥过滤器失效期限已到，本次回收工作并不停止，设备报警并显示故障码“E005”；回收完毕后应及时更换干燥过滤器，以保证回收后的制冷剂的干燥度。

④ 如果设备在2min左右的时间内回收不到制冷剂，设备将自动停止。

⑤ 如果按“停止”键，则设备停止运行。

4）回收结束后，缓慢打开旧油瓶阀门，排放分离出的旧油，排油后关闭旧油瓶阀门。

（3）抽真空的方法与步骤

1）选择抽真空功能，若设备检测到空调系统内存在压力，则设备不能运行抽真空功能，同时设备报警并显示故障码“E003”，此时应先执行回收功能。

2）在“项目选择”中选择“抽真空”功能，“参数显示”中显示时间值。

3）每按一次“+”（“-”）键，抽真空时间值加（减）1min（抽真空时间值最多可设60min，最少可设0min），按“确认”键确认设定值（设定值未被确认前处于闪烁状态）。

4）打开与汽车空调系统相接的高、低压快速接头阀门，侧板上的高（H）、低（L）压手阀。按“运行”键，设备开始进行抽真空操作。

5）抽真空过程中：若参数设置中设定“抽真空是否循环再生”参数是“ON”，则抽真空运行1min后，设备自动运行循环再生功能，“循环再生”指示灯同时闪烁，循环再生功能和抽真空功能同时运行；在抽真空结束前2min时，设备自动停止循环再生功能；若设置的抽真空时间小于3min，将不运行循环再生功能。

6）在抽真空过程中，系统自动显示剩余时间；当抽真空时间已到，或按“停止”键，结束抽真空过程。

注意：刚开始抽真空时，可能会有油雾产生，应带好防护口罩。

（4）冷冻油及制冷剂的加注方法与步骤

1）回收及抽真空结束后，检查从空调系统中分离出的旧油量，保证新油瓶内的新油比旧油多30mL左右。缓慢打开新油瓶阀门（注意：加注新油前应关闭高压手阀），让新油吸到空调系统中，直到吸入的新油比旧油多10mL为止（注意：新油不能吸净，应保证新油液面高于吸管口面，以防空气进入汽车空调系统内）。新油加注完毕后关闭新油瓶阀门。

2）在“项目选择”中选择“加注”功能，若罐内制冷剂重量小于设定的罐空报警重量

值，“参数显示”中显示“E002”2s，同时应及时补充制冷剂。

3）若罐内制冷剂重量少于一定量时，设备会闪烁显示“FILL”信息，表示设备制冷剂罐内的制冷剂量不多，等待确认是否需要进行补充。

① 若闪烁十次内没有确认，则进入加注量设置状态。

② 若按“确认”键，则显示默认需要的补充量。通过“+”“-”键调整补充量，按“确认”键确认；将装有足够量制冷剂的外部制冷剂罐通过软管连接至设备的制冷剂补充口，按“运行”键开始补充，补充过程中“FILL”和已补充量交替显示，当补充至设定量或按“停止”键时，停止补充。

③ 补充停止后设备显示默认加注量。

4）根据该车型所需的制冷剂量设置加注量。每按一次“+”（“-”）键，加注量加（减）0.01kg（加注量最少可设 0.05kg），按“确认”键确认加注量（加注量未被确认前处于闪烁状态）。

5）打开侧板上的高（H）压手阀，关闭低（L）压手阀。

6）按“运行”键开始加注，“参数显示”中显示剩余加注量，按“切换”键可交替显示剩余加注量和制冷剂罐中的制冷剂总重量。若加注缓慢或有少量制冷剂不能继续加注到汽车空调内，则可关闭高压手阀（H），同时打开低压手阀（L）。开启汽车空调进行低压吸入式加注，当显示为“0”时加注结束。

7）关闭设备的高（H）、低（L）压手阀及新、旧油油瓶阀门。

8）关闭电源，并整理好管路。

9）顺时针旋动电子秤支撑结构中的传动螺杆，使电子秤处于保护状态。

警告：开启汽车空调系统时，严禁打开高压手阀（H），避免高压力进入制冷剂罐，否则可能会使制冷剂罐破裂。

（5）循环再生的方法与步骤　若设备制冷剂罐中制冷剂存放时间很长，可能会有少量水分、冷冻油残留在其中，可以通过循环再生操作将制冷剂罐中的制冷剂在设备管路中循环，通过干燥、过滤、油气分离一系列净化过程达到净化目的。

1）打开设备制冷剂罐的气、液口阀门。

2）按“()”键，在“项目选择”中选择“循环再生”项目，“参数显示”中显示时间值。

3）每按一次“+”（“-”）键，循环再生时间值加（减）1min（循环再生时间值最多可设 50min，最少可设 1min），按“确认”键确认（循环再生时间值未被确认前处于闪烁状态）。

4）按“运行”键，设备开始进行循环再生操作，数码管显示剩余时间；当显示为“0”时或按“停止”键后，循环再生过程结束。

5）运行过程中，如果设备系统压力高（≥1.75MPa），则回收工作被强制停止，同时设备报警并显示故障码“E004”，主要由于循环时间过长，此时使设备冷却即可；在此报警状态未消除的情况下，该功能不能再次运行。

（6）自动模式操作的方法与步骤

1）打开与汽车空调系统连接的高、低压快速接头阀门，打开侧板上的高（H）、低（L）压手阀，然后打开设备制冷剂罐的气、液口阀门，关闭设备新、旧油油瓶阀门。

2）按“🔲”键，在“项目选择”中选择“自动模式”项目。

此时“自动模式”指示灯长亮，“加注”指示灯闪烁。“参数显示”中显示自动模式下的制冷剂加注量，按“-”键和“+”键设置加注量，按“确认”键确认。

3）完成上一步设定后，“自动模式”指示灯长亮，“抽真空”指示灯闪烁。“参数显示”中显示自动模式下抽真空时间，按“-”键和“+”键设置抽真空时间。按“确认”键确认。

4）完成上一步设定后，只有“自动模式”指示灯长亮，按“运行”键开始自动运行。

5）首先运行的是回收功能，此时“自动模式”指示灯长亮，“回收”指示灯闪烁，“运行”指示灯亮，如果持续约2min没有回收到制冷剂，回收过程结束，进入抽真空功能。在设备回收结束后，运行抽真空时，可以缓慢打开旧油瓶阀门，排放分离出的旧油，排油后关闭旧油瓶阀门。

6）此时“自动模式”指示灯长亮，“抽真空”指示灯闪烁，此时运行抽真空功能；抽真空过程中，若参数设置中设定“抽真空是否循环再生”参数是“ON”，则抽真空运行1min后，设备自动运行循环再生功能，“循环再生”指示灯同时闪烁，循环再生功能和抽真空功能同时运行；在抽真空时间结束前2min时，设备自动停止循环再生功能；若设置的抽真空时间小于3min，将不运行循环再生功能。

7）抽真空功能结束后，“参数显示”中闪烁显示“OIL”，这时关闭高压手阀，缓慢打开新油瓶阀门，进行加注新油。参考手动模式下加注新油时的注意事项。新油加注完毕后关闭新油瓶阀门。

8）新油加注完毕后，打开高压手阀，按“确认”键设备自动运行加注功能，此时“自动模式”指示灯长亮，“加注”指示灯闪烁，“参数显示”中显示剩余加注量；持续1min加注量没有变化，或加注完毕，自动运行功能结束，回到初始状态。

9）自动运行过程中，只要按“停止”键，将结束自动运行，回到初始状态。

注意：新油不能加完，吸油管进口需始终处于液面以下。

2.2.3.3　汽车轮胎拆装机的结构原理与使用操作

汽车轮胎拆装机用于轮胎与轮辋的拆装，使用轮胎拆装机可以降低操作人员的劳动强度，提高维修工效，并可避免刮伤轮胎，尤其是避免刮伤中、高档轿车的合金轮辋，因此，近年来在汽车维修企业得到广泛应用。下面以TWC—401NIC型轮胎拆装机为例讲解这种设备的结构原理与使用操作。

1. 结构原理

TWC—401NIC型轮胎拆装机兼拆胎、装胎、充气于一体，操作简单，使用方便，安全可靠，适用于各种小型车轮胎的拆、装和充气。其结构如图2-68所示。

2. 使用操作

（1）拆胎操作

1）准备工作。

① 将轮胎中的空气全部放掉。

② 清除车轮上的杂物和平衡块，以免发生危险，去除平衡块时应使用专用工具，如图2-69所示。

2）拆卸轮胎。拆胎前，先用毛刷蘸取润滑剂盒中事先放好的有效润滑剂，再润滑胎

缘，如图 2-70 所示。否则在压胎时分离铲会磨损胎缘。

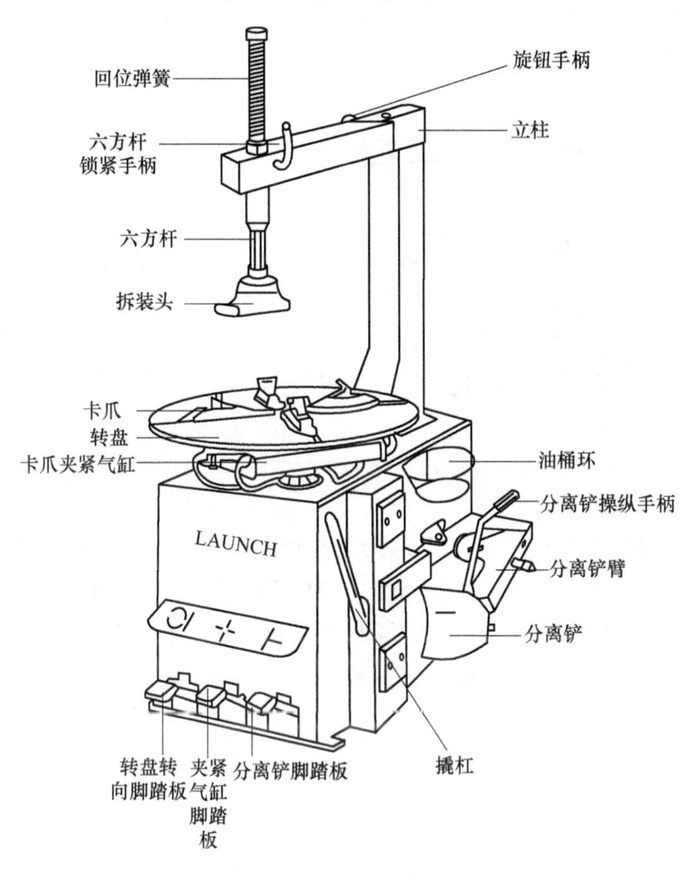

图 2-68　轮胎拆装机

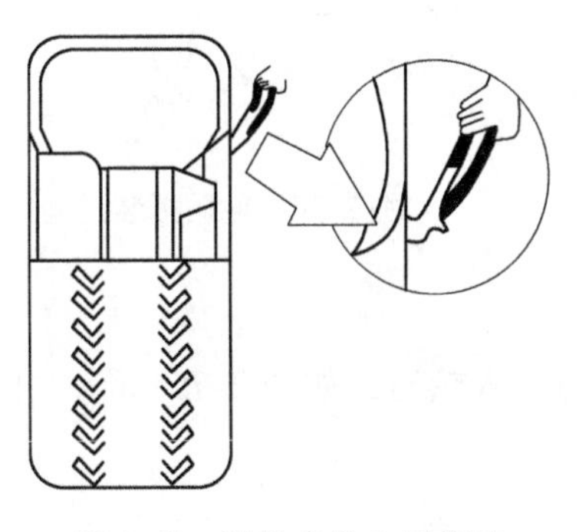

图 2-69　清除杂物和平衡块

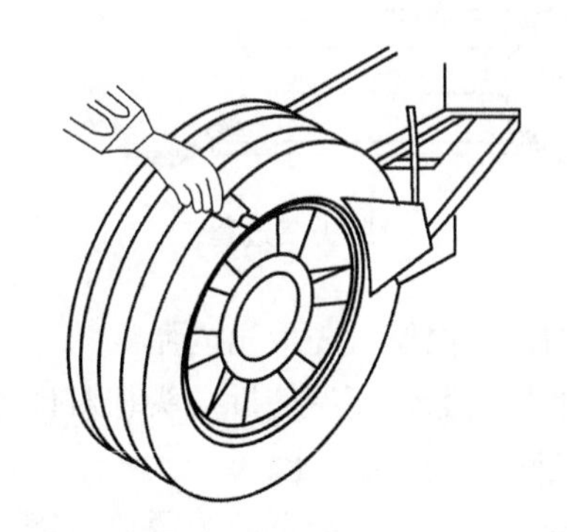

图 2-70　润滑胎缘

① 将轮胎置于分离铲和橡胶垫之间，使分离铲边缘置于胎缘与轮辋之间，离轮辋边缘大约 1cm 处（图 2-71），然后脚踩分离铲脚踏板，使胎缘与轮辋分离。

② 在轮胎其他部分重复以上操作，使胎缘与轮辋彻底脱离。

③ 把胎缘与轮辋已分离的车轮放在转盘上（对于不对称的深槽轮辋，应将窄的轮辋朝上放置）。

④ 脚踩夹紧气缸脚踏板到底，夹紧轮辋。

⑤ 拉回横摆臂，调整横摆臂和六方杆的位置，使拆装头内侧贴紧轮辋外缘，然后转动旋扭手柄将横摆臂顶住，再顺时针旋转六方杆锁紧手柄将六方杆锁紧。这时拆装头内侧自然距离轮辋边缘1～2mm，避免划伤轮辋，如图2-72所示。

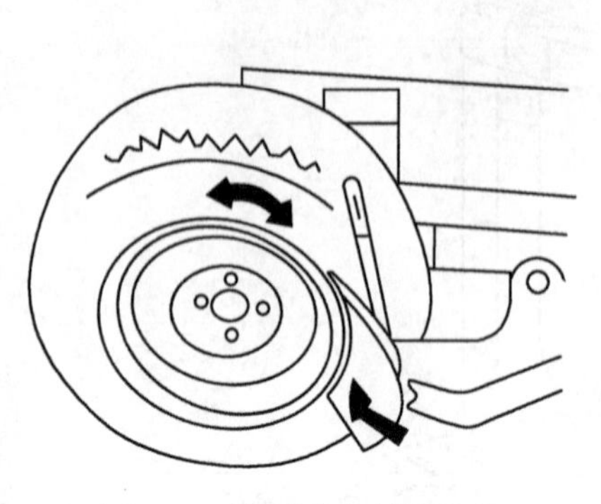

图2-71　使胎缘与轮辋分离

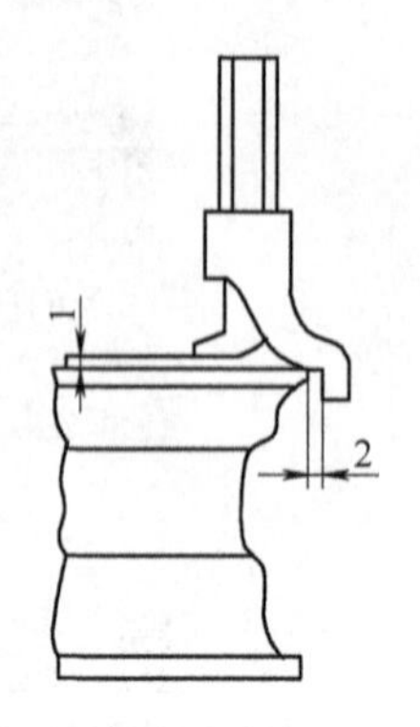

图2-72　拆卸轮胎过程一

⑥ 用撬杠将胎缘撬在拆装头前端半球形突起以上（为了方便撬出，将拆装头对面的轮胎上缘向下压，压到轮槽以内后，再使用专用撬杠将胎缘撬出）。如图2-73所示，脚踩转盘转向脚踏板，让转盘顺时针旋转，直到胎缘脱落为止。如果有内胎，为了避免损坏内胎，在进行这步操作时，建议将轮胎气门嘴置于拆装机头前端10cm左右，如图2-74所示。

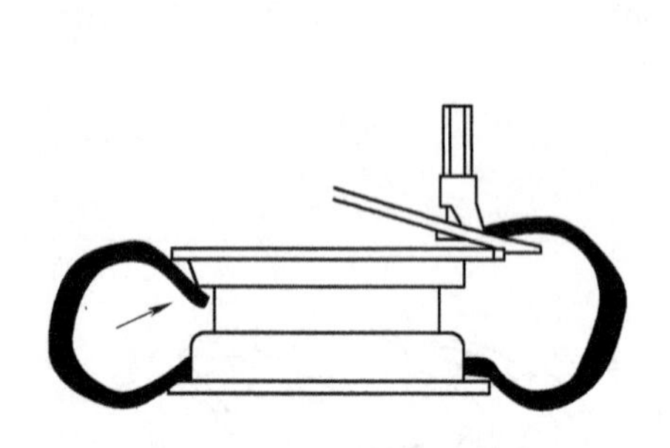

图2-73　轮胎拆装过程二

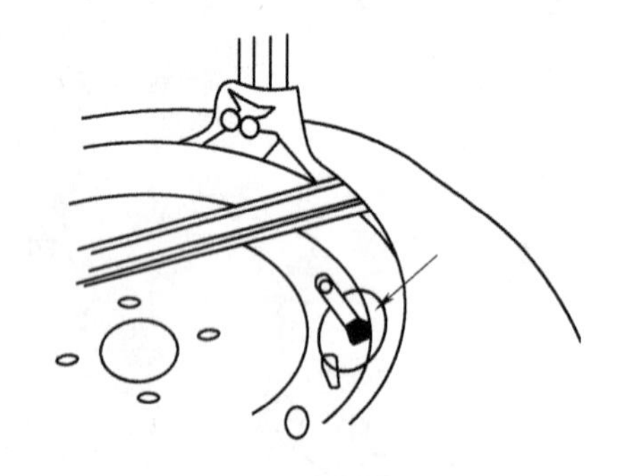

图2-74　轮胎拆装过程三

⑦ 如果有内胎，先取出内胎。

⑧ 上抬轮胎，而后使拆装头相对位置的下胎缘进入轮槽，如图2-75所示，再将下胎缘撬到拆装头球形突起之上。

⑨ 踩下脚踏板直至下胎缘脱离轮辋。

⑩ 踩下脚踏板松开卡爪，取下轮辋，拆胎完成。

（2）装胎操作　说明：在安装轮胎之前，检查轮胎和轮辋尺寸是否相符。

1）夹紧轮辋（方法同拆胎夹紧操作）。

2）在轮胎和轮辋上涂上有效的润滑剂，如浓肥皂水。

3）将轮胎倾斜放在轮辋上，左端向上，将横摆臂拉回，进入工作位置，如图2-76所示。

4）检查拆装头与轮辋的配合情况，如不符，进行调整。

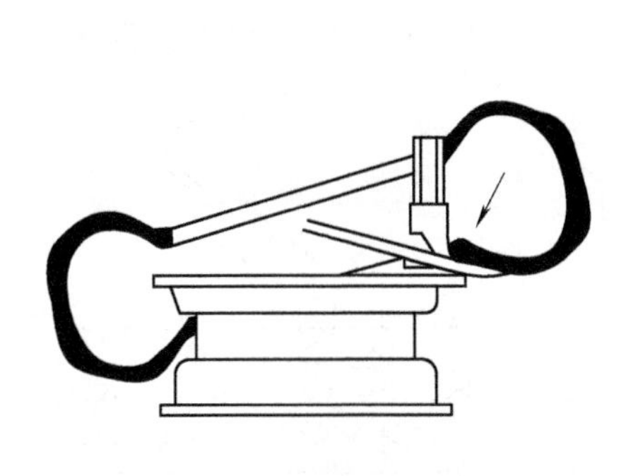

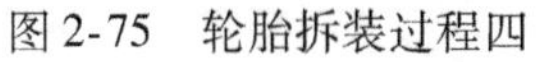

图 2-75　轮胎拆装过程四

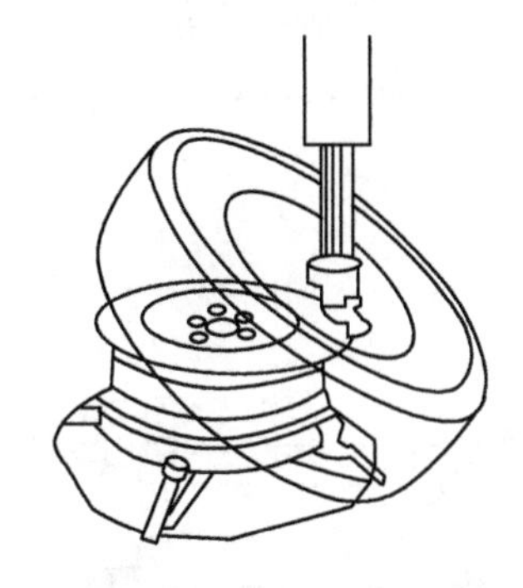

图 2-76　装胎过程一

5）调整轮胎与拆装头的相对位置，使轮胎内缘与拆装头交叉。在拆装头尾部，应使胎缘置于拆装头上（图 2-77a）；在拆装头前端，应使胎缘置于拆装头球形突起之下（图 2-77b）。

6）压低胎肚，脚踩脚踏板顺时针旋转转盘，让下部胎缘完全落入轮辋槽内，如图 2-78 所示。

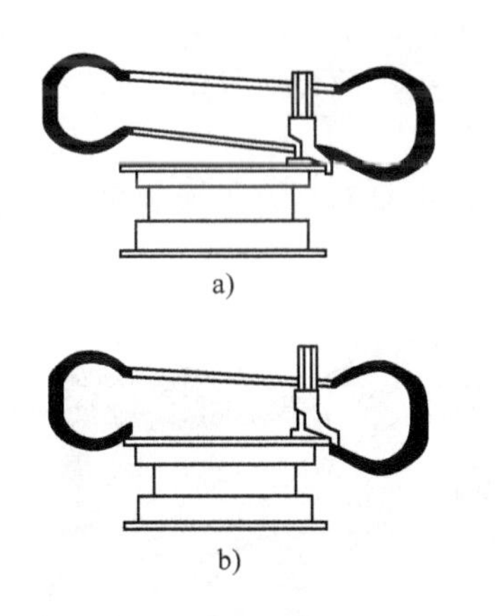

图 2-77　装胎过程二

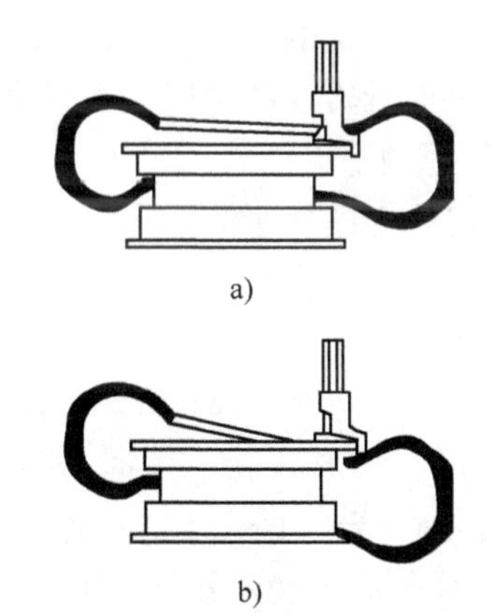

图 2-78　装胎过程三

7）如需要安装内胎，检查内胎是否受过损伤，然后将其套在轮辋上（在整个安装过程中需要注意内胎的位置）。

8）为了安装上胎缘，重新放好轮胎，调整好胎缘位置（与安装下胎缘相同，如图 2-78 所示），用手压低胎肚，尽量使胎缘进入轮槽内，如图 2-79 所示。

9）踩下转盘转向脚踏板，此时手不要放开。当还有 10 ~ 15cm 的轮胎未装入时，动作要放慢并注意观察轮胎的状态以免撕伤轮胎。一旦感到轮胎有撕伤的迹象或电动机停止转动，应立即松开脚踏板，然后用脚面抬脚踏板使电动机反转，使轮胎恢复原状以便再次进行。

（3）充气操作　轮胎充气，如图 2-80 所示。

1）将轮胎从转盘上松开。

2）将充气管接头与轮胎气门嘴相连。

3）缓慢并多次（以免充气压力过高）压充气枪，确定压力表显示的压力不超过轮胎生产厂家所注明的范围，所充气压不要超过350kPa。

4）如充气压力过高，可用拇指按下充气枪上的放气按钮，以达到所需气压。

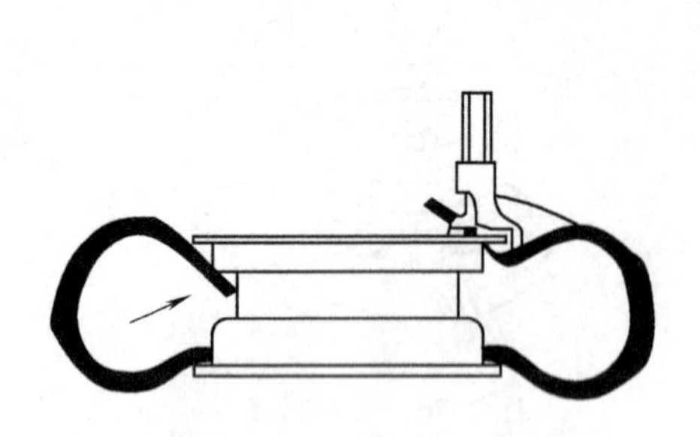

图2-79　装胎过程四

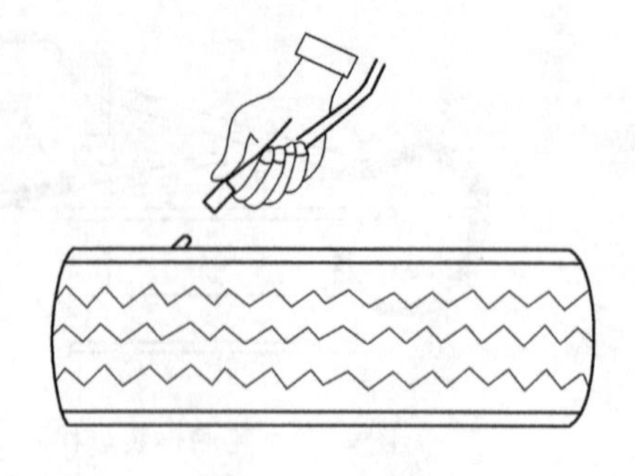

图2-80　轮胎充气

2.2.4　汽车维护与保养常用检测仪器、设备及其使用技术

2.2.4.1　点火正时灯的结构原理与使用操作

点火正时是指正确的点火时间，一般用点火提前角表示。从点火开始到活塞到达上止点这一段时间内，曲轴转过的角度称为点火提前角。点火提前角对发动机的动力性、经济性和排放性能有很大影响。

点火正时灯是专门用于测试汽油发动机运转中点火时间是否正确的测试仪器，它用正时灯泡与高压电同时发光作为正时记号来测试点火时间。

1. 结构原理

点火正时灯结构如图2-81所示，由闪光灯、传感器、整形装置、延时触发装置和显示装置构成。正时灯是一种频率闪光灯，每闪光一次表示第1缸的火花塞发火一次，因此闪光与第1缸点火同步。当正时灯对准发动机第1缸压缩终了上止点标记，并按实际跳火时间进行闪光时，若飞轮或曲轴传动带盘上的标记还未到达固定指针，即第1缸活塞还未到达压缩终了上止点，此时，可调整正时灯电位器，使闪光时机推迟至转动部分上的标记正好对准固定指针之时，那么推迟闪光的时间就是点火提前的时间，将其显示到表头上，便可读出要测的点火提前角。

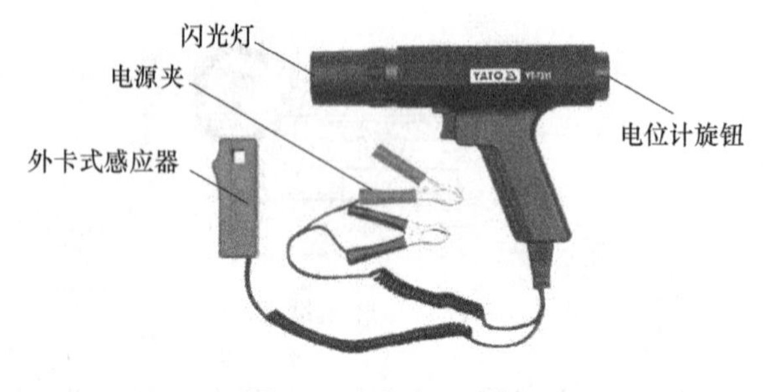

图2-81　点火正时灯

2. 使用操作

1）将正时灯的两个电源夹分别夹在蓄电池的正、负极上，红正、黑负。

2）将正时灯的外卡式传感器卡在1缸高压线上，如果是独立点火系统，应在1缸点火线圈上贴感应片，使用专用片式感应器。

3）发动机运转到正常工作温度，打开正时灯开关。

4）在发动机稳定怠速下，正时灯对准转动标记，调整正时灯延时旋钮，直到转动标记与缸体固定标记对齐，此时，正时灯指示装置上的读数即为发动机怠速下的点火提前角。用

同样的方法可以测出不同工况下的点火提前角

5）检测完毕，关闭正时灯，取下电源卡和外卡式传感器。

2.2.4.2　气缸漏气量（率）检测仪结构原理与使用操作

1. 结构原理

气缸漏气量检测仪是由测量表、进气阀接口、排气阀接口、调压阀旋钮、进气压力表、校正孔板、橡胶软管、快换管接头和充气嘴等组成的，其结构组成及使用情况如图2-82所示。

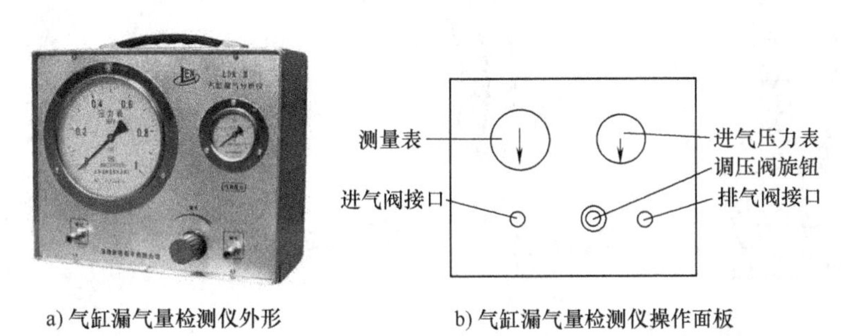

a) 气缸漏气量检测仪外形　　b) 气缸漏气量检测仪操作面板

图2-82　气缸漏气量检测仪

检测时发动机不运转，在活塞处于上止点位置时，将压缩空气注入气缸内，利用仪器的气压表测量气缸内压力变化情况，来表征气缸活塞组的密封性。该仪器仅用于汽油发动机。

测试时，检测仪的充气嘴安装于所测气缸的火花塞孔上，使活塞处于上止点位置，仪器与外部气源连接，气源压力一般为0.6～0.8MPa。随后压缩空气经调压阀、校正孔板、橡胶软管、快换管接头和充气嘴进入气缸。当气缸密封不严时，压缩空气就会从不密封处漏出，校正孔板量孔后的空气压力下降，因校正孔板量孔不变，当进气压力及测试温度一定时，其后压力取决于经过量孔的空气流量，亦即气缸内不密封处的漏气量。因此，根据测量表压力下降即可判断气缸的漏气量。

对于气缸漏气率检测，无论所使用的是何种仪器和检测方法，都与气缸漏气量的检测基本一致。所不同的是气缸漏气量的测量表以kPa或MPa为单位，而气缸漏气率测量表的标定单位为百分数，即：密封仪器出气口漏气率为0时，测量表指针指示0；而打开仪器出气口，相当于气缸内压缩空气完全漏掉，测量表指针指示值为100%。测量表指示值在0和100%之间均匀分度，并以百分数表示。这样，把原表盘的气压值标定为漏气的百分数，就能直观地指示气缸的漏气率了。

2. 检测方法

1）发动机预热至正常工作温度。

2）用压缩空气吹净火花塞周围，并清除火花塞周围的脏物，而后拧下所有气缸的火花塞，并在火花塞孔上装好充气嘴。

3）接好压缩空气源，在检测仪出气口堵塞的情况下，用调压阀调节进气压力，使测量表指针指示0.4MPa。

4）拆下正时带防尘罩（图2-83），在配气凸轮轴的固定螺栓上（图2-83向上箭头处）装好指针和活塞定位盘（图2-84，其刻度指针可由传统点火系统的分火头改制）。活塞定位盘用较薄的板材制成，其上按缸数进行刻度，并按凸轮轴旋转方向以及点火次序刻有缸号。

假定是六缸发动机，凸轮轴顺时针旋转，点火次序为1-5-3-6-2-4，则活塞定位盘上每60°有一刻度，并按顺时针方向在每个刻度上分别刻有1、5、3、6、2、4的字样。

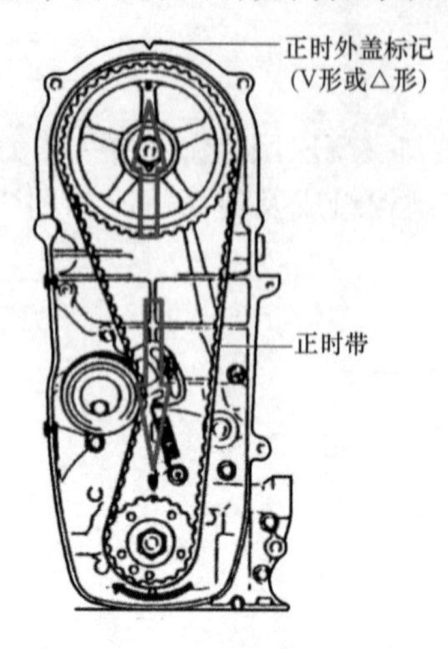

图2-83　汽油机正时标记

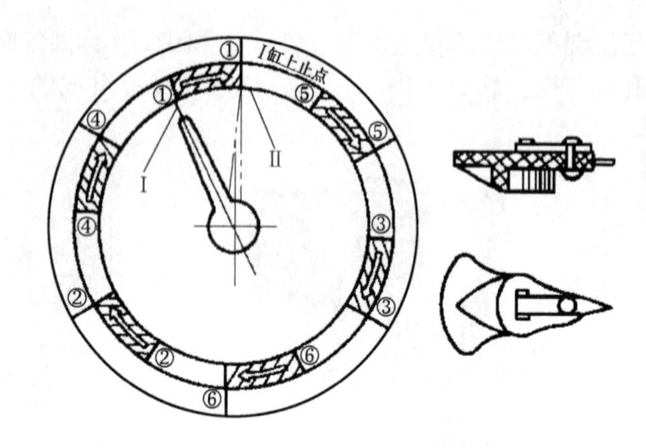

图2-84　活塞定位盘

Ⅰ—压缩行程开始位置　Ⅱ—压缩行程上止点

注：发动机工作顺序为1-5-3-6-2-4。

5）摇转曲轴，先使第1缸活塞处于压缩终了上止点位置，然后转动活塞定位盘，使刻度“1”对正指针（图2-83中向上箭头所示）。为防止压缩空气推动活塞使曲轴转动，变速器挂低速档，拉紧驻车制动。

6）把1缸充气嘴接通后向1缸充气，此时测量表上的压力读数便反映了该缸的密封性。

7）摇转曲轴，使刻度指针对准活塞定位盘上下一缸刻度线，按以上方法检测下一缸的漏气量。

8）按以上方法和点火顺序检测其余各缸的漏气量，为使检测结果可靠，各缸应重复检测一次。

2.2.4.3　曲轴箱窜气测量仪的结构类型与使用操作

曲轴箱窜气量是指气缸内的工作介质和燃气从气缸与活塞间不密封处窜入曲轴箱的量，窜入曲轴箱的气体量越多，表明气缸与活塞、活塞环间不密封程度越高。曲轴箱窜气量检测仪专门用于测量通过气缸活塞组间隙窜入曲轴箱的气体量，以便考核发动机密封性能，判断发动机的磨损情况。

曲轴箱窜气测量仪的结构类型主要有两种，一种是转子式曲轴箱窜气测量仪，另一种是微压式曲轴箱窜气测量仪。这里以常用的转子式曲轴箱窜气测量仪为例，介绍曲轴箱窜气测量仪的结构原理及测量方法。

1. 结构原理

图2-85所示是一种玻璃气体转子式流量计，它实际上是一种压差式流量计，由U形管式压力计、转子式流量孔板、刻度板和通曲轴箱胶管等组成。测量时漏窜气体沿图2-85b所示的箭头移动时，转子式流量孔板两端的压力差使压力计水柱移动，直至气体压力与水柱落差平衡为止。压力计通常以流量为刻度，因而由压力计水柱高度可以确定窜入曲轴箱气体的数量，转子式流量孔板备有不同直径的小孔，可以根据漏窜气体量的范围来选用。

2. 测量方法

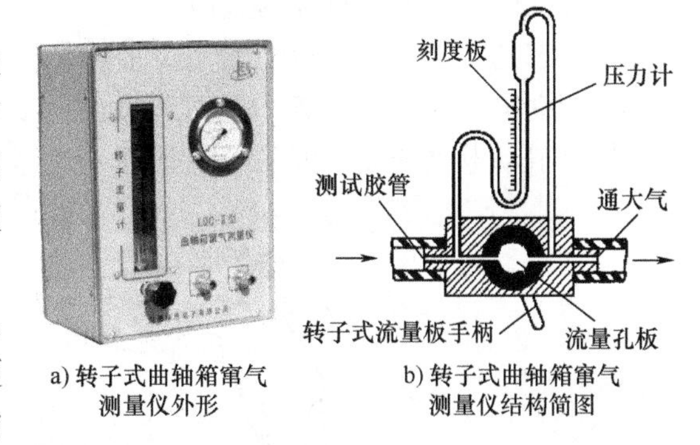

a) 转子式曲轴箱窜气测量仪外形
b) 转子式曲轴箱窜气测量仪结构简图

图2-85 转子式曲轴箱窜气测量仪

曲轴箱窜气量除与发动机气缸活塞副技术状况有关外，还与发动机转速和负荷有关。因此在测量时，发动机应加载，节气门全开（或柴油机最大供油量），在最大转矩转速（此时窜气量最大）下进行测试。

发动机加载最好在底盘测功机上进行。该试验台的测功装置就是加载装置，可方便通过滚筒、驱动车轮和传动系统对发动机加载，使发动机在全负荷下从额定转速至怠速转速任意转速下稳定运转。若无底盘测功机，也可在坡道上选用合适档位进行或在平路上使用制动器进行，但试验状态不易稳定，测量误差大。

测量时，先将曲轴箱密封（堵住机油尺口、曲轴箱通风口和气门室侧盖上的通气导管），再用胶管从加机油口处将漏窜气体导出，输入气体流量计使压力计水柱移动至与气体压力平衡为止，此时，记下气体流量计每分钟流量读数，即可确定窜入曲轴箱的气体量。

2.2.4.4 发动机内窥镜的结构原理与使用操作

内窥镜也称为内镜，是借助某种媒介窥视零件腔内技术状况的一种仪器。内窥镜的应用起源于医学。用内窥镜对汽车各总成、机构检测诊断，可以在不解体的情况下检查其内部技术状况（如在不打开发动机气缸盖的情况下，可以检查活塞顶、进排气门、气缸壁和燃烧室壁的技术状况），提高了工作效率，降低了维修费用，同时避免了对机件多次拆装而造成的损害。

1. 结构原理

图2-86所示为汽车维护保养作业常用的便携式工业内窥镜。其结构组成主要包括主机（由功能按键、液晶显示屏、电源指示灯等组成）、快速接头、定型软管、高清摄像头、存储卡插口、电源输入插口等。

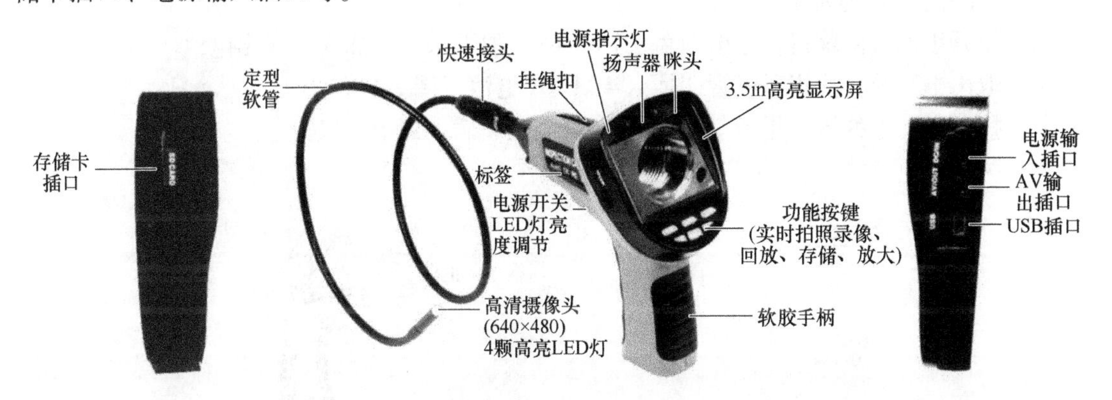

图2-86 便携式工业内窥镜实物图

2. 使用操作

1）起动和关闭仪器，调节LED灯亮度。

① 滑动电源开关，打开内窥镜。

② 动态图像显示在显示屏上，表明电源已开启。

③ 滑动电源开关，调节LED灯亮度（图2-87）。

④ 再滑动电源开关，可关闭内窥镜。

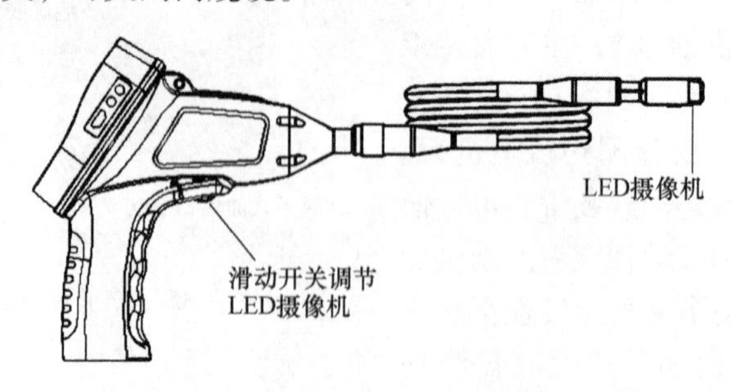

图2-87　LED亮度调节

注意：① 内窥镜自动关闭或无法开启时，应立即更换电池。一般情况下，当开启内窥镜时，电池电量表会出现在屏幕最右上角，并显示存电量（图2-89）。

② 不要触碰内窥镜转动轴末端的透镜或LED灯，若触碰或弄脏镜头，则会影响显示屏图像的分辨率；若一旦弄脏镜头，一定要用干净的干软布清洁，千万不能乱擦。

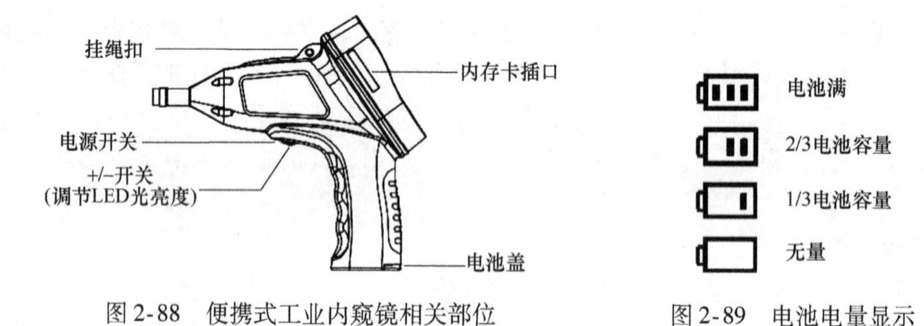

图2-88　便携式工业内窥镜相关部位　　图2-89　电池电量显示

2）插入或拔出电池。

① 松开手柄底侧螺钉，把电池盖（图2-88）取下来，可插入或拔出电池。

② 取出电池筒，按指示或说明插入4只AA电池（图2-90）。

③ 按电池筒上的箭头指示（图2-90）将电池筒插入到手柄里。

④ 关闭电池盖（图2-91）。

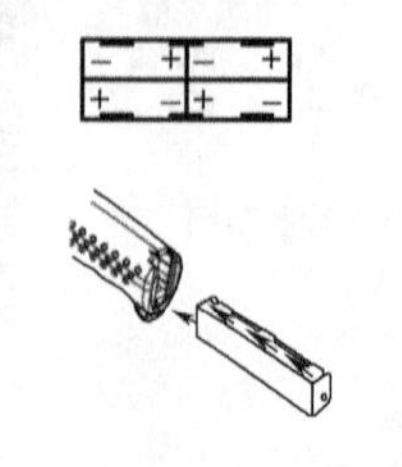

图2-90　电池及电池筒

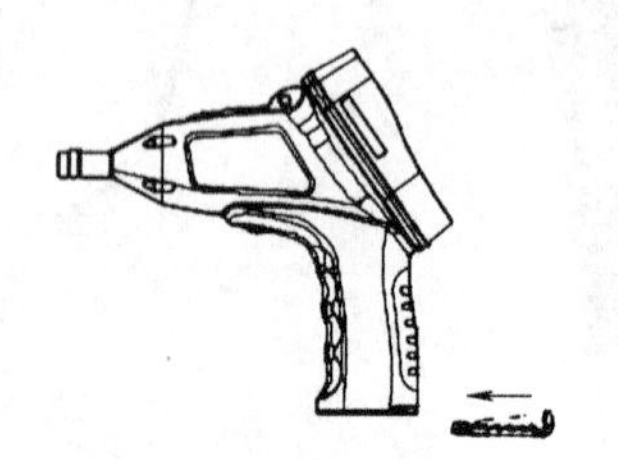

图2-91　关闭电池盖

警告：该设备只可使用碱性电池。更换电池时，应仔细阅读使用说明书。

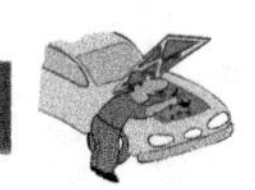

3）软管安装。

① 把盖子拉到内窥镜后面。

② 对准连接器卡位（图 2-92）。

③ 拉过盖子旋紧到内窥镜上。

警告：连接软管到内窥镜上时切勿强力拽拉或旋转；更换配件或进行任何调整前必须取出电池；为减少受伤风险，需佩戴安全护目镜。

4）配件安装。按图 2-93 所示方式安装小镜子、钩子、磁铁三个配件。滑动配件底端，安装固定在镜头处。

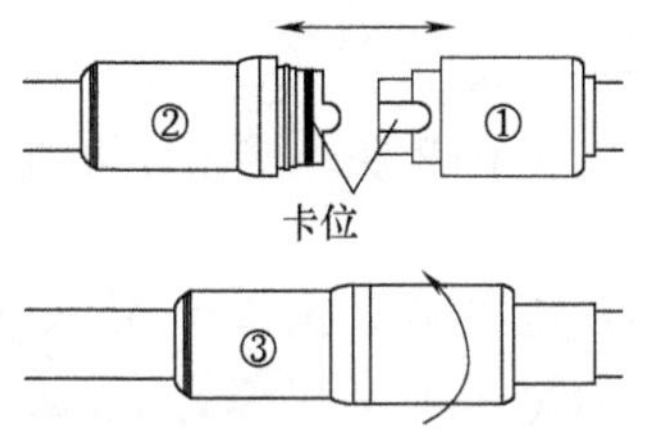

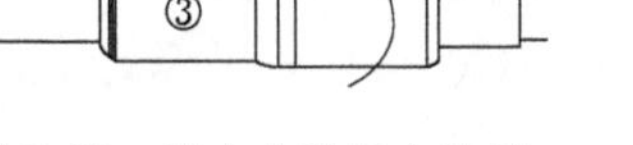

图 2-92　机内电池及电池筒

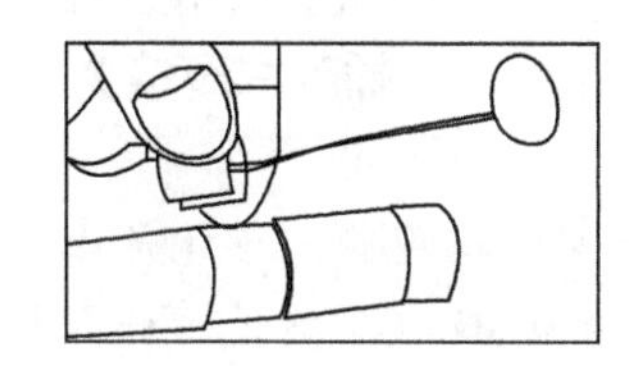

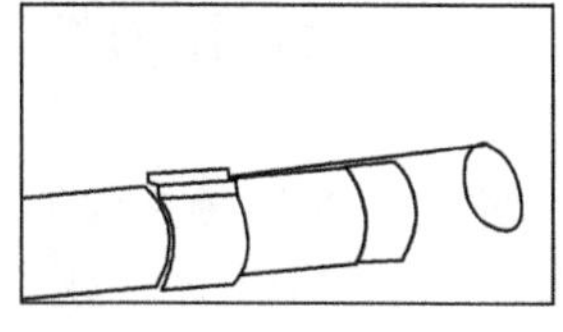

图 2-93　配件安装

5）插入或拔出内存卡。

① 打开橡胶保护盖，可看到内存卡插口（图 2-88）。

② 滑入内存卡，卡顶端应背对液晶显示屏。仔细轻压则内存卡插入，卡位要正确。

③ 盖上橡胶保护盖。

④ 若要移除内存卡，则按压内存卡然后松手，卡会自动弹出。

注意：① 内存卡插入卡槽后，显示屏上将会有图案显示。

② 内存卡写保护时以及拍照或摄像时，屏幕会出现提示图标。图片或视频不能被存储。

③ 图片及录像数量取决于内存卡容量。如果容量已满，屏幕上会有指示图片 Disk Full 出现。任何信息将不能被存储。

6）设置菜单。进入菜单设置，打开仪器，按菜单键。通过按键或（图 2-94）选择和确认菜单。本机共设有四种预览菜单（图 2-95），这里以设置拍照和摄像菜单为例，介绍其操作步骤。

图 2-94　显示器及功能键

	手动拍照
	高级设置
	语言设置
	时间设置

图 2-95　菜单预览模式选择

① 预览。按开关键，相机的开机指示图出现，屏幕上显示拍照模式和摄像模式指

示图。共有四种预览模式：照片、照片3、摄像、摄像剪辑（显示1min）。

② 拍照和预览。照片预览，拍照或停止，按键；拍照时屏幕显示图标；查看拍过的照片，按键；按◀▶键选择上一张或下一张图片。

③ 摄像和播放。要进行或停止摄像并录音，按键预览摄像模式，按键停止摄像；在摄像时，图标闪烁；键转换预览模式和回放模式；用◀▶键选择上一条或下一条视频，然后按键开始摄像；回放时指示图出现，停止时指示图出现。

④ 调焦。放大功能，按键，可放大1~5倍。5倍放大后自动回归1倍放大，循环调焦。

提示：其他相关操作，详见设备使用说明书，这里不再一一赘述。

7）资料下载到计算机。将USB线插到内窥镜旁边接口，连接USB底端接入计算机USB端口。

注意：如果不能在计算机里读取视频，可能是因为计算机未安装或不能安装DIVX或者XVID解码器。AVI文件被录制为MPEG4格式，计算机需要DIVX或者XVID解码器解码与播放。

2.2.4.5　汽车润滑油质检测仪的原理与使用操作

在润滑油使用过程中，由于杂质污染、燃油稀释、高温氧化、添加剂消耗或性能丧失等原因，品质会逐渐变坏。润滑油品质变坏会使发动机润滑性能变差、磨损加剧，甚至引发严重机械故障，因此应加强对发动机润滑油品质的定期检测与分析，实行按质换油，以保证发动机良好的润滑。更为重要的是，通过对润滑油品质的检测，可分析并监控发动机技术状况的变化。

1. RZJ—2A型润滑油质分析仪的工作原理

图2-96所示为RZJ—2A型润滑油质分析仪的外形图，它的关键元件为安装在油槽底部的螺旋状电容，润滑油作为电容的介质，当润滑油的介电常数变化时，电容值也随之改变。电容作为传感器是检测电路的一部分，传感器电容变化引起电路中的电量变化，电信号通过专用的数字电路，将其变成数字信号，送入计算机处理并与参考数字信号比较。数字信号与参考信号相等，显示为零，润滑油无污染；数字信号大于或小于参考信号，显示不为零，表示润滑油的介电常数发生改变，说明润滑油中存在一定程度的污染，显示值越偏离零值表明润滑油污染程度越大，从而达到检测润滑油污染程度的目的。

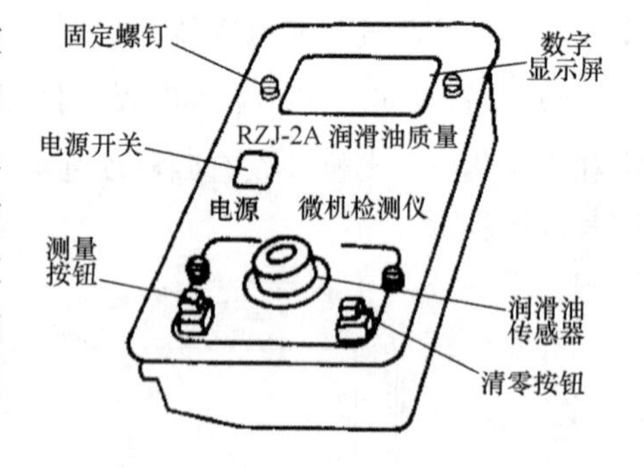

图2-96　RZJ—2A型润滑油质分析仪

2. RZJ—2A型润滑油质分析仪的使用操作

1）打开电源，仪器应依次显示“+00.00”“+11.1”……“99.9”“00.0”之后，出现“-0”，表示自检结束，仪器正常工作，可以测量。但若中间出现的数字与上述数字不符，表示仪器有问题，需进一步检查。

2）用脱脂棉彻底清洁传感器油槽，将3~5滴与被测润滑油同牌号的清洁润滑油置于油槽中，使油充满油槽底部。

3）等油扩散完毕2～5s后，按“清零”按钮，仪器自动标定零位，显示“±0.00”。4s后再清除润滑油，清洁传感器油槽。

4）将3～5滴被测润滑油置于油槽中，等油扩散完毕2～5s后，按“测量”按钮，显示综合测量值，约30s后，显示水分含量范围，以后每隔2s分别交替显示水分含量范围与综合测量值。

2.2.4.6　电子卤素检漏仪的基本结构与使用操作

1. 结构原理

图2-97所示为电子卤素检漏仪的基本结构，主要由放大器、电桥、阳极、阴极、风扇和变压器等组成，并用铂丝作为阴极、铂罩作为阳极构成一个电场。其工作原理为：通电后铂丝达到炽热状态，发射出电子和正离子，仪器的探头（吸管）借助微型风扇的作用，将探测处的空气吸入，并吹向电场。如果被吸入的空气中含有卤素（如R12、R22、R134等），则与炽热的铂丝接触即可分解成卤化气体，电场中一旦出现卤化气体，铂丝（阴极）离子的放射量就要迅猛增加，所形成的离子流随着吸入空气中的卤素多少成比例增减，因此可根据离子电流的变化来确定泄漏量的多少。离子电流经过放大并通过仪表显示出量值，同时发出声响信号。

2. 使用操作

① 将电池装入电子检漏仪，打开电源开关，此时电源指示灯亮，同时听到检漏仪发出缓慢间断的“嘀、嘀”声。此时表示检漏仪处于正常工作状态。如果打开电源，仪器啸叫，则按一下复位键，便可恢复正常。

② 通过观看电源指示灯，核对电池电压。

③ 选择合适的灵敏度，然后将检漏仪的探头沿系统连接管道慢慢移动进行检漏。速度不要大于25～50mm/s，并且探头与被检测表面的距离小大于5mm，如图2-98所示。

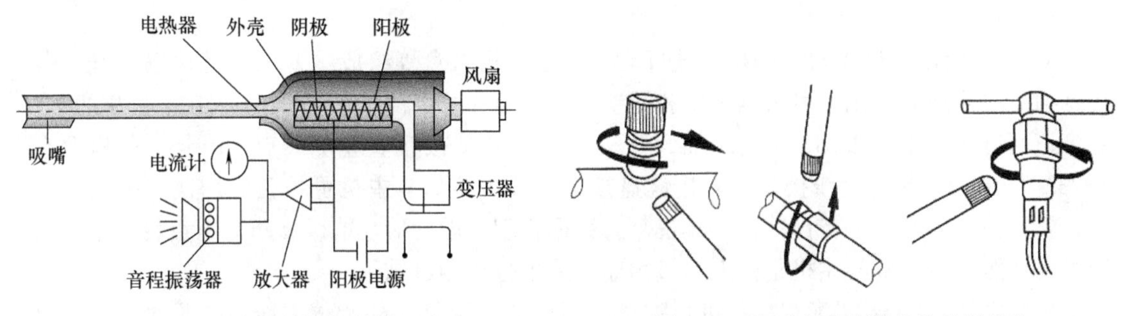

图2-97　电子卤素检漏仪结构组成

图2-98　电子卤素检漏仪的使用操作

④ 如果检漏仪发出“嘀……”的长鸣声时，说明该处存在泄漏。为保证准确无误地确定漏点，应及时移开探头，重新调节灵敏度到合适位置，待检漏仪恢复正常后，在发现漏点处重复检测两三次。

⑤ 如果找到一个漏点后，一定要继续检查剩余管路。

3. 操作注意事项

① 当泄漏不能被检出时，可调高灵敏度。当复位不能使检漏仪“回位”时，可调低灵敏度。

② 泄漏警示时，如果探头长时间停留在检测口处，将被自动跟随电路逐渐平衡。

③ 在被气体严重污染的区域，应复位检漏仪以消除环境气体浓度的影响。

④ 有风的区域，即使大的泄漏也难发现。这种情况下，最好遮挡住潜在的泄漏区域。

⑤ 在使用过程中，严防大量的制冷剂吸入检漏仪，过量的制冷剂会污染电极，使灵敏度大为降低。

⑥ 使用电子卤素检漏仪时应注意保持探头的清洁，避免灰尘或油污的污染，切不可与水接触。

⑦ 不要随意拆卸探头，以免损坏或影响检漏仪的灵敏度。

⑧ 检漏仪长期不用时，应取出电池，并将其置于干燥处保存。

2.2.4.7 汽车故障诊断仪（解码器）的结构类型与使用操作

汽车故障诊断仪也称为解码器，是一种通信式测试设备，它通过汽车上的专用诊断接口在一定协议支持下与汽车控制单元相互进行信息交流，从而获取车载控制单元工作的重要参数。

当前广泛使用的汽车故障诊断仪有两种类型，一种是专用诊断仪，如通用公司的TECH—Ⅱ、奔驰公司的HHT、奥迪公司的VAG1552、日产公司的Consult等。其只适用于单一系列车型，价格昂贵，汽车制造厂一般仅向代理商或特约维修站提供，使用范围有限。另一种是通用汽车故障诊断仪，如美国生产的MT2500，国产的元征、金奔腾等，其具有通用性，即使用范围不局限于某一系列车型，特别适合于维修汽车种类较多的综合型汽车维修厂。这里以市场上常见的元征X431解码器为例，着重介绍其使用操作方面的知识。

X431是元征公司新一代汽车故障诊断仪，采用开放式汽车诊断技术，开发式诊断平台，接受第三方开发；可与计算机联机，支持随机打印，全中文操作，触摸屏，随机有帮助信息，操作简单易学。

1. X431的基本结构

X431主要由测试主机、随机外挂打印机、诊断测试盒等组成（此三大件可以分开，各具有独立的功能和作用，可根据需要和配置情况进行工作），其外观和组成如图2-99所示。主机正面有带触摸屏的LCD显示器，开机、关机微动按键。左侧装有CP卡，右侧设有RS232串口、RJ45电话线接口、外接键盘接口、耳机接口。主机可单独使用，在单独使用时，就是一台标准的手持计算机，具备个人数据管理、游戏等功能。诊断盒担负着汽车诊断的主要功能。打印机与主机是标准接口相连，用于打印测试结果。

除此之外，X431还配有一些进行汽车诊断所需的附件，如测试主线、电源线、开关电源、CP卡、CP卡读写器，以及各种测试接头等。X431配置如图2-100所示。

2. X431的使用操作

（1）测试条件

1）汽车蓄电池电压应在11～14V，X431的额定电压为12V。

2）节气门应处于关闭位置，即怠速触点应接通。

3）散热器和变速器温度应达到正常温度（冷却液温度90～110℃，油温50～80℃）。

（2）测试基本步骤

1）根据汽车上的诊断座形状选取X431相应的诊断接头，通过诊断接头及测试主线把X431和要测试的汽车连接（图2-101）。

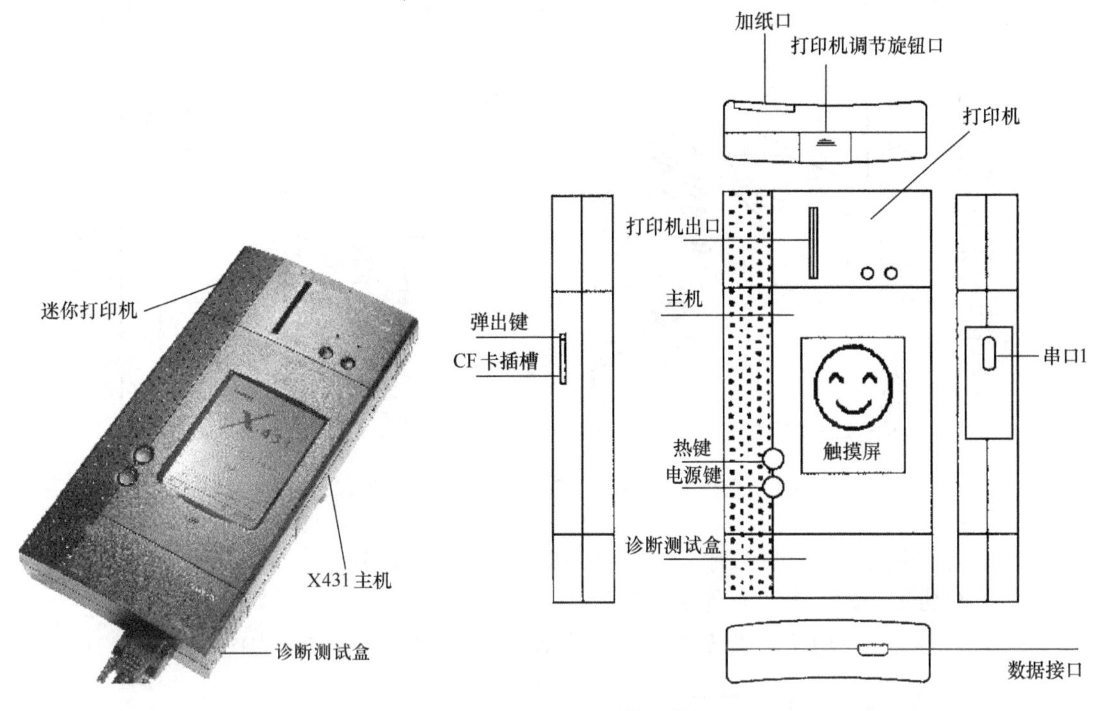

图2-99　解码器X431整机结构

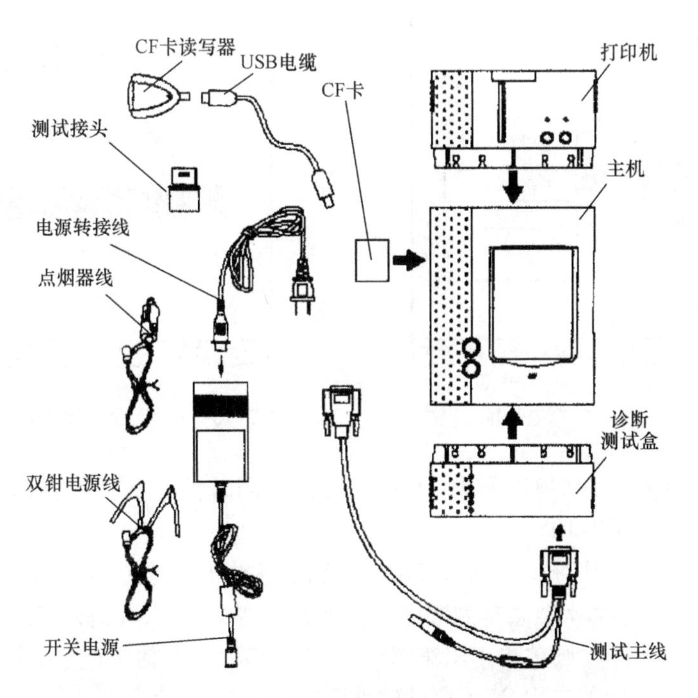

图2-100　X431配置示意图

2）按下431的开关电源（POWER）开机，单击431左下角的“开始”，X431会显示一些功能菜单（图2-102）。

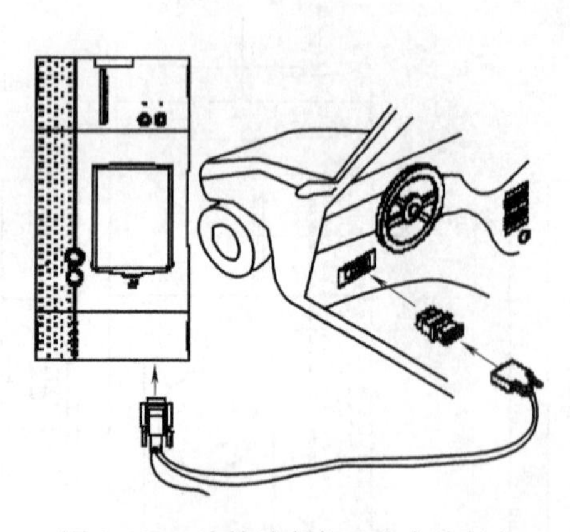

图 2-101 连接诊断仪和汽车诊断座

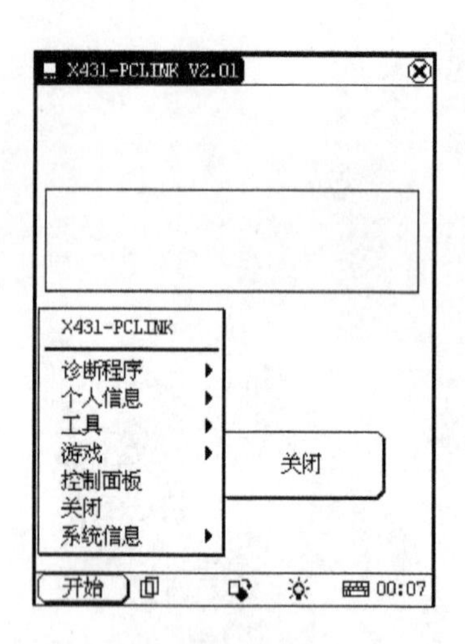

图 2-102 X431 功能菜单

① 从菜单中选择“诊断程序”—“汽车解码程序”（图 2-103），除汽车诊断外，X431 还具备 PDA 的功能，如汽车专业英汉字典功能。

② X431 会显示当前的诊断软件显示程序版本，如 V15.03（图 2-104）。

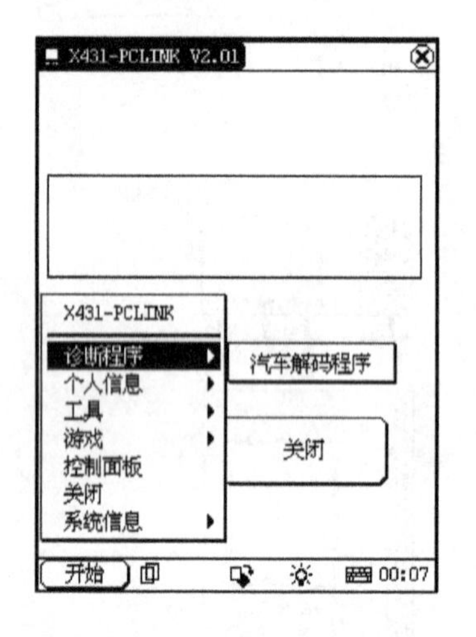

图 2-103 选择“汽车解码程序”

图 2-104 显示诊断软件程序版本

③ 单击显示程序后，X431 显示“开始”界面，同时提示及时登录 www. x431. com 网站升级下载最新软件（图 2-105）。

④ 单击“开始”（图 2-106）后，X431 会显示各种车型的图标（图 2-107），各种车型的图标是按照单击图标的次数来排列顺序的，即经常测试的车型图标会排在第一页。

⑤ 如要测试丰田车，则单击丰田车图标（图 2-108），其他车型也一样操作。

⑥ X431 会显示当前的丰田/凌志测试软件版本，如丰田/凌志 V42.20 全系统（图 2-109）。软件的版本是不断升级的，版本越高功能越完善，且新版本软件的功能包含低版本软件的功能。

⑦ 单击所选择的软件版本，如丰田/凌志 V42.20 全系统，X431 会显示该版本软件所能测试的车型、年款、系统等（图 2-110）。

图 2-105　提示下载升级软件

图 2-106　点击“开始”界面

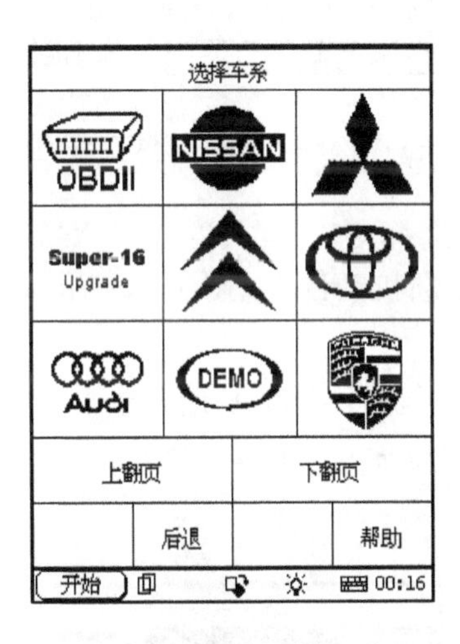

图 2-107　显示车型图标

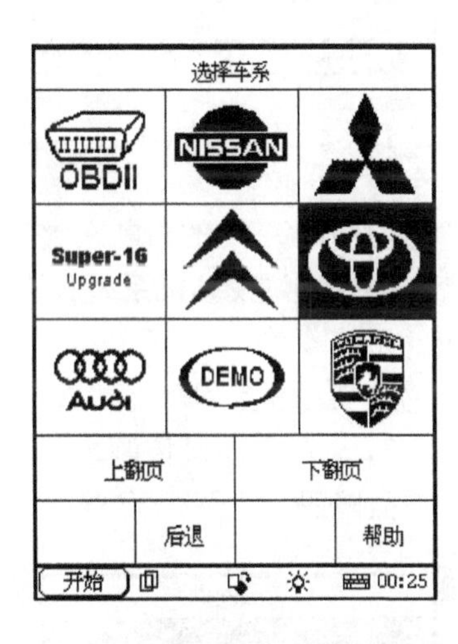

图 2-108　点击要测试的车型图标

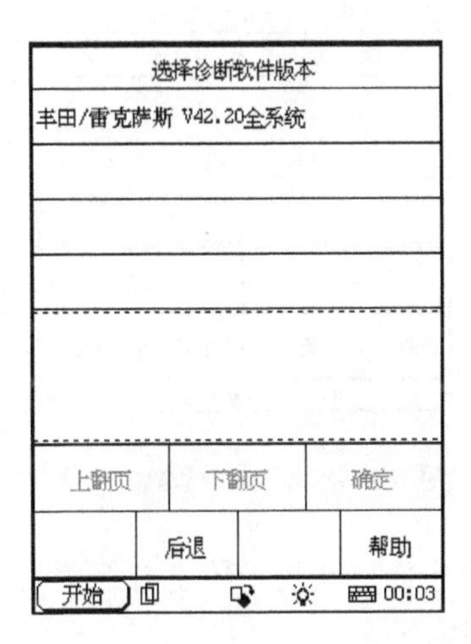

图 2-109　显示诊断软件版本

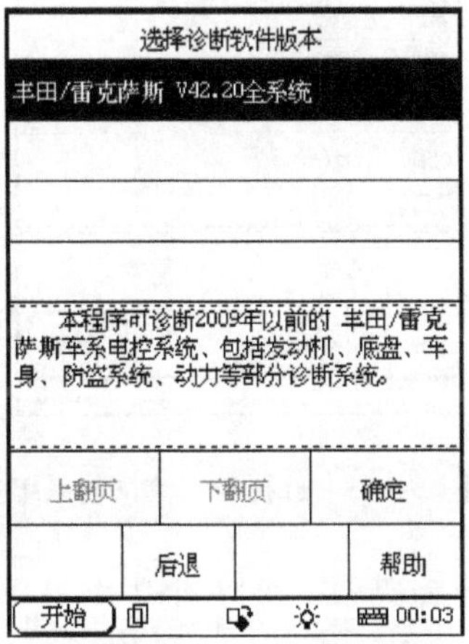

图 2-110　点击所选择的软件版本

⑧ 单击右下角“确定”键，X431 有一个 SMARTBOX 复位、校验及把测试软件从 CF 卡下载到 SMARTBOX 的过程（图 2-111）。

⑨ 下载完软件后，单击“确定”，会显示丰田/凌志的测试菜单（图 2-112）。

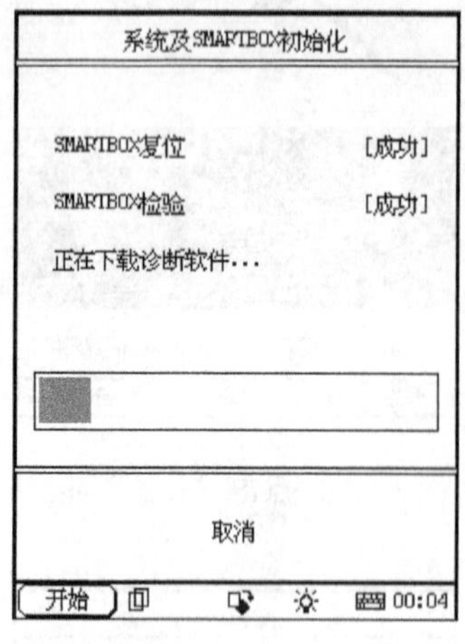

图 2-111　系统及 SMARTBOX 初始化

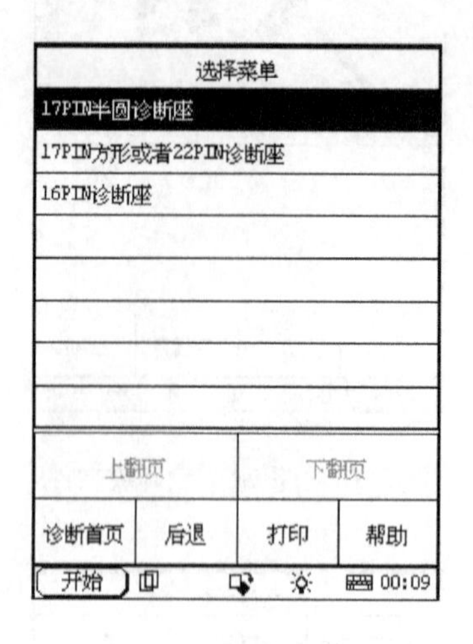

图 2-112　显示测试菜单

⑩ 根据所测丰田车装配的诊断座（如 16 脚）选择相应的测试菜单，X431 会显示可测试的各个系统；如要测试发动机系统，则单击“发动机系统”（图 2-113），要测试其他系统，单击相应的系统菜单。

进入该车的“发动机系统”后，X431 显示该系统可测试的功能，单击“读取故障码”（图 2-114），X431 会与发动机控制单元通信，读取故障码（图 2-115），稍后 X431 屏幕会显示读出的相应故障码。

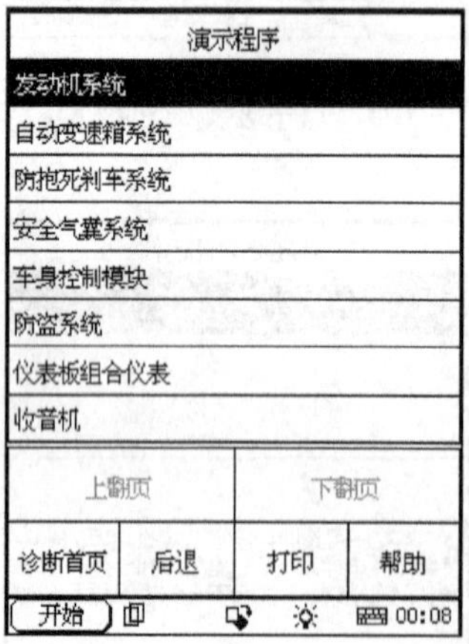

图 2-113　选择所需测试的系统

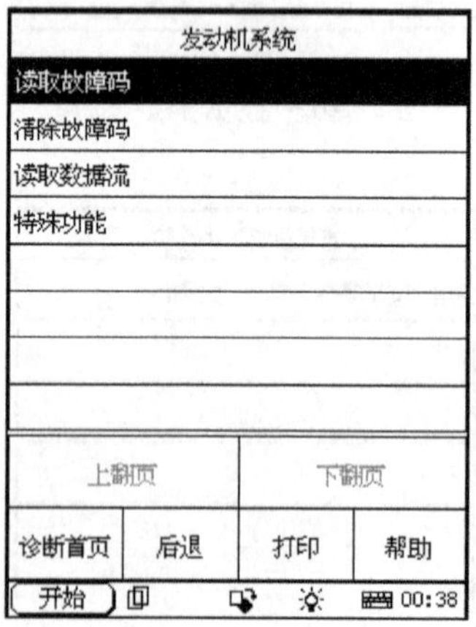

图 2-114　选择“读取故障码”

⑪ 读到故障码后，可以利用 X431 自身配备的迷你打印机，单击右下角的“打印”按钮，把故障码打印出来，作为维修的依据（图 2-116）。

⑫ 打印完故障码后，可以单击“清除故障码”菜单（图 2-117），这时 X431 会与发动

机控制单元进行通信，把发动机控制单元中记忆的故障码清除（图 2-118、图 2-119）。

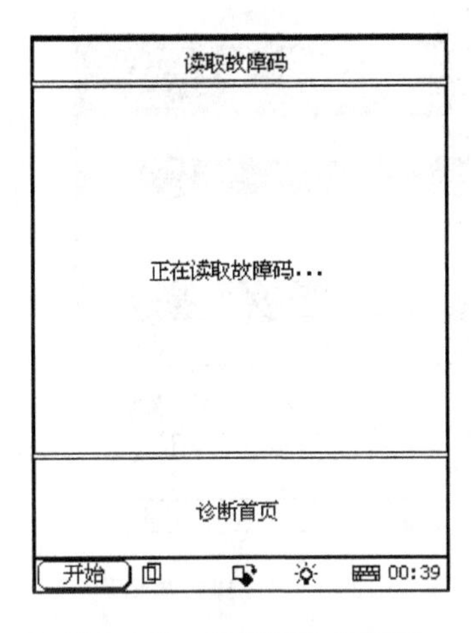

图 2-115　系统读取故障码

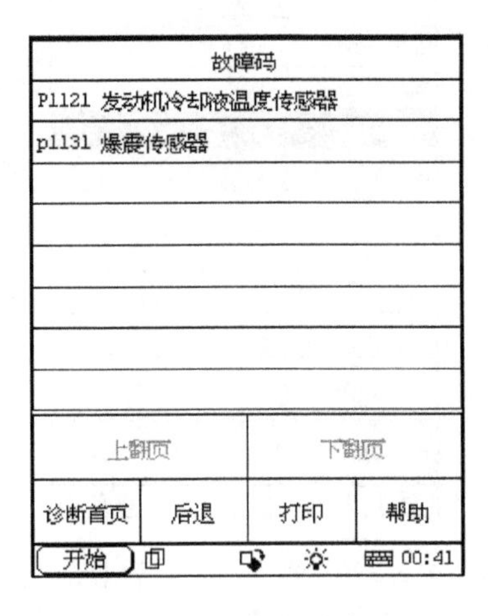

图 2-116　打印故障码

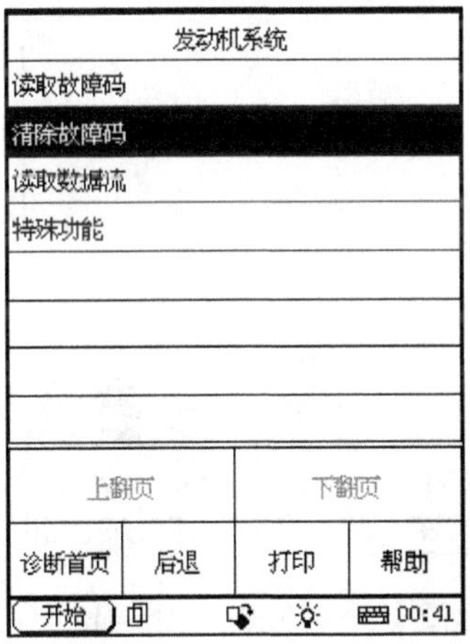

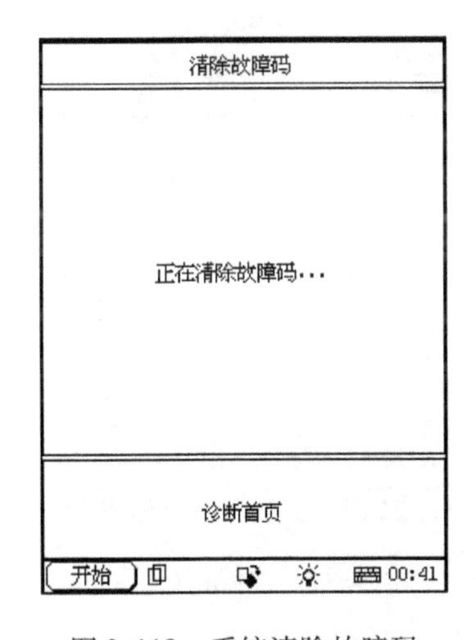

图 2-117　选择“清除故障码”

图 2-118　系统清除故障码

⑬ 还可以通过读取发动机系统各传感器的数据流来判断各种故障。单击“读取数据流”（图 2-120），X431 显示出各种传感器数据流项目，根据维修车辆的故障情况把相应传感器的数据流点成黑体（如要同时读取氧传感器、空气流量传感器、节气门传感器及冷却液温度传感器），单击“确定”按钮（图 2-121）。

⑭ 通过观察各种传感器的数据流，进一步确定故障所在部位（图 2-122）。

⑮ 单击数据流界面右下角的“图形-1”按钮，还可以把所读的数据流变成以波形的形式显示（图 2-123、图 2-124）。

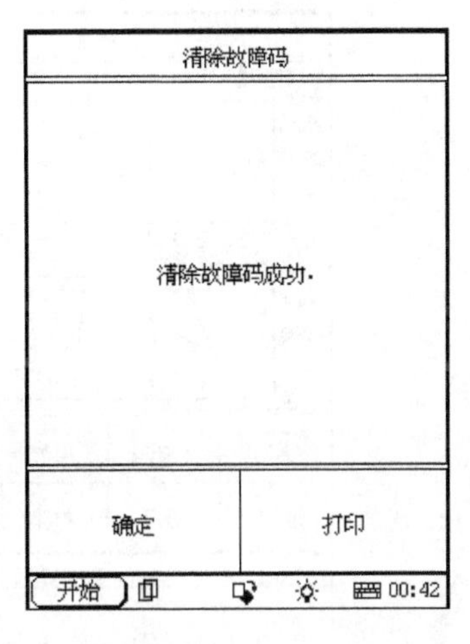

图 2-119　显示“清除故障码成功”

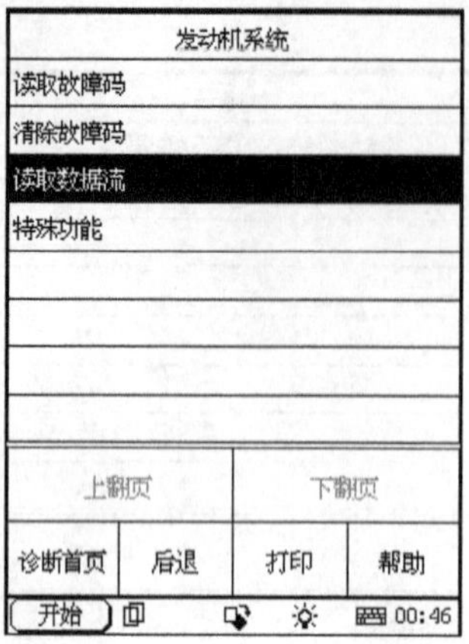

发动机系统			
读取故障码			
清除故障码			
读取数据流			
特殊功能			
上翻页		下翻页	
诊断首页	后退	打印	帮助
开始			00:46

图 2-120　点击“读取数据流”

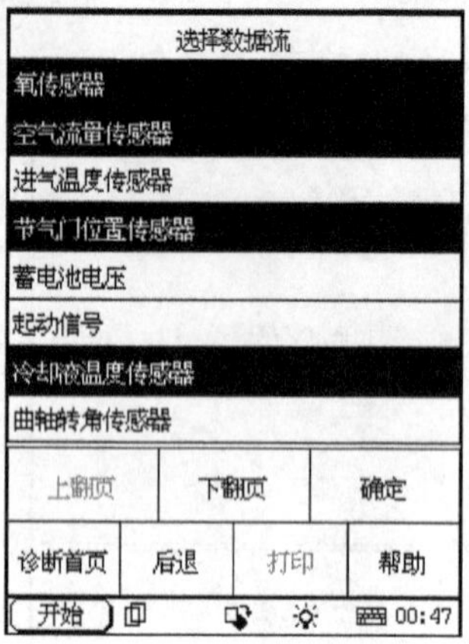

选择数据流			
氧传感器			
空气流量传感器			
进气温度传感器			
节气门位置传感器			
蓄电池电压			
起动信号			
冷却液温度传感器			
曲轴转角传感器			
上翻页	下翻页	确定	
诊断首页	后退	打印	帮助
开始			00:47

图 2-121　“选择数据流”

数据流			
氧传感器	585 mV		
空气流量传感器	187 Hz		
节气门位置传感器	585 mV		
冷却液温度传感器	84 ℃		
上翻页	下翻页	记录	图形-1
诊断首页	后退	打印	帮助
开始			00:49

图 2-122　观察数据流

数据流			
上翻页	下翻页	记录	图形-1
诊断首页	后退	打印	帮助
开始			01:04

图 2-123　点击“图形-1”

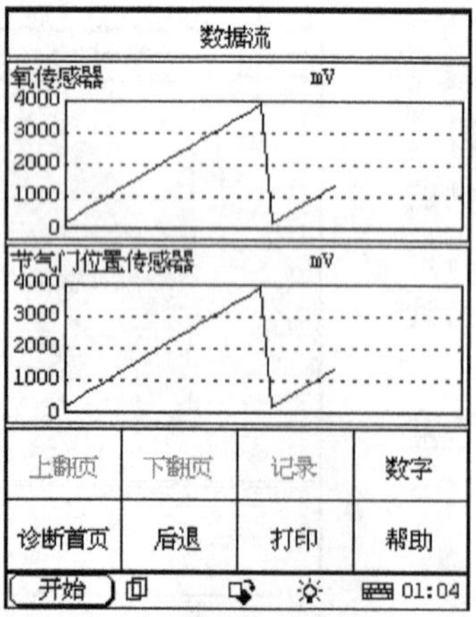

数据流

氧传感器　mV

4000 3000 2000 1000 0

节气门位置传感器　mV

4000 3000 2000 1000 0

上翻页	下翻页	记录	数字
诊断首页	后退	打印	帮助
开始			01:04

图 2-124　用波形显示数据流

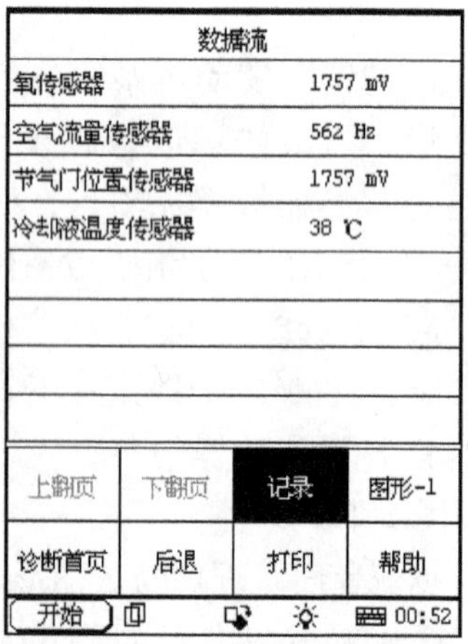

数据流			
氧传感器	1757 mV		
空气流量传感器	562 Hz		
节气门位置传感器	1757 mV		
冷却液温度传感器	38 ℃		
上翻页	下翻页	记录	图形-1
诊断首页	后退	打印	帮助
开始			00:52

图 2-125　记录数据流

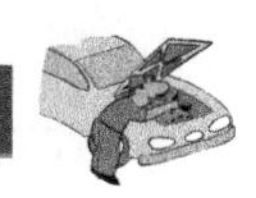

⑯ 单击数据流界面右下方中间的“记录”按钮，可把该车的数据流进行记录（图2-125）。单击“保存”，可以把读取的数据流保存到X431 CF卡上，并可以分类保存在指定的文件夹中（图2-126～图2-128），直到单击“停止”按钮，X431才停止数据流记录（图2-129）。

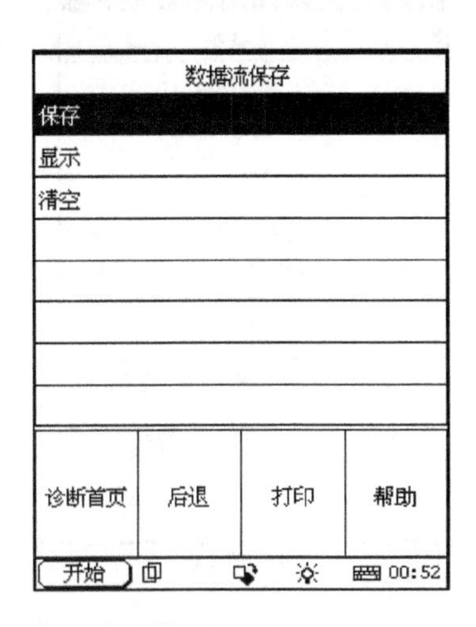

图2-126　数据流保存

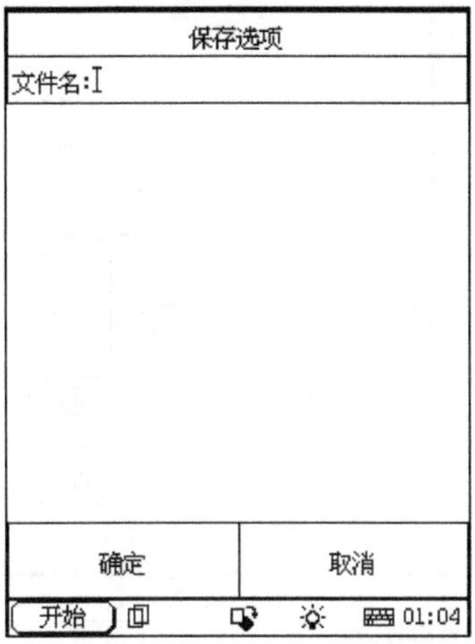

图2-127　保存在指定文件夹

图2-128　设定文件名

图2-129　停止记录数据流

⑰ 还可以通过单击数据流保存界面的“显示”按钮（图2-130），把记录在X431中的数据流（如金杯单点）显示出来，通过X431的“<－”及“－>”按钮上、下翻页进行数据流回放（图2-131、图2-132），利用数据流记录和回放功能，可以将一辆正常汽车的标准数据流储存到X431，日后遇到同类车型有故障时，可把储存的标准数据流调出来进行对比，从而准确地判断故障所在。

⑱ 通过单击发动机系统的“特殊功能”（图2-133），可对发动机系统各种执行器进行动作测试，如使2缸喷油器断油，观察发动机工作抖动的程度，从而判断2缸工作是否理想（图2-134～图2-136）。

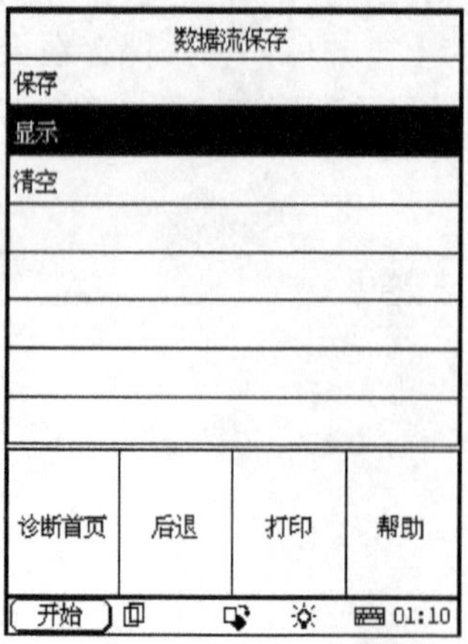

数据流保存
保存
显示
清空
诊断首页　后退　打印　帮助
开始　01:10

图2-130　显示数据流

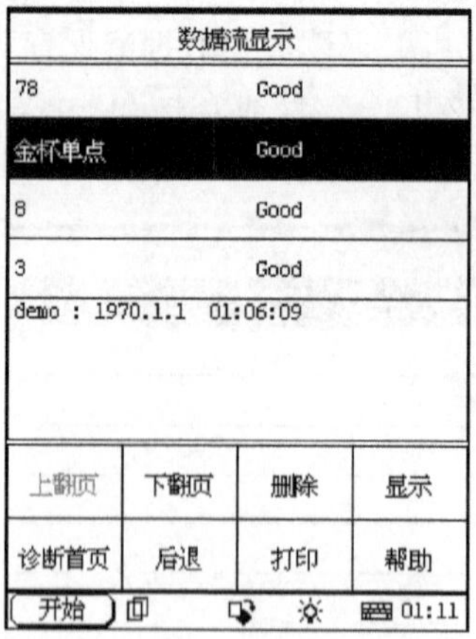

数据流显示
78　Good
金杯单点　Good
8　Good
3　Good
demo : 1970.1.1　01:06:09
上翻页　下翻页　删除　显示
诊断首页　后退　打印　帮助
开始　01:11

图2-131　数据流回放一

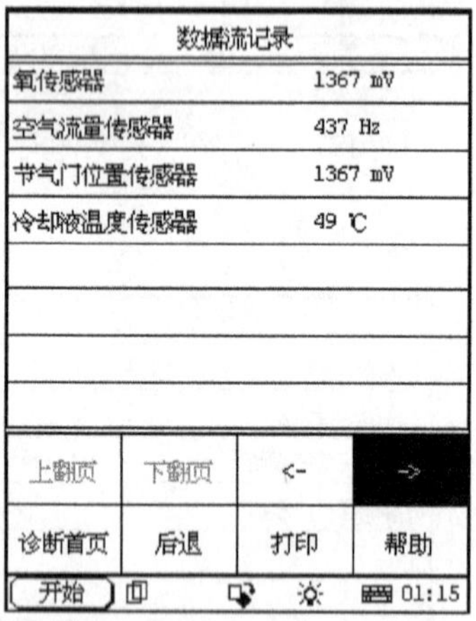

数据流记录
氧传感器　1367 mV
空气流量传感器　437 Hz
节气门位置传感器　1367 mV
冷却液温度传感器　49 ℃
上翻页　下翻页　<-　->
诊断首页　后退　打印　帮助
开始　01:15

图2-132　数据流回放二

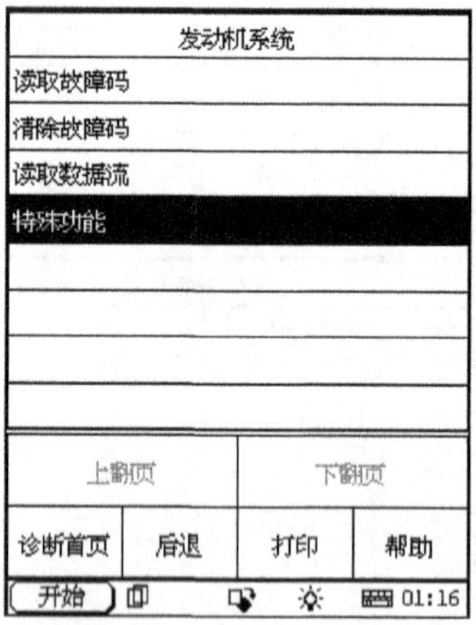

发动机系统
读取故障码
清除故障码
读取数据流
特殊功能
上翻页　下翻页
诊断首页　后退　打印　帮助
开始　01:16

图2-133　点击“特殊功能”

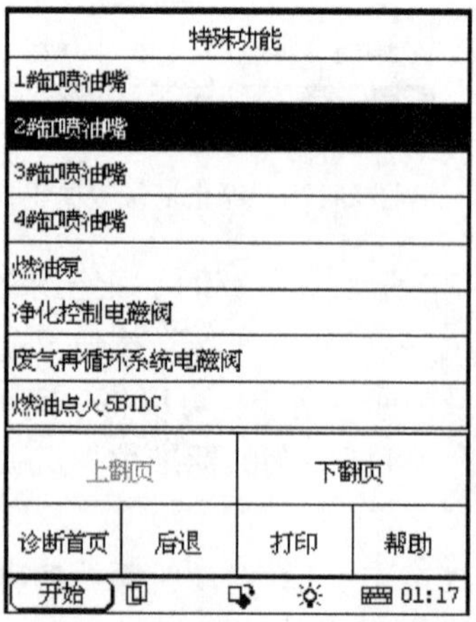

特殊功能
1#缸喷油嘴
2#缸喷油嘴
3#缸喷油嘴
4#缸喷油嘴
燃油泵
净化控制电磁阀
废气再循环系统电磁阀
燃油点火5BTDC
上翻页　下翻页
诊断首页　后退　打印　帮助
开始　01:17

图2-134　选择测试项

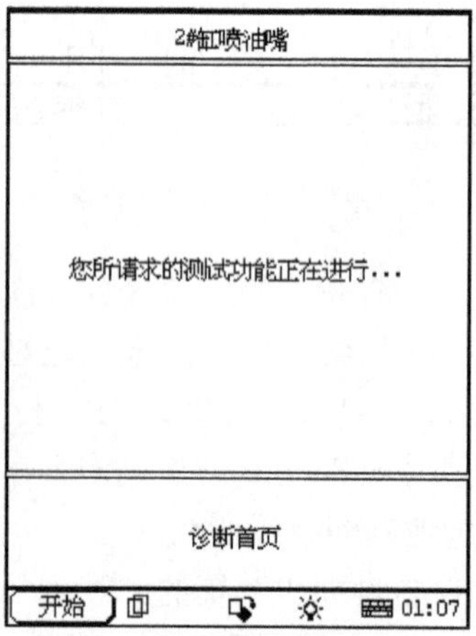

2#缸喷油嘴
您所请求的测试功能正在进行...
诊断首页
开始　01:07

图2-135　进行测试

⑲ X431 还具备匹配防盗钥匙功能。单击“防盗系统”（图 2-137），防盗系统中的读取故障码、清故障码及数据流功能与发动机系统相同，在此不再重复。

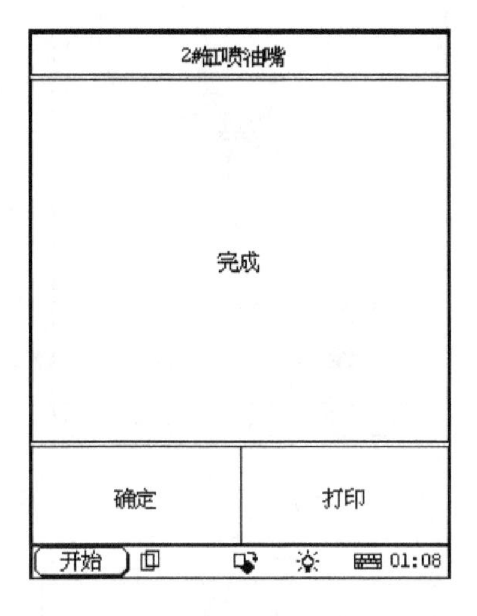

图 2-136　完成测试

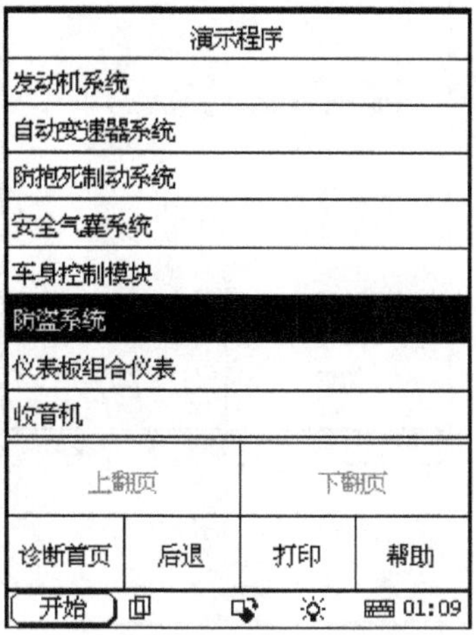

图 2-137　点击“防盗系统”

⑳ 把要匹配的防盗钥匙准备好，单击“特殊功能”（图 2-138），再单击“钥匙编程”（图 2-139）。

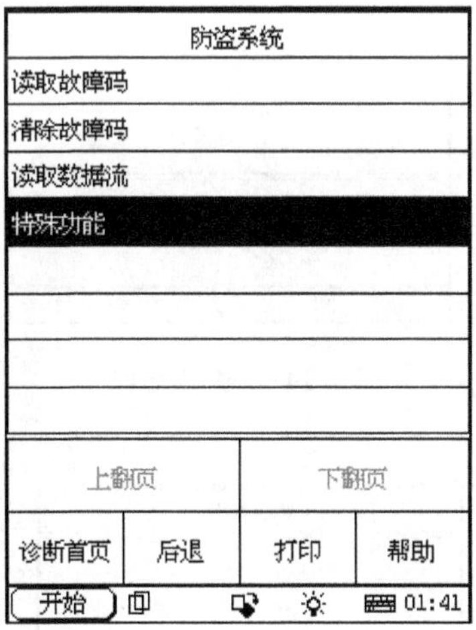

图 2-138　选择防盗系统“特殊功能”

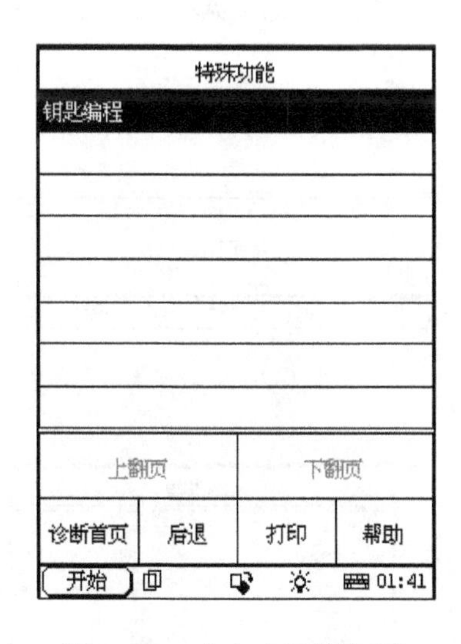

图 2-139　点击“钥匙编程”

㉑ 根据 X431 提示，进行开钥匙、关钥匙等操作（图 2-140～图 2-143）。

㉒ 如需继续配第二、第三把防盗钥匙，根据 X431 中文提示操作即可（图 2-144、图 2-145），在此不再重复。

2.2.4.8　汽车车轮动平衡机的基本结构与使用操作

1. 基本结构

以离车式车轮动平衡机（因车轮较少做静平衡检测，故静平衡机在此不做介绍）为例，其结构组成如图 2-146 所示，一般由车轮驱动系统、测量系统、车轮定位系统和控制显示系统组成。

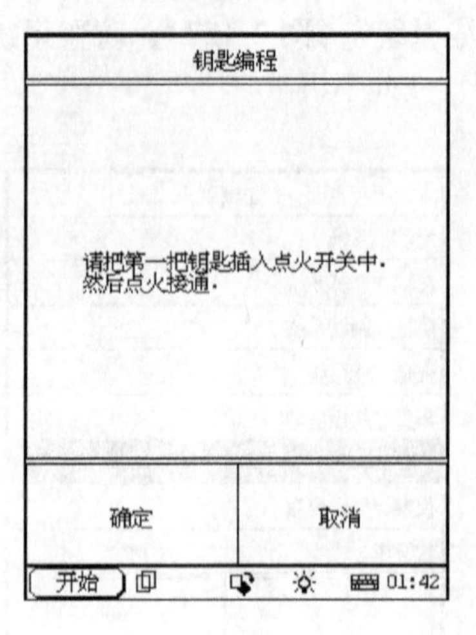

图2-140 钥匙编程一

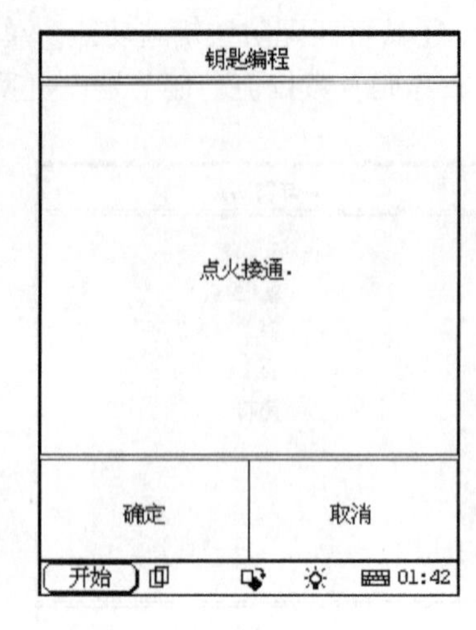

图2-141 钥匙编程二

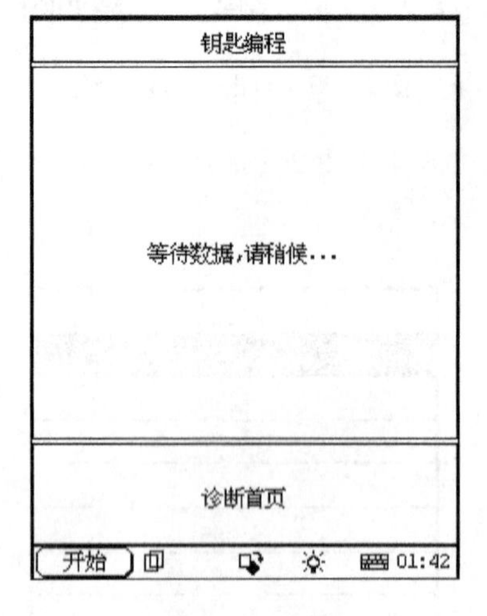

图2-142 钥匙编程三

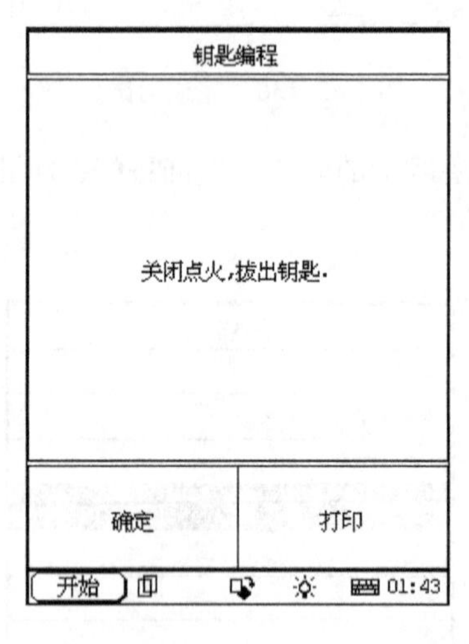

图2-143 钥匙编程四

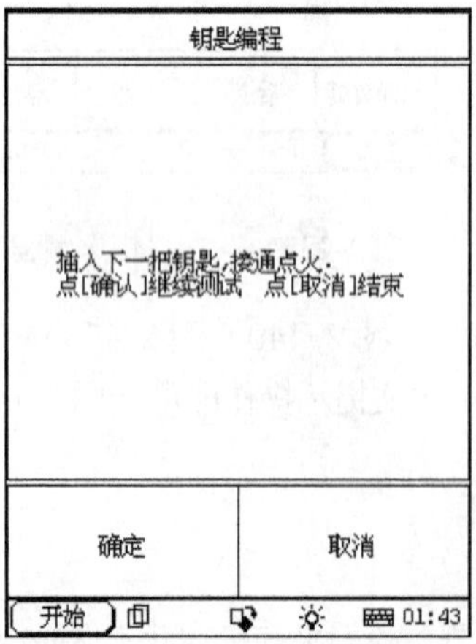

图2-144 续配第二把钥匙

图2-145 续配第三把钥匙

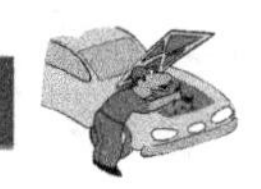

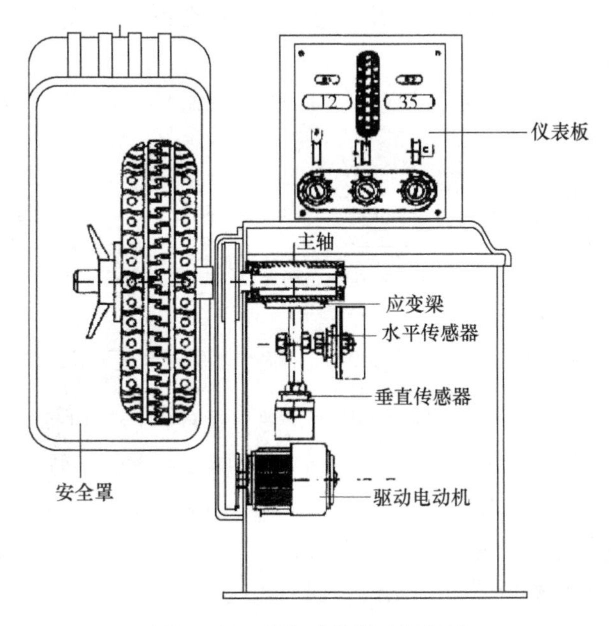

图 2-146　离车式轮胎动平衡机

2. 使用操作

图 2-147 所示为车轮动平衡机的控制面板，车轮动平衡机使用方法如下。

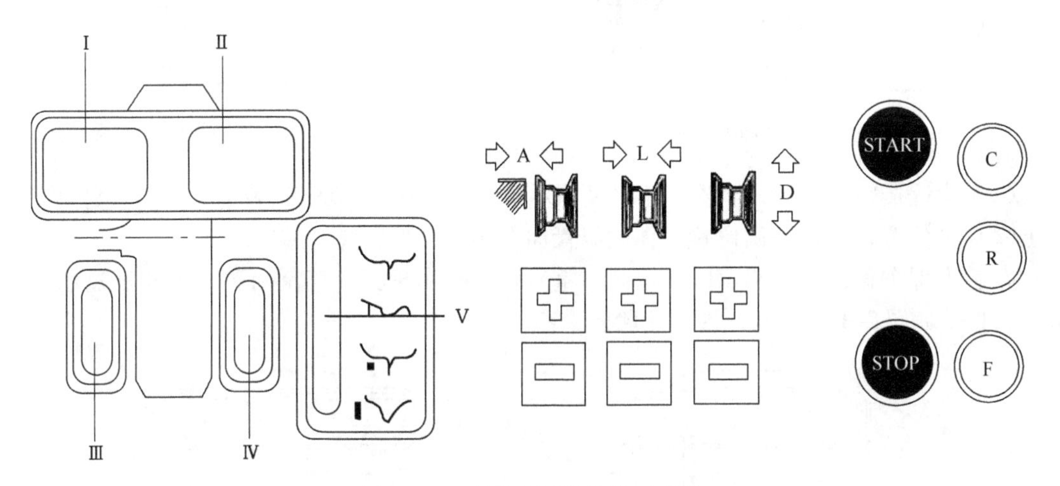

图 2-147　车轮动平衡机控制面板

（1）轮胎的动平衡

1）安装车轮。选择与轮辋中心孔匹配的锥度盘，15in（1in = 2.54cm）以下小孔轮辋安装时，先放塔簧，再放锥度盘，小头朝外，装轮胎，上塑料碗，将快速螺母锁紧；装 16in 以上轮辋时，锥度盘小头朝内，先装轮胎，再装锥度盘，然后用快速螺母锁紧。

2）选择平衡模式。按动“F”键直到要选择的平衡模式的显示灯亮。

3）输入轮辋数据。

① 输入轮辋距离 A：拉出机器侧边的测量尺，顶住轮辋边缘，读出距离值。如图 2-148 所示，按“A”键下方的“+”、“-”键输入测出的距离值。

② 输入轮辋宽度 L（图 2-149）：用宽度尺量出轮辋对边宽度，按“L”键下方的“+”、“-”键输入。

③ 输入轮辋直径 D（图 2-150）：在轮胎上标有直径，确认后按“D”键下方的“+”、“-”键输入。

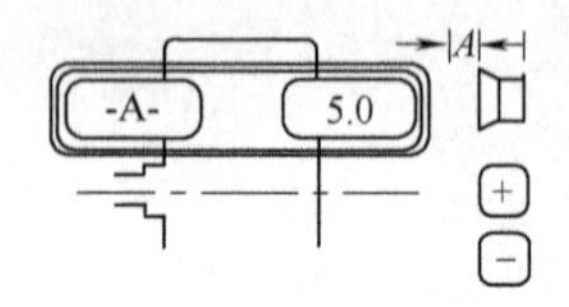

图 2-148　轮辋距离的输入

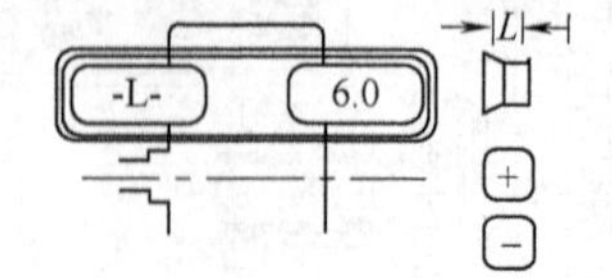

图 2-149　轮辋宽度的输入

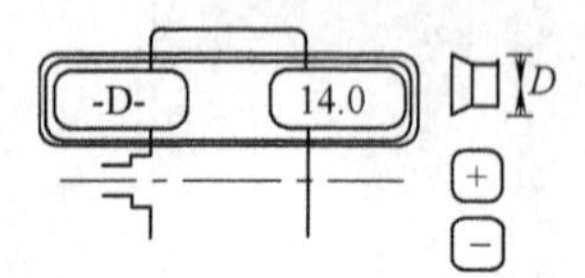

图 2-150　轮辋直径的输入

④ 盖上保护盖，按“START”按钮，机器运转，数秒钟后，机器自动停止。如图 2-151 所示，左侧显示屏显示车轮内侧不平衡值，右侧显示屏显示车轮外侧不平衡值，根据内、外侧不平衡值选相应的平衡块备用。

⑤ 用手缓慢转动车轮，至内侧不平衡指示灯全亮（图 2-152），表示此时轮辋内侧最高点（12 点钟位置）为不平衡位置，在此位置加上相应的平衡块。

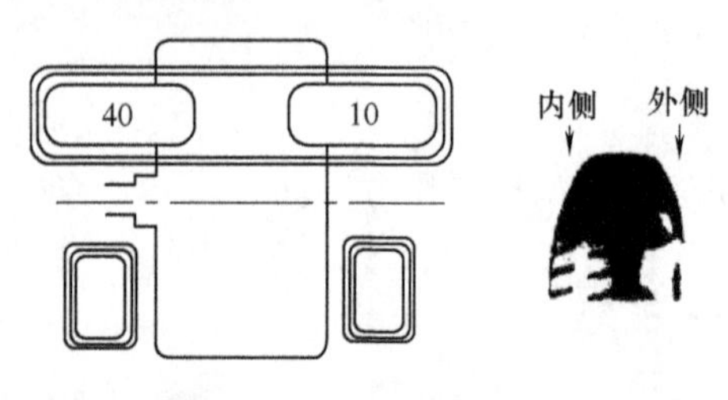

图 2-151　不平衡值显示

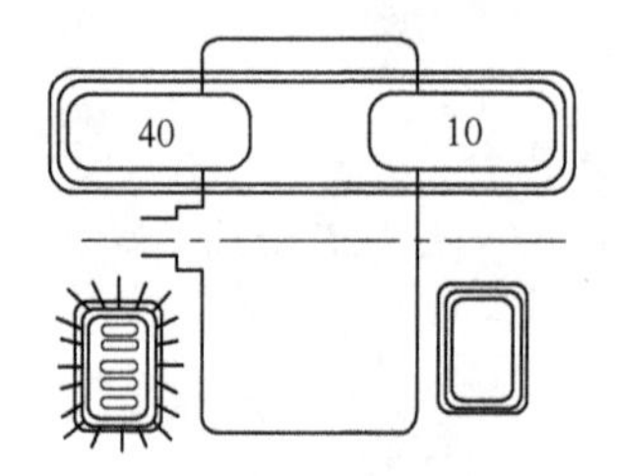

图 2-152　内侧不平衡位置显示

⑥ 用手缓慢转动车轮，至外侧不平衡指示灯全亮（图 2-153），表示此时轮辋外侧最高点（12 点钟位置）为不平衡位置，在此位置加上相应的平衡块。

⑦ 盖上保护盖，按“START”按钮，重复以上操作步骤，直至两边显示器都显示“0”“0”为止，如图 2-154 所示，说明轮胎已平衡。

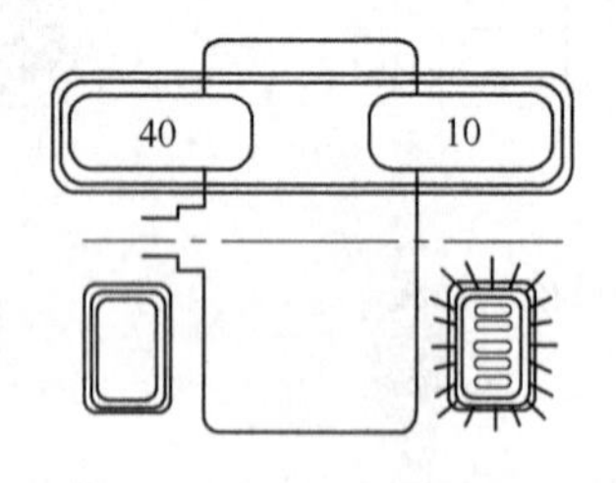

图 2-153　外侧不平衡位置显示

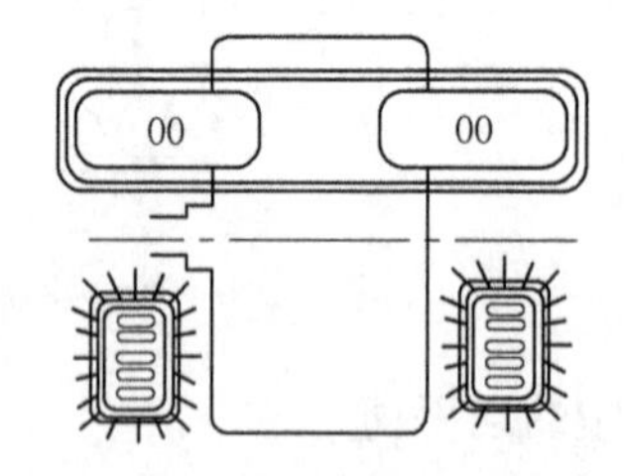

图 2-154　轮胎平衡显示

（2）动平衡机自校正功能　设备初始安装或使用过程中怀疑测量数据不准确时，使用此功能以保证测量准确。应用已平衡过的轮胎做自校。在操作使用过程中不得停机，否则会输入错误的数据。

1）按下“START”键，待半秒钟后同时按下“START”键，如图 2-155 所示，显示板显示“CAL”-“CAL”，指示灯全亮并闪动，指示灯熄灭后松手。

2）按“START”键，车轮旋转数秒后自动制动，如图 2-156 所示，显示板显示“Add”-“100”。在轮辋外边缘加 100g 平衡块。

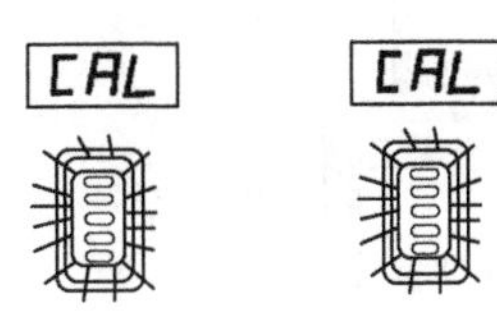

图 2-155　自校显示

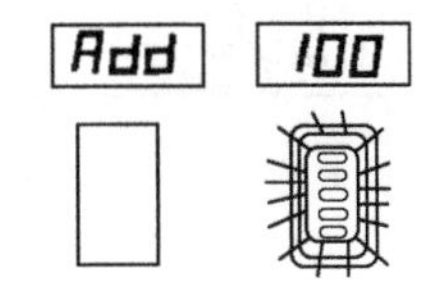

图 2-156　加自校平衡块显示

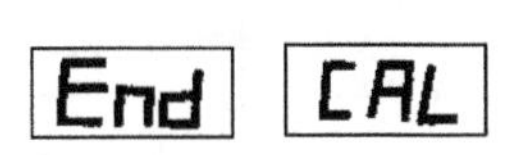

图 2-157　自校结束

3）按“START”键，车轮旋转数秒自动停车，如图 2-157 所示，显示板显示“End”-“CAL”表示自校结束。

4）按“START”键，8s 后显示数据。若显示数值正确（显示“00”-“100”，允许 ±4g 的误差），显示相位正确（即外侧指示灯全亮，100g 铅块在轴正下方允许 ±4°误差），如图 2-158 所示，则说明自校成功。

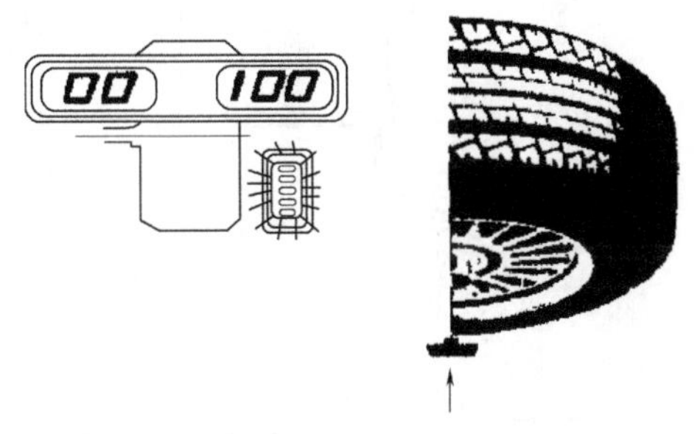

图 2-158　自校成功显示

2.2.4.9　汽车四轮定位仪的结构原理与使用操作

四轮定位仪是用于检测汽车车轮定位参数，并与原厂设计参数进行对比，对车轮定位参数进行相应调整，使其符合原设计要求，以实现理想的汽车行驶性能，即操纵轻便、行驶稳定可靠、减少轮胎偏磨损的精密测量仪器。

1. 结构原理

现在市场上常用的 X-631 四轮定位仪，采用高分辨率进口 CCD、高精度进口倾角传感器及精密光学成像系统。该设备除了提供前轮前束、前轮外倾角、主销后倾角、主销内倾角、后轮前束、后轮外倾角、推力角等常规测量参数外，还可提供前轮退缩角、后轮退缩角、轴距差、轮距差、左侧横向偏位、右侧横向偏位、轴偏位等附加测量参数。

（1）结构组成　X-631 四轮定位仪主要由主机、探杆、轮夹、轮夹挂架、转角盘（备选）、转向盘固定架、制动板固定架等组成。

1）主机。X-631 四轮定位仪主机是用户的一个操作控制平台，由机柜、计算机、接口电路、电源等部分构成，如图 2-159 所示。

计算机部分包括工控机、显示器、键盘、鼠标、打印机等。其中显示器安装在机柜上层间隔内；鼠标、键盘放在键盘抽屉中；打印机安装在机柜中部的抽屉中，工控机安装在机柜内部下层间隔内；接口电路部分包括蓝牙主发射接收盒，安装在机柜中部。

电源部分包括电源引线、电源插座、电源开关、开关电源等。其中电源开关安装在机柜的右侧板上，电源引线在机柜内部下层间隔的后部，电源插座在隔板靠近侧板处，开关电源安装在机柜侧板上。

2）探杆（图 2-160）：X-631 四轮定位仪配有四个探杆，分别为左前探杆（FL）、左后探杆（RL）、右前探杆（FR）、右后探杆（RR）。前后探杆可以交叉互换，但不能更换探杆。如果需要更换任意一个探杆，则需重新标定全部四个探杆。

每个探杆的端部和中部各装一个 CCD 传感器，中部装有一个蓝牙发射接收器。CCD 传

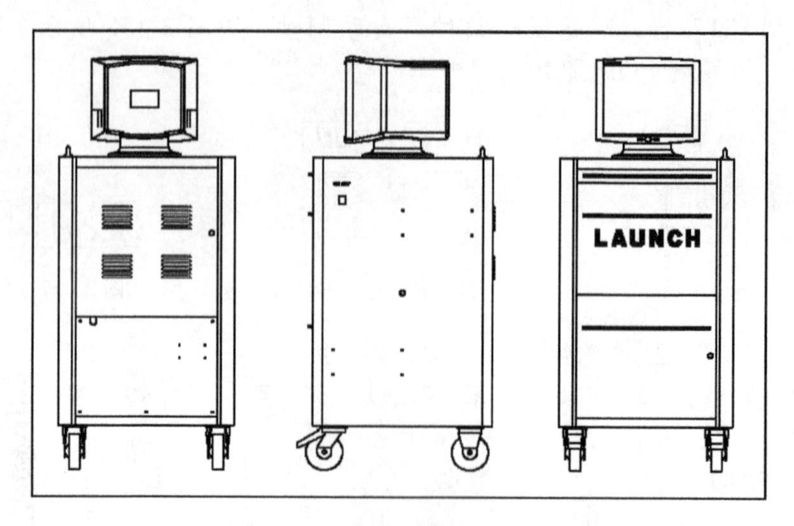

图 2-159　X-631 四轮定位仪主机

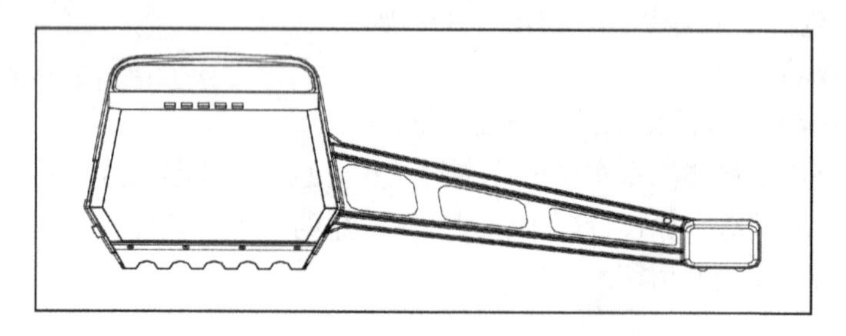

图 2-160　X-631 四轮定位仪探杆

感器把获取的光点坐标无线传输给计算机系统，由计算机系统进行处理。

每个探杆的中部有一操作面板，如图 2-161 所示，它分为 LCD 显示区域和按键操作区域。

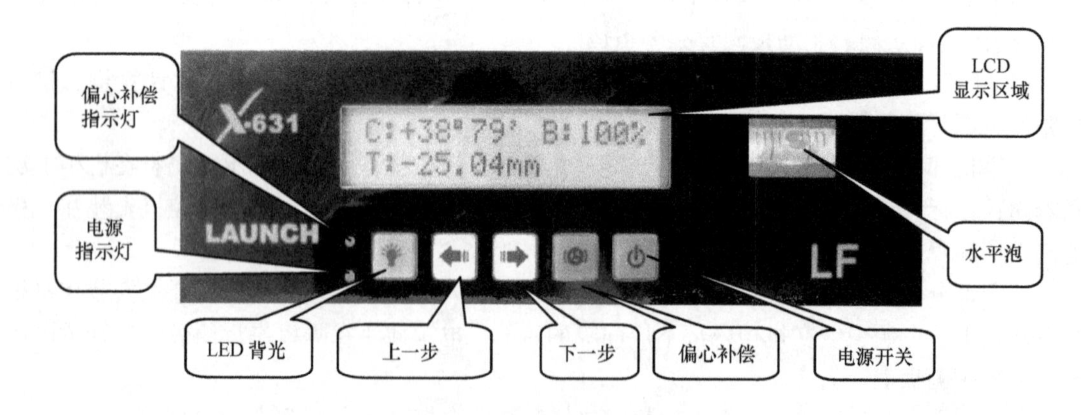

图 2-161　操作面板

① LCD 显示区域功能说明。LCD 显示区域能实时反映出六种不同的工作状态：“开机画面显示”“充电状态显示”“电子水平显示”“偏心补偿操作显示”“探杆测量显示”“探杆

状态显示”“空闲状态显示”。

开机画面显示：LCD 上显示字符“Welcome to use X-631”，如图 2-162 所示。

充电状态显示：LCD 上显示字符“Battery Charging”，表示探杆正在充电，如图 2-163 所示。

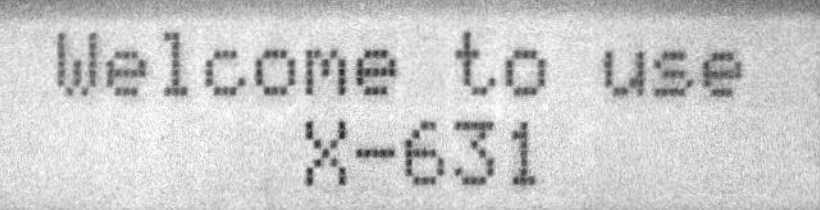

图 2-162　开机画面显示

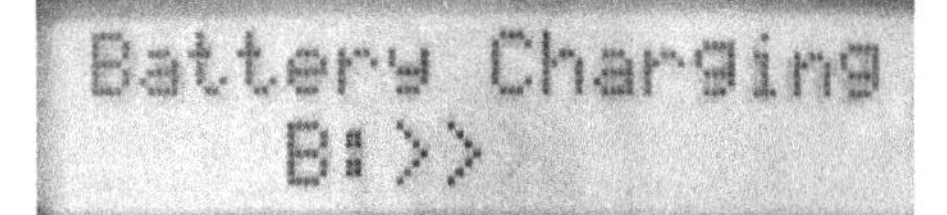

图 2-163　充电状态显示

LCD 上显示字符“Charge Finished!”，表示电池充电完成，如图 2-164 所示。

电子水平显示：LCD 上显示字符“level”，表示探杆正在进行水平位置调节，黑色浮标表示水平泡位置，如图 2-165 所示。

图 2-164　充电电池充电完成

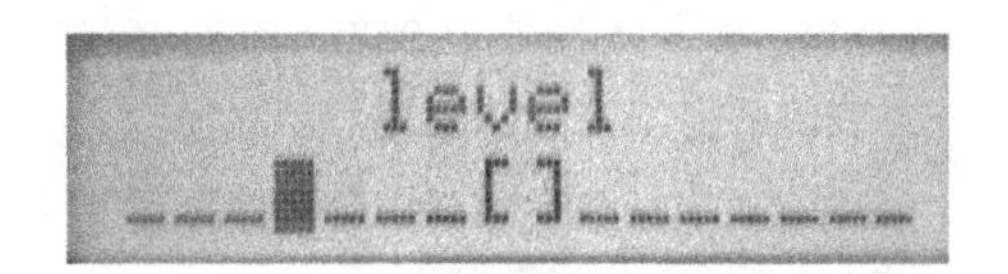

图 2-165　电子水平显示

当黑色浮标变成字符“OK”时，表示探杆位置已经水平，如图 2-166 所示。

偏心补偿操作显示：显示探杆当前偏心补偿状态，0 表示当前探杆开始偏心补偿操作，如图 2-167 所示。

图 2-166　探杆位置水平

图 2-167　偏心补偿操作显示

90、180、270、360 分别表示要将轮胎旋转相应的角度，如图 2-168 所示。

当探杆偏心补偿完成后，LCD 上显示探杆水平状态，并且探杆控制面板上的偏心补偿指示灯会变成绿色，如图 2-169 所示。

图 2-168　显示轮胎旋转角度

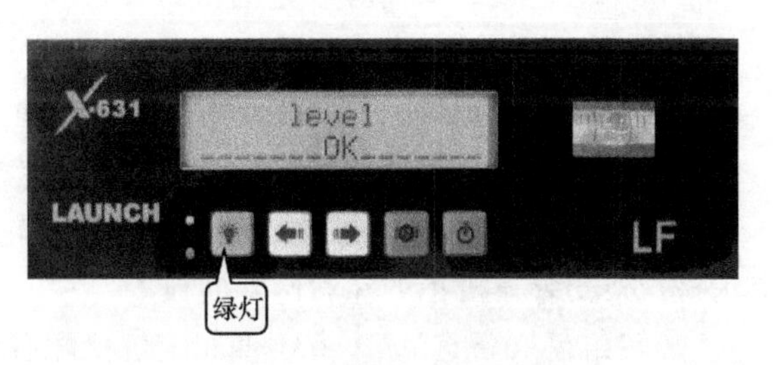

图 2-169　偏心补偿完成状态

探杆测量显示：实时显示探杆测量到的车轮外倾（C）、前束（T）和电池电量（B），如图2-170所示。

探杆状态显示：显示探杆（Sensor Heads）的位置以及电池电量（B），如图2-171所示。

C:+38°79' B:100%
T:-25.04mm

图2-170 探杆测量显示

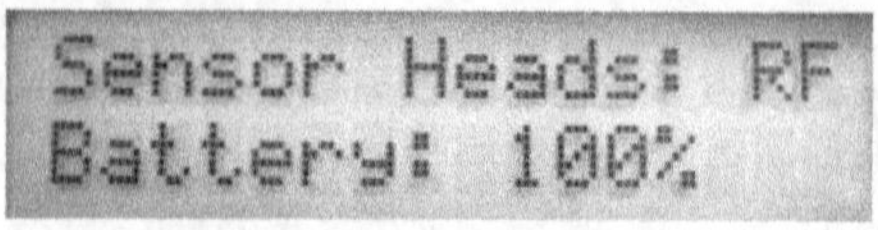

Sensor Heads: RF
Battery: 100%

图2-171 探杆状态显示

空闲状态显示：LCD上显示字符“Stand By...”，表示探杆处于省电的空闲模式，如图2-172所示。

Stand By...

图2-172 空闲状态显示

② 按键操作区域功能说明。该区域共有五个按键开关，从左至右依次为“背光”“上一步”“下一步”“偏心补偿”“电源开关”。

背光：该按键开关可以控制开/关LCD显示屏的背光灯。

下一步：能够使整个测量过程按照系统的默认顺序（车型选择->偏心补偿->主销测量->后轴测量->前轴测量->报表打印）进行操作。

上一步：在测量过程中，让系统返回到上一个操作步骤。

偏心补偿：偏心补偿操作专用按键。

电源开关：起动/关断探杆中的电池向探杆供电。

探杆盒的侧壁上有一个9V电源输入插孔，为探杆中的充电电池充电使用。当充电电池电量充足时，充电电路会自动停止充电。

注意：探杆为精密器件，应注意保管。如果发生磕碰造成测试数据不准，就必须对所有4个探杆重新标定。

3）轮夹。X-631四轮定位仪配有四个轮夹（图2-173）。使用时首先需通过调节旋钮将轮爪的间距调整合适，再与汽车轮辋相连。通过调节旋钮使轮夹与汽车轮辋紧密相连，为了安全起见，必须采用轮夹绑带把轮夹与轮辋连接起来。

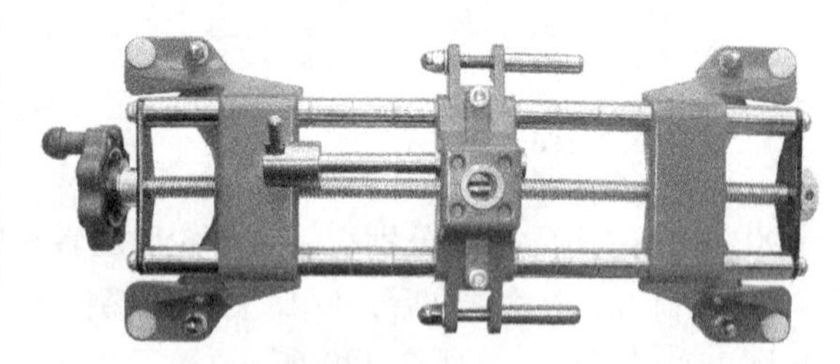

图2-173 X-631四轮定位仪的轮夹

注意：轮夹装配正确与否与测试结果有很大关系。在装配轮夹时，使轮爪避开轮辋上配重铅块处；同时务必使四个轮爪与轮辋充分接触。

警告：在使用过程中严防磕碰，以免造成变形影响测试精度。

4）轮夹挂架。X-631四轮定位仪配有四个轮夹挂架（图2-174），拆箱后，需要将这四个轮夹挂架安装在机柜的左右两侧面板上。

5）转角盘（备选）。X-631四轮定位仪配有两个机械转角盘（备选）（图2-175）。转角盘（备选）放置于举升机的汽车前轮位置处。汽车驶入前，用锁紧销将转角盘（备选）

锁紧，防止其转动；汽车驶入后，松开锁紧销。在测试中，要尽量使汽车前轮正对转角盘（备选）中心位置。

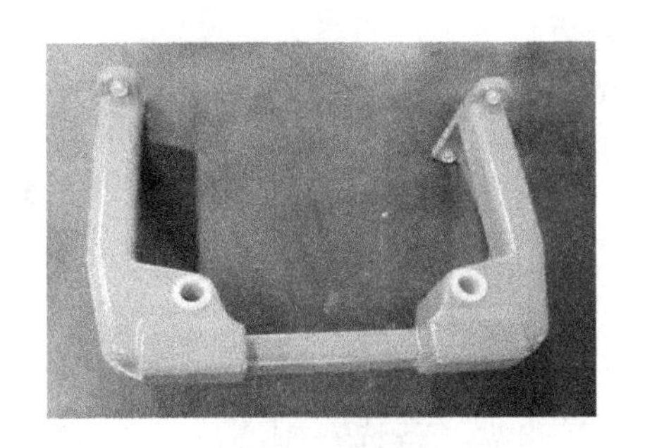

图2-174　轮夹挂架

图2-175　机械转角盘

6）转向盘固定架。X-631四轮定位仪配有一个转向盘固定架（图2-176）。在测试中，需根据提示要求放置转向盘固定架，以保证测试过程中汽车车轮方向不会发生变化。

7）制动板固定架。X-631四轮定位仪配有一个制动板固定架（图2-177），用于固定汽车制动板，使汽车在测试中不会发生前后移动的现象。

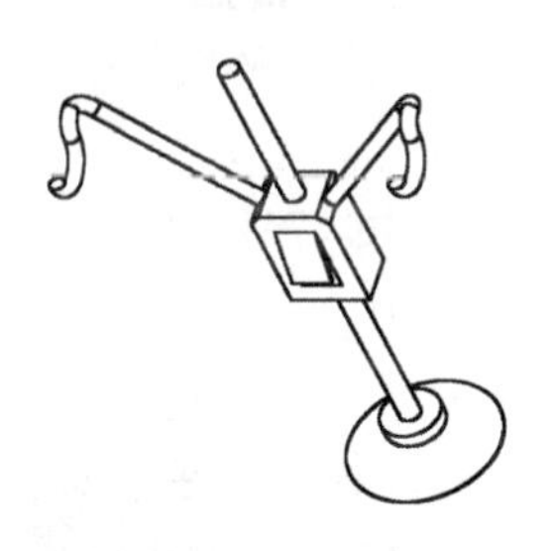

图2-176　转向盘固定架

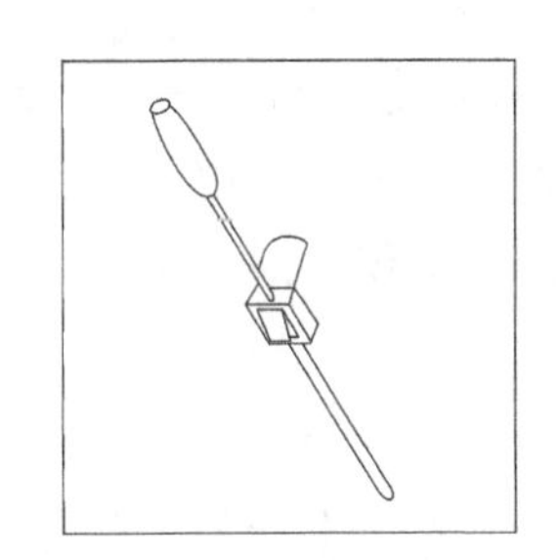

图2-177　制动板固定架

8）标定架（备选）。主要用于X-631探杆系统的标定。

（2）工作原理　X-631四轮定位仪的电气工作原理如图2-178所示。

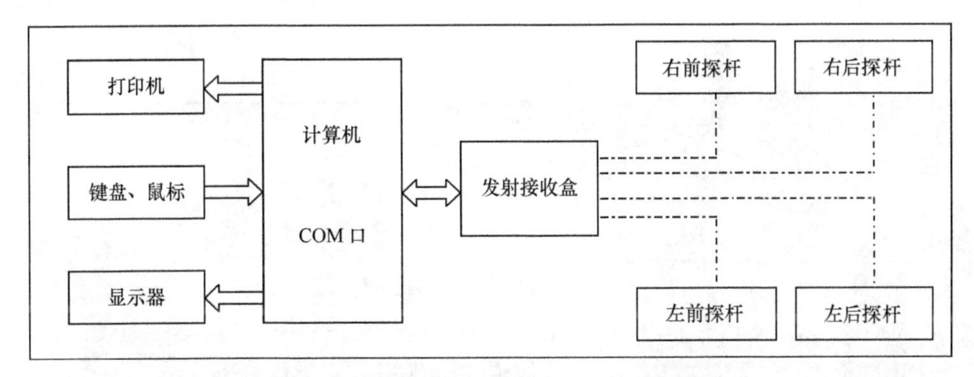

图2-178　X-631四轮定位仪的电气工作原理

2. 使用操作

（1）基本操作流程

1）情况了解：在对汽车进行四轮常规检测时，应首先询问车主关于车辆行驶方面出现的问题，以及过去四轮定位的检测情况，了解汽车的生产国家、生产厂家、车款、车型及出厂年代等有关情况。

2）常规检测：当初步情况确定后，可开始进行常规检测。

3）调整：在常规检测后，如发现所测出的结果不符合标准数据库的要求，则应进行相应的调整。

4）试车：四轮定位调整完毕后，应进行试车，以检查车辆的行驶异常情况是否消除。如果未达到标准应重新进行测量调整。

（2）程序操作流程

1）测试前准备工作：

① 将汽车驶到举升机上，使前轮正好位于转角盘（备选）中心；车停稳后，拉紧驻车制动器手柄以确保车辆不移动和人员安全。车驶入前，用锁紧销将转角盘（备选）锁紧，防止其转动；汽车驶入后，松开锁紧销。

② 检查底盘各零部件，包括胶套、轴承、摆臂、三角架球头、减振器、拉杆球头和转向盘是否有松动及磨损，检查轮胎气压和轮胎规格以及两前轮花纹是否相同，两后轮花纹深浅是否一致。

③ 将轮夹安装在四个车轮上，并旋转手柄以锁紧轮夹。根据实际情况将卡爪固定在轮辋外圈或内圈，卡爪深浅应一致，并尽量避免卡在变形比较大的区域。

④ 将探杆安装在轮夹的定位销上，如图2-179所示（图示为右前轮的连接方法）。

⑤ 调节探杆，使水平仪气泡处于中间位置，以保证传感器探杆处于水平状态。

⑥ 将四轮定位仪的电源插头插入标准的三端电源插座中，并打开机柜电源，启动计算机。

⑦ 将转向盘固定架放在驾驶座座椅上，压下手把使其顶住转向盘以锁定转向盘。

⑧ 将制动板固定架下端顶在制动踏板上，上端卡在座椅上撑紧，以使车辆固定。

2）常规检测：打开电源，启动计算机，直接进入测量程序主界面。主界面显示有7项功能：常规检测、快速检测、附加检测、系统管理、报表打印、帮助系统、退出系统（这里只讲解三种检测要领）。

在主界面下，单击“常规检测”图标进入测量界面，如图2-180所示。

图2-179　探杆安装

图2-180　进入“常规检测”

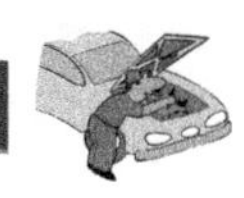

① 车型选择。在做四轮定位之前，必须先选择该车型的标准数据，界面显示如图 2-181 所示。

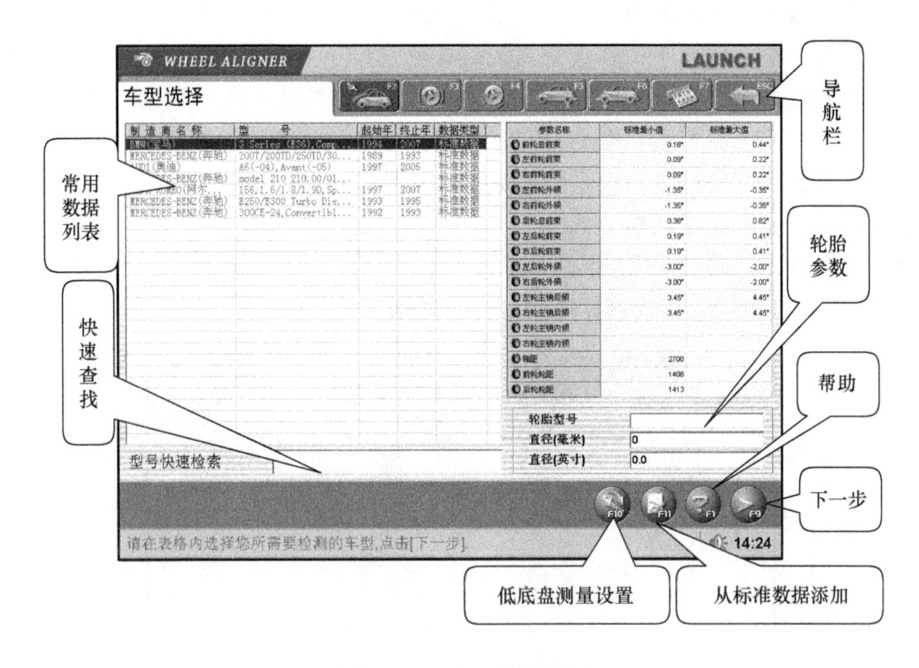

图 2-181　车型数据界面

“下一步”：能够使整个测量过程按照系统的默认顺序（车型选择- > 偏心补偿- > 主销测量- > 后轴测量- > 前轴测量- > 报表打印）进行操作。

“导航栏”：可以不按照系统的默认顺序进行操作，而直接进入要测试的项目。

“常用数据列表”：如果第一次使用，此列表是空的，必须要先将车型数据从标准数据库里加到此列表中，才可以使用（参考“系统管理”-“常用数据管理”）。

“快速查找”：界面下方提供了针对车型型号快速检索的输入框，对于中文只需输入汉字拼音的首字母即可进行检索，对于英文则输入英文名称的首字母即可。

“从标准数据添加”：可以将标准数据库里的车型添加到常用数据列表中，此功能和“系统管理”-“常用数据管理”-“从标准数据添加”的功能相同（参考“系统管理”-“常用数据管理”）。

“轮胎参数”：当前束单位用 mm 或 in 表示时（在“系统管理”-“系统设置”可以设置前束单位），必须输入当前车辆的轮胎直径。

“低底盘测量设置”：测量低底盘车时，可以使用此设置进行探杆端部智能降位测量，以解决测量低底盘车时传感器经常被挡的问题，此设置在重新选择车型或退出测量系统时会自动复位。

注意：探杆降位后，测量时水平调整要以电子水平为准。

“帮助”：当前界面的操作及注意事项说明。

操作步骤：在“常用数据列表”内选择相应的车型条目，然后单击“下一步”。

注意事项：

a. 当系统前束用长度单位制的时候，在该界面的右下角处需要先输入汽车的轮胎直径，

否则无法进入下一步的操作。

b. 当前提供的表格与“系统管理”界面内“常用数据管理”是同一个表格，可以直接把系统自带的标准数据添加到该表中，单击“从标准数据添加”即可。如果标准数据库中没有需要测试的车型，需要手工添加自定义的数据，在“系统管理”-“标准数据管理”界面内添加，其中表格内的“轴距”“前轮轮距”和“后轮轮距”均使用毫米为单位。

特殊测量：根据选择车型数据的不同，可能会出现一些特殊的测量方法及操作步骤。

针对部分奔驰车型的检测，提供使用坡度计来测量标准数据的操作。当选择数据为某些奔驰车型时，系统会弹出对话框，如图2-182所示，提示操作员是否有坡度计可用于标准数据的检测。如果有，选择“是”，出现车辆水平测量的界面，如图2-183所示。如果没有，则选择“否”，直接由系统导入数据库内的标准数据。

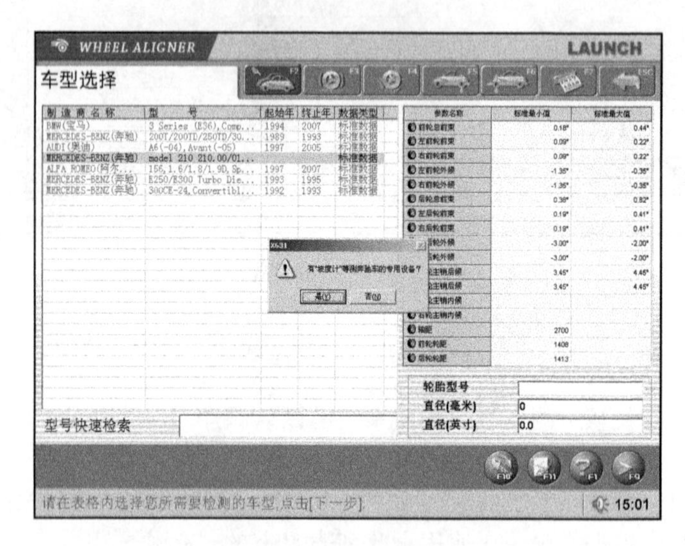

图2-182　车型选择对话框

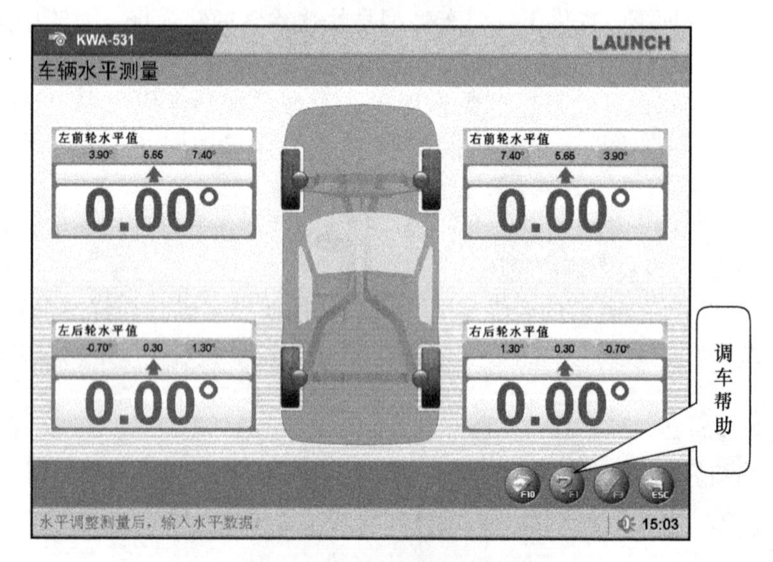

图2-183　车辆水平测量界面

“调车帮助”：提供了当前型号奔驰车型的坡度计使用方法，操作员可参考帮助界面内的操作方法进行汽车调测。

操作步骤：根据“调车帮助”界面的提示，先用坡度计完成对四个车轮悬架的水平测量，然后将坡度计连接到计算机主机上，系统会根据坡度计测量所得的各个水平值来确定当前车型的标准数据。

c. 当选择一些特殊的车型（比如：BMW 3 SERIES）时，会进入到“汽车配重”界面，如图2-184所示。

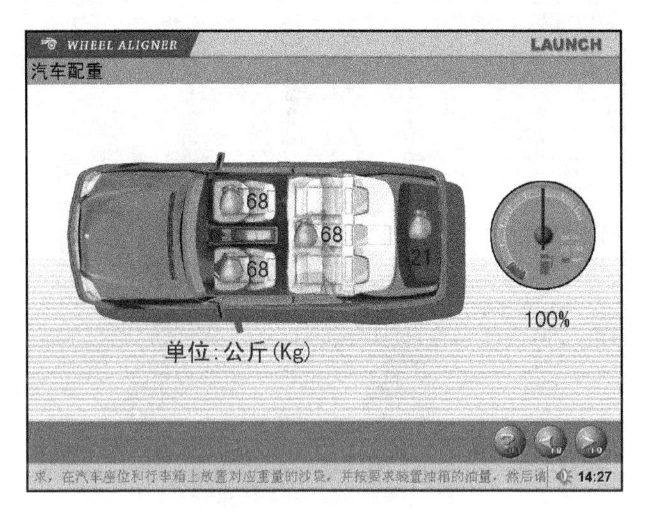

图2-184　汽车配重界面

按照界面要求，在汽车座位和行李箱上放置对应重量的沙袋，并按要求装置油箱的油量，完成后单击“下一步”进入下一步操作。

d. 当选择一些特殊的车型（比如：BMW 3 SERIES）时，会进入到“车身高度测量”界面，如图2-185所示。此界面提供了一个车身高度测量系统的操作平台，以便检查车身高度是否合乎原厂设计要求。

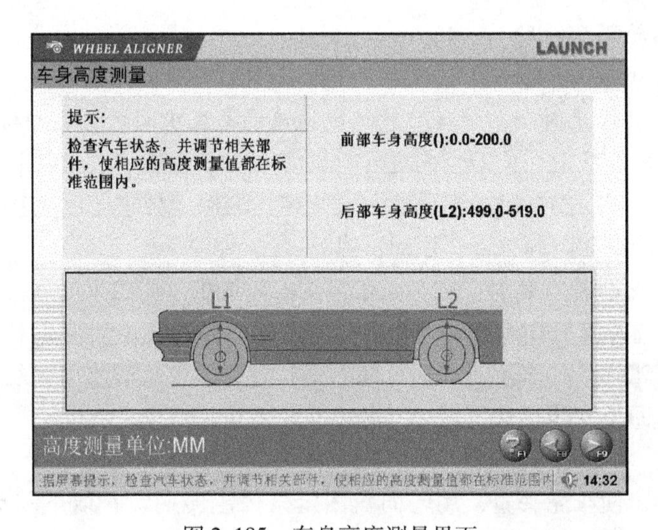

图2-185　车身高度测量界面

操作方法：根据界面下方的图片提示，分别用测量尺测量出前后左右的车身高度值，看是否在标准范围内，如果不在标准范围内，应检查汽车状态，并调节相关部件，使相应的高度测量值都在标准范围内，完成后单击“下一步”。

e. 当选择一些特殊的车型（比如：RENAULT MEGANE II）时，会进入到“非独立悬架测量”界面，如图2-186所示，此界面提供了一个非独立悬架测量系统的操作平台，以便根据车身的当前状态来确定其标准数据。

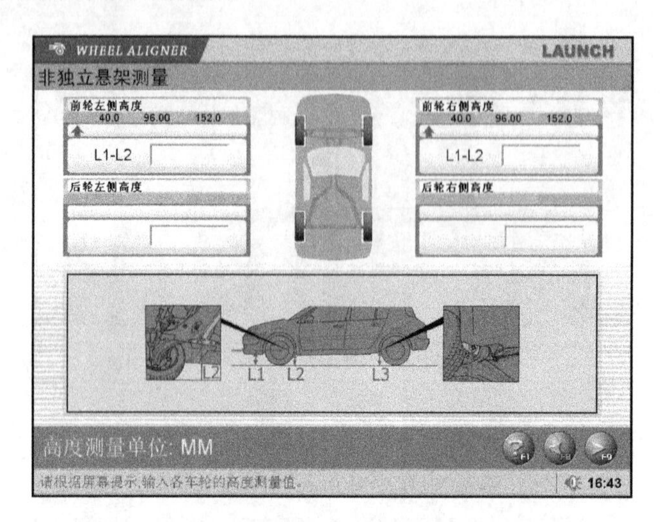

图2-186 非独立悬架测量界面

操作方法：根据屏幕下方的图片提示，分别用测量尺或特殊测量工具测量出前后左右的车身高度值，然后将车身高度值分别输入到对应的输入框内，完成后单击“下一步”。

注意事项：进行“车身高度测量”和“非独立悬架测量”的检验条件如下。

- 符合规定的轮胎气压。
- 良好均匀的轮胎花纹。
- 符合规定的车轮轴承间隙。
- 符合规定的轮圈和轮胎。
- 安装制动板固定架。
- 按照正常行驶情况对全车进行配载，将座椅调整至中间位置，并将油箱加满油。

如果所测量出来的数值在公差范围之外，则说明车辆有缺陷，必须在车身高度测量前加以排除。如果是空气减振的车辆，则要将其供气装置的保险拉出，以免其对车辆进行上下调整。该设备不提供沙袋和测高仪器，用户常自备。

② 偏心补偿。偏心补偿是为了减小由于钢圈、轮胎的变形和轮夹的安装而引起的误差。建议每次测量时都选择该操作步骤，以提高测量精度。界面显示如图2-187所示。

“探杆水平状态图标”：表示当前探杆的水平状态，绿色代表水平，红色代表不水平。

“上一步”：返回上一步操作。

操作步骤：

a. 转动转向盘，使车轮平直，用转向盘固定架固定转向盘，取下制动板固定架，然后用举升机举起车身，使车轮悬空并可以自由旋转。

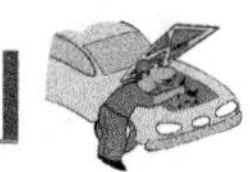

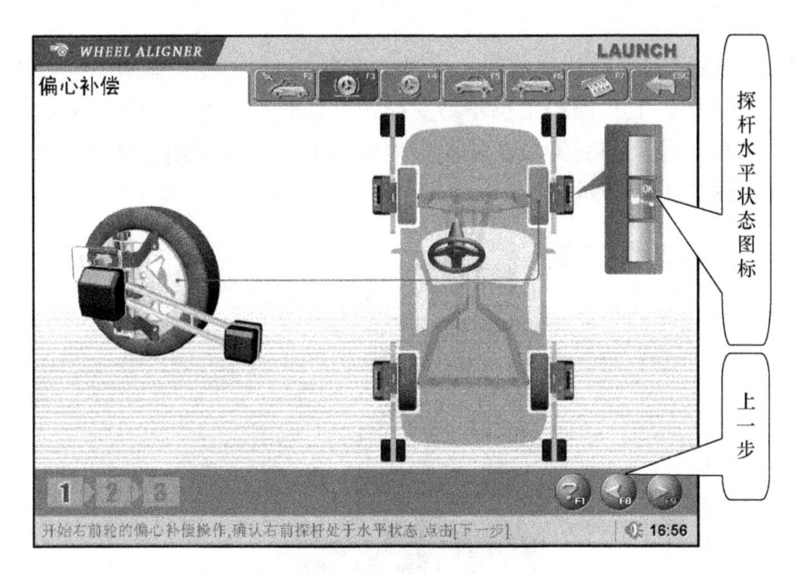

图2-187 偏心补偿界面

b. 分别安装四个轮夹以及探杆，并调整各个探杆水平。

c. 根据屏幕提示，开始左前轮的偏心补偿操作，调整左前探杆水平，完成后单击“下一步”。

d. 根据屏幕提示，将左前车轮旋转180°，调整左前探杆水平，完成后单击“下一步”。

e. 根据屏幕提示，将左前车轮旋转360°，调整左前探杆水平，完成后单击“下一步”。

f. 根据屏幕提示，分别完成右前、右后、左后车轮的偏心补偿。

g. 放下车身，使四轮着地，晃动车身，使车轮紧贴地面，偏心补偿操作完毕。

注意事项：

a. 做偏心补偿前，一定要按照要求将转向盘固定住，以免做偏心补偿时轮胎发生左右摆动的情况，造成偏心补偿不准。

b. 做偏心补偿时需要转动轮胎，各个探杆都需要保持相对静止，且水平。（若操作过程中有探杆不水平，则系统无法进行下一步操作，直到探杆调整水平。）

c. 在有些车的左、右轮胎连动（即左轮胎转动时，右轮胎会跟着转动）的情况下做偏心补偿，转动左（右）轮胎时，一定要把左（右）轮胎用双手把住，并且注意把住轮胎时双手用力要均衡（以免使轮胎发生左右摆动的现象，造成偏心补偿不准），同时要看探杆是否水平，如果不水平，则需要转动轮胎来调整探杆的水平，注意此时一定不能松动探杆来调水平。

d. 若举升机上的二次举升机能同时举起前、后轴，则做偏心补偿时应同时把前、后轴举起进行操作；若举升机上的二次举升机每次只能举起单个轴，则在做前轮偏心补偿时单独把前轴举起，做后轮偏心补偿时再单独把后轴举起。

e. 在“系统管理”-“系统设置”界面内可以设置90°和180°两种偏心补偿方式。其中180°补偿为标准补偿方式，其精度高，补偿时需要前、后探杆参照测量；而90°偏心补偿精度相对较低，每个探杆可以独立完成偏心补偿操作，不需要其他探杆的参照，在剪式举升机的二次举升挡住中部CCD传感器或其他原因导致CCD传感器不能正常工作时，可以选择这种补偿方式。

③ 主销测量。主销测量是针对前轮而言的，包括主销内倾及主销后倾。主销内倾角可使车重平均分布在轴承之上，保护轴承不易受损，并使转向力平均，转向轻盈。主销后倾角的存在可使转向轴线与路面的交汇点在轮胎接地点的前方，可利用路面对轮胎的阻力让汽车保持直行，界面如图2-188所示。

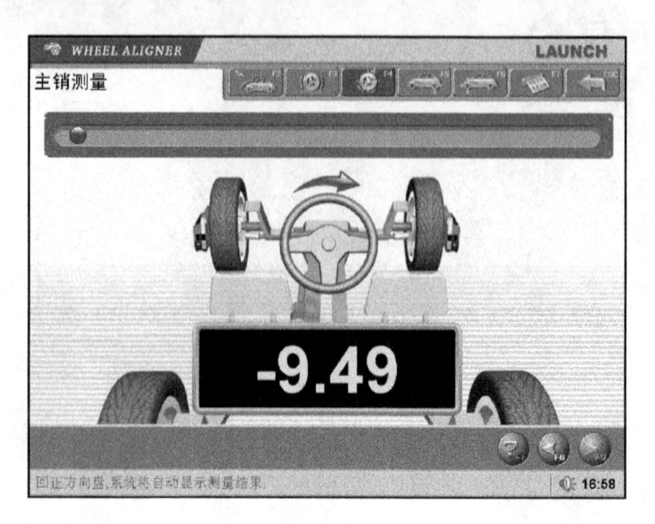

图2-188　主销测量界面

操作步骤：

a. 转向盘调整至正前打直状态，即两前轮分前束相等的时候，操作界面上的圆形小球会移动到中间位置并且由红色变成绿色，此时调整所有探杆水平。

b. 左偏转转向盘约20°，到达指定位置后，小球再次由红色变成绿色。

c. 回正转向盘，并向右转动转向盘，直至向右偏转约20°，到达指定位置后小球再次由红色变成绿色。

d. 检测完毕，回正转向盘，系统自动弹出测量结果，界面如图2-189所示。

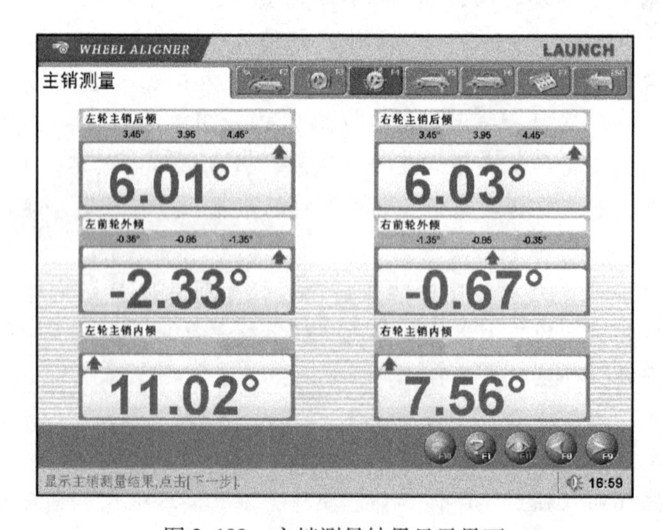

图2-189　主销测量结果显示界面

“调车帮助”：部分车型提供。单击此按钮，可以弹出调车帮助界面。调车帮助界面内罗列了各种车型的主销调节方法，操作员可参考帮助界面内的操作方法进行汽车主销调整。界面如图 2-190 所示。

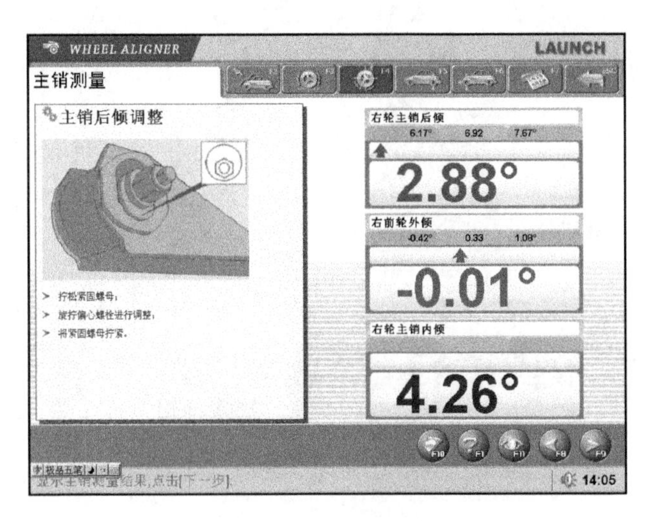

图 2-190　调车帮助界面

“详细数据”：此界面提供整个检测操作的结果输出，包括前、后轮各个参数的测量值，如图 2-191 所示。

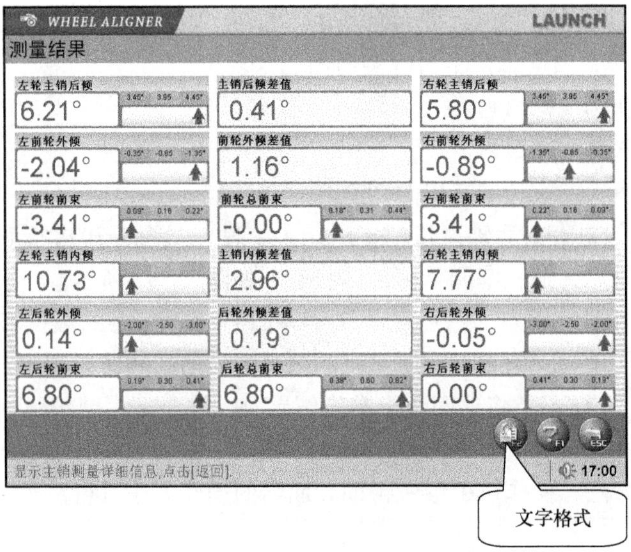

WHEEL ALIGNER　LAUNCH

测量结果

左轮主销后倾	主销后倾差值	右轮主销后倾
6.21°	0.41°	5.80°
左前轮外倾	前轮外倾差值	右前轮外倾
-2.04°	1.16°	-0.89°
左前轮前束	前轮总前束	右前轮前束
-3.41°	-0.00°	3.41°
左轮主销内倾	主销内倾差值	右轮主销内倾
10.73°	2.96°	7.77°
左后轮外倾	后轮外倾差值	右后轮外倾
0.14°	0.19°	-0.05°
左后轮前束	后轮总前束	右后轮前束
6.80°	6.80°	0.00°

显示主销测量详细信息,点击[返回].　17:00

文字格式

图 2-191　主销测量详细信息界面

“图形格式”：系统新增了图形格式的数据显示方式，单击“文字格式”，可以把数据显示在传统的文字格式和新增的图形格式之间切换，如图 2-192 所示。

注意事项：

a. 做主销测量前，先安装制动板固定架，拉起驻车制动器手柄，以确保车轮不会发生

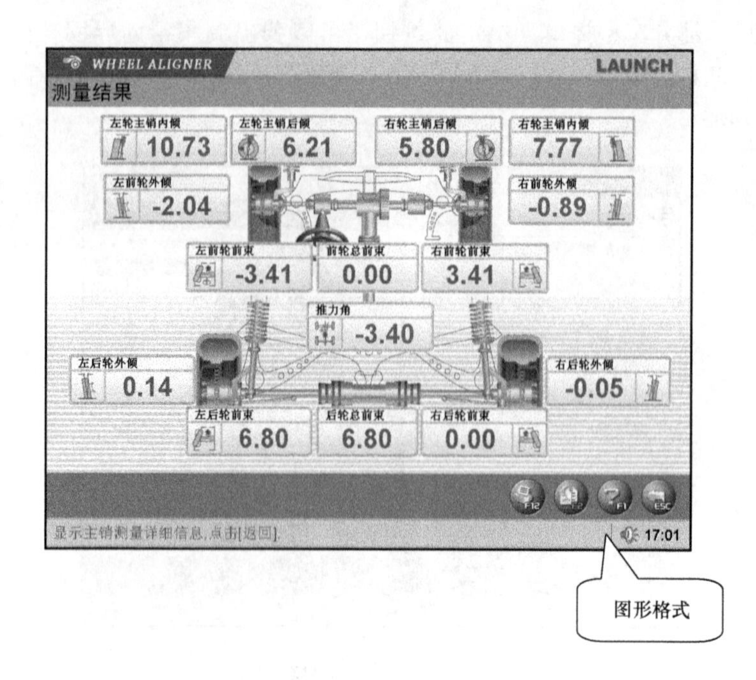

图 2-192　图形格式显示界面

滚动，并去掉转向盘固定架。

b. 在“系统设置”界面可以设置“主销转向操作”的转向角度，标准测量为转向“20度”测量，但在一些特殊情况下，转向角度达不到20°时，可以选择转向“10度”测量。

c. 在各测量界面，测量值用不同种类的颜色来表示。

绿色：测量值在标准范围内。

红色：测量值在标准范围内。

蓝色：该测量参数没有标准范围。

④ 后轴测量。提供有关后轴测量的实时结果，操作员可一边进行调整，一边将测量结果与参考数据进行对比，把汽车调整至最佳状态，如图 2-193 所示。

“双击”：鼠标左键双击左、右后轮外倾和左、右后轮前束的数据显示表格，相应的数据项将放大显示，便于远距离查看，所显示的内容由当前的测试内容决定。鼠标左键双击数据显示表格，或按“返回”，将返回至正常工作界面。放大显示界面如图 2-194 所示。

“调车帮助”：单击此按钮，可以弹出调车帮助界面。调车帮助界面内罗列了各种车型的前束及外倾调节方法，操作员可参考帮助界面内的操作方法进行汽车前束及外倾调整，如图 2-195 所示。

“举起车身”：有时可能需要将车辆抬起悬空，然后才能方便对前、后外倾角进行调整。在抬起车轮时，传感器会移动，测量角度值也会改变，这时应使用举升调整功能，单击“举起车身”并按照屏幕提示举起车身，软件会自动补偿传感器的偏移，以实现准确调整，如图 2-196 所示。

注意：调整完后，单击“放下车身”，并按照屏幕提示放下车身。

⑤ 前轴测量。提供有关前轴测量的实时结果，操作员可一边进行调整，一边将测量结

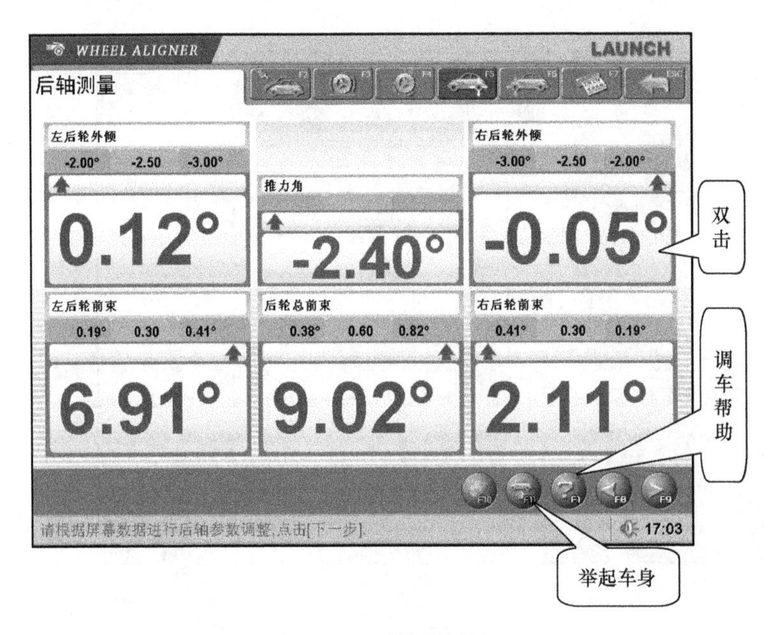

图 2-193　后轴测量界面

果与参考数据进行对比，把汽车调整至最佳状态，如图 2-197 所示。

“双击”：鼠标双击左、右前轮外倾和左、右前轮前束的数据显示表格，相应的数据项将放大显示。

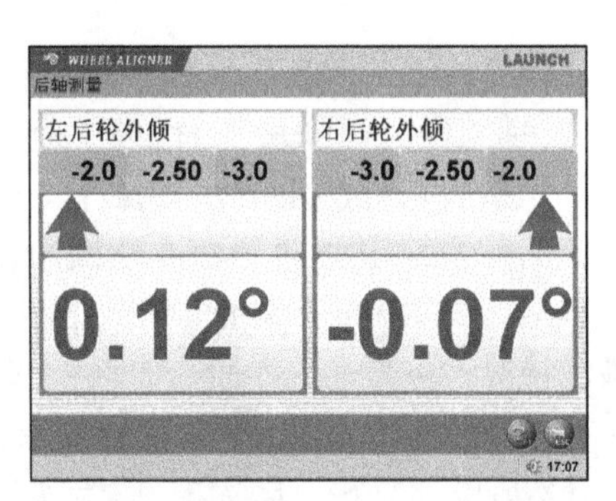

图 2-194　放大显示界面

“调车帮助”：单击此按钮，可以弹出调车帮助界面。调车帮助界面内罗列了各种车型的不同调节方法，操作员可参考帮助界面内的操作方法进行汽车调整。

“举起车身”：有时可能需要将车辆抬起悬空，然后才能方便对前、后外倾角和后倾角进行调整。在抬起车轮时，传感器会移动，测量角度值也会改变，这时应使用举升调整功能，软件会自动补偿传感器的偏移，以实现准确调整。

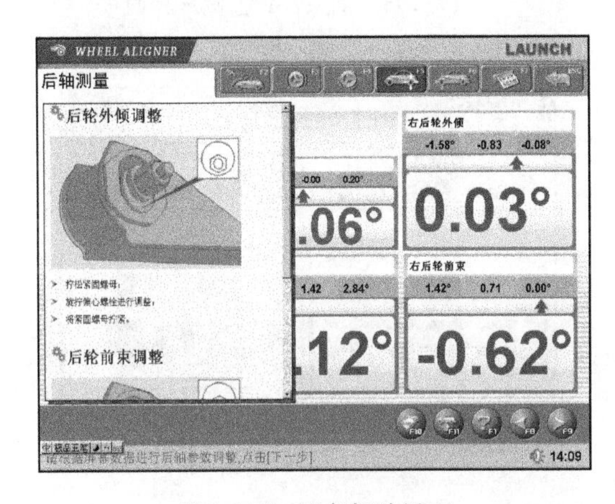

图 2-195　调车帮助界面

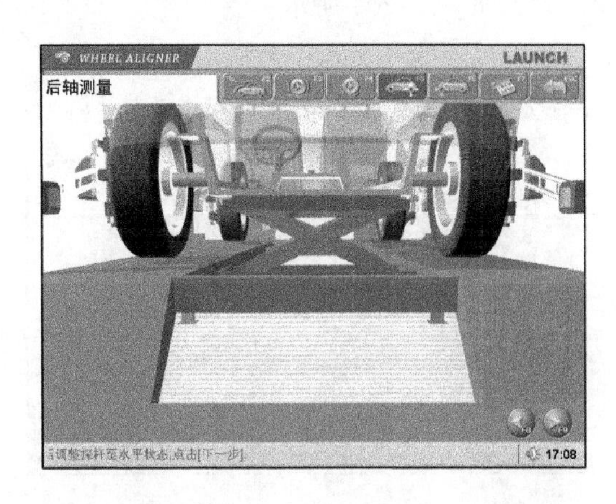

图 2-196　举起车身界面

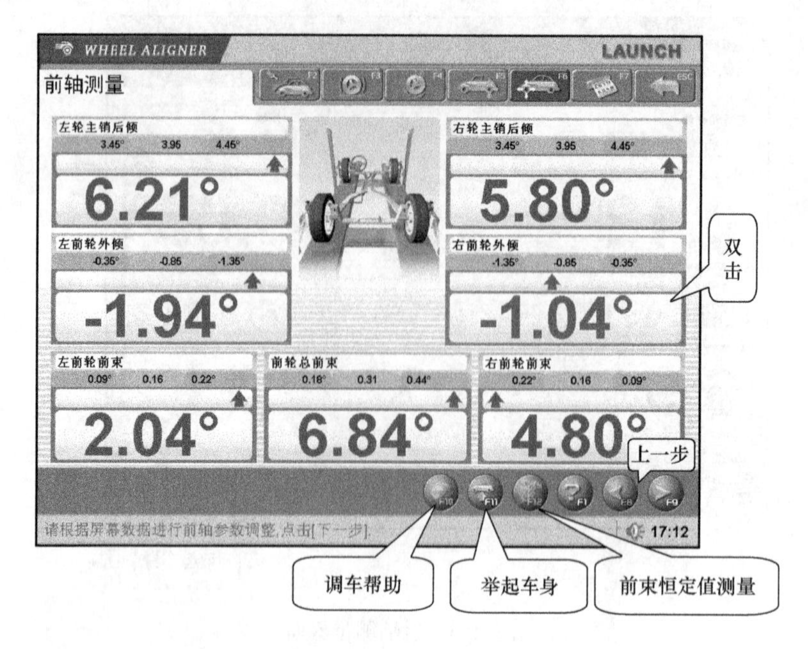

图 2-197 前轴测量界面

注意：调整完后，单击“放下车身”，并按照屏幕提示放下车身。

“前束恒定值测量”：提供了有关帕萨特、奥迪等车型的特殊测量方法，操作员必须先将此类车辆的前束恒定值调到标准范围内，然后才能正常地进行车辆的前轴测量。在“前束恒定值测量”被激活时，单击进入界面，如图 2-198 所示。

按照屏幕提示用配套的特殊测量工具将车身举起，然后单击“下一步”，屏幕显示如图 2-199 所示。

屏幕显示的数值是“前束恒定值”，如果某项不合格则需要调整，调整合格后单击“下一步”，屏幕显示如图 2-200 所示。

图 2-198 前束恒定值测量界面

图 2-199 前束恒定值测量举升车身界面

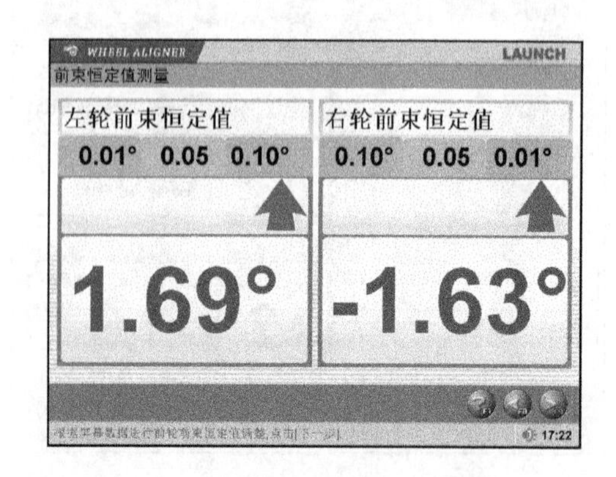

图 2-200 前束恒定值测量调整界面

放下车身，单击“下一步”图标返回“前轴测量”界面。

⑥ 报表打印。报表打印可以打印并储存当前车辆的定位数据，界面如图 2-201 所示。

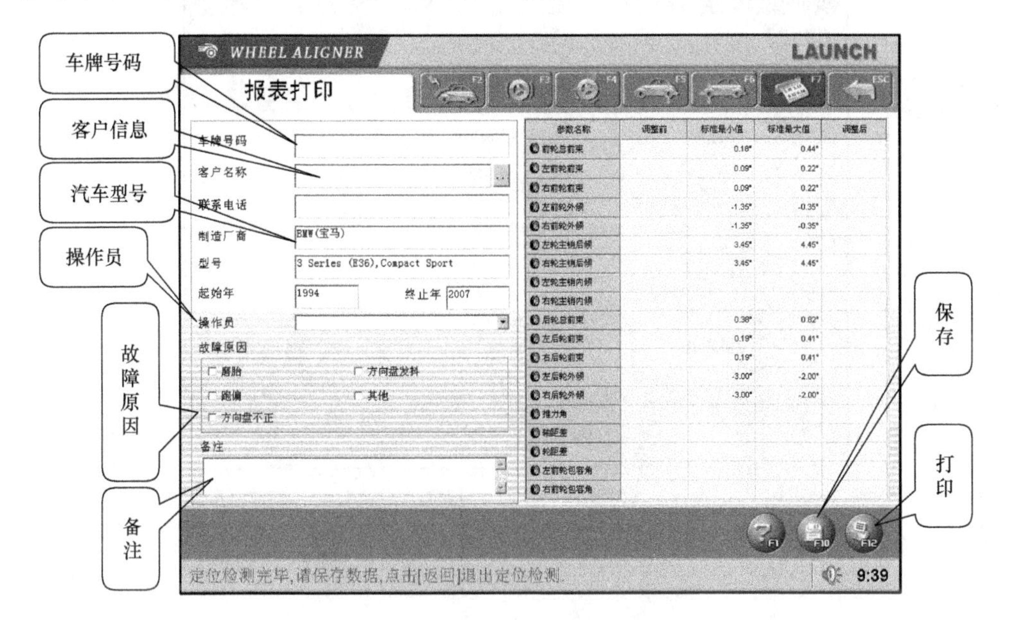

图 2-201　报表打印界面

“车牌号码”：当前车辆的车牌号码。

“客户信息”：当前车主的相关信息，包括“客户名称”“联系人”“联系电话”“地址”。客户信息在此界面是不能直接用键盘输入的，必须单击“客户名称”后面的..图标，进入“客户管理”界面才能选择相应的“客户信息”，如果“客户管理”里没有该客户的信息，必须先添加后才能选择（参考“系统管理”-“客户管理”）。

“车辆信息”：当前车辆的相关信息，包括“制造厂商”“型号”“起始年”“终止年”。“车辆信息”在此界面是不能直接用键盘输入的，如果在“常规检测”—“选择车型”界面中选择了汽车型号，则此界面会显示被选择的车型的相关信息，反之，不显示任何信息。

“操作员”：当前操作人员的名称。只有填写了“维修站信息”的“操作员”一栏，这里才能选择相应的“操作员”（参考“系统管理”-“维修站信息”）。

“故障原因”：当前车辆的不良症状。包括“磨胎”“跑偏”“转向盘不正”“转向盘发抖”“其他”5 个选项。

“保存”：储存当前车辆的定位数据（必须输入“车牌号码”“客户名称”及选择“故障原因”才能成功储存）。

“打印”：以表格或图形的格式打印当前车辆的定位数据（报表的格式设置参考“系统管理”-“报表设置”）。

注意：此界面提供的打印功能，只是针对本次检测的单个信息报表，而主界面上的报表打印功能是针对所有以前做过并保存的信息报表。

3）快速检测：在主界面选择“快速检测”图标，可进入快速检测界面，它提供了一个快速检测的操作平台，能够同时测量显示前、后轮的前束值和外倾值，界面如图 2-202 所示。

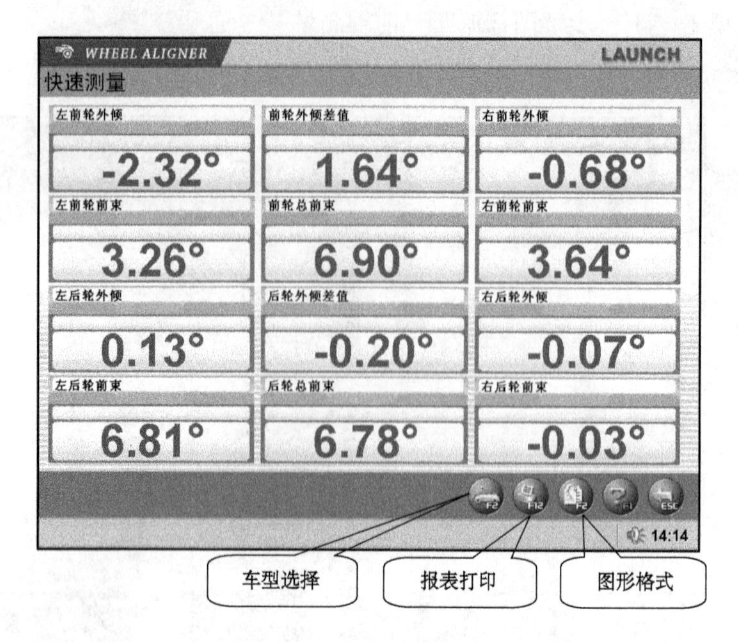

图 2-202　快速测量界面

"车型选择"：可以选择标准车型参数，方便调车（参考"常规检测"-"车型选择"）。

"报表打印"：可以提供测量数据的保存、打印功能（参考"常规检测"-"报表打印"）。

"图形格式"：可以切换到图形格式的数据显示界面，图形数据显示界面提供了推力角的显示，界面如图 2-203 所示。

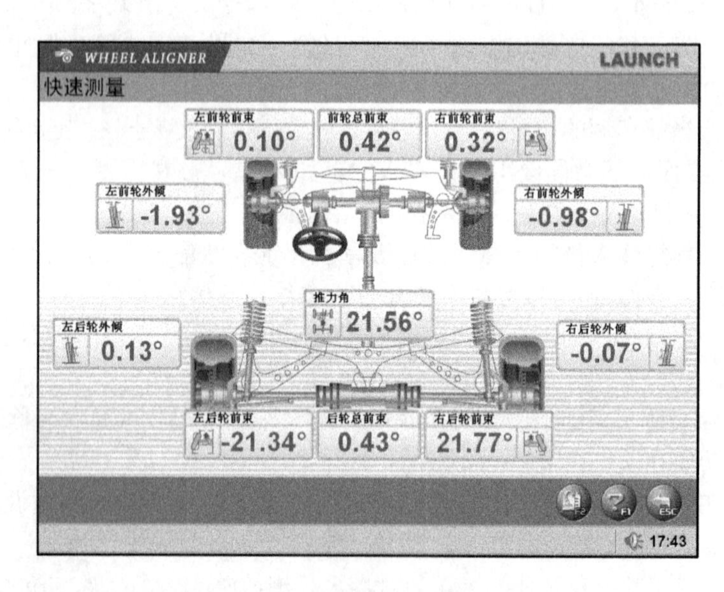

图 2-203　快速测量图形数据显示界面

注意事项：

① 此界面只提供前、后轮前束值、外倾值的测量及调整，其他测量功能在"常规检测"界面进行。

② 此界面的前束默认单位是百分度，只有在选择了车型数据后，前束的显示单位才和“系统管理”-“系统设置”里设置的前束单位一致。

③ 只有在选择了车型数据后，报表打印界面里才可以保存测量数据。

4）附加检测：此界面提供了一个特殊测量的操作平台，能够测量显示左轮横向偏移、右轮横向偏移、轴偏移、前轮退缩角、后轮退缩角、轮距差、轴距差等，如图2-204所示。

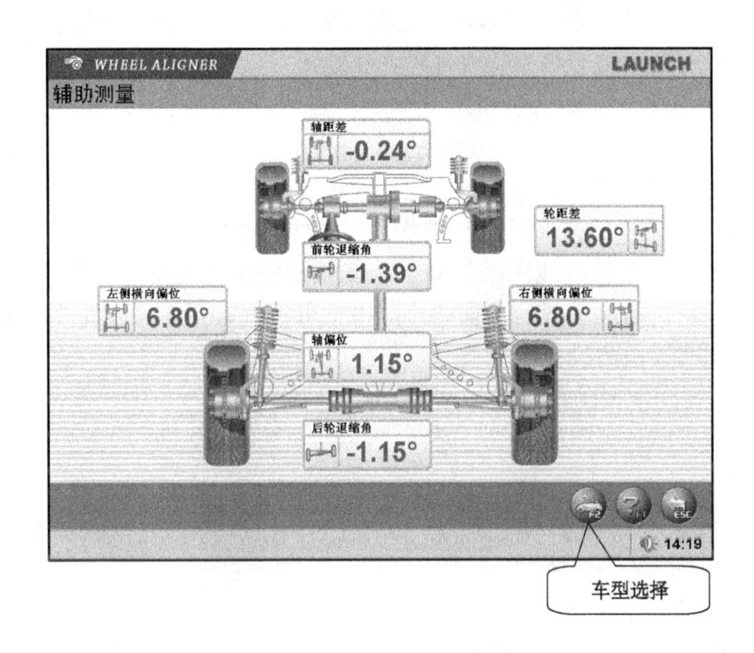

图2-204　辅助测量显示界面

“车型选择”：单击此按钮，可以选择标准车型参数，如果标准数据里含有轴距、前后轮距的参数值，则屏幕显示的各角度值会自动转换成以mm为单位的长度值。

注意：系统提供了对这些特殊值的动态测量及显示，但测量结果不会保存到数据库里。

注意事项：

a. 安装调试前应详细阅读说明书和安装调试及零部件手册。

b. 操作仪器者须经过培训，合格后才可进行操作。

c. 操作者必须有一定的计算机应用基本知识，需了解四轮定位的基本知识。

d. 四轮定位仪供电电压为AC 220V±22V，（50±1）Hz。必须采用三端电源插座，地线端必须接地。应了解当地电源电压是否正常。如电源电压不稳定，应自行配备交流稳压器。

e. 四轮定位仪采用光学原理进行测试，应避免传感器之间有物体挡住光线；不能在有阳光直接照射探杆的情况下进行测试；测量现场地面不能产生反光。

f. 当对探杆充电时，机柜右侧的总电源打开；仪器超过一月未使用，需对探杆充电，直到探杆充满电为止。

g. 四轮定位仪的探杆属于精密测试设备，在使用过程中应轻拿轻放，切勿乱扔乱摔。否则轻者会导致外壳变形，重者会导致内部元件出现故障，影响正常使用。

h. 在对汽车进行调整时，通常需要有举升机。同时为了能对汽车轮辋失圆进行补偿，需要有二次举升。在安装四轮定位仪之前，先按照举升机说明书要求安装举升机。需定期检查汽车举升机是否牢固、水平，确保测试正确和人员的安全。清除汽车举升机四周的障碍物，以免影响操作。

i. 四轮定位仪不能放置在振动物体上或倾斜放置，应避免日光直射或潮湿。

j. 避免将液体喷溅到四轮定位仪表面，以免液体进入系统而造成永久损害。

k. 四轮定位仪主机和探杆传感器内部连线紧密，拆卸后可能造成传感器元件损坏。

l. 四轮定位仪一定要定时保养，以确保测试精度。

m. 汽车维修结束后应仔细检查所有调试过的部件，将调试过的部件上紧上齐，以保证车辆安全。

n. 安装前应仔细检查设备清单。

2.2.4.10　KXX系列集中式汽车检测线结构原理与使用操作

KXX系列集中式汽车检测线用于检测与车辆主动安全相关的制动性、悬架性能和操纵稳定性等。典型配置包括汽车制动、悬架、侧滑，可根据客户需求加配其他设备，如烟度、废气、前照灯、车速等检测设备。

KXX系列由一台工控机加以控制，采用人性化的图形界面，操作简便。

1. 结构原理

（1）检测线布置　KXX系列集中式汽车检测线布置如图2-205所示。

（2）设备功用及技术参数

1）侧滑测试台。为保证汽车转向轮无横向滑移地直线行驶，前轮的前束必须将车轮因外倾而引起的滚动现象抵消，同时左、右轮主销后倾角也必须相等，以防止跑偏。侧滑测试台就是对前轮定位角进行综合检测的仪器。通过测试车轮行驶规定距离（一般在0.5～1m）的侧向滑移量来间接判断上述定位角配合是否适当，当侧滑量超过±5m/km的国家规定上限时，就要进行四轮定位检测以找出侧滑超标的原因并予以校正。

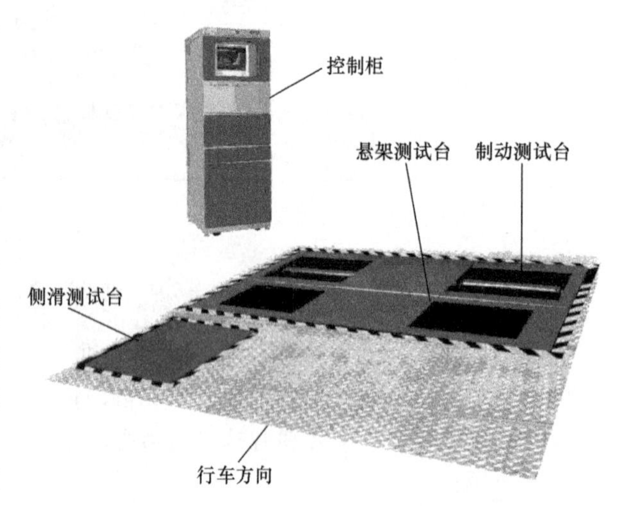

图2-205　KXX系列集中式汽车检测线

侧滑测试台技术参数如下：

型　号	KSS-201	型　号	KSS-201
测量范围	±15mm	外形尺寸	1060mm×726mm×100mm
滑板尺寸	700mm×600mm	设备重量	60kg

2）悬架测试台。汽车悬架系统是保证汽车行驶平顺性和稳定性的重要装置。悬架系统的减振器如果失灵，将会使车轮丧失足够的接地力而使汽车的行驶转向性能恶化，从而直接危及汽车的安全性。

汽车悬架测试台技术参数如下：

型　　号	XX-150	型　　号	XX-150
电源电压	380V ±38V，50Hz ±1Hz	重量	500kg
电动机转速	920r/min	功率	1.5kW
激振频率	15Hz	偏心轮行程	2 ×9mm
噪声	<70dB	单个台面承重	1200 ~7400N
测试宽度	800 ~2100mm	外形尺寸	2390mm ×800mm ×375mm

3）制动测试台。制动性能是重要的汽车安全指标，制动力不足、制动距离过长、左右制动力差值过大是导致交通事故的重要因素。该制动台采用滚筒式，其测试稳定性及重复性较好，适于室内试验；更可测出最大制动力（但需有足够轴荷予以配合）。滚筒为黏砂表面，附着系数可达0.9，设有第三滚筒，可在制动滑移时准确测定车速，以保证在滑移率达到30%时及时停车，避免车胎损伤。

汽车制动试验台技术参数如下：

型　　号	KBT-201	测量范围	1000 ~15000N
最大轴荷	3000kg	滚筒长度	700mm
滚筒直径	ϕ200mm	电动机功率	2 ×2.2kW
滚筒转速	55r/min	输出转矩	510N · m
滚筒中心距	381mm	外形尺寸	2390mm ×725mm ×275mm
测量轮距范围	1200 ~1800mm	设备重量	600kg
被测轮直径	≥500mm	电源电压	380V ±38V，50Hz ±1Hz
滚筒线速度	2km/h		

2. 熟悉设备

（1）系统启动　打开控制柜和计算机电源，在启动 Windows 后，双击桌面的 Testlane. exe 图标，进入系统主界面，如图2-206所示。

图2-206　检测系统主界面

（2）车辆登录

1）存储车辆信息。进入主界面（图2-206），单击“车辆登录”按钮，系统弹出车辆登录对话框（图2-207）。输入“车牌号码”，选择“车牌颜色”，单击“厂牌号码”框中的“选择..”按钮，选择一个厂牌型号，在“其他信息”栏中输入车辆的其他信息，选择“维修厂家”和“车主单位”，单击“保存”按钮，如果保存成功，系统将弹出“信息保存成功”提示框。

图2-207　车辆登录对话框

2）读取车辆信息。进入主界面（图2-206），单击“车辆登录”按钮，系统弹出车辆登录对话框（图2-207）。输入“车牌号码”，选择“车牌颜色”。如果此车辆信息已经存在，则将在“厂牌信息”和“其他信息”中显示该车辆的保存信息。

3）修改车辆信息。执行“读取车辆信息步骤”，在需要修改的地方进行更改，最后单击“保存”按钮。

4）车辆报检步骤。

① 输入“车辆基本信息”。执行“读取车辆信息”步骤，如果没有已存记录，则重新输入。

② 选择“检测类型”和“天气状况”。

③ 在“检测项目”中勾选取所需的检测项，可多选。

④ 单击“检测”按钮开始检测。

报检必要条件：车牌号码、车牌颜色、厂牌信息、车辆类型和至少一项检测项目。

5）选择、增加、修改、删除“厂牌型号”。在车辆登录对话框中单击“厂牌型号”右边的“选择..”按钮，系统弹出“厂牌型号”对话框（图2-208）。

① 选择厂牌型号：在“厂牌”下拉框中选择一个所需的厂牌名称。在“列表框”中将会显示该厂牌的所有型号。在“列表框”中选择所需的厂牌型号，单击“确定”按钮。

② 增加厂牌：单击“新增厂牌”按钮，系统弹出对话框（图2-209），输入厂牌名称，

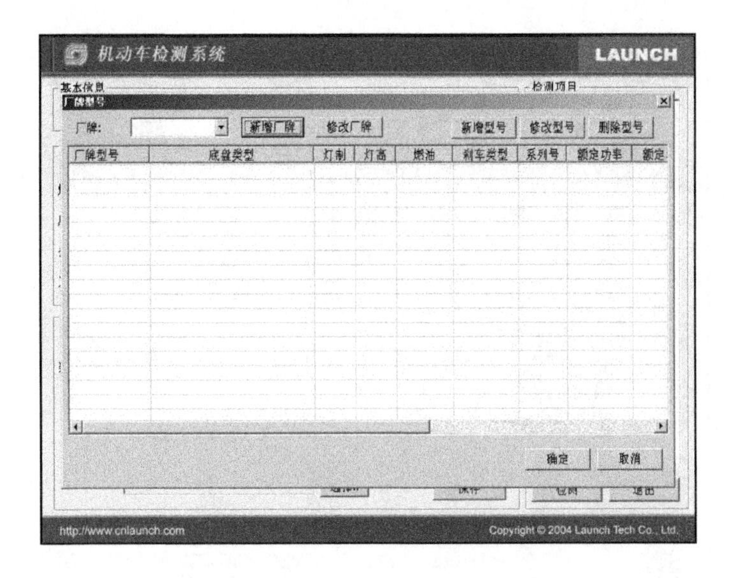

图 2-208　厂牌型号对话框

单击“确定”按钮。

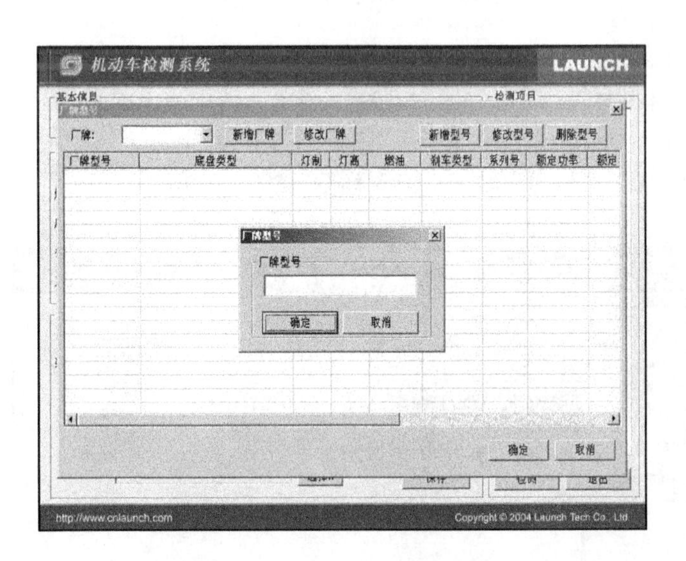

图 2-209　增加厂牌对话框

③ 修改厂牌：在“厂牌”下拉框中选择一个将要修改的厂牌。单击“修改厂牌”按钮。系统弹出对话框（图 2-209），更改厂牌名称，点击“确定”按钮。

④ 增加厂牌型号：单击“新增型号”按钮，系统弹出对话框。选择或输入所需的内容，单击“确定”按钮。

⑤ 修改厂牌型号：在“厂牌”下拉框中选择一个所需的厂牌。在“列表框”中选择将要修改的厂牌型号，单击“修改型号”按钮，系统弹出对话框（图 2-210）。修改所需的内容，单击“确定”按钮。

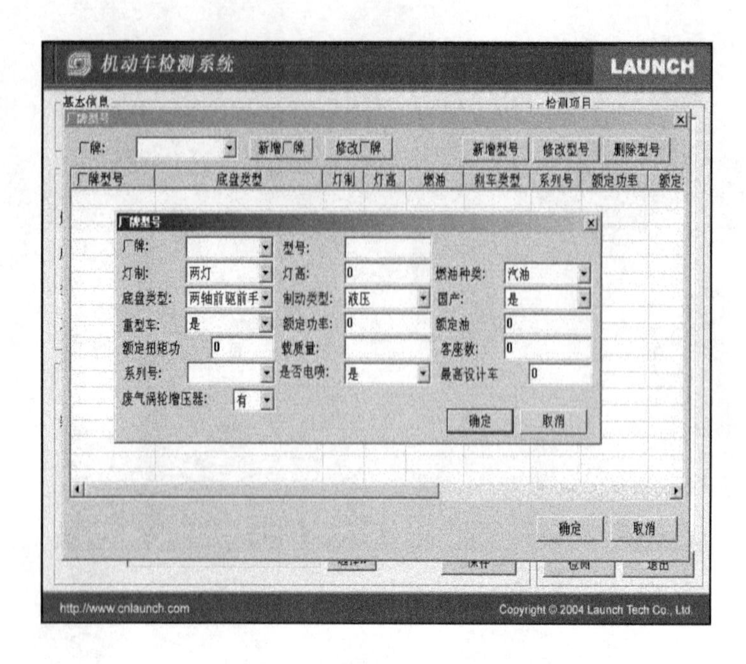

图2-210　修改厂牌型号对话框

⑥ 删除厂牌型号：在“厂牌”下拉框中选择一个所需的“厂牌”。在“列表框”中选择将要修改的“厂牌型号”，单击“删除型号”按钮，系统弹出提示框，单击“是”按钮。

6）选择、增加、修改、删除“维修厂家”。在车辆登录对话框中单击“维修厂家”右边的“选择..”按钮，系统弹出维修厂家对话框（图2-211）。

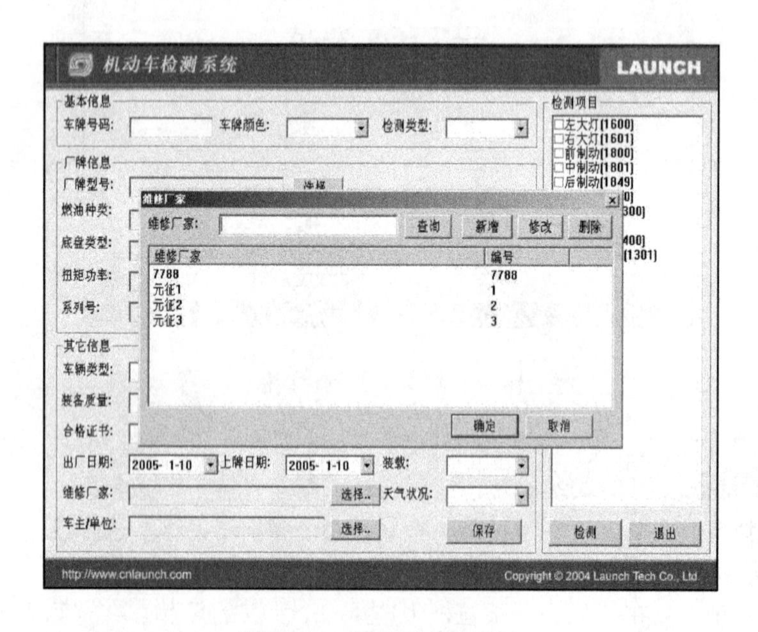

图2-211　维修厂家对话框

① 选择维修厂家：在“列表框”中选择一个所需的维修厂家，单击“确定”按钮。

② 增加维修厂家：单击“新增”按钮，系统弹出对话框（图 2-212），输入所需内容，单击“确定”按钮。

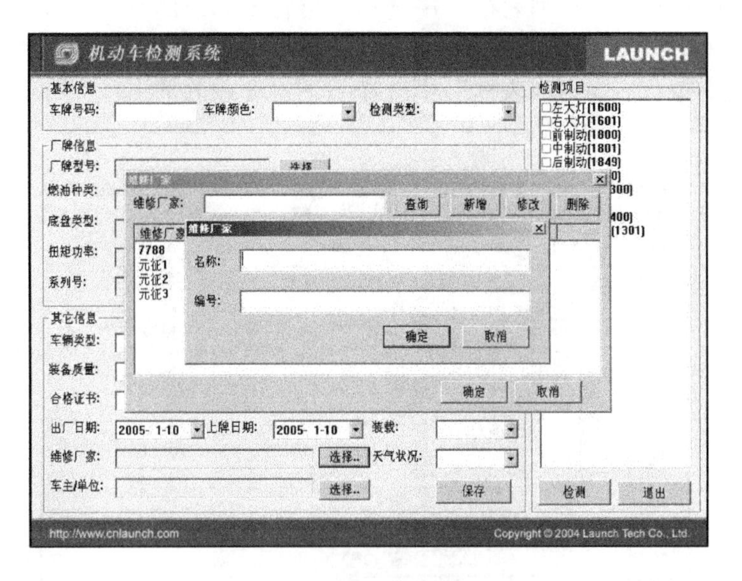

图 2-212　新增维修厂家对话框

③ 修改维修厂家：在“列表框”中选择一个将要修改的维修厂家，单击“修改”，系统弹出对话框（图 2-212），修改所需内容，单击“确定”按钮。

④ 删除维修厂家：在“列表框”中选择一个将要删除的维修厂家，单击“删除”，系统弹出提示框，选择“是”按钮。

7）选择、增加、修改、删除“车主/单位”。在车辆登录对话框中单击“车主/单位”右边的“选择..”按钮，系统弹出车主/单位对话框（图 2-213）。

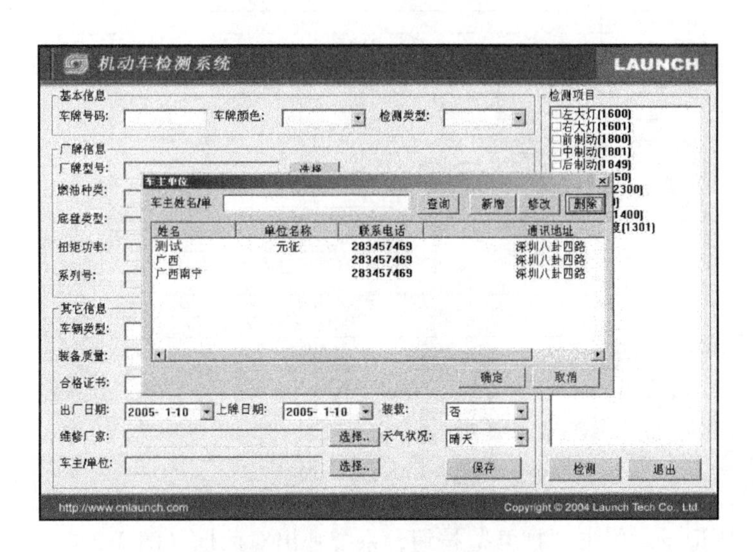

图 2-213　车主/单位对话框

① 选择车主/单位：在“列表框”中选择一个所需的车主/单位，单击“确定”按钮。

② 增加车主/单位：单击“新增”按钮，系统弹出对话框（图2-214），输入所需内容，单击“确定”按钮。

③ 修改车主/单位：在“列表框”中选择一个将要修改的车主/单位，单击“修改”，系统弹出对话框（图2-214），修改所需内容，单击“确定”按钮。

④ 删除车主/单位：在“列表框”中选择一个将要删除的车主/单位，单击“删除”，系统弹出提示框，选择“是”按钮。

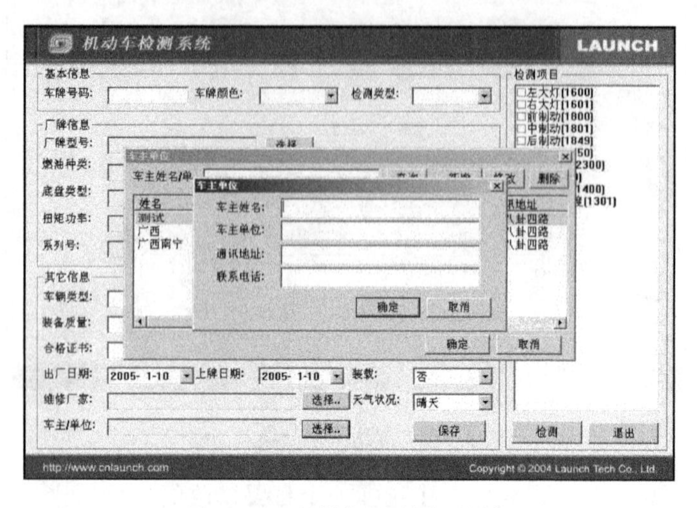

图2-214　新增车主/单位对话框

（3）打印报表　进入主界面（图2-206），单击“打印报表”按钮，显示报表（图2-215）。

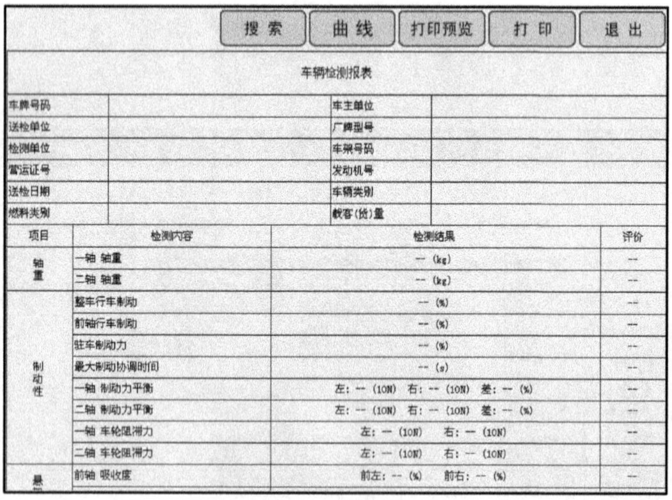

搜 索　曲 线　打印预览　打 印　退 出

车辆检测报表

车牌号码		车主单位	
送检单位		厂牌型号	
检测单位		车架号码	
营运证号		发动机号	
送检日期		车辆类别	
燃料类别		载客(货)量	

项目	检测内容	检测结果	评价
轴重	一轴 轴重	-- (kg)	--
	二轴 轴重	-- (kg)	--
制动性	整车行车制动	-- (%)	--
	前轴行车制动	-- (%)	--
	驻车制动力	-- (%)	--
	最大制动协调时间	-- (s)	--
	一轴 制动力平衡	左：-- (10N)　右：-- (10N)　差：-- (%)	--
	二轴 制动力平衡	左：-- (10N)　右：-- (10N)　差：-- (%)	--
	一轴 车轮阻滞力	左：-- (10N)　右：-- (10N)	--
	二轴 车轮阻滞力	左：-- (10N)　右：-- (10N)	--
悬	前轴 吸收度	前左：-- (%)　前右：-- (%)	--

图2-215　显示报表

1）搜索检测记录。单击“搜索”按钮，系统弹出对话框（图2-216）。

① 三个搜索条件：“车牌号码”“车牌种类”“检测日期”。这三个搜索条件可单选或多选。填好“搜索条件”后单击“搜索”按钮。

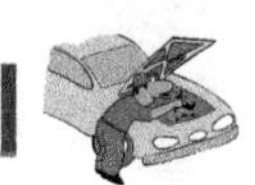

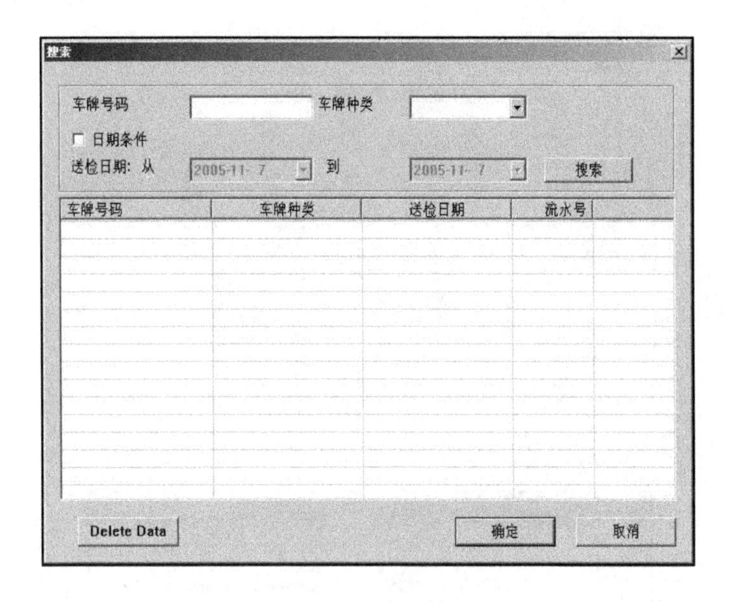

图 2-216　搜索对话框

② 在搜索结果列表中选择所需查询的记录，单击“确定”按钮。

2）打印预览。单击“打印预览”按钮，系统弹出图 2-217 所示对话框。

车辆检测报表

车牌号码		车主单位	
送检单位		厂牌型号	
检测单位		车架号码	
营运证号		发动机号	
送检日期		车辆类别	
燃料类别		载客(货)量	

项目	检测内容	检测结果	评价
轴重	一轴 轴重	-- (kg)	--
	二轴 轴重	-- (kg)	--
制动性	整车行车制动	-- (%)	--
	前轴行车制动	-- (%)	--
	驻车制动力	-- (%)	--
	最大制动协调时间	-- (s)	--
	一轴 制动力平衡	左：-- (10N) 右：-- (10N) 差：-- (%)	--
	二轴 制动力平衡	左：-- (10N) 右：-- (10N) 差：-- (%)	--

图 2-217　打印“车辆检测报表”界面

3）打印检测结果。单击“打印”按钮，系统弹出打印对话框（图 2-218），单击“确定”按钮开始打印。

4）查看检测曲线。单击“曲线”按钮，系统弹出曲线绘制对话框（图 2-219）。

#1：选择曲线。单击列表中的某一选项，界面将绘制选中的曲线图表（#6）。

#2：曲线图控制键。单击上下左右的控制按钮，曲线图表界面（#6）将上下左右移动。

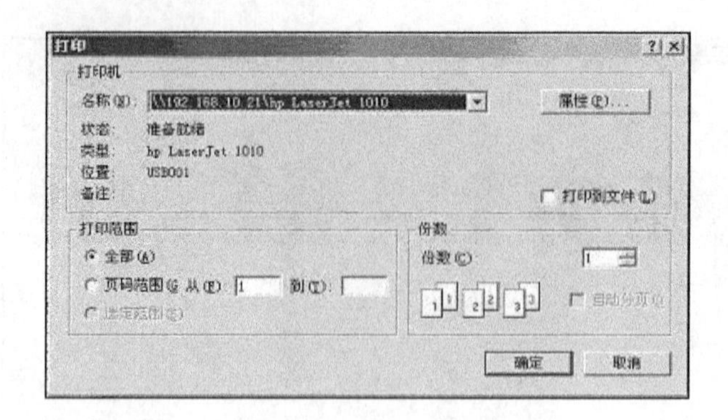

图2-218　打印对话框

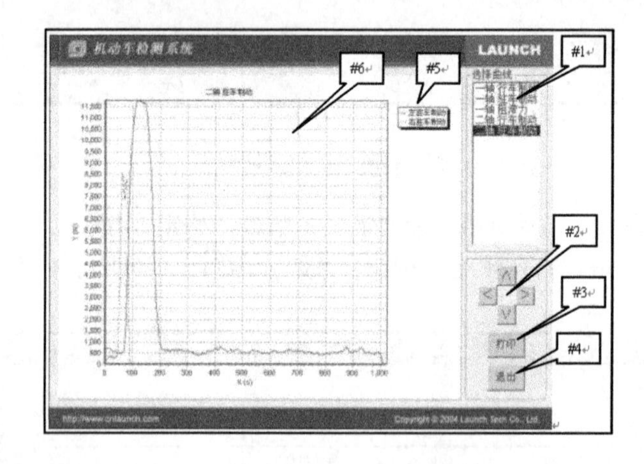

图2-219　曲线绘制对话框

#3：打印。打印当前的曲线图表。

#4：退出。

#5：曲线含义。如图2-219所示，实线代表左轮驻车制动曲线，虚线代表右轮驻车制动曲线。

#6：曲线图表。显示当前选择的曲线，用鼠标可以对图表进行多种操作。在图表区域内，按下鼠标右键不松开，移动鼠标可以拖动图表界面；按下鼠标左键不松开，往右下方向拉开一个区域，松开鼠标，则选中的区域将被放大显示，向左上方则复位到初始大小。

（4）系统配置　正常情况下，系统都是已经配置好的，不要随便修改配置内容，否则可能会导致检测过程错误。此项目必须由专业技术人员操作。下面是系统配置的操作过程。单击“系统配置”，系统弹出图2-220所示窗口。

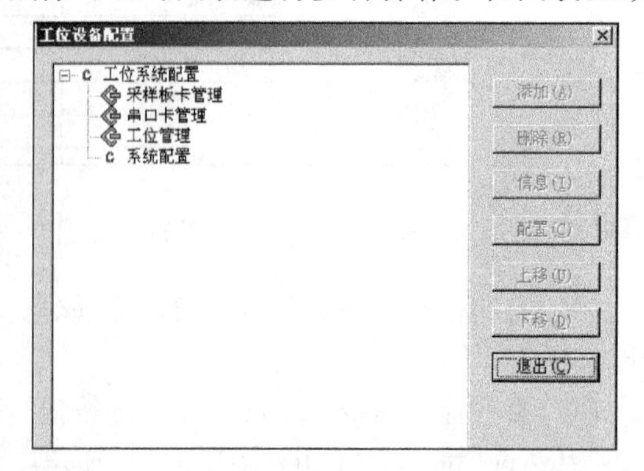

图2-220　系统配置界面

1）添加采样板卡。选中采样板卡管理，单击“添加（A）”按钮，系统弹出图 2-221 所示窗口。

目前使用的板卡主要是 PCL818L（模拟信号/数字信号）。是否添加主要看该工位是否安装了板卡和其驱动，安装了就可以添加该板卡。添加后如图 2-222 所示。

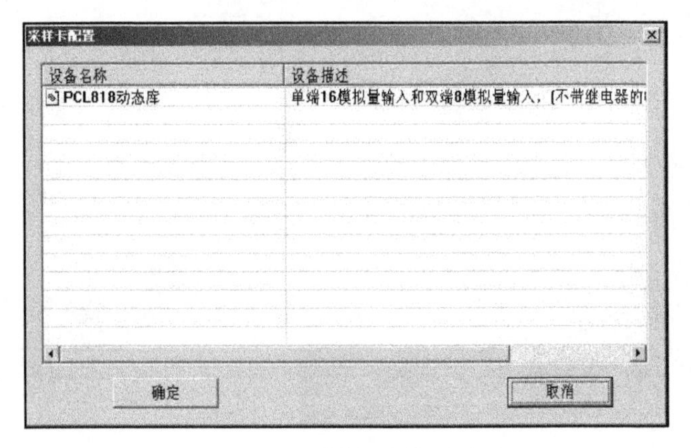

图 2-221　采样板卡管理界面

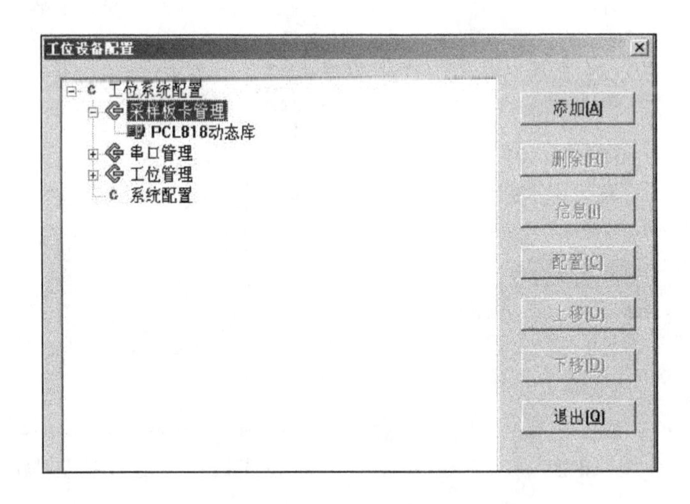

图 2-222　添加板卡管理

2）添加串口驱动。选中串口卡管理，单击“添加（A）”按钮，系统弹出图 2-223 所示对话框。

3）添加工位。选中工位管理，单击“添加（A）”按钮，输入工位名称，如图 2-224 所示。点击“确定”按钮后如图 2-225 所示。

4）添加检测设备。选中检测设备配置，单击“添加（A）”按钮，如图 2-226 所示。假如这里选“QDC1 型大灯仪”，单击“确定”按钮，系统弹出图 2-227 所示界面。

其中数字量的输入输出、模拟量使用的板卡可以从下拉列表中选择，还有设备使用的串口类型，如果该设备不使用则可以禁用该设备。

单击“确定”按钮完成操作。可以看到“QDC1 型大灯仪”已经添加，如图 2-228 所示。

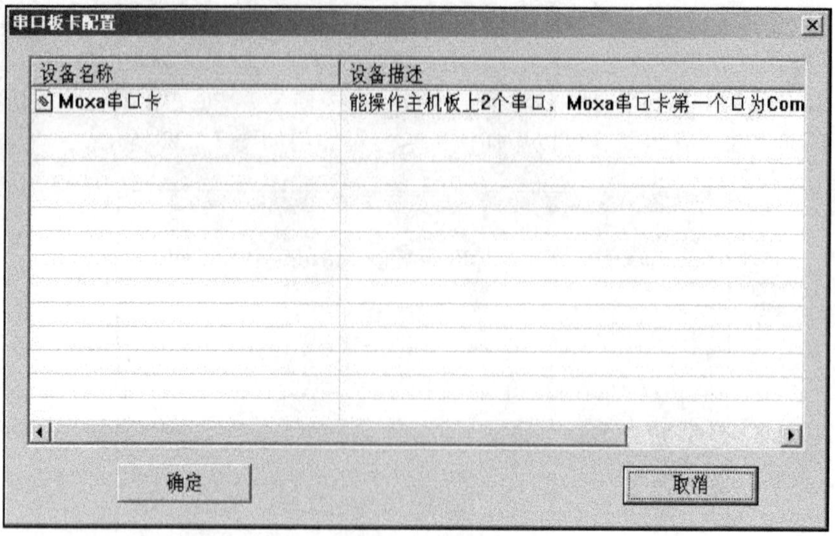

串口板卡配置

设备名称	设备描述
Moxa串口卡	能操作主机板上2个串口，Moxa串口卡第一个口为Com

确定　　取消

图 2-223　串口卡管理对话框

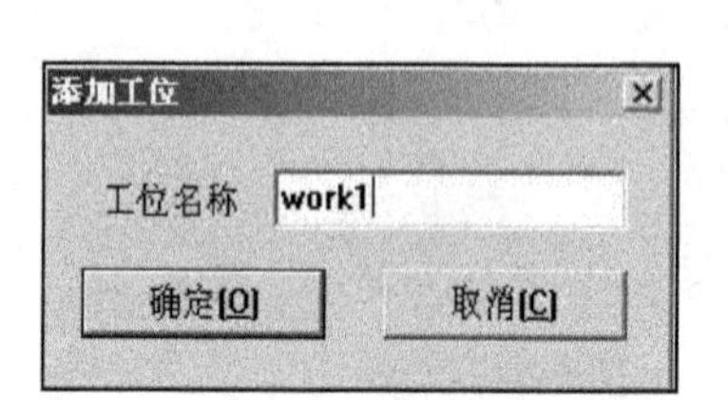

图 2-224　添加工位框图

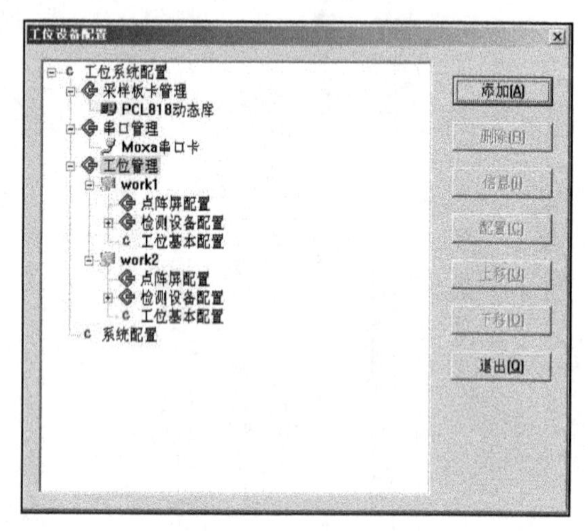

图 2-225　工位设备配置界面

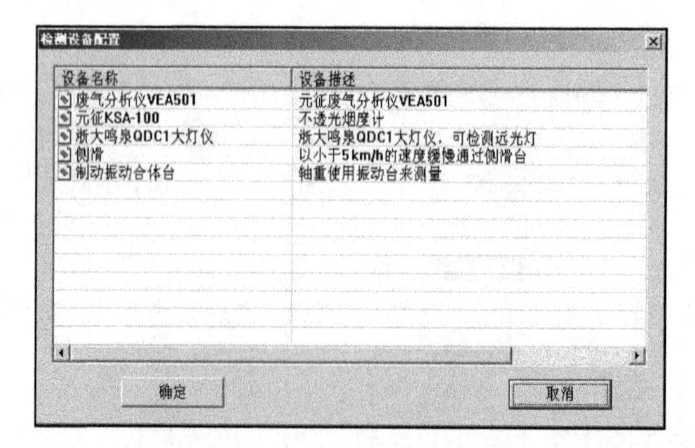

图 2-226　检测设备配置界面

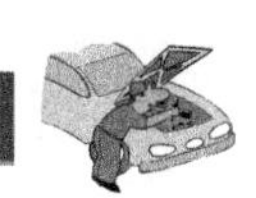

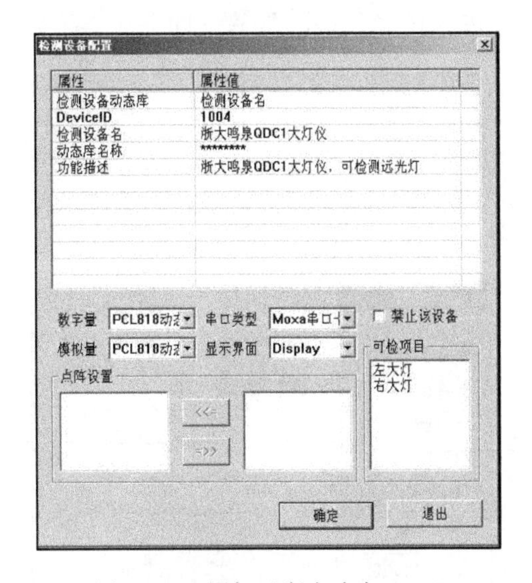

图 2-227　添加“浙大鸣泉 QDC1 大灯仪”界面

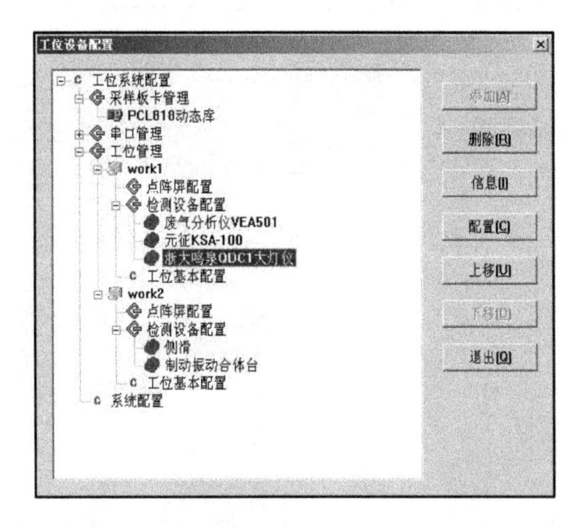

图 2-228　添加“浙大鸣泉 QDC1 大灯仪”后的显示界面

其中的“浙大鸣泉 QDC1 大灯仪”“侧滑台”的检测先后顺序可以通过右边的“上移”或“下移”按钮排序。

添加完检测项目“浙大鸣泉 QDC1 大灯仪”后，要对其基本属性进行配置，单击“配置”，出现图 2-229 所示的界面。

根据连接的情况，正确设置参数。“结果显示时间”“结束显示时间”与“大灯定位时间”各为 2000ms。

注意：以上是添加一项检测项目的完整过程，同理可添加其他的检测设备。

在几项检测项目中，主要的配置有设备使用的通道、设备属性以及一系列时间节拍控制，如要改变其配置，比如，选中“侧滑台”，单击右边的“配置”后，出现图 2-230 所示的界面。

图 2-229　设备基本属性配置界面

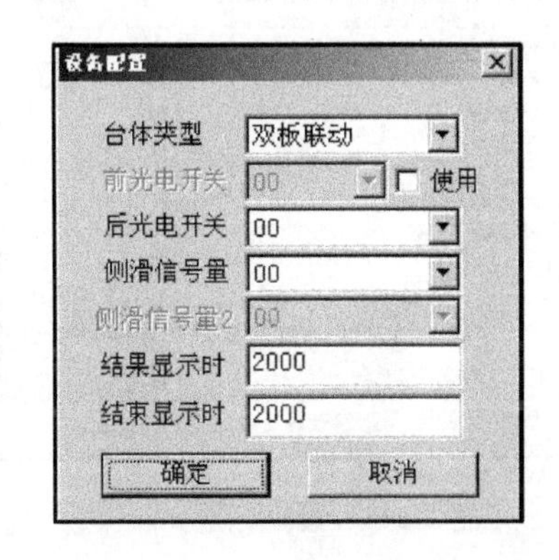

图 2-230　设备配置框图

5）工位配置：工位配置是对工位基本属性进行配置，首先选中它，然后单击右边的“配置”后，出现图 2-231 所示的界面。

6）系统配置（数据库配置）：主要是设置工位机连接服务器的参数，选中它，然后单击右边的“配置”后，出现图2-232所示的界面。

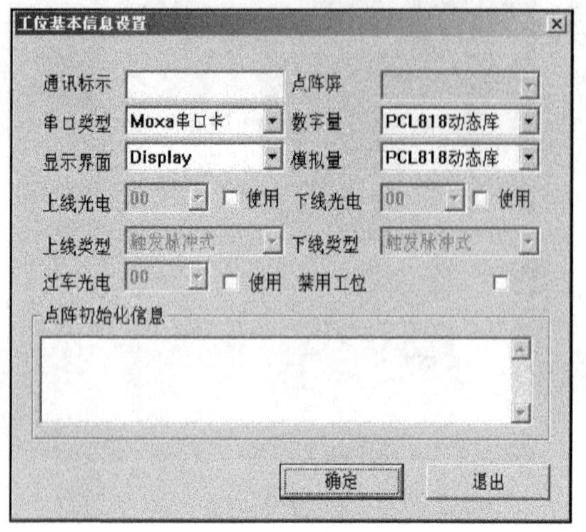

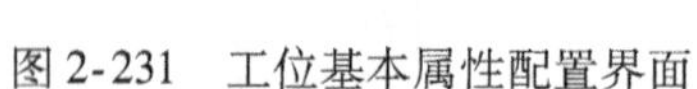
图2-231　工位基本属性配置界面

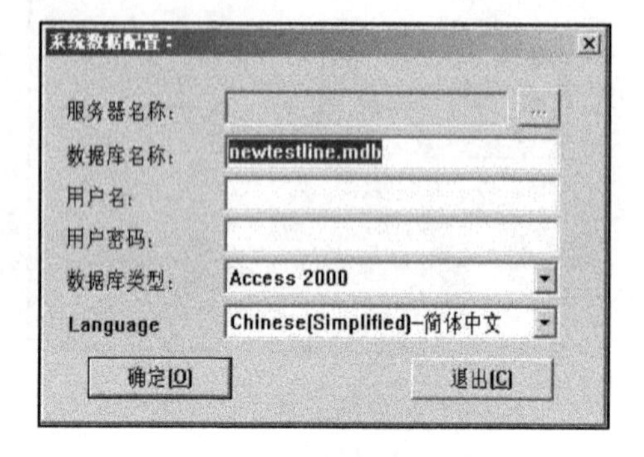

图2-232　系统数据配置界面

7）退出系统。系统配置完毕后，单击“退出系统”后重启程序，以上所有配置生效。

（5）设置标定

1）单击“设置标定”按钮，对相应需要标定的检测项目进行标定，如图2-233所示。

2）侧滑台标定。如图2-233所示，选中“车速台”，点击“标定”，结果如图2-234所示。

图2-233　设置标定界面

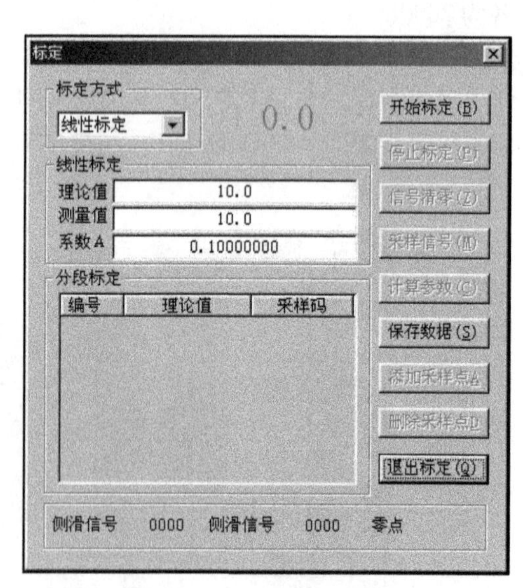

图2-234　车速台标定界面

“侧滑台”有三种标定方式：线性标定、分段标定、分段浮动零点标定。大多数情况下都是以线性标定为主，这里就介绍线性标定。确认“侧滑台”已配置，按以下步骤进行标定。

① 选中“线性标定”后，点击“开始标定”。

② 单击“信号清零”。

③ 把侧滑板移动一定位置并注意要一直保持到侧滑标定完成，用百分表测量出移动位移（cm）大小，把它填写到理论值。

④ 单击“采样信号”，然后单击“计算参数”。

⑤ 单击“保存数据”，然后单击“退出标定”。

3）制动台标定。如图 2-234 所示，选中“制动台”，单击“标定”，结果如图 2-235 所示。

制动台有三个标定项目：标定轴重、标定制动、标定踏板力。标定模式一般都选择线性标定。确认“制动台”按照台体参数配置。

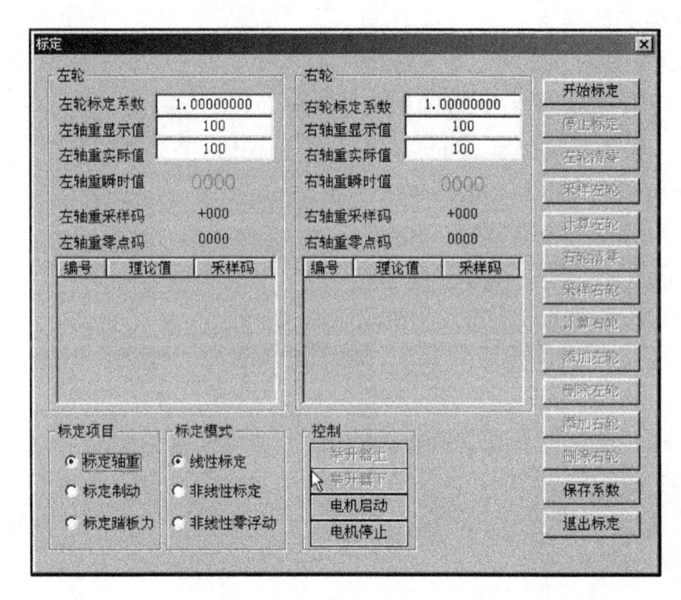

图 2-235　制动台标定界面

① 标定轴重：

a. 单击“开始标定”。

b. 台面空载，单击“左轮清零”，然后在左台面加一定质量的砝码，把砝码的质量填写到“左轴重实际值”。

c. 单击“采样左轮”，然后单击“计算左轮”计算左轮系数。

d. 单击“保存系数”。

同样，用以上步骤标定右轮轴重。

② 标定制动：

a. 单击“开始标定”。

b. 台面空载，单击“左轮清零”。

c. 用标定架在左制动台加一个力，用测力仪测出这个力的值，填写到“左制动实际值”。

d. 单击“采样左轮”，然后单击“计算左轮”，计算出左轮制动力系数。

e. 单击“保存系数”。

同样，用以上步骤标定右轮制动。

③ 标定踏板力：

a. 单击“开始标定”。

b. 单击“左轮清零”。

c. 用工具测出踏板力的大小，填写到“踏板力实际值”。

d. 单击“采样左轮”，然后单击“计算左轮”。

e. 单击“保存数据”，然后单击“退出标定”。

4）退出系统。单击“退出系统”，重启程序后所标定的项目生效。

3. 检测操作

车辆登录完成后，单击图2-206中的“检测”按钮，检测开始。所有的检测都是自动进行的，检测过程中无须界面操作。检测人员只要根据界面的提示对设备或车辆进行操作，就可以完成检测任务。如果检测过程中想停止检测，可以单击图2-206中的“中断”按钮，系统弹出图2-236所示的界面。

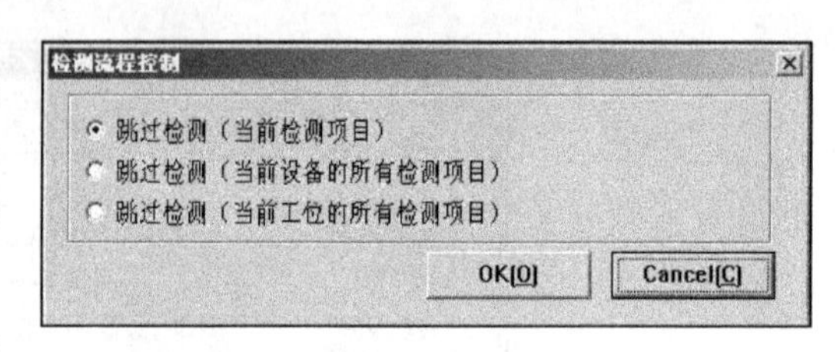

图2-236　中断检测的界面

下面举例解释三个单选项的意思。假如包含的检测项目有前制动、后制动和侧滑，这三个项目按顺序检测，且正在检测的项目为前制动。

此时如果选择跳过“当前检测项目”，则停止前制动的检测，而后继续检测后制动和侧滑。

此时如果选择跳过“当前设备的所有检测项目”，则停止检测制动的所有项目，而后继续检测侧滑。

此时如果选择跳过“当前工位的所有检测项目”，则检测停止，不再检测其他项目。

下面是各检测项目的检测界面。

（1）不透光检测　不透光检测界面如图2-237所示。

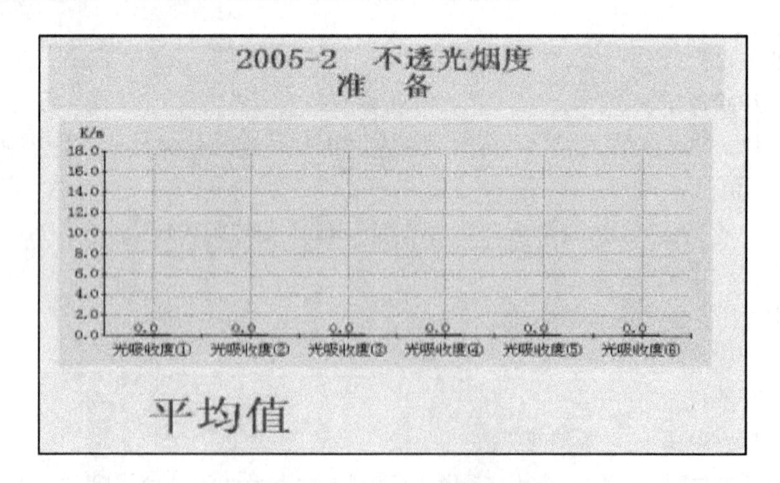

图2-237　不透光检测界面

步骤一：当出现此界面时，把不透光检测接头插入车辆排气管中。

步骤二：按遥控器任意键开始检测。

步骤三：根据界面上的提示改变车辆的状态，一般要求在车辆空档下加速六次。

步骤四：当界面提示检测完毕时，拔出不透光检测接头完成检测。

（2）废气检测　废气检测界面如图 2-238 所示。

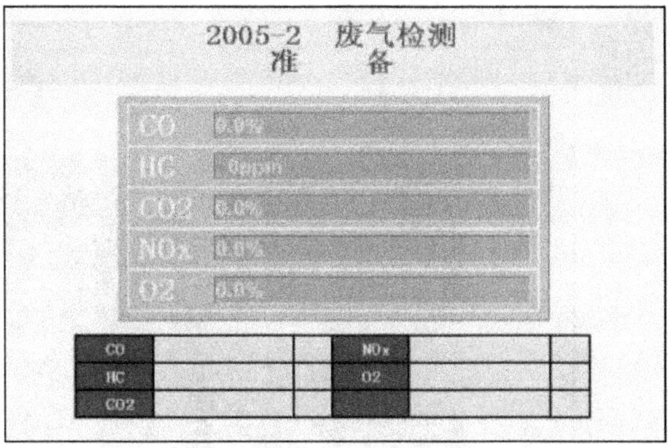

步骤一：当出现此界面时，把废气检测接头插入车辆的排气管里。

2005-2　废气检测
准　　备

CO 0.0%
HC 0ppm
CO2 0.0%
NOx 0.0%
O2 0.0%

CO			NOx		
HC			O2		
CO2					

图 2-238　废气检测界面

步骤二：按遥控器的任意键开始检测。

步骤三：根据界面上的提示改变车辆状态，一般要求车辆保持怠速状态。

步骤四：当界面提示检测完毕时，拔出废气检测接头完成检测。

（3）侧滑检测　如图 2-239 所示，当出现侧滑检测界面时，引车员驾车以 5km/h 的速度，用车轮压过侧滑板。

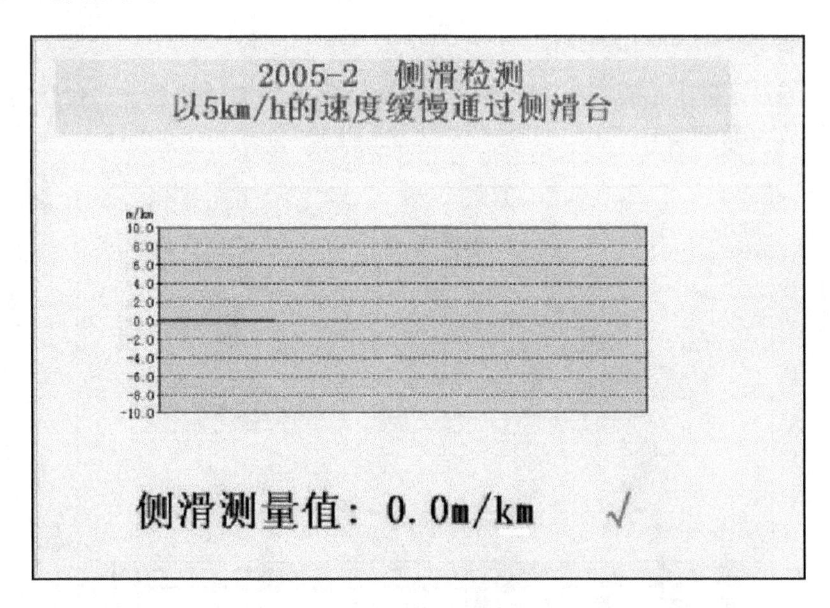

图 2-239　侧滑检测界面

（4）灯光检测　灯光检测界面如图 2-240 所示。

步骤一：保证前照灯检测仪的位置在导轨的开始端，否则可以用线控仪控制前照灯检测仪移回到开始位置。

步骤二：打开车辆前照灯。

步骤三：当出现准备检测界面时，按遥控器任意键后，前照灯检测仪将自动寻找光源进行检测。

步骤四：检测完毕后，前照灯检测仪自动回到导轨的开始端。

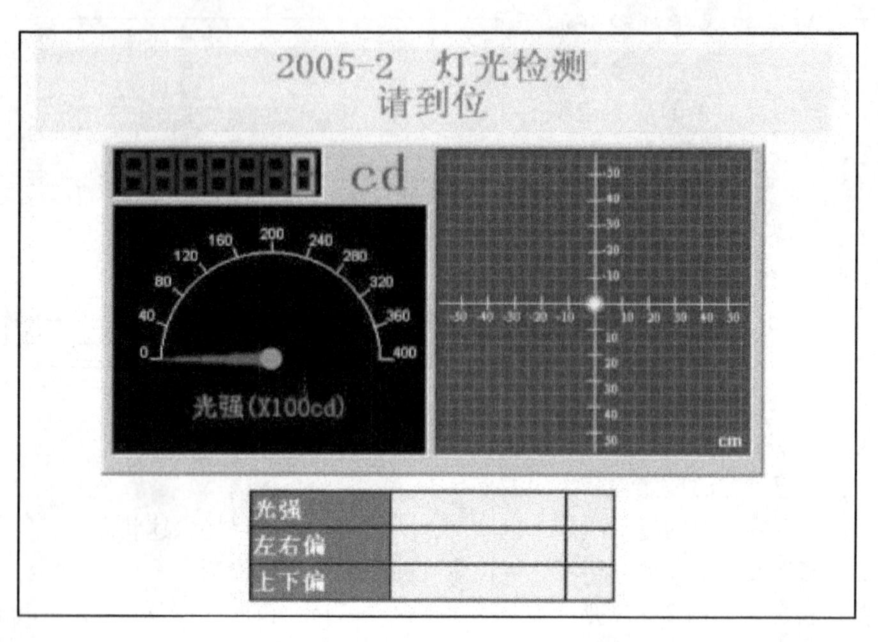

图 2-240　灯光检测界面

（5）振动检测

步骤一：当显示器上出现图 2-241 所示界面时，把车辆前轴开上振动台开始前轴检测，保证两个车轮放在弹簧板上。

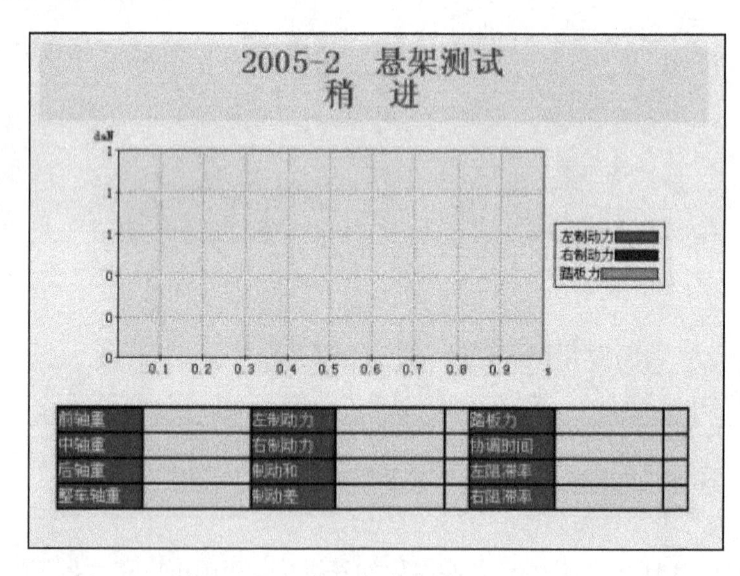

图 2-241　悬架测试界面

步骤二：系统自动检测前轴轴重。

步骤三：左电动机自动起动，左轮振动检测开始（图 2-242）。

步骤四：右电动机自动起动，右轮振动检测开始（图 2-242）。

步骤五：后轴振动检测。过车，把车辆后轴开上振动台，其他步骤同前轴检测。

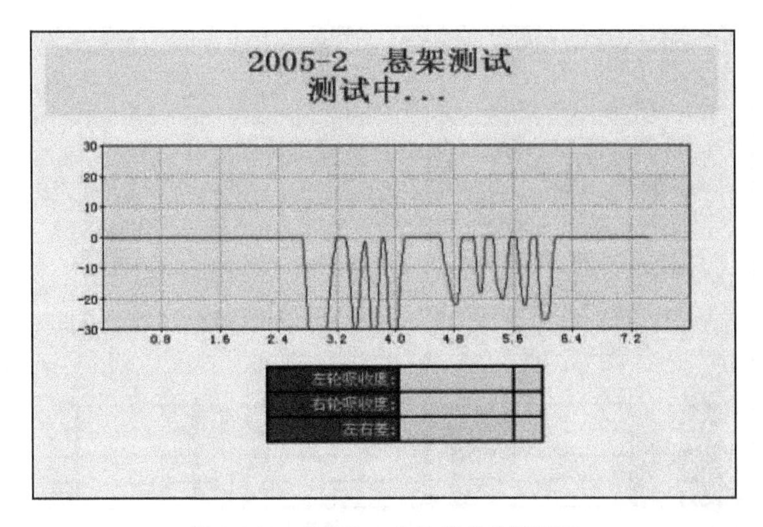

图 2-242　前轴左、右轮振动检测界面

（6）制动检测

步骤一：制动检测是需要先检测车辆轴重的，当显示屏出现图 2-243 所示的提示时，把车辆开上振动台。

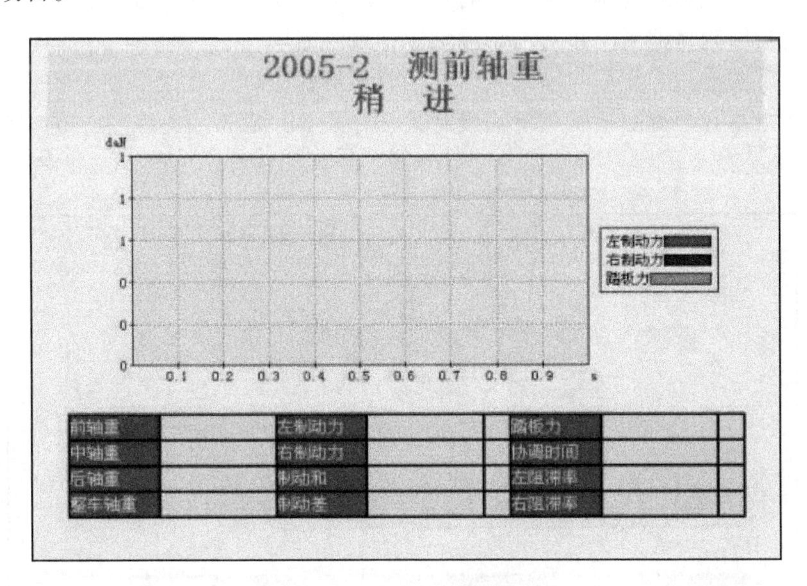

图 2-243　检测车辆轴重界面

注意：因为称重之前系统需要对振动台进行清零工作，所以应保证在出现此界面前振动台上是没有额外负载的。

步骤二：轴重检测完毕，显示屏出现图 2-244 所示的提示，此时把车辆前轴开上制动台，保证两个车轮嵌入两个砂轮之间。

步骤三：电动机自动起动，车轮随砂轮一起滚动。

步骤四：屏幕上提示踩制动踏板时，如图 2-245 所示，此时引车员踩制动踏板制动，如果制动力足够大，车轮与砂轮将抱紧停止转动。

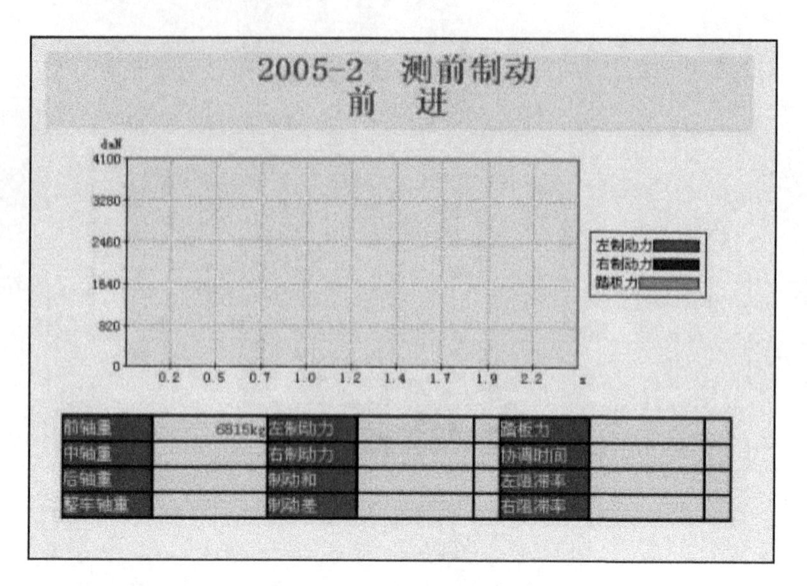

图2-244　检测前轴制动界面（一）

步骤五：电动机自动起动，车轮随砂轮一起滚动。

步骤六：屏幕上提示驻车制动，此时引车员应该拉动驻车制动器手柄制动，如果制动力足够大，车轮与砂轮将抱紧停止转动。前轴制动检测完毕。

步骤七：后轴检测。流程与前轴相似，在此不再赘述。

提示：乘用车制动力测试及侧滑测试结果应符合 GB 7258 相关规定，道路运输车辆应符合 GB 18565 相关规定。

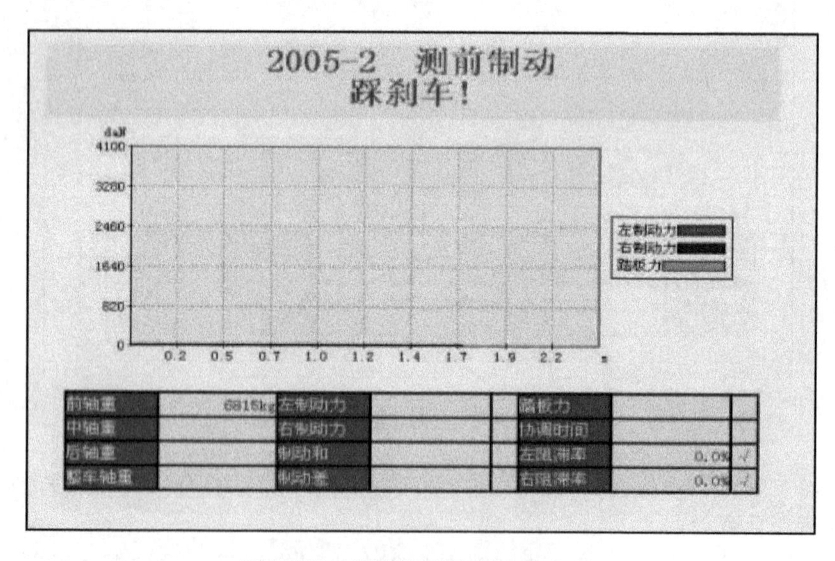

图2-245　检测前轴制动界面（二）

本章小结

1. 确定汽油牌号的依据是辛烷值的高低，选用汽油牌号的主要依据是发动机压缩比和

车辆使用说明书的相关规定。

2. 确定柴油牌号的依据是凝点，选用柴油牌号的依据是当地季节最低气温。

3. 我国机油的牌号划分，是按照使用性能和黏度等级两种分类法来划分的，是参照美国石油学会（API）和美国汽车工程师学会（SAE）相应的分类标准制定的。

4. 作为汽车专业维护人员，应根据发动机种类不同、新旧程度不同、使用条件不同，综合考虑机油的黏度级和质量级这两大选用依据，掌握好换油时机和换油品牌。

5. 润滑脂的种类有钙基润滑脂、钠基润滑脂、钙钠基润滑脂、通用锂基润滑脂、汽车通用锂基润滑脂、极压锂基润滑脂、石墨钙基润滑脂等。

6. 切不可将齿轮油当机油使用，否则发动机将会发生烧瓦、粘缸和烧结活塞顶等严重事故。绝不能用普通齿轮油代替准双曲面齿轮油。

7. ATF（自动变速器油）对自动变速器的工作、使用性能以及使用寿命都有非常重要的影响，汽车自动变速器保养的主要内容就是对 ATF 的检查和更换。

8. 各种制动液绝对不能混用，否则会因分层而失去制动作用。应定期更换制动液，由于醇醚类制动液有一定的吸水性，在一般情况下，制动液应在使用一两年时进行更换，以防制动液吸湿后影响制动性能。

9. 现代汽车所用冷却液是指在原来防冻液的基础上再加防沸剂、防锈剂和防垢剂等添加剂，从而具有防结冰、防沸腾、防锈蚀和防水垢等综合作用的冷却媒介，因过去主要用于防结冰，故许多地方仍称其为防冻液。

10. 用于 R134a 的仪器、设备和量具等不能与用于 R12 的互换，如在 R134a 中混有 R12 会使压缩机损坏，并且也可能使仪器和设备损坏。R134a 与 R12 制冷剂的冷冻机油不能混用，因为 R134a 与 R12 制冷系统的冷冻机油不相溶。

11. 轮胎选择要因车而异，同车禁装异种轮胎；定时检查胎压，充气要准确，避免爆胎危险；前、后轮胎互换位，防止不均匀磨损；轮胎应定期做动平衡检查；磨损轮胎应及时淘汰。

12. 汽车维护保养中的通用工具有常用扳手、螺钉旋具、钳子、锤子、滑脂枪、千斤顶、工作灯和顶拔器等。专用工具有专用扳手、火花塞套筒等。

13. 汽车维护保养中的通用量具有塞尺、游标卡尺、外径千分尺、金属直尺、卡钳、划规和百分表等。专用量具有气缸压力量表、轮胎气压量表、发动机进气歧管真空度表和燃油压力表等。

14. 汽车清洗、润滑和补给作业的常用设备有汽车外部清洗机、汽车空调制冷剂加注机、轮胎拆装机等。

15. 汽车检查与调整作业的常用仪器、设备有汽油机点火正时灯、汽车故障诊断仪（解码器）、汽车车轮平衡机、汽车四轮定位仪和汽车检测线等。

16. 应熟练掌握汽车维护保养作业所需通、专用工量器具、检测仪器和维护保养设备的结构原理和使用操作要领。

基础练习

1. 单项选择

1）汽油按______划分牌号。

A. 蒸发性　　B. 凝点　　C. 辛烷值　　D. 十六烷值

2）柴油按______划分牌号。

A. 蒸发性　　B. 凝点　　C. 辛烷值　　D. 十六烷值

3）汽油机主要依据______来选用汽油牌号。

A. 速度　　B. 压缩比　　C. 温度　　D. 气缸数目

4）柴油机主要依据______来选用柴油牌号。

A. 速度　　B. 压缩比　　C. 当地季节气温　　D. 气缸数目

2. 判断正误

1）若将齿轮油当作机油使用，则会导致发动机发生烧瓦、粘缸和烧结活塞顶等严重事故。(　　)

2）如果不同类型的制动液相互混用，则制动液会因分层而失去制动作用，导致车毁人亡。(　　)

3）若在R134a制冷剂中混入R12制冷剂，则会使空调压缩机的压缩面损坏，而且也容易损坏空调系统相关管路。(　　)

技能训练

1. 汽车维护作业量具使用训练

汽车维修量具的正确、规范使用与否，尤其是读数的精确与否，将直接影响工件尺寸测量的精度，从而影响汽车维护保养质量检验的结果。这里着重训练游标卡尺和螺旋测微器（也称千分尺）的读数步骤和操作要领，并将正确读数和训练评价填入相应表格内。

训练一　常用游标卡尺读数训练

测量项目	游标卡尺测量规范图解	测量图例	读数步骤	测量结果	备注
测量工件外径		精确度：0.02mm；50分度	①判读精确度（校零） ②读出主尺上的读数［带单位把厘米（cm）换成毫米（mm）］ ③读出游尺表上读数［不带单位毫米（mm）。注意：精确度和格数，不要估读］ ④公式：主尺读数（mm）+游标读数×精度（mm）	10mm+26×0.02mm=10.52mm	范例
测量工件内径		精确度：0.02mm；50分度	同上	填写测量结果：	学生训练

（续）

测量项目	游标卡尺测量规范图解	测量图例	读数步骤	测量结果	备注
测量工件宽度		精确度：0.05mm；20分度	同上	填写测量结果：	学生训练
测量工件深度		精确度：0.02mm；20分度	同上	填写测量结果：	学生训练

训练二　常用螺旋测微器（千卡尺）操作训练

训练项目	螺旋测微器操作规范图解	操作要领	训练评价
校零	测砧　止动旋钮　固定刻度　微调旋钮　测微螺杆　可动刻度　尺架　旋钮	测量前应先校零，方法是缓缓转动微调旋钮，使测微螺杆和测砧接触，直至棘轮发出声音为止。此时，活动套筒上的零刻线应当和固定套筒上的基准线对正，否则校零有误差	
测量		左手持曲柄（U形尺架），右手转动大旋钮，使测微螺杆与测砧间距稍大于被测物。放入被测物，转动微调旋钮，直至夹住被测物，棘轮发出声音为止	
读数	读数为5.338mm　读数为5.804mm	拨止动旋钮，使测微螺杆固定，然后读数	

2. 汽车维护作业仪器使用训练

汽车维修仪器设备的正确、规范使用与否，尤其是操作的熟练与否，将直接影响汽车维护作业效率和维护的质量。这里着重训练气缸压力表和解码器的使用操作要领，并结合汽车维修工考证培训项目进行评定。

汽车维护作业仪器设备使用训练项目1：检测气缸压缩压力

序号	作业项目	训练内容及要求	配分	评分标准（各项配分扣完为止）	扣分	得分
1	劳动用具穿戴	劳保用具穿戴齐全	5	穿戴不全不得分		
2	正确选用工具、量具、材料	选用工具、量具、材料齐全准确	5	缺一件扣1分，选错一件扣1分，扣完为止		
3	准备	检测前准备	5	准备不充分一次扣2.5分，两次扣5分		
				准备失误扣5分		
4	检测	拆除全部火花塞及空气滤清器	10	操作方法不正确扣5分		
				操作不熟练扣5分		
		检验气缸压力表	10	检验方法不正确扣10分		
		逐缸测量气缸压力	20	测量方法不正确扣10分，不会测试不得分		
				每漏测一项扣5分		
				测量结果不正确扣10分		
5	复检	测完一次后，再复检一次，取其平均值	10	测量方法不正确扣5分		
				每漏测一项扣2.5分		
				测量结果不正确扣10分		
6	判断结果	查阅手册，判断气缸压缩压力是否符合技术要求	10	判断不正确扣5分		
				不会判断扣10分		
7	正确使用工具、用具	工具、用具使用正确	10	一种工具、用具使用不正确扣2分，扣完为止		
				损坏丢失一件工具、用具不得分		
8	操作规程	操作规程执行情况	10	违反操作规程不得分		
9	清理现场	清理、擦洗并收回工具、用具	5	少收一件工具、用具扣1分，扣完为止		
合计			100			
否定项说明：出现重大安全事故按0分计						

汽车维护作业仪器设备使用训练项目2：用解码器读取故障码

序号	作业项目	训练内容及要求	配分	评分标准（各项配分扣完为止）	扣分	得分
1	劳动用具穿戴	劳保用具穿戴齐全	5	穿戴不全不得分		
2	正确选用工具、量具、材料	选用工具、量具、材料齐全准确	5	缺一件扣1分，选错一件扣1分，扣完为止		

（续）

序号	作业项目	训练内容及要求	配分	评分标准（各项配分扣完为止）	扣分	得分
3	准备	检测前准备	5	准备不充分一次扣 2.5 分，两次扣 5 分		
				准备失误扣 5 分		
4	读取故障码	连接解码器	20	操作方法不正确每次扣 2 分		
		读取故障码	20	操作方法不正确每次扣 2 分		
		分析故障码内容	10	分析不正确每次扣 5 分		
5	清除故障码	清除故障码	10	操作方法不正确每次扣 5 分		
6	正确使用工具、用具	工具、用具使用正确	10	一种工具、用具使用不正确扣 2 分		
				损坏、丢失一件工具、用具不得分		
7	操作规程	操作规程执行情况	10	违反操作规程不得分		
8	清理现场	清理、擦洗并收回工具、用具	5	少收一件工具、用具扣 1 分，扣完为止		
合计			100			
否定项说明：出现重大安全事故按 0 分计						

理 论 思 考

1. 选用机油牌号时，应如何选择机油的使用级和黏度级？
2. 选用制动液时，应注意哪些问题？
3. 如何正确选用自动变速器油（即液力传动油，也称 ATF）？
4. 国产冷却液分哪几个型号？如何选用？
5. 选用制冷剂时，应注意哪些问题？
6. 如何检查轮胎磨损情况？子午线轮胎换位时，应注意哪些问题？
7. 汽车维护保养中常用的工、量具有哪些？功能是什么？
8. 游标卡尺、千分尺、百分表如何使用及怎样读数？
9. 简述气缸压力表、真空表的检测方法及检测中应该注意的问题。
10. 如何使用燃油压力表？
11. 正时灯的检测原理是什么？如何检测汽油机点火正时？
12. 汽车维护常用仪器、设备有哪些？各有什么用途？

第3章 汽车各类维护保养的作业技术

截止到2016年底，全国汽车维修经营业户达42.75万家，汽车维修从业人员达300余万人，完成年维修量达3.4亿辆次，年产值达6500亿元以上。近年来，随着汽车产业的迅猛发展，政府相关部门也更加认识到汽车维修行业在人民生活和国民经济中的重要地位。提出汽车维修业关系到道路交通安全，关系到大气污染防治，关系到社会公众生活质量，关系到汽车产业健康、可持续发展，是重要的民生服务业。对此，国家相关部门也对有关法律法规及国家标准重新进行了修订，对汽车维护分级、作业内容、检验标准等重新进行了界定。

在汽车技术状况完好或基本完好的情况下，为了延长汽车的使用寿命，并使之经常处于良好技术状态，而对汽车所采取的一系列技术措施，称为汽车维护或保养。汽车维护应贯彻“预防为主、定期检测、强制维护”的原则。汽车维修行业内流行“七分养护，三分修理”之说，可见汽车维护保养的重要性。

在汽车的使用过程中，由于汽车的新旧程度、使用地区条件的不同，在各个时期对汽车维护保养的作业项目也不同。根据GB/T 18344—2016《汽车维护、检测、诊断技术规范》最新规定，汽车常规维护分为日常维护、一级维护和二级维护三类（取消了走合维护）。维护作业以清洁、检查、紧固、润滑、调整和补给六大作业为主，维护范围随着行驶里程和时间间隔的增加逐步扩大，内容逐步加深。

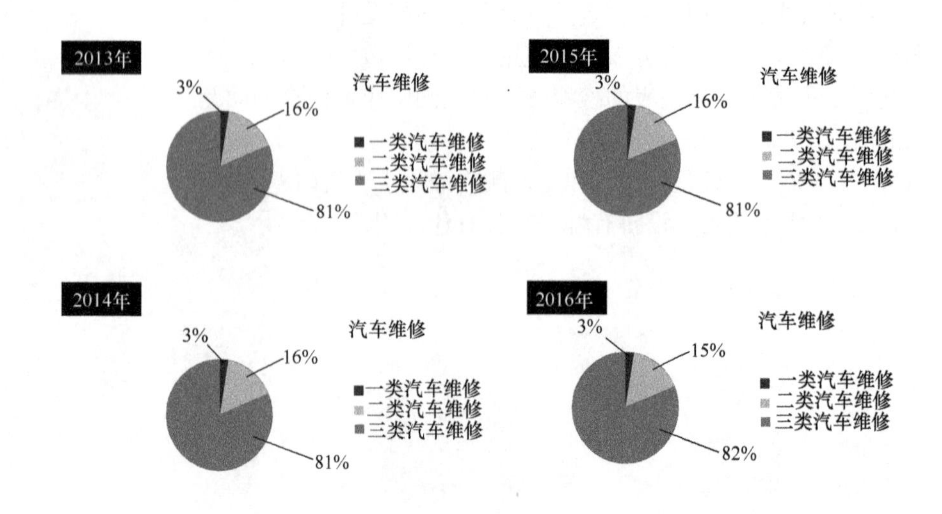

学习目标:

- 知道汽车维护与保养作业技术的重要意义
- 掌握汽车日常维护、一级维护、二级维护、季节性维护和免拆维护的基本概念
- 知道各类常规维护作业的工艺流程

学习重点:

- 熟悉各类维护作业的中心内容，重点掌握各级各类维护的作业内容、操作要领及技术要求
- 掌握汽车二级维护前的检测、诊断技术要领及附加作业项目确定的方法和依据
- 知道汽车二级维护的质量控制和竣工检验结果，并学会汽车各级维护作业项目的安排

3.1 现代汽车的常规维护与保养

3.1.1 现代汽车的日常维护

1. 现代汽车日常维护的定义

汽车日常维护也称例行保养，是各级维护的基础，是指驾驶人在每日出车前、行车中、收车后，针对车辆使用情况所做的一系列预防性质的维护作业。中心内容是清洁、补给和安全性能检视。

汽车在使用过程中，各部件将不可避免地产生不同程度的松动、磨损和损伤等，使汽车技术状况逐渐变坏。日常维护是保持汽车正常技术状况的基础性工作，要求由驾驶人来完成。日常维护的好坏，直接影响到行车的安全。为了预防交通事故、保证行车安全，应随时了解和掌握汽车的技术状况。汽车在使用时，驾驶人必须坚持进行日常维护。

2. 现代汽车日常维护的基本要求

日常维护是以预防性为主的维护作业，是驾驶人的一项重要工作职责，也是汽车运输企业的一项经常性的技术工作。因此，要求每一位驾驶人在汽车日常维护保养中，必须强制执行“三检，即坚持出车前、行车中、收车后检视车辆的安全机构及各部件连接紧固情况；四清，即保持空气、机油、燃油滤清器和蓄电池的清洁；四防，即防止漏油、漏水、漏气、漏电”的维护制度，以达到车容整洁、车况良好、行车安全之目的。

3. 现代汽车日常维护的作业内容

汽车日常维护的基本作业内容为清洁、紧固和润滑。清洁作业的目的是保持车辆整洁，防止水和灰尘等腐蚀车身及零部件。紧固是因为当车辆行驶一定的里程后，车辆各部件连接处的螺栓、螺母等紧固件由于颠簸、振动等原因，可能发生松动甚至脱落，若不及时按要求拧紧或配齐，则会埋下事故隐患，无法保证行车安全。润滑作业包括发动机润滑、变速器润滑、驱动桥润滑、转向器润滑以及轮毂润滑等。润滑作业是保证车辆各运动部件正常运转、减小运动阻力，降低温度、减少磨损的重要手段。进行润滑作业时要严格按照各汽车生产厂家的要求进行更换和加注润滑油、脂。如果所更换和加注的润滑油、脂的品牌、规格不当，则会造成发动机等总成的过早磨损或损坏，从而降低车辆使用寿命。汽车日常维护作业流程如图3-1所示。

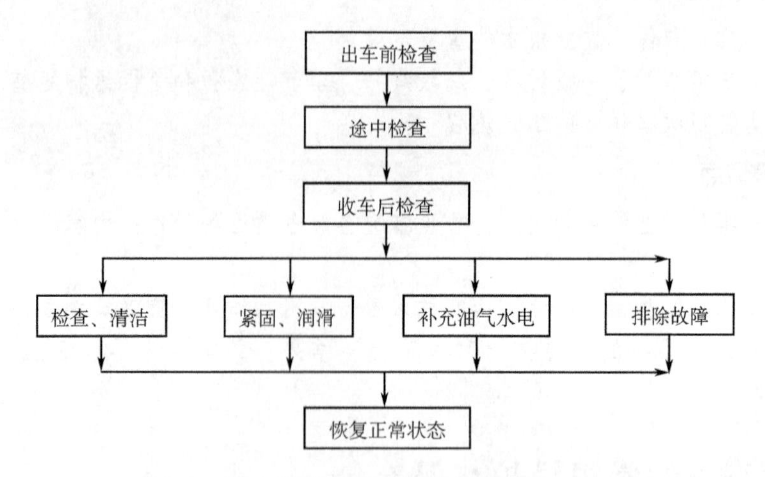

图3-1　汽车日常维护作业流程

根据GB/T 18344—2016《汽车维护、检测、诊断技术规范》最新规定，汽车日常维护作业项目及技术要求见表3-1。

表3-1　汽车日常维护作业项目及技术要求

序号	作业项目	作业内容	技术要求	维护周期
1	车辆外观及附属设施	检查、清洁车身	车身外观及客车车厢内部整洁，车窗玻璃齐全、完好	出车前或收车后
		检查后视镜，调整后视镜角度	后视镜完好、无损毁，视野良好	出车前
		检查灭火器、客车安全锤	灭火器配备数量及放置位置符合规定，并在有效期内。客车安全锤配备数量及放置位置符合规定	出车前或收车后
		检查安全带	安全带固定可靠、功能有效	出车前或收车后
		检查风窗玻璃刮水器	刮水器各档位工作正常	出车前
2	发动机	检查机油、冷却液液面高度，视情补给	油（液）面高度符合规定	出车前
3	制动	制动系统自检	自检正常，无制动警告灯闪亮	出车前
		检查制动液液面高度，视情补给	液面高度符合规定	出车前
		检查行车制动、驻车制动	行车制动、驻车制动功能正常	出车前
4	车轮及轮胎	检查轮胎外观、气压	轮胎表面无破裂、凸起、异物刺入及异常磨损，轮胎气压符合规定	出车前、行车中
		检查车轮螺栓、螺母	齐全完好，无松动	

（续）

序号	作业项目	作业内容	技术要求	维护周期
5	照明、信号指示装置及仪表	检查前照灯	前照灯完好、有效，表面清洁，远、近光变换正常	出车前
		检查信号指示装置	转向灯、制动灯、示廓灯、危险警告灯、雾灯、喇叭、标志灯及反射器等信号指示装置完好有效，表面清洁	
		检查仪表	工作正常	出车前、行车中

注：“符合规定”指符合车辆维修资料等有关技术文件的规定，以下同。

3.1.2　现代汽车的一级维护

1. 汽车一级维护的定义

汽车一级维护是指除日常维护作业外，以润滑、紧固为作业中心内容，并检查有关制动、操纵等系统中的安全部件的维护作业（过去称为一级保养）。根据我国现行的维护制度，一级维护应由专业维修企业的专业维修人员负责执行，即应进厂维护。

由于一级维护作业中零部件紧固，润滑油添加、更换，安全部件技术状况的检查属于专业性维护作业，需要利用相关专业设备和工具，按技术标准进行，汽车一级维护应由维修企业负责执行。

2. 汽车一级维护的基本要求

汽车一级维护是一项运行性维护作业，即在汽车日常使用过程中的一次以确保车辆正常运行状况为目的的作业。汽车一级维护的中心内容是清洁、润滑和紧固，并检查制动、操纵等安全部件。

随着现代汽车技术的发展，使得汽车维护作业的技术含量和作业难度正在逐步提高。因此，一级维护必须由汽车维修企业的专业人员来完成，这对确保维护质量具有十分重要的意义。

3. 汽车一级维护的作业流程及作业内容

汽车一级维护作业流程如图3-2所示。

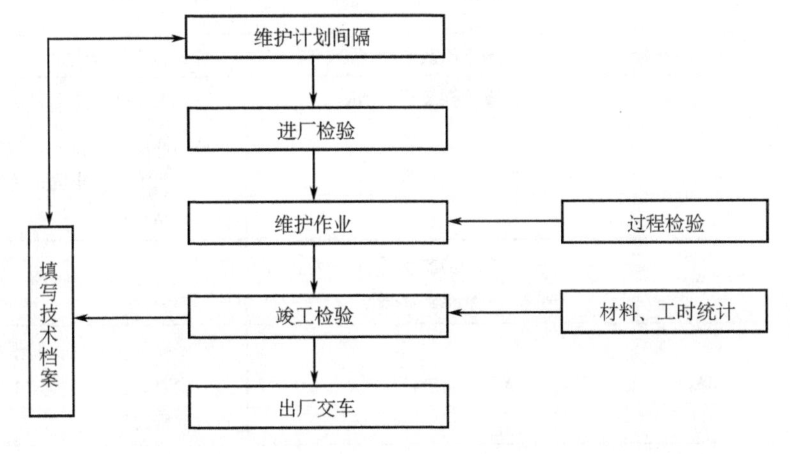

图3-2　汽车一级维护作业流程

现代汽车一级维护除了完成润滑和紧固两大中心作业外，还要进行大量的检查作业，同时进行清洁、补给和调整等作业。根据 GB/T 18344—2016《汽车维护、检测、诊断技术规范》最新规定，汽车一级维护基本作业项目及技术要求见表 3-1 及表 3-2。

表 3-2 汽车一级维护基本作业项目及技术要求

序号	作业项目		作业内容	技术要求
1	发动机	空气滤清器、机油滤清器和燃油滤清器	清洁或更换	按规定的里程或时间清洁或更换滤清器。滤清器应清洁，衬垫无残缺，滤芯无破损。滤清器安装牢固，密封良好
2		机油及冷却液	检查油（液）面高度，视情更换	按规定的里程或时间更换润滑油、冷却液，油（液）面高度符合规定
3	转向系	部件连接	检查、校紧万向节、横直拉杆、球头销和转向节等部位连接螺栓、螺母	各部件连接可靠
4		转向器润滑油及转向助力油	检查液面高度，视情更换	按规定的里程或时间更换转向器润滑油及转向助力油，液面高度符合规定
5	制动系	制动管路、制动阀及接头	检查制动管路、制动阀及接头，校紧接头	制动管路、制动阀固定可靠，接头紧固，无漏气（油）现象
6		缓速器	检查、校紧缓冲器连接螺栓、螺母，检查定子与转子间隙，清洁缓速器	缓速器连接紧固，定子与转子间隙符合规定，缓速器外表、定子与转子间清洁，各插接件与接头连接可靠
7		储气筒	检查储气筒	无积水及油污
8		制动液	检查液面高度，视情更换	按规定的里程或时间更换制动液，液面高度符合规定
9	传动系	各连接部位	检查、校紧变速器、传动轴、驱动桥壳，传动轴支撑等部位连接螺栓、螺母	各部位连接可靠，密封良好
10		变速器、主减速器和差速器	清洁通气孔	通气孔畅通
11	车轮	车轮及半轴螺栓、螺母	校紧车轮及半轴螺栓、螺母	拧紧力矩符合规定
12		轮辋及压条挡圈	检查轮辋及压条挡圈	轮辋及压条挡圈无裂损及变形
13	其他	蓄电池	检查蓄电池	液面高度符合规定，通气孔畅通，电桩、夹头清洁、牢固，免维护蓄电池电量状况指示正常
14		防护装置	检查侧防护装置及后防护装置，校紧螺栓、螺母	完好有效，安装牢固
15		全车润滑	检查、润滑各润滑点	润滑嘴齐全有效，润滑良好。各润滑点防尘罩齐全完好。集中润滑装置工作正常，密封良好
16		整车密封	检查泄漏情况	全车不漏油、不漏液、不漏气

3.1.3　现代汽车的二级维护

1. 汽车二级维护的定义

汽车二级维护是指除一级维护作业外，以检查、调整制动系、转向操纵系、悬架等安全部件，并拆检轮胎，进行轮胎换位，检查调整发动机工作状况和汽车排放相关系统等为主的由维修企业负责执行的车辆维护作业（过去称为二级保养）。汽车二级维护的中心作业内容为检查和调整。

当汽车行驶到一定里程后，汽车的磨损和变形会增加，为了延长汽车的使用寿命和保证行车安全，必须按期进行汽车二级维护。

汽车二级维护是我国现行汽车维护作业中的最高一级。二级维护要求在维护前进行不解体检测诊断，以确定附加作业项目；强调对安全部件的检查和调整；检查、调整发动机工况和排气污染控制装置的工作情况等。

2. 汽车二级维护的基本要求

汽车二级维护的目的是消除安全隐患，恢复车辆使用技术性能，尤其是排放和安全性能。所以二级维护作业应满足以下基本要求。

1）汽车二级维护的检测诊断。应全面完成汽车二级维护的各检测、诊断项目，这关系到对该车的技术状况能否真正掌握，关系到二级维护附加作业项目的确定是否合理、是否到位，关系到汽车潜在的故障隐患能否通过本次维护得到彻底排除。

2）汽车二级维护作业过程检验。这是控制二级维护作业质量的重要环节。汽车二级维护是否达到预期目的，取决于二级维护的基本作业和附加维护作业项目是否到位，是否按技术要求完成作业任务。只有进行二级维护作业过程的检验，才能对汽车维护质量进行有效控制，达到维护的目的。

3）汽车二级维护竣工检验。企业应有明确的针对具体车型的汽车维护竣工检验技术标准，根据该标准配备相应的检测设备以及掌握现代汽车检测诊断技术的质量检验员，这是保证汽车维护质量的关键。

3. 汽车二级维护的作业流程

汽车二级维护是现行维护制度中的最高级别维护，其目的是维持汽车各总成、系统和机构具有良好的工作性能，及时排除故障和隐患，保证汽车动力性、经济性、环保性、操纵性及安全性能满足要求，确保汽车在二级维护间隔期内能够正常运行。

汽车二级维护首先要进行检测。汽车进厂后，根据汽车技术档案的记录资料（包括车辆运行记录、维修记录、检测记录、总成修理记录等）和驾驶人反映的车辆使用技术状况（包括汽车动力性、异响、转向、制动及燃、润料消耗等）确定所需检测项目，依据检测结果及车辆实际技术状况进行故障诊断，从而确定附加作业。附加作业项目确定后与基本作业项目一并进行二级维护。

二级维护过程中需要进行过程检验。过程检验项目的技术要求应满足有关技术标准或规范；二级维护作业完成后，需要经过维修企业进行竣工检验，竣工检验合格的车辆，由维修企业填写《汽车维护竣工出厂合格证》后方可出厂。

汽车二级维护作业流程如图3-3所示。

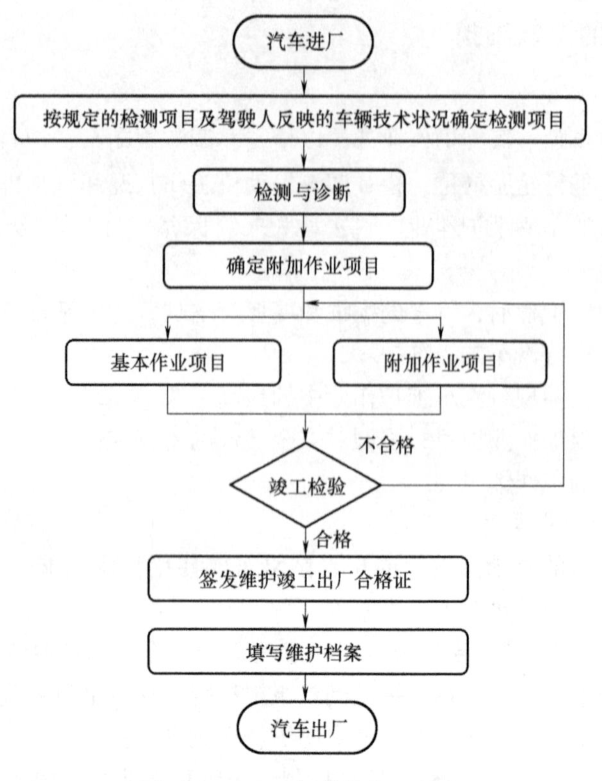

图 3-3 汽车二级维护作业流程

4. 汽车二级维护进厂检测及附加作业项目的确定

汽车二级维护进厂检测包括规定的检测项目以及根据驾驶人反映的车辆技术状况确定的检测项目。二级维护规定的进厂检测项目见表 3-3。

表 3-3 汽车二级维护规定的进厂检测项目

序号	检测项目	检测内容	技术要求
1	故障诊断	车载诊断系统（OBD）的故障信息	装有车载诊断系统（OBD）的车辆，不应有故障信息
2	行车制动性能	检查行车制动性能	采用台架检验或路试检验，应符合 GB 7258 相关规定
3	排放	排气污染物	汽油车采用双怠速法，应符合 GB 18285 相关规定。柴油车采用自由加速法，应符合 GB 3847 相关规定

检测项目的技术要求应符合国家有关的技术标准和车辆维修资料等相关规定。进厂检测时应记录检测数据或结果，并据此进行车辆故障诊断。

（1）汽车二级维护前的进厂检测项目及目的　随着现代汽车技术的发展，汽车的结构越来越复杂，新装置越来越多，技术含量越来越高，在维护前和维护过程中需要通过不解体检测来进行分析诊断的情况也越来越多。因此，汽车二级维护检测项目并不受上述标准给出的内容所限，在维护执行过程中应以“及时排除故障和隐患，保证汽车完好技术状态”为目标，结合实际需要进行合理安排。汽车二级维护检测诊断在总体上有以下两个方面的

要求。

1）对汽车二级维护检测诊断项目进行检测时，应使用该检测项目的专用检测仪器，仪器精度须满足有关规定，这主要是针对那些汽车性能技术参数的检测，如发动机功率、气缸压力、车轮定位角、车轮动平衡等。一是强调了一定要用仪器或设备进行检测，二是强调要合理选择符合技术要求的专用检测仪器，保证检测数据的准确性。

2）汽车二级维护检测项目的技术要求，应参照国家有关技术标准或原厂检测技术要求执行，即所检测项目应达到技术标准。这一要求明确了两个概念：一是这里所讲的“国家有关技术标准”，主要是指那些国家对车辆有统一要求的技术标准。例如：安全方面，对汽车制动性能（包括制动力等）；环境保护方面，对在用车排放污染物排量限制（俗称“排放标准”）。二是这里所讲的“原厂要求”，主要是指检测项目中除有国家标准统一要求的之外，应以“原厂要求”为标准。这一方面进一步明确了汽车维护的技术质量要求，体现了恢复原车技术状态这一汽车二级维护的基本宗旨；另一方面也进一步强调维修企业应重视汽车维修技术资料的收集和信息管理工作，否则维修就无技术标准可依，维修质量当然无法保证。

（2）汽车二级维护前的技术评定和附加作业项目的确定　汽车是一个复杂的运动机械，其技术性能与使用环境有着千丝万缕的联系。特别是配置电控系统的汽车，一个故障现象可能会牵涉到很多方面的因素，而一个因素可能会引起多方面的故障。因此，通过维护前不解体检测，准确评定汽车技术状况，确定合适的附加作业项目，是一项技术难度较大的工作。应根据检测结果，结合汽车运行等各方面的信息（驾驶人反映、性能检查结果和车辆技术档案等），对汽车技术状况进行综合评价，确定合理的附加作业项目。

1）确定汽车二级维护附加作业项目的原则要求。

① 要根据检测结果确定汽车二级维护附加作业项目。通过仪器设备检测诊断或观察、路试所得到的结果，是汽车各部运行技术状况的真实表现，是科学的、可靠的，应作为确定附加作业项目的最主要的依据。驾驶人的某些反映受本人技术素质和判断能力的限制，有时还会是错觉，应作为确定附加作业项目的参考依据。

② 把恢复汽车的正常技术状况作为附加作业深度的原则标准，来确定以消除汽车故障为目的的二级维护附加作业项目和作业内容。若维护作业（包括附加作业）超范围，不仅违背二级维护的宗旨，而且违背了“技术与经济相结合”的汽车维修技术管理的基本原则。

③ 附加作业项目确定后与基本作业项目一并进行二级维护作业。这里提出了维护作业执行的原则要求，同时也进一步表明，汽车二级维护附加作业是维护作业不可分割的一部分。应在实施过程中，通过维修合同、维修作业单、过程检验及竣工检验等充分体现，以确保汽车二级维护基本作业项目和附加作业项目全面落实，保证维护质量。

2）汽车二级维护附加作业项目的作业特点。

① 对发动机部分，二级维护附加作业大多是围绕恢复汽车的动力性和排放性进行的。例如，研磨气门、更换活塞环，解决气缸与活塞环磨损，导致气缸压力达不到要求，影响动力性和燃烧质量的问题；又如拆检机油泵，解决发动机润滑系统油压达不到要求，导致气门液压挺杆异响的问题。

② 对底盘部分，二级维护附加作业大多是围绕拆检、更换汽车转向、制动等安全机构

部件进行的。根据需要对部分总成附件进行解体维护，如拆检、更换制动主缸和轮缸（制动器部分在基本作业中要求解体维护），更换前驱动轿车的驱动轴、万向节球笼等。

③ 对车身、电器部分，二级维护附加作业一般围绕发电机、起动机等电器附件的检修进行。另外还进行蓄电池复充电，门窗摇机拆检，车身车架整形、检修等。

（3）汽车二级维护实施的要点　在汽车二级维护具体实施过程中，如何将上述附加作业与汽车二级维护基本作业项目结合一并进行，需要解决好以下几个方面的问题。

1）附加作业的技术规范问题。由于附加作业是检修或总成修理、部件更换，附加作业应严格按有关车型维修手册的要求进行。维修手册中的相关内容，也应成为行业技术管理与质量监督的依据。

2）附加作业如何安排的问题。要将基本作业和附加作业“一并进行”，有些项目是可行的，如更换零部件和局部检修，可以通过适当延长维护作业时间的办法，将附加作业穿插在基本作业过程中进行。如桑塔纳轿车，经检查发现驱动轴、防尘罩损坏，内外万向节球笼松旷需要更换球笼和防尘罩，由于该项附加作业不是很费时，就可以在二级维护过程中结合底盘部分的维护作业项目“一并进行”。但诸如拆检变速器总成、换活塞环和研磨气门等主要总成拆检的附加作业，要安排在基本作业项目进行过程中“一并进行”就不太现实了，况且这些总成件拆下以后，会使其他部分的维护作业无法进行，如当发动机气缸盖拆下研磨气门时，对发动机检查调整点火提前角、怠速、气门间隙等项目根本就进行不了。因此，在安排维护作业时，应将总成拆修和基本维护作业的内容合理安排好，尤其是相互关联的作业项目。

总之，只有将附加作业合理安排好，并穿插结合在二级维护基本作业过程中进行，而且真正按技术要求作业了，才能达到汽车二级维护所应达到的目的。

5. 汽车二级维护基本作业项目及技术要求

汽车二级维护作业项目包括基本作业项目和附加作业项目，其中附加作业项目应根据汽车二级维护进厂检测的结果、作业过程中发现的维修项目和相关原则来确定，在二级维护作业时一并进行。

汽车二级维护基本作业项目是汽车行驶到一定里程或使用一定时间后，不管汽车的技术状况如何都必须完成的内容。它真正体现了“强制维护”的原则，适用于所有汽车二级维护的技术规范。其规定的基本作业项目和要求是有原则性的，具有实际指导意义。

现代汽车二级维护除了完成检查和调整两大中心作业外，还要同时进行大量的清洁、紧固、润滑和补给等作业。根据GB/T 18344—2016《汽车维护、检测、诊断技术规范》最新规定，汽车二级维护基本作业项目及技术要求见表3-1、表3-2及表3-4。

表3-4　汽车二级维护基本作业项目及技术要求

序号	作业项目		作业内容	技术要求
1	发动机	发动机工作状况	检查发动机起动性能和柴油发动机停机装置	起动性能良好，停机装置功能有效
			检查发动机运转状况	低、中、高速运转稳定，无异响
2		发动机排放机外净化装置	检查发动机排放机外净化装置	外观无损坏、安装牢固

（续）

序号	作业项目		作业内容	技术要求
3	发动机	燃油蒸发控制装置	检查外观，检查装置是否畅通，视情更换	炭罐及管路外观无损坏、密封良好、连接可靠，装置畅通无堵塞
4		曲轴箱通风装置	检查外观，检查装置是否畅通，视情更换	管路及阀体外观无损坏、密封良好、连接可靠，装置畅通无堵塞
5		增压器、中冷器	检查、清洁中冷器和增压器	中冷器散热片清洁，管路无老化，连接可靠，密封良好。增压器运转正常，无异响，无渗漏
6		发电机、起动机	检查、清洁发电机和起动机	发电机和起动机外表清洁，导线插头无松动，运转无异响，工作正常
7		发动机传动带（链）	检查空压机、水泵、发电机、空调机组和正时传动带（链）磨损及老化程度，视情调整传动带（链）松紧度	按规定里程或时间更换传动带（链）。传动带（链）无裂痕和过量磨损，表面无油污，松紧度符合规定
8		冷却装置	检查散热器、膨胀水箱及管路密封	散热器、膨胀水箱及管路固定可靠，无变形、堵塞、破损及渗漏。箱盖接合表面良好，胶垫不老化
			检查水泵和节温器工作状况	水泵不漏水、无异响，节温器工作正常
9		火花塞、高压线	检查火花塞间隙、积炭和烧蚀情况，按规定里程或时间更换火花塞	无积炭，无严重烧蚀现象，电极间隙符合规定
			检查高压线外观及连接情况，按规定里程或时间更换高压线	高压线外观无破损、连接可靠
10		进、排气歧管，消声器，排气管	检查进、排气歧管，消声器，排气管	外观无破损，无裂痕，消声器功能良好
11		发动机总成	清洁发动机外部，检查隔热层	无油污、无灰尘，隔热层密封良好
			检查、校紧连接螺栓、螺母	油底壳、发动机支撑、水泵、空压机、涡轮增压器、进排气歧管、消声器、排气管、输油泵和喷油泵等部位连接可靠
12	制动系	储气筒、干燥器	检查、紧固储气筒，检查干燥器功能，按规定里程或时间更换干燥剂	储气筒安装牢固，密封良好。干燥器功能正常，排水阀畅通

（续）

序号	作业项目		作业内容	技术要求
13	制动系	制动踏板	检查、调整制动踏板自由行程	制动踏板自由行程符合规定
14		驻车制动	检查驻车制动性能，调整操纵机构	功能正常，操纵机构齐全完好、灵活有效
15		防抱死制动装置	检查连接线路，清洁轮速传感器	各连接线及插接件无松动，轮速传感器清洁
16		鼓式制动器	检查制动间隙调整装置	功能正常
			拆卸制动鼓、轮毂、制动蹄，清洁轴承孔、轴承、支承销和制动底板等零件	清洁，无油污，轮毂通气孔畅通
			检查制动底板、制动凸轮轴	制动底板安装牢固、无变形、无裂损。凸轮轴转动灵活，无卡滞和松旷现象
			检查轮毂内、外轴承	滚柱保持架无断裂，滚柱无缺损、脱落，轴承内、外圈无裂损和烧蚀
			检查制动摩擦片、制动蹄及支承销	摩擦片表面无油污、裂损，厚度符合规定。制动蹄无裂纹及明显变形，铆接可靠，铆钉沉入深度符合规定。支承销无过量磨损，与制动蹄轴承孔衬套配合无明显松旷
			检查制动蹄复位弹簧	复位弹簧不得有扭曲、钩环损坏、弹性损失和自由长度改变等现象
			检查轮毂、制动鼓	轮毂无裂损，制动鼓无裂痕、沟槽、油污及明显变形
			装复制动鼓、轮毂、制动蹄，调整轴承松紧度、调整制动间隙	润滑轴承，轴承孔涂抹润滑脂后再装轴承。装复制动蹄时，轴承孔均应涂抹润滑脂，开口销或卡簧固定可靠。制动摩擦片与制动鼓摩擦面应清洁，无油污。制动摩擦片与制动鼓配合间隙符合规定。轮毂转动灵活且无轴向间隙。锁紧螺母、半轴螺母及车轮螺母齐全，拧紧力矩符合规定
17		盘式制动器	检查制动摩擦片和制动盘磨损量	制动摩擦片和制动盘磨损量应在标记规定或制造商要求的范围内，其摩擦工作面不得有油污、裂纹、失圆和沟槽等损伤
			检查制动摩擦片与制动盘间的间隙	制动摩擦片与制动盘之间的转动间隙符合规定
			检查密封件	密封件无裂纹或损坏
			检查制动钳	制动钳安装牢固、无油液泄漏。制动钳导向销无裂纹或损坏

（续）

序号	作业项目		作业内容	技术要求
18	转向系	转向器和转向传动机构	检查转向器和转向传动机构	转向轻便、灵活，转向无卡滞现象，锁止、限位功能正常
			检查部件技术状况	转向节臂、转向器摇臂及横直拉杆无变形、裂纹和拼焊现象，球头销无裂纹、不松旷，转向器无裂损、无漏油现象
19		转向盘最大自由转动量	检查、调整转向盘最大自由转动量	最高设计车速不小于100 km/h的车辆，其转向盘的最大自由转动量不大于15°，其他车辆不大于25°
20	行驶系	车轮及轮胎	检查轮胎规格型号	轮胎规格型号符合规定，同轴轮胎的规格和花纹应相同，公路客车（客运班车）、旅游客车、校车和危险货物运输车的所有车轮及其他车辆的转向轮不得装用翻新的轮胎
			检查轮胎外观	轮胎的胎冠、胎壁不得有长度超过25mm或深度足以暴露出帘布层的破裂和割伤以及凸起、异物刺入等影响使用的缺陷。具有磨损标志的轮胎，胎冠的磨损不得触及磨损标志；无磨损标志或标志不清的轮胎，乘用车和挂车胎冠花纹深度应不小于1.6mm；其他车辆的转向轮的胎冠花纹深度应不小于3.2mm，其余轮胎胎冠花纹深度应不小于1.6mm
			轮胎换位	根据轮胎磨损情况或相关规定，视情进行轮胎换位
			检查、调整车轮前束	车轮前束值符合规定
21		悬架	检查悬架弹性元件，校紧连接螺栓、螺母	空气弹簧无泄漏、外观无损伤。钢板弹簧无断片、缺片、移位和变形，各部件连接可靠，U形螺栓螺母拧紧力矩符合规定
			减振器	减振器稳固有效，无漏油现象，橡胶垫无松动、变形及分层
22		车桥	检查车桥、车桥与悬架之间的拉杆和导杆	车桥无变形、表面无裂痕、油脂无泄漏，车桥与悬架之间的拉杆和导杆无松旷、移位和变形
23	传动系	离合器	检查离合器工作状况	离合器接合平稳，分离彻底，操作轻便，无异响、打滑、抖动及沉重等现象
			检查、调整离合器踏板自由行程	离合器踏板自由行程符合规定

（续）

序号	作业项目		作业内容	技术要求
24	传动系	变速器、主减速器、差速器	检查、调整变速器	变速器操纵轻便、档位准确，无异响、打滑及乱档等异常现象，主减速器、差速器工作无异响
			检查变速器、主减速器、差速器润滑油液面高度，视情更换	按规定的里程或时间更换润滑油，液面高度符合规定
25		传动轴	检查防尘罩	防尘罩无裂痕、损坏，卡箍连接可靠，支架无松动
			检查传动轴及万向节	传动轴无弯曲，运转无异响。传动轴及万向节无裂损、不松旷
			检查传动轴承及支架	轴承无松旷，支架无缺损和变形
26	灯光导线	前照灯	检查远光灯发光强度，检查、调整前照灯光束照射位置	符合 GB 7258 规定
27		线束及导线	检查发动机舱及其他可视的线束及导线	插接件无松动、接触良好。导线布置整齐、固定牢靠，绝缘层无老化、破损，导线无外露。导线与蓄电池桩头连接牢固，并有绝缘套
28	车架车身	车架和车身	检查车架和车身	车架和车身无变形、断裂及开焊现象，连接可靠，车身周正。发动机舱盖锁扣锁紧有效。车厢铰链完好，锁扣锁紧可靠，固定集装箱箱体、货物的锁止机构工作正常
			检查车门、车窗启闭和锁止	车门和车窗应启闭正常，锁止可靠。客车动力启闭车门的车内应急开关及安全顶窗机件齐全、完好有效
29		支撑装置	检查、润滑支撑装置，校紧连接螺栓螺母	完好有效，润滑良好，安装牢固
30		牵引车与挂车连接	检查牵引销及其连接装置	牵引销安装牢固，无损伤、裂纹等缺陷，牵引销颈部磨损量符合规定
			检查、润滑牵引座及牵引销锁止、释放机构，校紧连接螺栓、螺母	牵引座表面油脂均匀，安装牢固，牵引销锁止、释放机构工作可靠
			检查转盘与转盘架	转盘与转盘架贴合面无松旷、偏歪。转盘与牵引连接部件连接牢靠，转盘连接螺栓应紧固，定位销无松旷、无磨损，转盘润滑良好
			检查牵引钩	牵引钩无裂纹及损伤，锁止、释放机构工作可靠

汽车二级维护的基本作业项目，体现的是现代汽车维护作业的深度。汽车二级维护作业的中心内容是检查和调整，同时还要进行清洁、润滑、补给和紧固等作业，并重点检查有关制动、操作等安全部件，即二级维护应以不解体维护作业为中心，强调对部分安全部件进行拆检的要求。

汽车二级维护基本作业项目的技术要求，即维护作业项目所应达到的技术标准，是维护作业的质量要求。从以上作业内容可知，GB/T 18344—2016《汽车维护、检测、诊断技术规范》的作业项目中凡涉及有关检查、调整数据以及一些部件工作状态检查的内容，都以“符合出厂规定”或“符合规定”作为标准，这充分体现了“通过维护，保持原车应有技术状态”这一基本出发点。同时也明确了，汽车二级维护基本作业项目在具体执行过程当中，只有紧密结合具体车型数据，才能有效保证维护质量。

6. 汽车二级维护过程检验

对汽车二级维护进行过程检验的目的就是为了实现维护过程的质量控制。根据《汽车维护、检测、诊断技术规范》最新规定：汽车二级维护过程中应始终贯穿过程检验，并记录二级维护作业过程或检验结果，维护项目的技术要求应符合技术标准和车辆维修资料等相关技术文件规定。

汽车维护过程检验是一项维护作业过程中的质量管理工作，是确保汽车维护质量的重要环节。汽车二级维护过程检验应满足如下要求：

1）严格实施跟踪检验，即在汽车二级维护作业项目（含基本作业项目和附加作业项目）执行过程中全面地自始至终地实施质量检验。

2）及时做好检验记录，特别是对配合间隙、调整数据或拧紧力矩等技术参数有要求的作业项目，要有检验数据的记载，作为作业过程质量监督的依据，也可为汽车竣工出厂检验提供依据和参考。

3）应满足相应的有关技术标准或出厂说明书的有关规定。

7. 汽车二级维护竣工检验

汽车二级维护竣工检验，是汽车维修企业对承修汽车在二级维护各项维护作业结束后，对维护质量的一次全面检验，是控制汽车维修质量，杜绝不合格汽车出厂的一个重要环节。汽车二级维护竣工检验须由专职检验员及专业检测线和专业仪器设备来完成，检验人员须熟悉汽车二级维护的作业内容、作业过程及技术要求，掌握国家、行业及地方的有关技术标准和检测方法，并能对汽车二级维护竣工检验（包括人工检查、道路试验和检测线检测等）的结果进行分析，指导维修人员进行调整、修理等作业，能够正确填写有关的技术资料。

根据GB/T 18344—2016《汽车维护、检测、诊断技术规范》要求，汽车二级维护竣工检验项目及技术要求见表3-5。汽车二级维护竣工检验应填写二级维护竣工检验记录单，见表3-6。

表3-5　汽车二级维护竣工检验项目及技术要求

序号	检验部位	检验项目	技术要求	检验方法
1	整车	清洁	全车外部、车厢内部及各总成外部清洁	检视
2		紧固	各总成外部螺栓、螺母紧固，锁销齐全有效	检查
3		润滑	全车各个润滑部位的润滑装置齐全，润滑良好	检视
4		密封	全车密封良好，无漏油、漏液和漏气现象	检视
		故障诊断	装有车载诊断系统（OBD）的车辆，无故障信息	检测

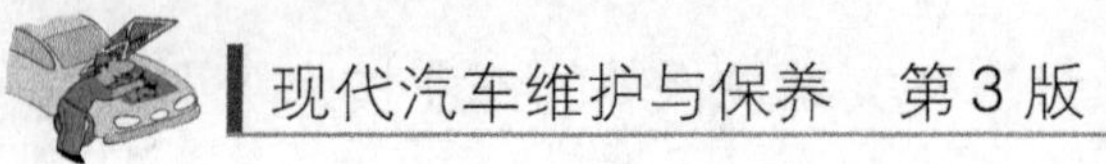

（续）

序号	检验部位	检验项目	技术要求	检验方法
5	整车	附属设施	后视镜、灭火器、客车安全锤、安全带、刮水器等齐全完好、功能正常	检视
6	发动机及其附件	发动机工作状况	在正常工作温度状态下，发动机起动三次，成功起动次数不少于两次，柴油机三次停机均应有效，发动机低、中、高速运转稳定、无异响	路试或检视
7		发动机装备	齐全有效	检视
8	制动系	行车制动性能	符合 GB 7258 规定，道路运输车辆符合 GB 18565 规定	路试或检测
9		驻车制动性能	符合 GB 7258 规定	路试或检测
10	转向系	转向机构	转向机构各部件连接可靠，锁止、限位功能正常，转向时无运动干涉，转向轻便、灵活，转向无卡滞现象	检视
			转向节臂、转向器摇臂及横直拉杆无变形、裂纹和拼焊现象，球头销无裂纹、不松旷，转向器无裂损、无漏油现象	
11		转向盘最大自由转动量	最高设计车速不小于 100 km/h 的车辆，其转向盘的最大自由转动量不大于 15°，其他车辆不大于 25°	检测
12	行驶系	轮胎	同轴轮胎应为相同的规格和花纹，公路客车（客运班车）、旅游客车、校车和危险品运输车的所有车轮及其他机动车的转向轮不得装用翻新的轮胎，轮胎花纹深度及气压符合规定，轮胎的胎冠、胎壁不得有超过 25mm 或深度足以暴露出帘布的破裂和割伤以及凸起、异物刺入等影响使用的缺陷	检测
13		转向轮横向侧滑量	符合 GB 7258 规定，道路运输车辆符合 GB 18565 规定	检测
14		悬架	空气弹簧无泄漏、外观无损伤。钢板弹簧无断片、缺片、移位和变形，各部件连接可靠，U 形螺栓螺母拧紧力矩符合规定	检查
15		减振器	减振器稳固有效，无漏油现象，橡胶垫无松动、变形及分层	检查
16		车桥	无变形、表面无裂痕，密封良好	检视
17	传动系	离合器	离合器接合平稳，分离彻底，操作轻便，无异响、打滑、抖动和沉重等现象	路试
18		变速器、传动轴、主减速器	变速器操纵轻便、档位准确，无异响、打滑及乱档等异常现象，传动轴、主减速器工作无异响	路试
19	牵引连接装置	牵引连接装置和锁止机构	汽车与挂车牵引连接装置连接可靠，锁止、释放机构工作可靠	检查
20	照明、信号指示装置和仪表	前照灯	完好有效，工作正常，性能符合 GB 7258 规定	检视、检测
21		信号指示装置	转向灯、制动灯、示廓灯、危险警告灯、雾灯、喇叭、标志灯及反射器等信号指示装置完好有效	检视
22		仪表	各类仪表工作正常	检视
23	排放	排气污染物	汽油车采用双怠速法，应符合 GB 18285 规定。柴油车采用自由加速法，应符合 GB 3847 规定。	检测

特别提醒：

① 根据中华人民共和国交通运输部2016年发布的第1号令《道路运输车辆技术管理规定》，道路运输经营者可以对自有车辆进行二级维护作业，保证投入运营的车辆符合技术管理要求，无须进行二级维护竣工质量检验。

道路运输经营者不具备二级维护作业能力的，可以委托二类以上机动车维修经营者进行二级维护作业。机动车维修经营者完成二级维护作业后，应当向委托方出具二级维护出厂合格证。

② 根据GB/T 18344—2016《汽车维护、检测、诊断技术规范》，车辆维修资料中与本标准规定的二级维护基本作业项目相同的部分，依据本标准中相对应的条款执行；车辆维修资料中与本标准规定的二级维护基本作业项目不同的部分，依据车辆维修资料的有关条款执行。

表3-6　汽车二级维护竣工检验记录单

<table>
<tr><td>托修方</td><td colspan="6"></td><td colspan="2">车牌号</td><td></td><td colspan="4">车型</td><td></td></tr>
<tr><td rowspan="8">外观状况</td><td colspan="4">项目</td><td colspan="2">评价</td><td colspan="2">项目</td><td>评价</td><td colspan="4">项目</td><td>评价</td></tr>
<tr><td colspan="4">清洁</td><td colspan="2"></td><td colspan="2">发动机装备</td><td></td><td colspan="4">离合器</td><td></td></tr>
<tr><td colspan="4">紧固</td><td colspan="2"></td><td colspan="2">转向机构</td><td></td><td colspan="4">变速器、传动轴、主减速器</td><td></td></tr>
<tr><td colspan="4">润滑</td><td colspan="2"></td><td colspan="2">轮胎</td><td></td><td colspan="4">牵引连接装置和锁止机构</td><td></td></tr>
<tr><td colspan="4">密封</td><td colspan="2"></td><td colspan="2">悬架</td><td></td><td colspan="4">前照灯</td><td></td></tr>
<tr><td colspan="4">附属设施</td><td colspan="2"></td><td colspan="2">减振器</td><td></td><td colspan="4">信号指示装置</td><td></td></tr>
<tr><td colspan="4">发动机工作状况</td><td colspan="2"></td><td colspan="2">车桥</td><td></td><td colspan="4">仪表</td><td></td></tr>
<tr><td>故障诊断</td><td colspan="4">车载诊断系统（OBD）故障信息</td><td colspan="9">□无　□有　故障信息描述：________</td><td>评价：</td></tr>
<tr><td rowspan="13">性能检测</td><td colspan="4" rowspan="2">转向盘最大自由转动量/(°)</td><td colspan="3" rowspan="2"></td><td rowspan="2">评价：</td><td colspan="3" rowspan="2">转向轮横向侧滑量/(m/km)</td><td colspan="2">第一转向轴：</td><td>评价：</td></tr>
<tr><td colspan="2">第二转向轴：</td><td>评价：</td></tr>
<tr><td rowspan="11">制动性能</td><td rowspan="8">台架</td><td colspan="3">车轴</td><td colspan="2">一轴</td><td>二轴</td><td colspan="2">三轴</td><td colspan="2">四轴</td><td>五轴</td><td>六轴</td></tr>
<tr><td rowspan="2">轴制动率（%）</td><td colspan="2">结果</td><td colspan="2"></td><td></td><td colspan="2"></td><td colspan="2"></td><td></td><td></td></tr>
<tr><td colspan="2">评价</td><td colspan="2"></td><td></td><td colspan="2"></td><td colspan="2"></td><td></td><td></td></tr>
<tr><td rowspan="2">制动不平衡率（%）</td><td colspan="2">结果</td><td colspan="2"></td><td></td><td colspan="2"></td><td colspan="2"></td><td></td><td></td></tr>
<tr><td colspan="2">评价</td><td colspan="2"></td><td></td><td colspan="2"></td><td colspan="2"></td><td></td><td></td></tr>
<tr><td rowspan="3">整车参数</td><td colspan="2">项目</td><td colspan="5">整车制动率（%）</td><td colspan="4">驻车制动率（%）</td></tr>
<tr><td colspan="2">结果</td><td colspan="5"></td><td colspan="4"></td></tr>
<tr><td colspan="2">评价</td><td colspan="5"></td><td colspan="4"></td></tr>
<tr><td rowspan="3">路试</td><td rowspan="3">初速度/(km/h)
________</td><td colspan="2">参数</td><td colspan="3">制动距离/m</td><td colspan="4">MFDD/(m/s^2)</td><td colspan="2">制动稳定性</td></tr>
<tr><td colspan="2">结果</td><td colspan="3"></td><td colspan="4"></td><td colspan="2"></td></tr>
<tr><td colspan="2">评价</td><td colspan="3"></td><td colspan="4"></td><td colspan="2"></td></tr>
</table>

（续）

<table>
<tr><td rowspan="12">性能检测</td><td rowspan="6">前照灯性能</td><td rowspan="2">参数</td><td rowspan="2">灯高/mm</td><td colspan="2">远光光强/cd</td><td colspan="4">远光偏移/(mm/10m)</td><td colspan="4">近光偏移/(mm/10m)</td></tr>
<tr><td>结果/cd</td><td>评价</td><td>垂直</td><td>评价</td><td>水平</td><td>评价</td><td>垂直</td><td>评价</td><td>水平</td><td>评价</td></tr>
<tr><td>左外</td><td></td><td></td><td></td><td></td><td></td><td></td><td></td><td></td><td></td><td></td><td></td></tr>
<tr><td>左内</td><td></td><td></td><td></td><td></td><td></td><td></td><td></td><td></td><td></td><td></td><td></td></tr>
<tr><td>右外</td><td></td><td></td><td></td><td></td><td></td><td></td><td></td><td></td><td></td><td></td><td></td></tr>
<tr><td>右内</td><td></td><td></td><td></td><td></td><td></td><td></td><td></td><td></td><td></td><td></td><td></td></tr>
<tr><td rowspan="4">排气污染物</td><td rowspan="2">汽油车</td><td>怠速</td><td colspan="2">CO（%）：</td><td colspan="4">HC（$\times10^{-6}$）</td><td colspan="4">评价：</td></tr>
<tr><td>高怠速</td><td colspan="2">CO（%）：</td><td colspan="4">HC（$\times10^{-6}$）</td><td colspan="4">评价：</td></tr>
<tr><td rowspan="2">柴油车</td><td>自由</td><td colspan="4">光吸收系数/m^{-1}：① ② ③</td><td colspan="4">平均/m^{-1}：</td><td colspan="2">评价：</td></tr>
<tr><td>加速</td><td colspan="4">烟度值/BSU：① ② ③</td><td colspan="4">平均/BSU：</td><td colspan="2">评价：</td></tr>
</table>

检验结论：

检验员签字：　　　　　年　月　日

注1：检验数据在“结果”栏填写。合格在“评价”栏划“○”，不合格在“评价”栏划“×”，无此项目填“——”。

注2：制动性能检验选择“台架”或“路试”。路试制动性能采用“制动距离”或“充分发出的平均减速度（MFDD）”评价。

GB/T 18344—2016《汽车维护、检测、诊断技术规范》推荐的道路运输车辆一级维护、二级维护周期见表3-7。

表3-7　道路运输车辆一级维护、二级维护推荐周期

<table>
<tr><td colspan="2" rowspan="2">适用车型</td><td colspan="2">维护周期</td></tr>
<tr><td>一级维护行驶里程间隔上限值或行驶时间间隔上限值</td><td>二级维护行驶里程间隔上限值或行驶时间间隔上限值</td></tr>
<tr><td rowspan="2">客车</td><td>小型客车（含乘用车）（车长≤6m）</td><td>10000km或30日</td><td>40000km或120日</td></tr>
<tr><td>中型及以上客车（车长>6m）</td><td>15000km或30日</td><td>50000km或120日</td></tr>
<tr><td rowspan="2">货车</td><td>轻型货车（最大设计总质量≤3500kg）</td><td>10000km或30日</td><td>40000km或120日</td></tr>
<tr><td>轻型以上货车（最大设计总质量>3500kg）</td><td>15000km或30日</td><td>50000km或120日</td></tr>
<tr><td colspan="2">挂车</td><td>15000km或30日</td><td>50000km或120日</td></tr>
</table>

注：对于山区、沙漠、炎热、寒冷等特殊运行环境为主的道路运输车辆，可适当缩短维护周期。

8. LPG汽车的维护与保养

近年来，我国石油进口依赖度高达60%以上，国内常规燃料日趋紧缺，汽、柴油价格不断提高，再加上我国大中城市，尤其是中心城市的环保要求越来越高，不少城市要求机动车的排放达到欧Ⅳ标准，有的甚至要求达到欧Ⅴ标准。因此寻找价格便宜且排放较小的代用燃料显得尤为迫切，LPG（液化石油气）是几种代用燃料中最为成熟的一种。目前，北京、上海、广州、深圳等城市的公交车辆，已陆续开始装用LPG发动机，因此，掌握LPG车辆的维护保养操作技术势在必行。

（1）LPG汽车维护作业的安全要求

1）LPG汽车维护作业前，应首先进行LPG供给系统的密封性检查，如有泄漏应先排除故障，在确认供气系统密封良好后再进行维护作业。

2）维护作业中应先进行LPG供给系统的检漏、排空等作业，然后关闭储气瓶截止阀并使管路内的LPG耗尽，再进行其他项目的维护。

3）当需要进行焊割等有明火的作业时，应先拆掉蓄电池及重要总成的电控元件。应安全拆卸气瓶并放入专用库房妥善保管；或在专用的符合安全防护要求的场地将LPG供气系统卸压，确保供气系统内无LPG。

4）如需在气瓶附近打磨或切割时，应先将其拆掉或进行有效隔离。应由具备任职资格的单位、人员从事气瓶的维护与检测，不得在气瓶上进行挖补、焊割等作业。

5）LPG汽车如发生漏气，应立即关闭电源和储气瓶截止阀，然后在专用场地进行处理。如果高压管路破裂或脱落导致气体大量泄漏而无法关闭储气瓶截止阀时，应立即隔离现场，疏散人员，杜绝火源，待液化石油气散尽后再做处理。

6）如发生火情，除立即关闭电源和储气瓶截止阀外，应隔离现场，立即采取有效的灭火与救援措施。

（2）LPG汽车的日常维护

1）驾驶人须在出车前、行车中和收车后对车辆进行日常维护，并重点检查LPG供气装置有无泄漏和异常情况。

2）除完成GB/T 18344规定的作业内容外，还有：

① 检视LPG供气装置各部件工作状态及其连接和密封情况，要求状态正常且无松动、泄漏、损坏。气瓶与固定支架连接牢靠、连接箍带无损伤，必要时更换箍带，管线不得与其他部件擦碰。

② 检查LPG储气量，气量降至规定值以下时应立即补充LPG。

③ 对于LPG、汽油双燃料汽车，油箱中存有的汽油应符合车辆使用规定及油品质量要求。当长期使用汽油时，应先把储气瓶的LPG用完；当使用LPG时，应按规定定期转换燃料运行，确保两种燃料供给及其转换系统工作正常。

④ 行车中，应随时观察车辆各系统工作状况，当发现LPG供气装置有过热、过冷、异味等异常现象时，应立即关闭LPG储气瓶截止阀，并及时送LPG汽车维修企业进行维修。

（3）LPG汽车的一级维护　除日常维护作业外，LPG汽车还要进行以清洁、润滑、密封性检查、调整和紧固为中心的作业内容，并检查有关制动、操纵、LPG专用装置等安全部件。其一级维护由LPG汽车维修企业负责执行。

1）LPG汽车一级维护工艺流程。LPG汽车一级维护按GB/T 18344—2016规定的工艺流程执行。

2）LPG汽车一级维护的基本作业项目及技术要求。除完成GB/T 18344—2016规定的作业内容外，还需进行的基本作业项目、作业内容和技术要求见表3-8。

（4）LPG汽车的二级维护　LPG汽车的二级维护，在完成一级维护的基础上，还要进行检查、调整转向节、转向摇臂、制动蹄片、悬架等经过一定时间的使用后容易磨损或变形的安全部件以及LPG专用装置的紧固、密封等作业，并拆检轮胎，进行轮胎换位，检查调整发动机工作状况、排气污染控制装置以及影响车辆使用与行驶安全的相关装置等。LGP 汽车的二级维护须由 LPG 汽车维修企业负责执行。

表 3-8　LPG 汽车一级维护增加的基本作业项目、作业内容和技术要求

序号	项目		作业内容	技术要求
1	储气装置	LPG 气瓶及固定支架	检查外观和紧固情况	① 气瓶鉴定、审验有效 ② 气瓶表面应无严重划伤、凹凸、裂纹等缺陷 ③ 固定支架及扎带完好、无裂纹，固定牢固，垫层完好、无损坏，气瓶应固定可靠，无窜动和旋动现象 ④ 安装位置、方式符合 QC/T 247 的要求
2	储气装置	LPG 管路及卡箍	① 检查紧固管路及接头 ② 检查各连接部位有无泄漏	① 高压管路及接头应无擦伤及其他损伤 ② 接头紧固良好，无漏气现象。涂检漏液至少观察 10s 后，无气泡出现 ③ 软管无老化、油垢、裂纹，连接可靠，与其他部件无摩擦 ④ 安装位置、方式符合出厂技术规定和 QC/T 247 的要求
3	储气装置	截止阀、充气阀、组合阀等各类控制阀及相关仪表等	检查密封和工作性能	① 各种阀密封良好、开闭性能灵活有效，相关仪表工作正常、安装牢固可靠 ② 安装位置、方式符合 QC/T 247 和出厂技术规定的要求
4	储气装置	加气口	① 检查加气口的安装及紧固情况 ② 检查单向阀	① 符合 GB/T 18364.1 相关要求 ② 加气口固定牢固、清洁 ③ 加气口、单向阀工作可靠无漏气现象，防尘盖可靠有效
5	LPG 供给装置	蒸发调压器	① 检视外观，按规定进行调整 ② 拧下排污塞，放掉残液 ③ 检查滤网、滤芯，必要时清洗	外观清洁，安装牢固，无泄漏现象，各部件性能良好，符合 QC/T 672 要求
6	LPG 供给装置	混合器/喷气装置	检查	各气道通畅、无阻塞、无泄漏，混合器/喷气装置应清洁、固定牢固、装配正确
7	LPG 供给装置	高频电磁阀	检查各电磁阀及其控制装置技术状况	连接可靠、工作正常
8	LPG 供给装置	LPG 电喷控制装置	检查各功能的有效性	各参数均正常
9	燃料转换及控制要求	燃料转换开关及仪表	检查	① 燃料转换器开关转换灵活、可靠 ② 气量显示正常，与储气瓶气压、储气量协调一致

（续）

序号	项　　目		作 业 内 容	技 术 要 求
10	燃料转换及控制要求	LPG 电磁阀	检查、紧固	① 接线牢固、可靠 ② 开闭性能良好、无泄漏 ③ 符合 QC/T 673 规定
11		汽油电磁阀及管路	检查、紧固	① 电磁阀及油管安装牢固，管路无碰擦现象 ② 汽油管路无老化及损伤，接头密封良好 ③ 电磁阀开闭性能良好，无泄漏，符合 QC/T 675 规定
12	整车		检查、测试	燃油、燃气系统工作正常，LPG 汽车标志符合 GB/T 17676 规定

1）LPG 汽车二级维护作业过程、工艺流程及检测诊断等内容，详见 GB/T 18344—2016 之规定。

2）除完成 GB/T 18344—2016 规定的内容外，还需进行的基本作业项目、作业内容和技术要求见表 3-9。

表 3-9　LPG 汽车二级维护增加的基本作业项目、作业内容和技术要求

序号	维 护 项 目		作 业 内 容	技 术 要 求
1	储气装置	LPG 气瓶及固定支架	① 检查气瓶鉴定证明 ② 按规定清理气瓶残液 ③ 紧固连接部位 ④ 视情更换安全装置	① 气瓶检定审验有效 ② 气瓶无残液 ③ 气瓶有下列情况应更换：瓶体或附件出现裂纹、烧伤、鼓疱、渗漏或明显的凹陷、膨胀、弯曲、外表明显损伤、瓶口螺纹损伤或严重锈蚀 ④ 气瓶及支架安装紧固，安装位置应符合 QC/T 247 规定 ⑤ 安全装置完好、有效，符合 QC/T 247 的规定
2		LPG 管路及卡箍	拆装、检查、紧固高压管路及接头，更换密封圈、环形卡箍	① 高压管路及接头应无损伤及挤压变形，LPG 管路无老化、腐蚀，与相邻部件无碰擦现象 ② 接头紧固良好，无漏气、阻塞现象，涂检漏液至少观察 10s 后，无气泡出现 ③ 管路通畅符合使用要求
3		截止阀、充气阀、组合阀等各类控制阀及相关仪表等	① 检查各阀门工作性能及接口有无泄漏 ② 视情拆检阀门，更换密封圈、垫	阀门开关灵活、紧固牢靠，阀门无泄漏，性能满足要求
4		加气口	① 清洁、紧固加气口 ② 视情更换单向阀阀芯及防尘盖	① 加气口无油污、灰尘 ② 单向阀工作可靠，无渗漏 ③ 防尘盖完好

（续）

序号	维护项目		作业内容	技术要求
5	储气装置	液位传感器	性能检查	① 显示准确 ② 与进气座连接处无泄漏
6		限量充装阀	性能检查	满足设计要求
7	LPG供给装置	滤清器	清洁或更换滤网	清洁，工作良好
8		蒸发调压器	① 拆检总成，清洁各工作腔并视情更换膜片、密封圈 ② 按各型蒸发调压器技术要求，清洁并定期更换滤网或滤芯 ③ 检漏 ④ 检查安全阀 ⑤ 检查外观 ⑥ 检查有关热循环装置	① 膜片等关键部件无变形、变质 ② 装配好的蒸发调压器外观清洁，工作正常 ③ 各处无泄漏，气密性等指标符合 QC/T 672 规定 ④ 安全阀工作可靠 ⑤ 无变形、变质 ⑥ 热循环装置工作正常
9		混合器/喷气装置	① 拆洗混合器各部件，检查、更换密封胶圈 ② 检查喷气装置	① 各部件清洁，各处密封良好、无泄漏 ② 混合器/喷气装置工作正常
10		高频电磁阀	清除电磁阀滤芯中的杂物、沉淀物，必要时更换	工作正常
11		安全阀	检查	按要求在标定压力范围内能及时开启和关闭
12		低压管路及卡箍	检查并视情更换	管路固定可靠、完好，无泄漏
13	燃料转换及控制装置	燃料转换开关及仪表	① 检查开关及控制电路 ② 检查仪表及插接件	① 开关操作灵活、可靠。开关在“气”位、发动机不运转时，气路电磁阀能在规定时间范围内自动关闭 ② 气量显示正确
14		LPG 电磁阀	检查工作性能	各参数均正常
15		汽油电磁阀	检查工作性能	各参数均正常

（5）LPG 汽车的检验要求　LPG 汽车二级维护的过程检验、竣工检验除执行 GB/T 18344—2016 规定内容外，还必须对 LPG 专用装置及系统的安装及密封性进行检查验收，确认符合 GB/T 18437.2—2009、QC/T 256—1998、QC/T 247—2017、GB/T 20912—2007 等标准及企业技术要求的相关规定，确认无泄漏。

（6）各类型 LPG 汽车维护、检测技术规范　依据并参照《各类型 LPG 汽车维护、检测技术规范导则》中的相关条款。

1）对于不同 LPG 车型中汽车维护、检测技术规范相同作业内容部分，依据《各类型 LPG 汽车维护、检测技术规范导则》中的相关条款执行。

2）对于不同 LPG 车型中汽车维护、检测技术规范不同作业内容部分，参照《各类型 LPG 汽车维护、检测技术规范导则》中相对应的条款，依据该车型的使用说明书和维护手册中的有关条款执行。

3.2　现代汽车的季节性维护与保养

季节、气候的变化，必然导致与汽车运行条件密切相关的气温、气压等参数的变化。为了使汽车在不同的地区、不同的季节里都能可靠地工作，在季节转换之前，结合常规维护，并附加一些相应的作业项目，使汽车能够顺利适应变化了的运行条件，这种附加性维护称为季节维护或换季保养。季节维护有换入夏季和换入冬季时的两种典型季节性维护。

3.2.1　夏季汽车的维护与保养

(1) 夏季汽车的车况特点　炎炎夏日，气温高，发动机易过热，从而导致：气缸充气性变差，动力下降；润滑油变稀、变质，润滑性能下降，运动零部件磨损加剧；驾驶人易疲劳、打盹，行车安全下降；雨水增多使车辆打滑而造成车辆受损，甚至发生交通事故。因此做好夏季车辆的维护保养及高温下的安全驾驶是一项十分重要的工作。为此，作为专业驾驶、维修人员必须掌握夏季车况特点，具体包括以下几点。

1) 润滑油容易变稀、变质、挥发和烧损，导致润滑性能下降、机油消耗过快。发动机在高温下运转时，润滑油的抗氧化安定性、黏温性及清净分散性等性能变坏，加剧其热分解、氧化和挥发。同时，干燥空气中的灰尘和潮湿空气中的水分通过进气系统和曲轴箱通风口进入发动机油底壳污染润滑油，引起润滑油变质。另外，变稀了的润滑油通过气缸壁、活塞、活塞环窜入燃烧室烧损，并通过缸壁等过热区域时蒸发掉。更为严重的是，润滑油在高温下与积炭聚合成漆膜而黏附在缸壁上，加大发动机的磨损。

2) 加剧零部件的磨损。发动机在高温下运转，零部件的热膨胀较大，使其正常配合间隙变小，摩擦阻力增大，磨损加剧。同时，高温运转的发动机在活塞顶、燃烧室壁、气门头等零件上黏附许多积炭和胶质物，使金属零件的导热性变差，加速机件损坏。除此之外，由于发动机过热，机油变稀，油膜变薄，也加速机件磨损。

3) 发动机充气性能变差，动力下降。高温条件下，因气体的热膨胀，使进入气缸里的可燃混合气或空气的数量减少，使充气性下降，从而导致发动机功率下降，使车辆行驶无力、加速变差。有试验证明，当气温由15℃上升到40℃时，发动机的功率下降6%～8%。

4) 制动性能变差，行车安全系数降低。制动蹄片及制动鼓或制动盘受高温影响，频繁制动后，易产生热衰退，使制动力很快下降。特别是汽车在山区坡陡、弯急、道窄等情况复杂的条件下行驶，使用制动次数增多，制动摩擦片温度会急剧升高，制动性能变差，使行车安全系数降低。

5) 高温下，易产生各种气阻，影响有关系统和机构的正常工作。供油系统受热后，部分燃油以气态形式存于供油管路和油泵当中，不仅增大了燃油流动阻力，同时由于气体的可压缩性，使油泵无法输送燃油，导致供油中断，并使喷油器等部件无法喷油。液压制动管路中的制动液，因高温容易沸腾而产生气阻，使制动突然失灵，可导致车毁人亡。

6) 发动机易发生自燃或爆燃等不正常燃烧现象，使发动机使用寿命下降。随着大气温度的增高，进入气缸的混合气温度也高，发动机的温度将更高，使窜入气缸中的润滑油在高温缺氧的情况下生成胶质和积炭。积炭黏附于活塞顶部、燃烧室壁、气门顶部和火花塞上，形成炽热点，从而引起发动机炽热点火，便产生自燃或爆燃。

（2）汽车夏季维护与保养的主要作业内容

1）拆除发动机附加的保温罩，检视百叶窗（南方地区可拆除百叶窗）能否全开；清除发动水套和散热器内的水垢，测试节温器性能。

2）按车辆使用说明书的要求或视具体情况，放掉发动机油底壳、变速器、减速器、转向器等各总成内的润滑油，清洗后加注夏季用油（加注冬、夏通用润滑油的除外）。

3）清洗燃料供给系的燃油箱、滤清器，汽油机的化油器或燃油分配管，柴油机的输油泵、喷油泵、喷油器和所有管路；调整汽油机的化油器或燃油分配管及柴油机的喷油泵、喷油器等部件；进、排气歧管上有预热装置的应调整至“夏”字位置。

4）汽油机要调整火花塞间隙（适当增大）和点火正时（适当推迟点火提前角），老式点火系有断电触点的应适当增大触点间隙。

5）调整蓄电池电解液密度（适当降低，免维护蓄电池除外）；校正发电机调节器（对振动触点式调节器而言），适当降低充电电流、电压，并清洁调节器触点。

6）采取相应的防暑降温措施。

3.2.2 冬季汽车的维护与保养

（1）冬季汽车的车况特点　寒风凛冽、冻人刺骨，人怕冷，汽车也怕冷。冬季行车易引发许多故障或事故。在天寒地冻的冬季里，尤其是经过一个晚上露天的风吹霜寒后，车身变得冰凉，难以起动，车况急剧下降。因此做好冬季车辆的维护保养及低温下的安全驾驶是一项十分重要的工作。为此，作为专业驾驶、维修人员必须掌握冬季车况特点，具体包括以下几点。

1）汽车难以起动或无法起动。由于冬季天冷低温，使燃油蒸发雾化困难，不易形成可燃混合气，机油黏度过大使起动阻力增大，加上蓄电池容量下降等原因使起动转速下降，从而导致起动困难。有时，汽车无法起动，这往往是经过一个晚上极低的室外温度后，汽车冷却液结冰或机油冷凝、电解液流动困难等原因造成的。冷却液的防冻作用在冬季显得非常重要，如果不及时更换冷却液，汽车的冷却循环将受到阻碍，会导致发动机水套“开锅”，而散热器却结冰甚至冻裂。

2）怠速不稳，容易熄火。这大多是由于蓄电池温度太低导致物理、化学性能降低造成的。汽车的蓄电池最怕低温，低温下蓄电池的电容量比常温时的电容量低得多。在常温下正常使用的蓄电池一遇寒冷电容量会突然下降，甚至一下子没电了，加上冬季冷车起动时，耗电量特别大。因此，装用使用两年左右的蓄电池的车辆特别容易产生这一故障。

3）磨损严重，易产生噪声。发动机噪声过大，往往是由于机油黏稠而导致零部件润滑不及时，使磨损严重、间隙过大而产生的。发动机70%左右的磨损均发生在冷车起动，这种磨损是渐进性的，损伤最大。机油都有黏度等级（即SAE级别），一般冬、夏两季使用不同黏度等级的机油（四季通用的机油除外）。如果进入冬季了还在使用夏季黏稠的机油，就会加快发动机的磨损。这是因为，冬季气温下降后，机油的黏度会增大，流动性变差，供油不及时，导致运动机件的摩擦阻力增大，从而加快了发动机的磨损。因此，应及时将夏用机油换成冬用机油。

4）空调的取暖效果变差。空调在秋天停用了一段时间后，某些运动部件会出现“咬死”现象，造成起动阻力加大，使空调电磁离合器打滑，过度磨损。长时间停用空调，还

会使轴封干枯、粘连而失效，造成制冷剂泄漏。

5）制动效果变差，制动距离变长，安全性能下降。气压制动系统的储气筒上的进、排气阀、制动管路等处易结冰而堵塞气道，使压缩空气压力下降甚至中断，从而导致制动效能下降或制动失效。液压制动管路中的制动液，由于黏度增大，流动变慢，从而导致制动效能下降。

6）转向阻力增大，转向困难，操纵性能下降。转向器齿轮油，转向助力液等由于低温使流动性下降，阻力增大，从而导致转向困难，操纵变差。

（2）汽车冬季维护与保养的主要作业内容

1）安装发动机附加保温罩及检修起动预热装置，测试节温器效能。

2）发动机和底盘各总成均换用冬季用润滑油（加注冬、夏通用润滑油的除外）。

3）清洗燃料供给系的燃油箱、滤清器，汽油机的化油器或燃油分配管，柴油机的输油泵、喷油泵、喷油器和所有管路；调整汽油机的化油器或燃油分配管及柴油机的喷油泵、喷油器等部件；有进气预热阀装置的调整到“冬”位置。

4）相应地调整发电机调节器（对振动触点式调节器而言），适当增大充电电流、电压，并适当减小断电器触点间隙（老式有触点式点火系）和火花塞间隙。

5）调整蓄电池电解液的密度（适当增大，免维护蓄电池除外）。

6）采取防寒、防冻、防滑等保护措施。

3.3 现代汽车的免拆维护与保养

现代汽车都是在恒温超静的环境下，按照严格的工艺要求进行装配的。因此在传统的常规维护中，总成解体后重新组装原车零件，其配合间隙根本无法保证。另外，随着电子控制及传感技术在汽车上的广泛应用，解体时极易损坏敏感元件，从而影响汽车的使用性能，特别是对中、高档小型客车的影响较大，导致汽车保养后的技术状况恶化，使用寿命降低。

汽车免拆维护是指在突出“不解体”的前提下，用专用设备及保护用品对汽车供油系统、冷却系统、润滑系统、制动系统、自动变速器等进行清洗和补给维护，彻底消除其中的油泥、积炭等积垢，彻底更换工作液，使各系统、总成工作更加顺畅，从而预防故障发生，延长汽车使用寿命的新型维护方法。在汽车维修市场上属于按需维护范畴。这种维护方法不仅省时、省力、省钱，而且可以使汽车始终保持良好的工作状态。这种维护方式越来越被维修企业和车主认同。

3.3.1 发动机燃油系统的免拆维护

1. 发动机燃油系统免拆维护的意义

当今汽车工业应用高科技设计出精确燃料计量及燃烧控制的发动机，使其运转达到难以想象的精密水准，这不仅使汽车更省油，同时也大大减少了发动机的废气排放。然而发动机制造越精密复杂，相对的发动机故障容忍度越低，如果燃油供给系统产生积垢，则严重影响发动机的使用性能。

发动机的积垢包括胶质、漆膜及积炭。由于汽油品质差异、驾驶不当、行驶中的不断停顿、空气品质不良等因素，使发动机内部不可避免地形成燃烧积垢，且这些积垢最先都是从喷油器针阀开始产生（喷油器针阀口的直径一般为0.05mm，相当于人的头发丝）的。一旦积垢形成堵塞，就会影响其雾化喷射供油性能，只要10%的燃油量受限制，就会导致发动机燃烧不完全，增加炭的积存量。积炭在发动机内累积到一定程度时，导致供油不顺畅，使发动机动力下降，加速迟钝、抖动，甚至间歇性熄火，且废气排放及温度升高，驾驶性能也逐渐降低。

发动机燃油系统免拆维护的意义在于：利用发动机燃油系统免拆清洗机，在不拆卸喷油器、燃油分配管、滤清器、各油管接头、进气歧管、进气门等供油系统和进气系统各部件的前提下，清除其中的胶质、漆膜和积炭等积垢，从而恢复系统功能，避免因人为拆卸而损坏喷油器及各接头密封圈，防止因燃油泄漏而发生火灾。

2. 发动机燃油系统免拆维护清洗机的结构原理与使用操作

（1）结构原理　如图3-4所示，CFC-202发动机燃油系统免拆清洗机配合汽车的定期保养及特别除炭维修，不需拆卸发动机，只需用接头与发动机供油管及回油管连接，再加固定比例的燃油混合物除炭剂，在发动机正常运转状况下，让清洗剂进入燃油供给系统，在30min内即可溶解喷油器针阀和燃烧室各组件的积炭、油泥、胶质及漆类污染物，经过循环燃烧分解由汽车排放系统排出，恢复汽车的性能，使起动顺畅、怠速平稳、加油轻快、增加动力，达到省油及降低环境污染的效果。

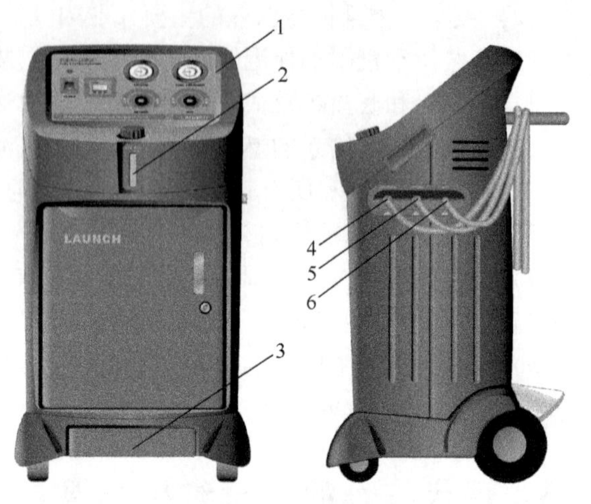

图3-4　发动机燃油系统清洗机外观
1—操作面板　2—储油箱　3—抽屉
4—出油管　5—回油管　6—真空管

1）操作面板如图3-5所示。

图3-5　CFC-202操作面板

2）操作面板功能一览如下。

英文名称	中文名称	功　　能
TIMER	定时器	控制清洗时间与报警
POWER（ON/OFF）	按钮开关（开/关）	起动和关闭电泵
FUEL PRESSURE	油压表	油压显示
VACUUM	真空表	显示真空度
RETURN	回油路控制阀	从回油管控制油路的压力，顺时针压力增加，逆时针压力减小
OUT	出油路控制阀	从出油管控制油路压力，顺时针压力增加，逆时针压力减小

（2）使用操作

1）管路连接。以电喷发动机为例，如图3-6所示。

2）汽油喷射发动机的清洗操作。

① 判别服务车种是电控燃油喷射还是机械式燃油喷射，并确定其缸数。

② 清洗前打开汽车油箱盖，释放油箱内的压力。

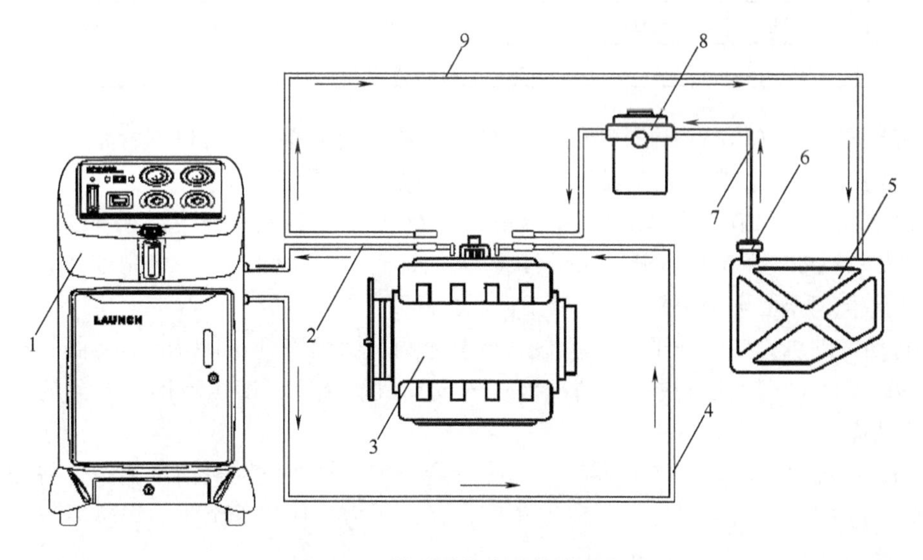

图3-6　燃油系统清洗管路连接

1—CFC-202清洗机　2—清洗回油管　3—发动机　4—清洗出油管　5—油箱　6—燃油泵　7—发动机出油管　8—滤清器　9—发动机回油管

③ 将红色出油管插到清洗机的PRESSURE处，蓝色回油管插到清洗机的RETURN处。

④ 查找发动机的回油管并拆下，用合适的接头将回油端与清洗机的蓝色回油管连接。

⑤ 逆时针打开回油针阀，起动发动机，将回油引导至清洗机的储油桶内，并接近相应的油位，然后关掉发动机。加入适量的免拆清洗液（清洗剂用量见表3-10）。保证4缸发动机油位达到4CYL刻度，6缸发动机油位达到6CYL处，8缸发动机油位达到8CYL处。若发动机没有回油管，则不必接回油装置，但储油桶内的汽油要按发动机标准添加到刻度处。

表3-10　清洗剂用量

车别	4气缸	6气缸	8气缸
清洗剂用量	0.5瓶	0.75瓶	1瓶

⑥ 将发动机的进油管从其与发动机的连接点（或入口处）拆下，选用合适的接头，将清洗机的红色出油管（PRESSURE）连接到发动机的进油管的连接点（或入口处）。

⑦ 选用合适的接管将断开的另一端发动机进油管与回油管连接起来，或将发动机燃油泵熔丝拔下，或将发动机燃油泵电源线断开。

注：如发动机没有回油管，须将断开的另一端进油管堵住。

⑧ 至此，清洗管路已接好。当进行发动机清洗时，将由CFC-202燃油系统免拆清洗机供油取代原汽油箱的供油。

⑨ 将RETURN和OUT两个针阀都逆时针旋到最大。

⑩ 将电源线接在电池上，红色接正极，黑色接负极。

⑪ 将定时器（TIMER）设定到所需清洗时间（表3-11）。

表3-11　清洗各种发动机所需的时间　（单位：min）

车别	4气缸	6气缸	8气缸	车别	4气缸	6气缸	8气缸
汽油车	25	30	40	柴油车	30	40	

⑫ 将按钮开关（POWER）按下至ON处，设备开始工作，此时检查管路及各接头处是否漏油、渗油，如有渗漏，立即切断电源，修复好后方可继续工作。

⑬ 逐渐顺时针调节OUT调压针阀使油压表指示压力上升至有一个微小的摆动并稳定为止。此时发动机油压调节器打开，再继续将OUT针阀沿顺时针调小一定角度。若发动机没有油压调节器，则将压力调整到发动机工作压力即可。

⑭ 起动发动机，使其处于怠速状态。慢慢地调节回油路（RETURN）针阀，直至油压多增加69kPa为止，以便有更多的清洗液进入发动机燃烧室，使积炭得到充分的分解和软化，并被燃烧。

⑮ 当定时器（TIMER）指到零时，蜂鸣器会鸣响，提醒发动机清洗完毕，将按钮开关按至OFF，将OUT针阀逆时针打开一定角度，燃油压力会很快下降为零。然后汽车会自动熄火，此时将汽车点火开关关闭。

⑯ 拆除与发动机连接的接头、接管，照原样接好发动机的进回油管，起动发动机并适当加速，检查各接口处及管路是否渗、漏油。

⑰ 清理现场，整理好清洗机，以备后用。

3）柴油发动机清洗操作。

注意：在清洗柴油发动机时，切勿使柴油和清洗剂的混合液完全耗尽，混合液使用完之前一定要关闭发动机，以免损坏高压油泵。

① 判别服务车种为柴油发动机，并确定其气缸数。

② 将红色出油管插到清洗机的PRESSURE处，蓝色回油管插到清洗机的RETURN处。

③ 确定回油路RETURN针阀、OUT针阀处于逆时针的最大开启状态。

④ 将通往燃油系统高压泵的油管断开。

⑤ 将清洗机红色出油管接到发动机燃油系统高压泵的进油管接口处。

⑥ 把蓝色回油管接到发动机高压泵或喷油器上的回油接口处。

⑦ 将电源线接在电池上，红色接正极，黑色接负极。

⑧ 在设备的储油桶内加入适量的清洗混合液和柴油。参考清洗混合液加注方法，清洗剂用量见表3-10。

⑨ 将定时器（TIMER）设置到所需清洗时间。按钮开关按至ON处，清洗机开始工作，此时检查一下各个连接部位有无渗漏现象，并观察油压表（FUEL PRESSURE）上的数值，如指针指到138kPa左右，即可清洗，低于该数值，则需慢慢地将OUT针阀顺时针调节，直到油压表的数值增加到138kPa为止。清洗时，压力不能超过138kPa，超过此压力，会损伤喷油系统。清洗发动机所需的时间见表3-11。

⑩ 起动发动机使其怠速运转，直到发动机运转平稳为止，再将转速增加到1200r/min，清洗时保持该转速。

⑪ 在清洗混合液将要用完时，先关闭发动机，再关闭清洗机。将OUT针阀逆时针调节，使管路泄压。

⑫ 拆除与发动机相连的接头、接管，照原样接好发动机的进回油管，起动发动机并适当加速，检查各接口处及管路是否渗、漏油。

⑬ 清洗发动机后，若原有滤清器使用时间过长，应将旧的滤清器更换，并将油杯中的杂质清洗干净。

3. 使用注意事项

（1）安全注意事项

1）在使用清洗机之前，应仔细阅读使用说明书，以便正确操作。

2）操作时，必须先接通设备上的12V电源，再拆下汽车的油路管道，以免打火造成火灾。

3）清洗机所选用的清洗剂系易燃、易挥发液体，在清洗过程中严禁烟火。

4）不可吸入由清洗机和发动机散发出的清洗液雾气。

5）设备应放在无阳光直射且通风良好的房间内，并张贴“严禁烟火”和“易燃品危险警告”标志，需有灭火器等消防设备。

6）汽车尾气中含有多种有毒有害气体（如一氧化碳、碳化氢、氮氧化物等），清洗时要将其引到室外并保持室内良好通风。

7）汽车发动机排气管和散热器等部件温度较高，勿触碰，以防灼伤。

8）操作时要拉好驻车制动器手柄，并将变速器置于停车档或空档，同时挡好前轮。

9）操作时要戴好防护眼镜。

10）断开有压力的燃油管路接头时要用毛巾捂住接头，避免燃油泄漏到发动机体或其他零件上，以防引起火灾。

11）如清洗剂溅出和渗漏到发动机或设备上，应立刻清除干净，以防发生意外。

12）在设备的储油桶内没有清洗混合液的情况下，不能起动清洗机。

13）清洗操作前，要打开汽车的油箱盖。

14）使用清洗机时，不能让压力超过设备的额定值，否则会损伤设备，也容易造成人员伤害。

(2) 设备储油箱中清洗混合液的加注方法

1) 查找发动机燃油系统的回油管并拆下，如图3-7所示。

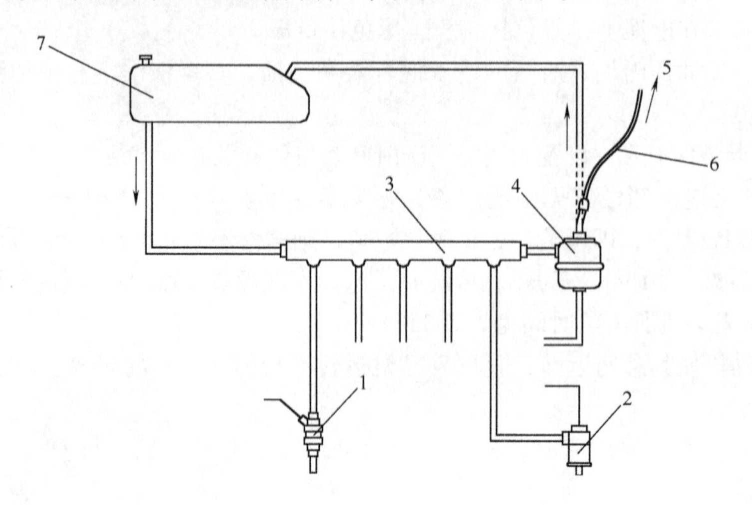

图3-7　储油箱引油管路连接图

1—喷油器　2—冷起动喷油器　3—分流管　4—压力调节阀　5—连接清洗机　6—回油管　7—油箱

2) 选择合适的接头将蓝色回油管接到发动机的燃油回路上。

3) 起动发动机，将回油引导至清洗机的储油箱内，直至所需油量。如：4缸发动机油位达到4CYL刻度，6缸发动机油位达到6CYL处，8缸发动机油位达到8CYL处。

4) 关闭发动机，倒入定量清洗剂。

注意：不便采用上述加注方法时，也可直接将汽油或柴油倒入清洗机的储油箱内，再加定量清洗剂。

3.3.2　发动机润滑系统的免拆维护

1. 发动机润滑系统免拆维护的意义

发动机内的机油滤清器只能过滤25μm以上的微粒，而发动机内的焦油、油漆、金属屑等小于25μm的微粒，则继续流滞、集聚在发动机内的各机油管路、机油泵和油底壳中。一般人工更换机油不能彻底清除这些微粒，从而造成发动机的污染，严重影响机油品质和发动机的性能。

发动机润滑系统免拆维护的意义在于：利用润滑系统免拆清洗机，在不拆卸润滑管路、接头及各油道的前提下，能够彻底清除焦油、油漆、金属屑等微粒，从而恢复润滑系统的润滑、清洁、冷却、密封和防腐等功能，避免因人为拆卸而损坏系统部件，延长发动机的使用寿命。

2. 发动机润滑系统免拆清洗机的结构原理与使用操作

(1) 结构原理　如图3-8所示，CLC-201发动机润滑系统免拆清洗机配合汽车的定期保养，无须拆卸发动机，只需用接头与发动机机油滤清器和油底壳螺孔连接，利用空气动力，在发动机静态时进行清洗。只要15min发动机润滑系统油泥、积炭和杂质就会一并清除，清洗后可以恢复发动机的效率，减少磨损，减少有害废气的排放，并延长发动机的寿命。

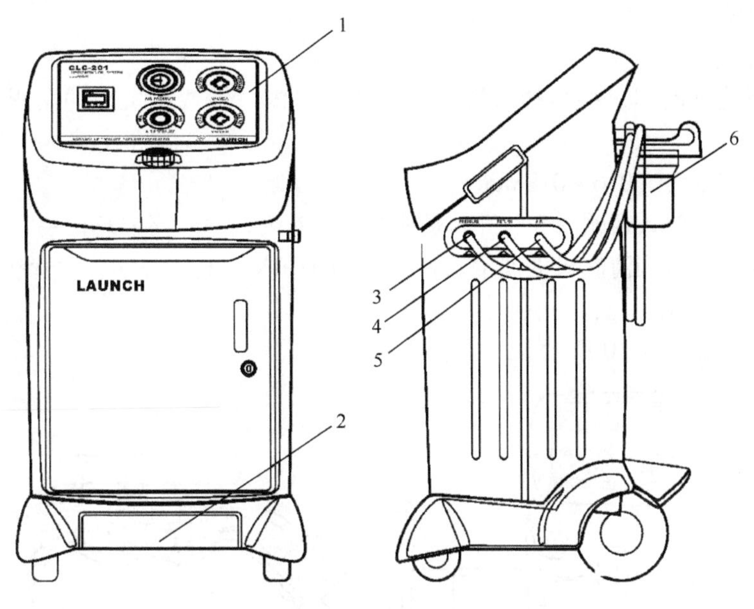

图3-8　CLC-201润滑系统清洗机外形

1—操作面板　2—抽屉　3—出油管　4—回油管　5—进气口　6—滤清器

1）操作面板如图3-9所示。

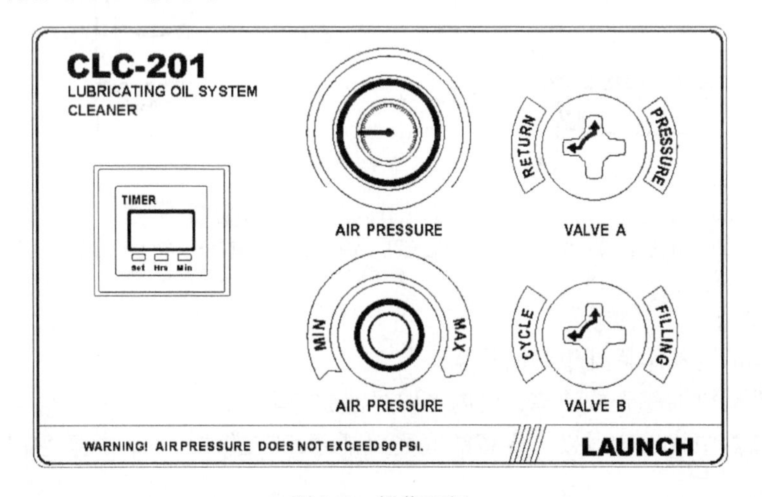

图3-9　操作面板

2）操作面板功能一览如下。

英文名称	中文名称	功　能
TIMER	定时器	可以控制清洗时间
AIR PRESSURE	压力表	压力显示
AIR PRESSURE（MIN/MAX）	气压调节阀（小/大）	调整气压大小
VALVE A（RETURN/PRESSURE）	转换阀A（回收/加压）	回收和加压
VALVE B（FILLING/CYCLE）	转换阀B（加注/循环）	注入和循环

（2）使用操作

1）设备准备：

① 打开清洗机前门，将整桶清洗液放入清洗机内，把清洗机内的两根软管油管插入桶内。

② 接上压缩空气（0.6～0.8MPa）。

③ 将白色滤芯放入透明滤壳，并将透明滤壳旋紧（注意：不要忘记装上O形圈）。

④ 将蓝色油管接到清洗机的回油管接头（RETURN）上，将红色油管接到清洗机的出油管接头（PRESSURE）上。

⑤ 管路连接如图3-10所示。

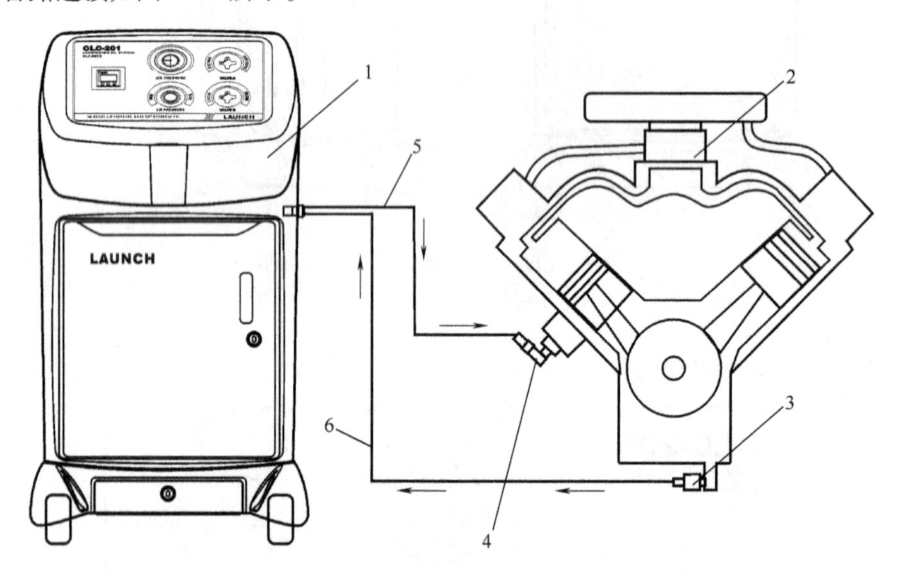

图3-10 管路连接及清洗原理示意图

1—CLC—201清洗机 2—发动机 3—油底壳孔 4—机油滤芯座 5—清洗出油管 6—清洗回油

2）清洗准备：

① 确认待清洗的车辆处于制动状态。

② 拆下发动机油底壳放油塞，将内部旧机油放掉。

③ 从工具盒中找出合适接头代替油底壳放油塞，拧进油底壳，将蓝色回油管与油底壳接头连接。

④ 拆下发动机的机油滤清器，选择合适的接头和O形圈，代替发动机机油滤清器，拧至机油滤芯固定座上，将红色出油管与其连接。

⑤ 检查红色油管及蓝色油管连接是否正确，确认接好后方可进行清洗。

⑥ 加注清洗液：将转换阀A（VALVE A）旋至出油（PRESSURE）位置，将转换阀B（VALVE B）旋至加注（FILLING）位置，将定时器（TIMER）设置为2min，将气压调节阀（AIR PRESSURE）顺时针调节至压力表指针指到483kPa位置；开始加注清洗剂，直到蜂鸣器发出“嘀”的叫声，结束加注清洗剂，此时可进入循环清洗。

注意：检查各接头是否漏气、漏液，若有泄漏则将气阀（AIR PRESSURE）旋至“MIN”位置，清洗机停止一切动作，待泄漏排除后，再重新工作。

3）清洗操作：

① 循环清洗：转换阀A（VALVE A）仍在出油（PRESSURE）位置，转换阀B（VALVE B）旋至循环（CYCLE）位置，将定时器（TIMER）设置为5min，压力表指针仍在483kPa位置；开始循环清洗，直到蜂鸣器发出“嘀”的叫声后，将气压调节阀（AIR PRESSURE）旋至“MIN”位置，结束循环清洗，进入浸泡过程。

② 浸泡：转换阀A（VALVE A）仍在出油（PRESSURE）位置，转换阀B（VALVE B）仍在循环（CYCLE）位置，将气压调节阀（AIR PRESSURE）旋至“MIN”位置，将定时器（TIMER）设置为2min，开始浸泡，直到蜂鸣器发出“嘀”的叫声，结束浸泡进入再循环清洗过程。

③ 再循环清洗：操作与步骤①相同。

④ 回抽清洗液：将转换阀A（VALVE A）旋至回油（RETURN）位置，转换阀B（VALVE B）仍在循环（CYCLE）位置，将定时器（TIMER）设置为2min，将气压调节阀（AIR PRESSURE）调大些，压力表指针指到552kPa位置；开始回抽清洗液，直到蜂鸣器发出“嘀”的叫声，将气阀（AIR PRESSURE）旋至“MIN”位置，结束回抽，完成清洗。

说明：如清洗液未抽完时，可适当延长回抽清洗液的时间。

⑤ 将蓝色、红色油管，接头螺钉拆下，将原油底壳螺钉拧紧，更换新的机油滤清器。

⑥ 确认油底壳放油塞及新机油滤清器已拧紧，将新的机油加入后起动发动机运转1 min后关掉发动机，检查机油尺测量的油量是否足够，不足时再补加机油。

3.3.3　发动机冷却系统的免拆维护

1. 发动机冷却系统免拆维护的意义

发动机冷却系统是保证发动机正常工作的重要组成部分，其工作性能的好坏，直接影响发动机的工作效率，甚至影响发动机的寿命。

发动机冷却系统免拆维护的意义在于：利用冷却系统清洗机，在不拆卸散热器、膨胀水箱、冷却水套及各管路和接头的前提下，能够迅速彻底地清除冷却系统中的水垢、铁锈等积垢，从而恢复系统功能，避免因人为拆卸而损坏系统部件，延长发动机使用寿命。

2. 发动机冷却系统免拆清洗机的结构原理与使用操作

（1）结构原理　如图3-11所示，CCC-201发动机冷却系统清洗机是利用轻微的液压冲击原理，对发动机冷却系统进行清洗的专用设备。可清除发动机冷却系统中的污垢，恢复发动机冷却系统性能。

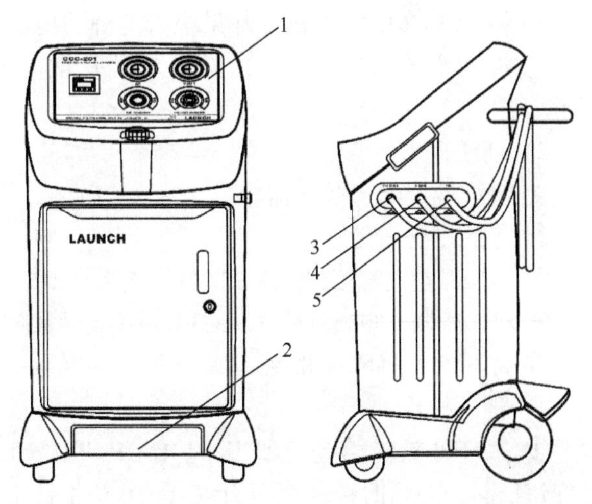

图3-11　CCC-201发动机冷却系统清洗机
1—操作面板　2—抽屉　3—出水管　4—回水管　5—进气口

1）操作面板如图3-12所示。

2）操作面板功能一览如下。

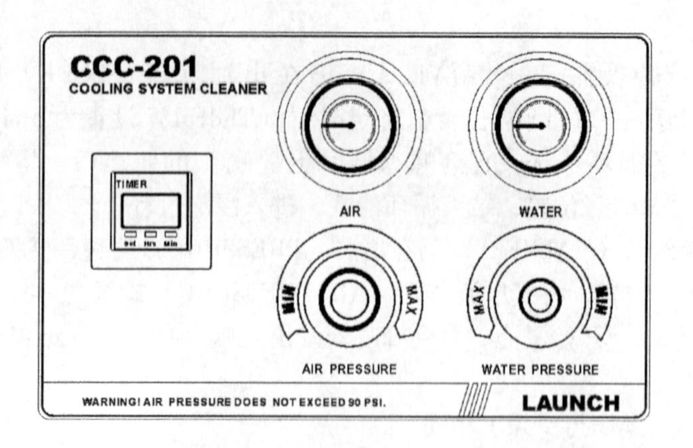

图3-12　CCC-201操作面板

英文名称	中文名称	功　能
TIMER	定时器	控制操作时间
AIR	气压表	测量气压
WATER	水压表	测量水压
AIR PRESSURE（MIN/MAX）	气压调节阀	调节气压大小
WATER（MIN/MAX）	水压调节阀	调节水压大小

（2）使用操作

1）设备准备：

① 关闭发动机，待散热器中冷却液温度降到不烫时，方可进行清洗，以免操作时烫伤。

② 将汽车散热器盖打开。

③ 找出发动机连接暖风的加热水管，将水管拆下，用合适的三通接头接上。

④ 将CCC-201发动机冷却系统清洗机的出水管（PRESSURE）接到三通接头上。

⑤ 将回水管（RETURN）的另一端从散热器加水口插入散热器的水中，如图3-13所示。

2）清洗准备：

① 将清洗液倒入散热器中。

② 将散热器加满水。

③ 将压缩空气管接到清洗机的气管接头（AIR）上。

④ 将水压调节阀顺时针（WATER）旋到“MIN”。

⑤ 打开汽车暖风机开关。

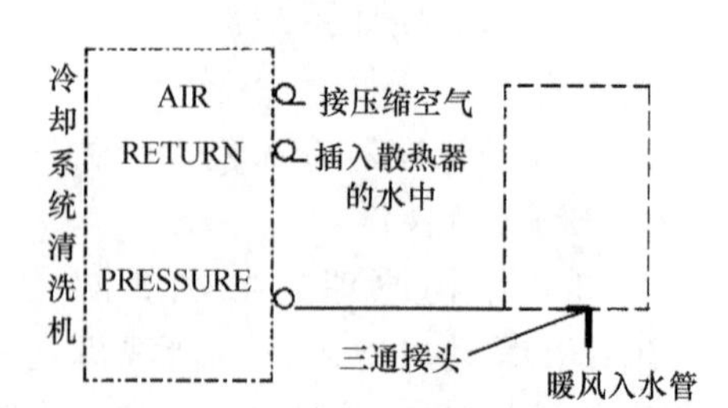

图3-13　设备连接示意图

3）清洗操作：

① 循环清洗。将空气调压阀（AIR PRESSURE）的旋钮拉起，并顺时针转至压力表（AIR）指针指示为138kPa，按下旋钮使清洗机开始对发动机冷却系统进行循环清洗。在定时器上设置清洗时间为5 min。

② 冲击清洗。当循环清洗进行了5 min后便可进行冲击清洗。将水压调节阀（WATER）

旋钮逆时针旋转至水压表（WATER）指示到138kPa为止，不要超过138kPa。如果清洗的是比较旧的车辆，冲洗压力应适当减小，冲洗时间可在定时器上设置为5 min。

③ 再循环清洗。将水压调节阀（WATER）旋钮顺时针旋转到“MIN”，再循环清洗5min即可。然后打开发动机放水开关，放掉所有冷却液。

4）更换冷却液。

① 向散热器中加满干净的自来水，同时将水压调节阀（WATER）逆时针打开，使水压控制在104kPa，循环冲洗2 min后，将水放掉。

② 复原冷却系统管路。

③ 将冷却系统加满水，发动机运转10 min，再将水放掉。

④ 将冷却系统加满冷却液，更换冷却液便可完成。

3.3.4 汽车自动变速器的免拆维护

1. 汽车自动变速器免拆维护的意义

自动变速器工作性能的好坏与使用寿命的长短主要取决于自动变速器油（ATF）的品质，若油品质量变差，则极易出现磨损，影响系统油压，降低动力传递效率，使自动变速器提速慢或失速，甚至会导致“烧片”，严重影响部件的使用寿命。人工换油无法换掉各阀体内的ATF，每次只能换掉1/2左右的ATF。

汽车自动变速器免拆维护的意义在于：利用ATF更换机，在不拆卸阀体、油管和油底垫等部件的前提下，实现彻底换油，而且利用设备特有的流速、压力，能够完全清除自动变速器内的油泥、积炭，使自动变速器长期保持最佳的工作状态。从而避免因人为拆卸而损坏变速器油道、密封垫等部件，延长自动变速器的使用寿命。

2. 汽车自动变速器液力传动油清洗更换机的基本结构与使用操作

下面以CAT-303型ATF更换机为例来讲解这类设备的结构原理及使用操作。

（1）基本结构　CAT-303主要用于更换、加注汽车ATF，具有ATF加注功能和自动变速器新、旧油更换功能。该装置轻巧方便、操作简单，有多种专用接头，适用于欧洲、美洲、亚洲及国产多种车型。CAT-303自动变速器换油机的基本结构如图3-14所示。

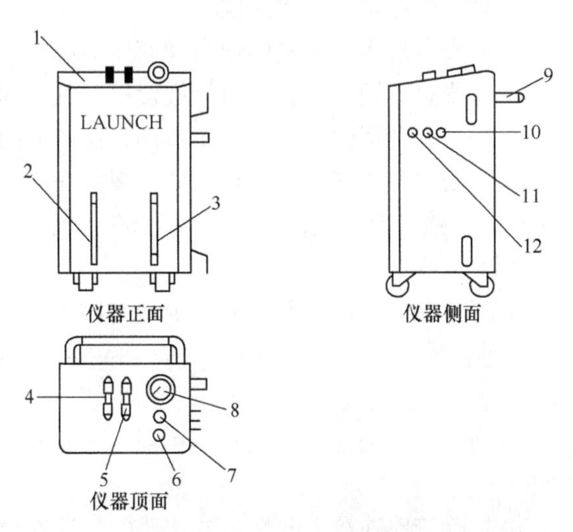

图3-14　CAT-303自动变速器换油机

1—控制面板　2—新油桶　3—旧油桶　4—新油视窗　5—旧油视窗　6—回油调节阀　7—气压调节阀　8—压力表　9—扶手　10—出油口　11—回油口　12—进气口

（2）使用操作

1）管路连接如图3-15所示。

① 将车顶高，使驱动轮悬空。

② 找出汽车上便于拆装的一条自动变速器与散热器连接的油管，并拆下其接头。

③ 判断油流方向：将断开的两端分别引至旧油桶，以防起动发动机时油喷到地面。短暂起动发动机，从接口流出油的方向为A向，无油流出的一端为B向。

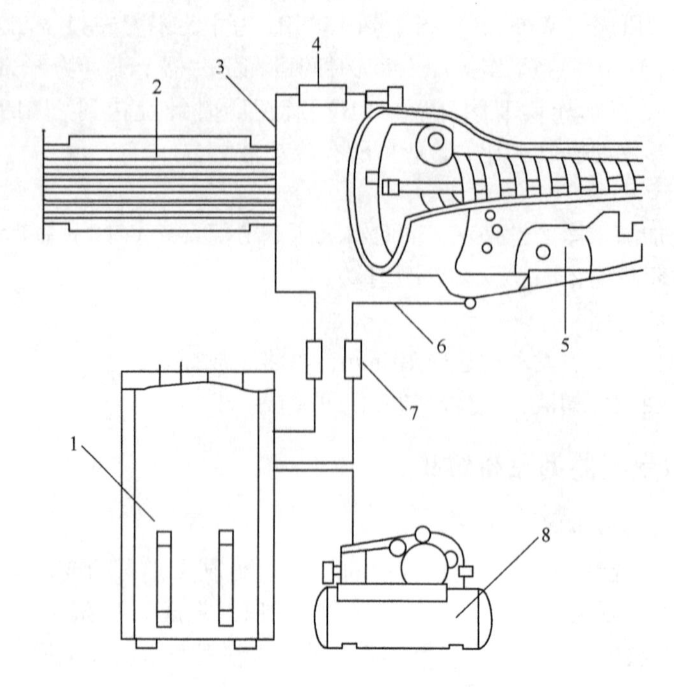

图3-15　CAT-303管路连接图

1—CAT-303主机　2—散热器　3—进油管　4、7—接头　5—自动变速器　6—回油管　8—空气压缩机

④ 根据所判断油路的流向，将变速器出油一端接在换油机回油管，而另一端接在换油机出油管。

⑤ 将压缩空气接在换油机进气口上，此时气压调节阀处在关闭状态。

2）ATF的更换：

① 确认管路都已连接无误。

② 向设备加入一定量的新自动变速器油。

③ 适当打开回油阀，顺时针缓慢打开气压调节阀使气压至69~104kPa，并起动发动机。

④ 通过调节回油阀及气压调节阀，使新油的加注量与旧油回收量保持平衡。

⑤ 更换时在不同档位进行切换，视情况而定，每个档位停留1min左右。在D位和O/D档工作时，踏加速踏板使车速达60km/h以上，这时才能更换D位和O/D档控制油路的自动变速器油。

⑥ 等量调整。观察新油的减少量与旧油的增加量，同时调节气压阀和回油阀使减少量与增加量相等。若旧油增加量大于新油减少量，应顺时针调节回油阀来减慢回油流速。若旧油增加量小于新油减少量，应逆时针调节气压阀减少新油加注量。

⑦ 当新、旧油视窗颜色基本相同时停止更换。先将发动机熄火，再逆时针关闭气压调节阀。

⑧ 拆除管路连接，并恢复变速器的油管连接。

⑨ 起动发动机，检查汽车管路是否有渗漏油现象。

⑩ 检查变速器油位，若油位不够时须进行补充加注，操作过程参考添加自动变速器油（直接加注）步骤。

注意：为了保证更换质量，设备内的新油应比汽车变速器所需油量多2～3L。

3）ATF的添加（直接加注）。

① 从接头套件中选取一个合适的接头与出油管相接，并插入自动变速器加油口。

② 将新油加入设备内。

③ 顺时针缓慢打开气压调节阀，设备开始向变速器加入新油。

④ 检查变速器油位，当油位合适时，逆时针关闭气压调节阀。

注意：当气动隔膜泵空载运行后，设备可能会停止工作，只要把气压调节阀关闭3s，拔下进气管，然后再打开，调节气压调节阀，设备将重新工作。

（3）使用注意事项

1）在进行操作之前，应熟悉设备，以便正确操作。

2）自动变速器换档应正确，以免误操作损坏变速器。

3）汽车尾气中含有一氧化碳、碳氢化合物、氮氧化物等多种有毒有害气体，换油时要保持室内通风良好。

4）汽车发动机排气管和散热器等部件温度较高，勿摸勿碰，以防灼伤。

5）断开油管路接头时要用毛巾捂住接头。

6）在非使用状态下要将气压调节阀关闭、回油调节阀打开。

7）换油时汽车驱动轮必须处于悬空状态。

8）汽车ATF进行更换时，选用的ATF的品质必须符合汽车手册的规定要求。

3.3.5　汽车制动系统的免拆维护

1. 汽车制动系统免拆维护的意义

制动系统是汽车上重要的安全装置，其性能直接影响行车安全。制动液经过长时间的使用后会发生变质，产生沉淀，造成油路供油不畅，直接影响制动系统的可靠性和行车安全。因此必须定期更换制动液，确保制动系统能够安全、可靠地工作。

汽车制动系统免拆维护的意义在于：利用制动液更换机，在不拆卸制动主缸、轮缸等部件的前提下，快速清除制动管路中的水分、油泥等沉积物，并彻底更换制动液，从而恢复系统功能，避免因人工更换而损坏系统部件，延长系统使用寿命。

2. 汽车制动液更换机的结构原理与使用操作

（1）结构原理　如图3-16所示，CBC-201制动液更换机是采用气动隔膜泵，利用压缩空气加压、负压吸出的原理进行工作的。该设备工作可靠，操作简便，可提高换油速度和质量，可以有效解决汽车因制动液变质引起的制动效果不良等现象。

1）操作面板如图3-17所示。

2）操作面板功能一览如下。

英文名称	中文名称	功　　能
OIL PRESSURE	油压表	压力显示
VALVE A（MAX/MIN）	调压阀A	调节空气压力
VALVE B（MAX/MIN）	调压阀B	调节回油速度

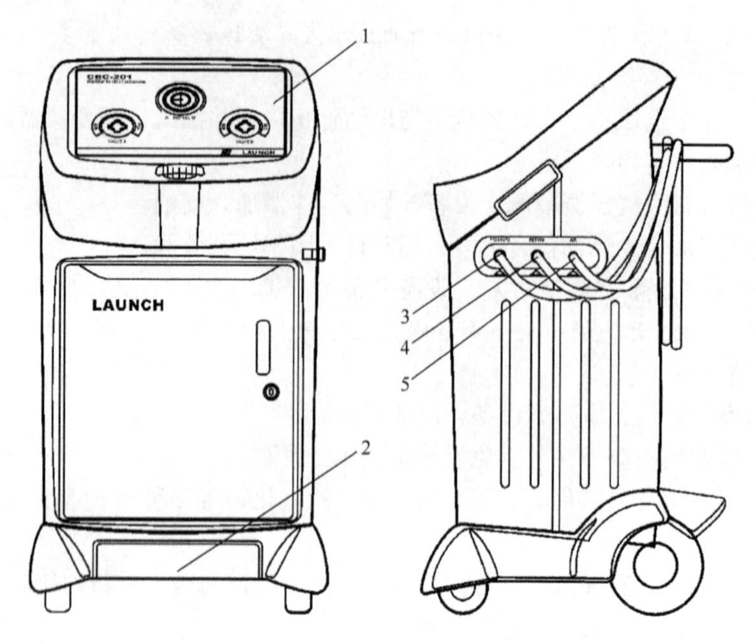

图3-16　CBC-201制动液更换机

1—操作面板　2—抽屉　3—出油管　4—回油管　5—进气口

（2）使用操作

1）关闭发动机，拉紧驻车制动器手柄，可靠停车。

2）将汽车的制动液壶盖打开，换上CBC-201的专用盖子代替原制动液壶盖。

3）确认已将两个调压阀沿逆时针方向完全关闭，将压缩空气管连接到CBC-201的进气（AIR）接头上。确认此时压力表指示为零，否则检查调压阀是否关闭不严，并排除。

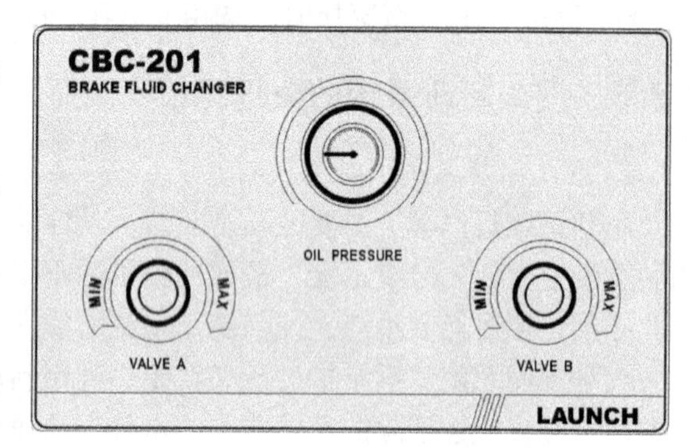

图3-17　CBC-201操作面板

注意：关闭调压阀非常重要，否则，在进行第4）项步骤时可能损坏脆弱的制动液壶。

4）用螺旋软管（此螺旋软管不带透明管）把CBC-201的加压接头（PRESSURE）与制动液壶专用盖子连接起来。

注意：螺旋软管不能有气压，如内部有过大的气压，在连接时将损坏脆弱的制动液壶。

5）将专用回油螺旋软管（此螺旋软管带透明管）连接到（RETURN）接头上。

6）将专用回油螺旋软管的另外一端与其中一个车轮处制动排气阀相连，并打开排气阀。

7）顺时针旋转调压阀A（VALVE A）对制动液壶加压（不能超过138kPa）。

8）顺时针旋转调压阀B（VALVE B）使气泵工作，在回油管内产生负压，用来吸旧油。直到没有油被抽出，只抽出气为止，再轻轻旋紧排气阀，依次对四个车轮进行以上

操作。

9）在抽完旧制动液后，旋开专用塑料接头，向制动液壶内加入新油，再旋回专用塑料接头，并接好螺旋软管。

10）顺时针旋转调压阀A（VALVE A）对制动液壶加压（不能超过138kPa）。

11）顺时针旋转调压阀B（VALVE B）使气泵工作，在回油管内产生负压，用来吸新油。直到没有气泡被吸出，再轻轻旋紧排气阀，依次对四个车轮进行本项排气操作。

注意：在进行新油注入操作时确保制动液壶油位不过低，若不足应及时补充，以免系统中进入空气。

12）完成四个车轮制动液更换后，向制动液壶中加满制动液，换回原制动液壶盖，试制动正常，检查各车轮排气阀均无泄漏，则更换制动液操作完成。

3.4　现代新能源汽车的维护与保养

随着中国制造2025战略的大力实施，加上国家节能减排政策的愈加严格，我国新能源汽车产业有了快速发展，近两年来我国新能源汽车每年以超过百万辆的速度递增。在新能源汽车减免购置税、优先上牌等优惠政策推动和充电桩快速普及以及新能源汽车不断提高产品质量的大背景下，越来越多的消费者开始添置新能源汽车，新能源汽车保有量快速增长，新能源汽车的维护保养也提上议事日程。

3.4.1　现代新能源汽车的保养周期及保养项目

我国新能源汽车的主要类型有纯电动汽车、混合动力汽车和氢燃料电池汽车。其中，混合动力汽车作为过渡产品，其保有量逐年下降；氢燃料电池汽车技术还不够成熟，保有量增长缓慢；而纯电动汽车技术成熟度较高，起步快，保有量迅速增长。这里以纯电动汽车为例来介绍新能源汽车维护保养的相关知识和技能。

1. 纯电动汽车的保养周期及类别

纯电动汽车由动力电池组和电机代替了传统汽车的发动机来驱动汽车行驶，虽然纯电动汽车与传统汽车的驱动方式有了较大差别，但依然要进行日常维护与保养。以北汽新能源EV150/EV200系列纯电动乘用车为例（图3-18），其保养周期及类别见表3-12。

图3-18　北汽新能源汽车EV150

表3-12　北汽新能源EV150/EV200系列纯电动乘用车的保养周期及类别

保养类别	保养项目	累计行驶里程/km					
		10000	20000	30000	40000	50000	以此类推
A级保养	全车全面保养、高压安全检查	√		√		√	
B级保养	主要项目检查、保养，高压安全检查		√		√		√
费用标准（元/台）		320	120	320	120	320	120

2. 纯电动汽车的保养项目及内容

以EV150/EV200系列纯电动乘用车为例，其保养项目分别为动力电池系统、电机系统、电气与电控系统、制动系统、转向系统、车身系统、传动及悬架系统、冷却系统及空调系统9个大项目，54个小项目，详见表3-13。

表3-13　北汽新能源EV150/EV200系列纯电动乘用车的保养项目及内容

系统类别	检查内容	处理方法	A级保养			B级保养		
			项目	配件及材料	数量或价格	项目	配件及材料	数量或价格
(1) 动力电池系统	安全防护	检查并视情处理	√			√		
	绝缘	检查视情处理	√			√		
	接插件状态	检查视情处理	√			√		
	标识	检查视情处理	√					
	螺栓紧固力矩	检查视情处理	√			√		
	动力电池加热功能检查	检查并视情处理	√					
	外部检查	清洁处理	√					
	数据采集	分析视情处理	√			√		
(2) 电机系统	安全防护	检查视情处理	√			√		
	绝缘检查	检查视情处理	√			√		
	电机和控制器冷却检查	检查视情处理	√			√		
	外部检查	清洁处理	√					
(3) 电气与电控系统	机舱及各部位低压线束防护及固定	检查视情处理	√			√		
	机舱及各部位插接件连接状态	检查视情处理	√			√		
	机舱及底盘高压线束防护及固定	检查视情处理	√			√		
	机舱及底盘各高、低压电器固定及插接件连接状态	检查视情处理并清洁	√			√		
	蓄电池	检查电量状态，并视情处理	√			√		
	灯光、信号	检查并视情处理	√			√		
	充电口及高压线	检查并视情处理	√			√		
	高压绝缘监测系统	检查并视情处理	√					
	故障诊断系统报警监测	检测、检查并视情处理	√					

（续）

系统类别	检查内容	处理方法	A级保养			B级保养		
			项目	配件及材料	数量或价格	项目	配件及材料	数量或价格
（4）制动系统	驻车制动器	检查效能并视情处理	√			√		
	制动装置	泄漏检查	√			√		
	制动液	液位检查	√	更换制动液	EV150为1.25L C70为1L	√	视情况添加制动液	
	制动真空泵、控制器	检查（漏气）并视情处理	√			√		
	前、后制动摩擦副	检查并视情况更换	√			√		
（5）转向系统	转向盘及转向管柱连接紧固状态	检查并视情处理	√			√		
	转向机本体连接紧固状态	检查并视情处理	√			√		
	检查转向横拉杆间隙及防尘套	检查并视情处理	√			√		
	检查转向助力功能	路试并视情处理	√					
（6）车身系统	风窗及刮水器	检查并视情况更换处理	√	添加风窗洗涤剂	材料收费	√	添加风窗洗涤剂	材料收费
	顶窗	检查并视情处理	√	加注润滑脂	润滑脂250g	√	加注润滑脂	润滑脂250g
	座椅及滑道	检查并视情处理	√			√		
	门锁及铰链	检查并视情处理	√			√		
	机舱铰链及锁扣	检查并视情处理	√			√		
	后背门（箱）铰链及锁	检查并视情处理	√			√		
（7）传动及悬架系统	变速器（减速器）	检查减速器连接、紧固及渗漏	√	更换减速器齿轮油	EV150单减1.1L			
	传动轴	检查球笼间隙及护罩，并视情处理	√			√		
	轮辋	检查、紧固，视情处理	√					
	轮胎	检查胎压，并视情处理	√			√		

（续）

系统类别	检查内容	处理方法	A级保养			B级保养		
			项目	配件及材料	数量或价格	项目	配件及材料	数量或价格
（7）传动及悬架系统	变速器（减速器）	检查减速器连接、紧固及渗漏	√	更换减速器齿轮油	EV150单减1.1L			
	传动轴	检查球笼间隙及护罩，并视情处理	√			√		
	副车架及各悬架连接状态	检查紧固	√					
	前后减振器	检查渗漏情况并紧固，视情况更换	√					
	机舱铰链及锁扣	检查并视情处理	√			√		
（8）冷却系统	冷却液液位及冰点	液位及冰点测试，视情况添加	√	更换冷却液	冷却液6L	√	冬季时检测冰点，视情况添加	
	冷却管路	检查渗漏情况并处理	√			√		
	水泵	检查渗漏情况并处理	√			√		
	散热器	检查并清洁	√			√		
（9）空调系统	空调冷、暖风功能	测试并处理	√					
	压缩机及控制器	检查压缩机及控制器安装及线束插接件状态	√					
	空调管路及连接固定	管路防护检查并视情况检漏处理	√			√		
	空调系统冷凝水排水口	检查、处理	√					
	空调滤芯	检查、处理	√	更换空调滤芯	滤芯收费（首次保养免费）	√	清洁	

3.4.2　现代新能源汽车的维护与保养

由前述内容和表3-13可知，纯电动汽车的维护保养项目尽管与传统汽车的维护保养项目有许多相同之处，但两者维护与保养的最大区别在于：传统汽车主要针对发动机进行保养，需要定期更换机油、机油滤清器等，而纯电动汽车主要是针对电池组和电机进行日常的维护与保养。因此，这里以保有量较大的北汽新能源EV150汽车为例，着重介绍有关新能源汽车的充电系统、动力电池系统、驱动电机以及驱动电机控制器的维护与保养技术。

1. 充电系统的维护与保养

(1) 充电系统进行维护与保养时的安全注意事项

① 充电系统内有高压装置，严禁擅自拆开机器开展检修、维护等作业。

② 输入电源必须正确接地。

③ 严禁在正常充电过程中断开电池连接线。

④ 切勿将充电机放置于雨淋位置。

⑤ 直流插头与插座应连接牢固，如有破损、松动应立即更换。

⑥ 充电机在正常工作过程中如有异常声音或气味，应立即断开输入电源。

⑦ 切勿堵住充电机的进、出风口。

⑧ 移动充电机时需断开电源线和充电插头。

⑨ 为避免损坏充电电缆，切勿拉扯、扭动或摇晃电缆。

(2) 充电系统的维护与保养项目及操作要领

① 检查AC/DC功能。

检测项目：检测车载充电机的工作状态。

检测方法：对车辆进行充电，查看指示灯是否正常。

注：北汽新能源EV150汽车车载充电机指示灯如图3-19所示。

Power灯：电源指示灯，当接通交流电后，该灯会亮起。

Charge灯：充电指示灯，当充电机接通动力电池进入充电状态后，该灯会亮起。

Error灯：报警指示灯，当充电机内部有故障时，该灯会亮起。

提示：

◎ 充电正常时，Power灯和Charge灯会同时点亮。

◎ 当起动30s后仍只有Power灯亮时，则可能为动力电池无充电请求或已充满电。

◎ 当Error灯点亮时，则说明充电系统出现异常。

◎ 当充电灯均不亮时，应检查充电桩以及充电线束及插接件。

② 检查充电线。

检测项目：

◎ 检查充电线功能、外观及其插头状态。

◎ 目测充电线外观是否有破损、裂痕，同时进行充电测试，检测充电线是否导通。

检测方法：目视检测充电线整个外观及其插头状态（图3-20）。

图3-19　车载充电机指示灯

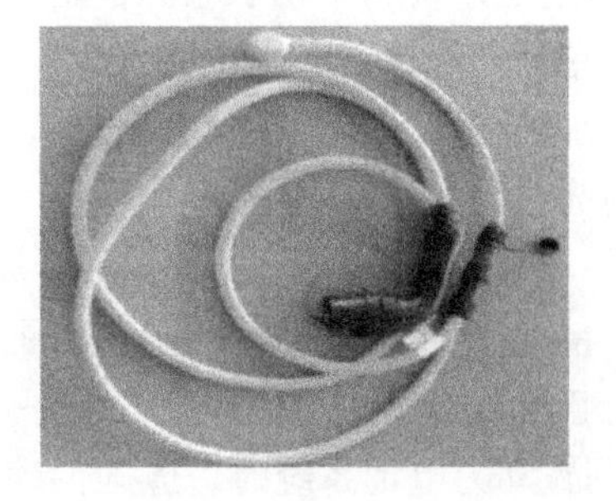

图3-20　充电线

提示：充电过程中充电线会产生热量，如有破损，应及时更换。否则容易发生危险，从而对人员和车辆造成损害。

③ 检测充电口盖开关状态。

检测项目：充电口盖开关状态。

检测方法：

◎ 当充电口盖板打开时，仪表充电指示灯应常亮（图3-21）；当关闭充电口盖时，仪表充电指示灯应熄灭。

◎ 检查充电口盖能否正常开启或关闭（图3-22中箭头所示）。

提示：如果充电口盖出现故障，车辆将无法正常起动。

图3-21　仪表充电指示灯

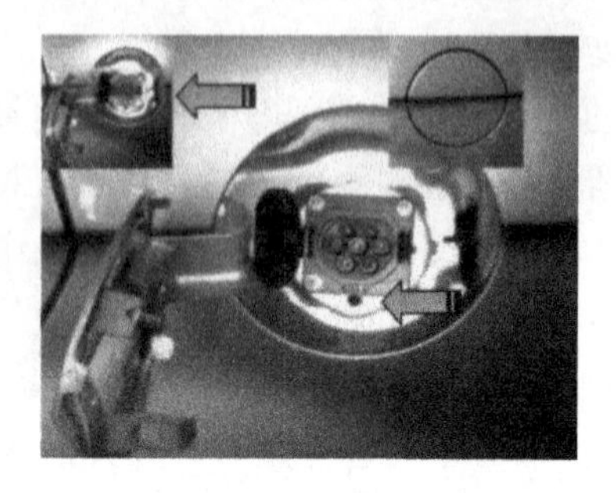
图3-22　充电口盖

2. 动力电池系统的维护与保养

（1）动力电池系统的使用条件

① 车辆行驶过程中，随着电量的消耗，SOC表上指针指示的数值会逐渐减小。当SOC减小到15%以下时，SOC表上的电量不足指示灯会点亮。此时动力电池系统的能量即将耗尽，应尽快对电池包进行充电。

注意：如果电池在使用后没有及时充电，则处于亏电状态，在此状态下存放车辆，电池很容易出现硫酸盐化，硫酸铅结晶物附着在极板上，堵塞电离子通道，造成充电不足，电池容量下降。

② 当动力电池系统的SOC小于10%后，不要猛踩加速踏板，因此时整车控制器已开启降功率运行模式，准备进入跛行回家模式（限速9km/h）。

注意：纯电动汽车在起步、载人、上坡时也不要猛踩加速踏板，如果猛踩加速踏板，则会形成瞬间大电流放电。大电流放电容易导致硫酸铅结晶，从而损害电池极板的物理性能。

③ 动力电池系统属于化学电源，由于其自身能量转换时对温度的敏感，在电池包内部安装了加热单元。在温度较低的冬天，对电池包进行充电时，加热单元会首先启动对动力电池系统进行加热的模式。当温度达到适宜充电的温度范围后，电池管理系统会自动启动动力电池系统的充电程序。

④ 如果动力电池系统的加热单元损坏，应及时进行维修。因为在低温条件下不加热，电池箱体内部达不到适应充电的温度范围，电池管理系统不会启动充电程序，动力电池系统将不能进行正常充电。

⑤ 在搁置动力电池系统时，应确保动力电池系统处于半电状态（SOC 50%~60%）。动力电池系统在搁置过程中会发生自放电现象，每个月的电量都会降低4%左右。所以搁置时间过长时，动力电池系统的开路电压会降低到放电终止电压以下，此时电池管理系统会进行

报警。

注意：动力电池系统若长期处于低压状态，其使用寿命会受到影响。搁置动力电池系统的时间不要太长，最多不要超过三个月，搁置环境温度应该在－20～50℃，搁置过程中应该确保动力电池系统不要被暴晒，也不能被雨水浇淋。

⑥ 严禁将纯电动汽车放在阳光下暴晒。

注意：阳光暴晒后的动力电池会因内部压力增加而失水，引发电池活性下降，加速极板老化。

（2）动力电池系统的使用注意事项

① 汽车在上下坡、拐弯时应当减速慢行，以防过大的加速度影响电池箱体。

② 汽车不宜在积水较深的路面上行驶，以免水面接触、浸湿动力电池系统底部；洗车时也要尽量避免水枪喷头对着动力电池系统喷射。

注意：在清洗过程中要避免洗车液等液体流入车体充电插座（图3-23），否则会导致车身线路短路。

特别警示：要谨慎清洗动力电池部分，千万不能使用水枪喷射清洗，以免电池受潮短路。

图3-23　车体充电插座及充电线

③ 若发现动力电池系统表面出现划痕、掉漆等现象，应及时补漆，做好电池表面防护，防止动力电池系统箱体被长期腐蚀而降低强度。

④ 如果汽车在行驶过程中发生正面碰撞、侧面碰撞、追尾或侧翻等交通事故，不论动力电池系统从表面观察有无损坏，均应与专业维修人员进行联系并检查。

⑤ 如果汽车落水或者被水浸泡，千万不要擅自处理。

（3）动力电池系统进行维护与保养时的安全注意事项

① 非专业维修人员绝对不要自行拆卸、调整、安装动力电池系统。

② 不要触摸动力电池系统的正、负极母线。

③ 由于动力电池系统安装在汽车底部，在驾驶过程中应特别注意路面状况，应避免不平的路面或路面障碍物挤压、撞击电池包。

④ 由于电池包重量较大，不要使用扳手或其他工具松动动力电池系统紧固螺钉。

⑤ 因交通事故或其他原因造成车辆起火时，应立即关闭电源总开关。

注意：由于配备锂电池的纯电动汽车更容易发生火灾，千万不能危险驾驶，否则一旦发生严重碰撞事故，后果更加严重。

(4) 动力电池系统的维护与保养项目及操作要领

① 动力电池外箱的检查、维护。

◎ 将车辆举升，目测动力电池外箱底部（图3-24中方框所示）有无磕碰、划伤、损坏的现象。

◎ 定期（一个月）清理动力电池外箱灰尘。

◎ 在安装动力电池内箱之前，应检查极柱座橡胶护套是否齐全，极柱是否氧化（图3-25中方框所示）；若氧化，则要使用1500目砂纸轻轻打磨，或使用棉布用力擦，将氧化层去掉。若发现极柱拉弧或打火烧蚀，则应及时更换。

图3-24　动力电池外箱

图3-25　电池极柱及电缆

提示：如发现以上情况，应及时予以修理与更换。

② 动力电池的定期充放电。

◎ 正确把握电池的充电时间和频次。在正常行驶的情况下，如果电量表指示灯的红灯和黄灯都亮了（图3-26中箭头所示），就应该充电了；如果黄灯熄灭只剩下红灯亮，应尽快停止运行，利用充电桩（图3-27）进行充电，否则电池会因为过度放电而缩短寿命。

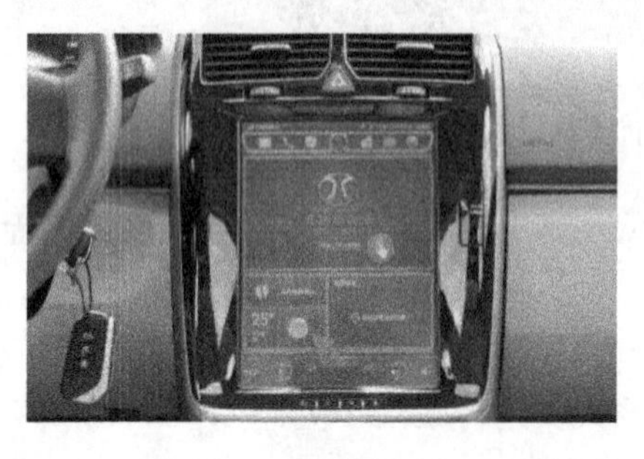

图3-26　电量表指示灯

图3-27　充电桩

注意：一般情况下电池平均充电时间为10h左右，过度充电、过度放电和充电不足都会缩短电池寿命；在充电过程中如果电池温度超过65℃，应立即停止充电；应尽量在儿童无法接触到的地方进行充电。

◎ 定期对电池进行一次深放电，以“活化电池”，即保持电池的活性。

③ 动力电池单体一致性测试。

使用专用检测仪器（图3-28）和检测软件对动力电池单体进行测试。

◎ 拆下新能源汽车的仪表板下挡板。

◎ 连接检测仪器，即可使用电池检测软件查看各类电池信息，包括电池电压、SOC电量、电池温度、CAN总线通信状态等。

注意：一旦有个别电池单体出现问题，就会影响整个动力电池的工作状态。

特别警示：纯电动汽车在行驶中如果出现速度突然降低，一定要当心可能是某一组电池出现了故障。此时，在仪表显示屏幕上会出现提示信息（图3-29），应尽快进店检查。

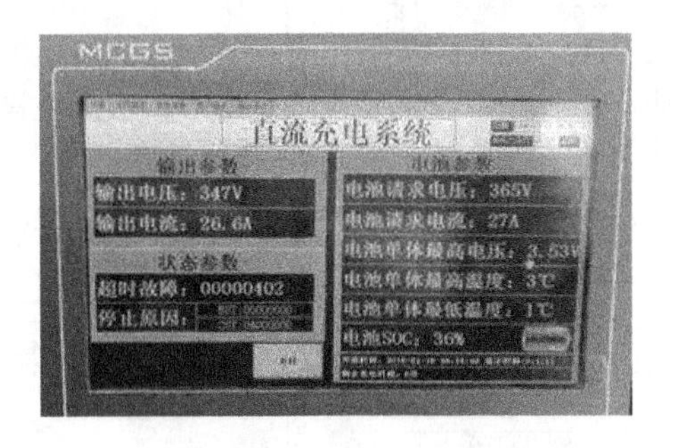

图3-28　纯电动汽车专用检测仪

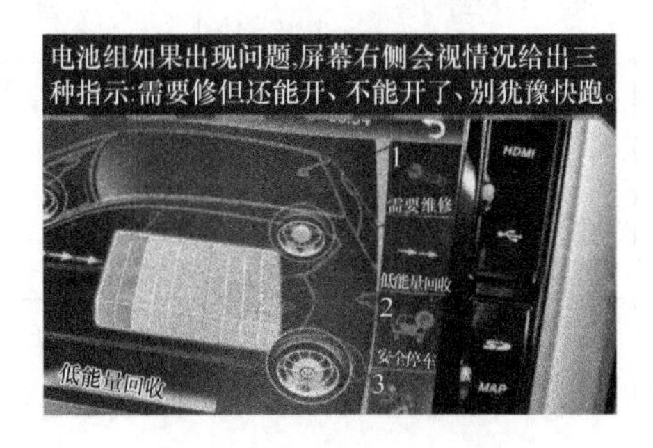

图3-29　显示屏电量信息

④ 检查BMS、绝缘电阻、接插件与紧固件情况。

◎ 使用专用检测仪器对动力电池BMS、绝缘电阻进行测试。

◎ 目测动力电池高、低压插接件（图3-30）有无变形、松脱、过热、损坏的情况。

提示：如发现以上情况，应及时予以修理与更换。

图3-30　动力电池高、低压插接件

⑤ 动力电池固定螺栓力矩检测。螺栓标准力矩应为95～105N·m。

⑥ 动力电池系统的常规保养见表3-14。

表3-14　北京EV150新能源汽车动力电池系统的常规保养项目、目的及方法

序号	保养项目	保养目的	保养方法	所需工、量具及仪器设备
1	绝缘检查（内部）	防止电池箱内部短路	将电池箱内部高压盒插头打开，用绝缘表测试总正、总负对地电阻，电阻值≥500Ω/V（1000V）	绝缘表
2	模组连接件检查	防止螺钉松动，造成故障	用做好绝缘的扭力扳手紧固（拧紧力矩：35N·m），检查完成后，做好极柱绝缘	扭力扳手
3	电池箱内部温度采集点检查	确保测温点工作正常，采集点合理	计算机监控温度与红外热像仪温度对比，检查温感精度	笔记本计算机、CAN卡、红外热像仪
4	电池箱内部除尘	防止内部粉尘较多，影响通信	用压缩空气清理	空气压缩机
5	电压采集线检查	防止电压采集破损，导致测试数据不准	将电压采集线从板接接插件中打开，并重新安装1次	无
6	标识检查	防止标识脱落	目测	无
7	熔断器检查	防止标识脱落	用万用表二极管档测量通断	万用表

（续）

序号	保养项目	保养目的	保养方法	所需工、量具及仪器设备
8	电池箱密封检查	保证电池箱密封良好，防止水进入	目测密封条或更换密封条	无
9	继电器测试	防止继电器损坏，车辆无法正常上高压	用监控软件启动、关闭总正、总负继电器	万用表、笔记本计算机、CAN卡
10	高低压接插件可靠性检查	确保接插件正常使用	检查是否有松动、破损、腐蚀、密封等情况	目测、万用表、绝缘表
11	其他电池箱内零部件检查	保证辅助性部件正常使用	检查是否有松动、破损、脱落等情况	螺钉旋具、扭力扳手
12	电池包安装点检查	防止电池包脱落	目测检查每个安装点焊接处是否有裂纹	目测
13	电池包外观检查	确保电池包未受到外界因素影响	电池包无变形、无裂痕、无腐蚀、无凹痕	目测
14	保温检查	确保冬季电池包内部温度正常	目测检查电池包内部边缘保温棉是否脱落、损坏	目测
15	电池包高、低压线缆安全检查	确保电池包内部线缆无破损和漏电	目测电池包内部线缆是否破损、挤压	目测
16	单体防爆膜、外观检查	防止单体损坏、漏电	目测单体防爆膜、单体外观绝缘是否破损	目测
17	CAN电阻检查	确保通信质量	下电情况：用万用表欧姆档测量CAN1高对CAN1低电阻	万用表
18	电池包内部干燥性检查	确保电池箱内部无水渍	打开电池包，目测观察电池箱内部是否有积水，测量电池包绝缘	绝缘表
19	电池加热系统测试	确保加热系统工作正常，避免冬季影响充电	电池箱通12V电，打开监控软件，启动加热系统，目测风扇是否正常	12V电源、笔记本计算机、CAN卡

3. 电机及电机控制器的维护与保养

(1) 电机及电机控制器的定期维护规则

① 每天开车前应检查动力电池散热器是否有足够的冷却液，如冷却液太少（或没有），则必须加以补充。冷却液需采用乙二醇型防冻冷却液，要求其冰点低于当地最低温度5℃。

② 每两个月检查电机本体及控制器冷却管道是否通畅，如果冷却管道有堵塞现象，则应及时清理堵塞物。

③ 每半年检查清理一次电机本体及电机控制器表面灰尘。清理方法：断开动力电源，用高压气枪清理电机本体及控制器表面灰尘。

注意：严禁用高压气枪直接对准控制器外壳上的“呼吸器”吹气，应用软毛刷进行清理。

（2）电机及电机控制器的运行注意事项

① 电机系统上电顺序要求：给电机控制器上高压电源之前，必须先将低压控制电源接通。断电时，先断开高压电源，再断开低压控制电源。

② 电机控制器不能应用在与标称电压不符的电源上，这时控制器或者不能正常工作，或者会被烧毁。

③ 电机控制器只能与车用动力电池组配套使用，不要尝试使用整流电源。

④ 故障出现在电机及控制器的任何地方都有可能导致重大的设备损坏，甚至是严重的人身伤害（即存在潜在的安全隐患）。因此，还必须采取附加的外部预防措施（如主接触器）用于确保安全运行，从而即使在故障出现时，也能够得到保护。

⑤ 车辆停止使用或长期驻车时，需要将高、低压电源断开。

⑥ 装有该型号电机及控制器的电动车辆出现故障，被拖走维修时必须保证该电动车辆档位处于物理空档位置，以实现电机轴与变速器输入轴的物理连接脱离，避免电机高压发电造成系统损坏以及安全事故。

（3）电机及电机控制器的维护与保养项目及操作要领

① 目测车身底部防护层、驱动电机是否有磕碰、损坏（图3-31）。

注意：

◎ 目测时必须注意避免汽车的车厢底板、轮罩和边梁等部位伤到自己。

◎ 要特别注意，所有导线应固定在支架中（图3-32），所有塞子均处于规定位置，并且底板未受到任何损坏。

◎ 若发现故障，则务必找专业人员进行维修。

图3-31　纯电动车驱动电机

图3-32　驱动电机导线（电缆）

② 驱动电机及变速器悬置软垫固定螺栓力矩的检测。

◎ 用专用工具（图3-33）和维修设备进行检测。

◎ 按照规定力矩进行检测：支架与车身悬置连接力矩为（65±5）N·m（图3-34）；变速器悬置连接力矩为95~105N·m（图3-35）。

③ 底盘高压线缆保护套的检查。

◎ 检测项目：底盘高压线缆的外观及连接状况。

◎ 检测方法：目测检查底盘高压线缆保护套是否进水、老化、破损。

提示：务必排除所有检查时发现的故障。

④ 驱动电机、电机控制器的外观检查。使用压缩空气或干布对驱动电机、电机控制器的外观进行清洁。

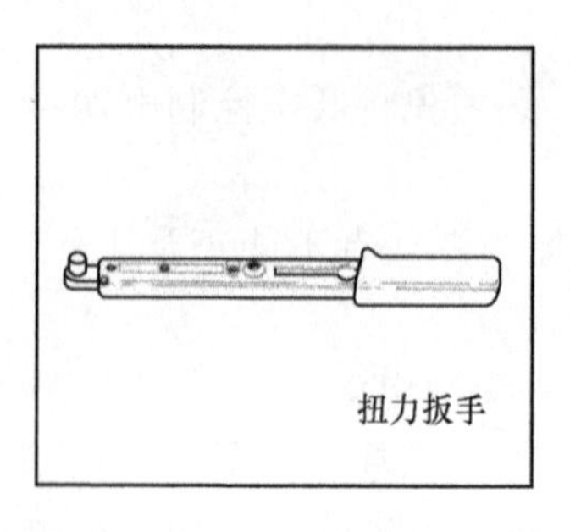

图3-33　专用工具

图3-34　支架与车身连接情况

图3-35　变速器安装情况

注意：严禁使用水枪对驱动电机、电机控制器喷水清洗。

4. 电气与电控系统的维护与保养项目及操作要领

（1）查询监控终端

① 所需专用工具：电动汽车专用检测仪（图3-36）。

② 检测项目：检测系统故障码。

③ 检测方法：

◎ 拧下转向盘底部的固定下盖板的螺钉（图3-37箭头所示，向右侧旋转，左右两个），拆下盖板。

◎连接诊断测试仪（图3-38）。

图3-36　电动汽车专用检测仪

图3-37　固定下盖板的螺钉

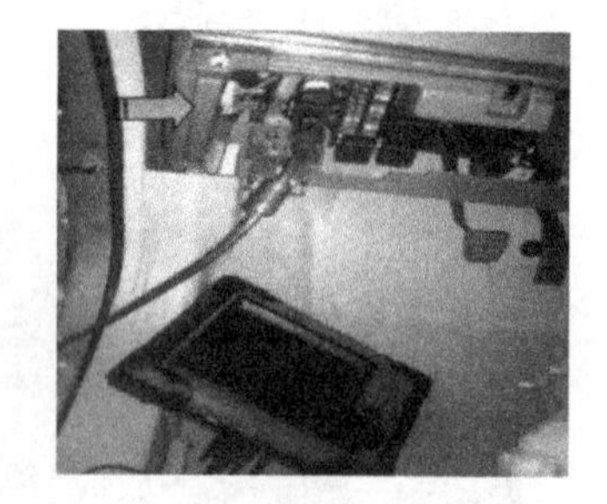

图3-38　连接诊断测试仪

◎ 将电门钥匙置于ON档。

◎进行测试，查询故障码。

（2）检查机舱线束（高、低压）插接件情况，线束根部有无过热、变形、松脱情况

① 检测项目：高、低压线束的外观及连接情况。

② 检测方法：按照下列说明进行目测。检测前机舱内的线束、软管、接头及零部件等是否有泄漏、擦伤及发脆现象。

提示：务必排除所有检查时发现的故障；如果不是因消耗造成的冷却液、制动液损失，则务必查找原因予以排除。

（3）高压线束的导电性和绝缘性检查

① 选择数字式万用表或纯电动汽车所配备的专用万用表。

② 检测前将连接动力电池的线束与电源控制器分离（图3-39、图3-40），然后用万用表表笔逐个测试，测得参数如在规定数值内，则判定为合格。

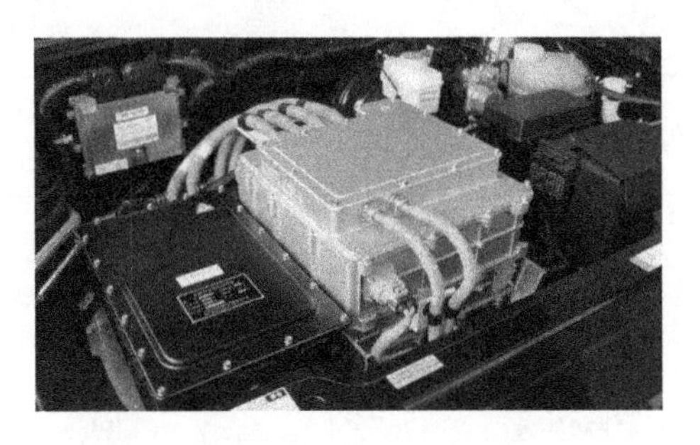

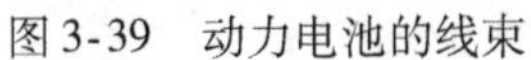

图3-39　动力电池的线束

图3-40　电源控制器

注意：

◎好比传统汽车的燃油系统管路，新能源汽车的高压线束导电性和绝缘性的好坏直接决定着纯电动汽车能不能正常行驶和行车安全与否的问题。

◎大多数汽车厂家对高压线束保修时间为5年，若超过规定年限，应到厂家指定4S店进行更换。

5. 纯电动汽车维护与保养后的相关检测

纯电动汽车维护与保养后的相关检测以北汽新能源EV150汽车为例，相关内容详见表3-15。

表3-15　北汽新能源EV150汽车高压部件的检测项目及方法

序号	高压零部件	检测项目	检测所需仪器设备	检测方法	标准值
1	动力电池	（1）动力电池正、负极与车身（外壳）绝缘电阻的检测	万用表FLUKE1587C	①拔掉高压盒端动力电池输入线 ②将电门钥匙置于ON档 ③将万用表黑表笔接于车身，红表笔逐个测量动力电池正、负极端子	动力电池正极绝缘电阻为≥1.4MΩ；负极绝缘电阻为≥1.0MΩ
		（2）数据采集	笔记本计算机、CAN卡	计算机监控	
		（3）充电测试	笔记本计算机、CAN卡、钳形电流表	①计算机监控 ②充电桩监控 ③钳形电流表测量充电机输出线缆	
		（4）温度监控	笔记本计算机、CAN卡、温度计	①监控整车环境温度 ②计算机监控	
		（5）压差监控	笔记本计算机、CAN卡、监控系统	充、放电末端压差监控	
		（6）CAN口检查	笔记本计算机、CAN卡	目测	
		（7）放电测试	行车记录仪	车辆按工况行驶，进行监控	
		（8）管理系统绝缘监控电路检查	绝缘表	将车辆电源关闭，打开高压盒输入插头，用绝缘表检测	（1000V）合格值 总正>1.5MΩ、总负>1.0MΩ

（续）

序号	高压零部件	检测项目	检测所需仪器设备	检测方法	标准值
2	车载充电机	车载充电机正、负极绝缘电阻的检测	万用表 FLUKE1587C	① 将低压蓄电池负极断开 ② 拔掉高压盒八芯插头 ③ 将万用表黑表笔接于车身，红表笔逐个测量高压盒八芯插头的 B（正极）和 H（负极）	车载充电机绝缘阻值： 在环境温度为 23℃ ±2℃和相对湿度为 45%~75% 时，其正、负极输出与车身（外壳）之间的绝缘电阻 1000MΩ；在环境温度为 23℃ ±2℃和相对湿度为 90%~95% 时，其正、负极输出与车身（外壳）之间的绝缘电阻≥20MΩ
3	DC/DC	DC/DC 正、负极绝缘电阻的检测	万用表 FLUKE1587C	① 将低压蓄电池负极断开 ② 拔掉高压盒八芯插头 ③ 将万用表黑表笔接于车身，红表笔逐个测量 A（正极）和 G（负极）	DC/DC 绝缘阻值： 在环境温度为 23℃ ±2℃和相对湿度为 80%~90% 时，高压输入与车身（外壳）之间的绝缘电阻≥1000MΩ；在工作温度为 -20~65℃和工作湿度为 5%~85% HR 环境下，高压输入与车身（外壳）之间的绝缘电阻≥20MΩ
4	空调压缩机	空调压缩机正、负极绝缘电阻的检测	万用表 FLUKE1587C	① 将低压蓄电池负极断开 ② 拔掉高压盒八芯插头 ③ 将万用表黑表笔接于车身，红表笔逐个测量 C（正极）和 F（负极）	向空调压缩机内充入 50 cm^3 ±1cm^3 的冷冻机油和 63g ±1g 的 HFC-134a 制冷剂后，其正、负极对车身（外壳）的绝缘电阻≥5MΩ；清空空调压缩机内部的冷冻机油后，其正、负极对车身（外壳）的绝缘电阻≥50MΩ
5	PDC	PDC 正、负极绝缘电阻值的测量	万用表 FLUKE1587C	① 将低压蓄电池负极断开 ② 拔掉高压盒八芯插头 ③ 将万用表黑表笔接于车身，红表笔逐个测量 D（正极）和 E（负极）	PDC 正、负极与车身（外壳）绝缘电阻值≥500MΩ

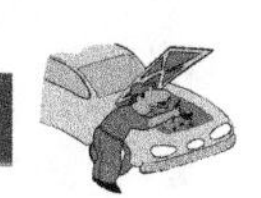

（续）

序号	高压零部件	检测项目	检测所需仪器设备	检测方法	标准值
6	电机控制器、驱动电机	电机控制器，驱动电机正、负极输入绝缘电阻值的测量	万用表 FLUKE1587C	① 将低压蓄电池负极断开 ② 拔掉高压盒电机控制器插头 ③ 将万用表黑表笔接于车身，红表笔逐个测量正、负极端子	电机控制器正、负极输入端子与车身（外壳）绝缘电阻值≥100MΩ
7	熔断器盒	高压盒正、负极绝缘电阻值的测量	万用表 FLUKE1587C	① 将低压蓄电池负极断开 ② 拔掉高压盒八芯插头、动力电池输入插头、驱动电机控制器输出插头 ③ 将万用表黑表笔接于车身，红表笔逐个测量高压盒端（动力电池输入，驱动电机控制器输出）	高压盒端（动力电池输入，驱动电机控制器输出）与车身（外壳）绝缘电阻值为无穷大

注意事项：在测量高压部件绝缘阻值前，先将低压蓄电池负极断开（除动力电池），用万用表测量，确认所测部位无高压后再进行测量。

本章小结

1. 在汽车的技术状况完好或基本完好的情况下，为了延长汽车的使用寿命，并使之经常处于良好技术状态，而对汽车所采取的一系列技术措施，称为维护或保养。

2. 汽车的常规维护包括日常维护、一级维护和二级维护；按需维护包括季节性维护和免拆维护。

3. 汽车日常维护也称例行保养，是各级维护的基础，是指驾驶人在每日出车前、行车中、收车后，针对车辆使用情况所做的一系列预防性为主的维护作业。中心内容是清洁、补给和安全性能检视。

4. 汽车一级维护是一项运行性维护，即在汽车日常使用过程的一次以确保车辆正常运行状况为目的的作业，以润滑、紧固为作业中心内容，并检查有关制动、操纵等系统中的安全部件。

5. 汽车二级维护是指除完成一级维护作业外，以检查、调整制动系、转向操纵系、悬架等安全部件，并拆检轮胎，进行轮胎换位，检查调整发动机工作状况和汽车排放相关系统等为主的维护作业。由维修企业负责执行。

6. 汽车二级维护是维护制度中规定的最高级别维护，其目的是维持汽车各总成、机构的零件具有良好的工作性能，及时消除故障和隐患，保证汽车动力性、经济性、环保性、操纵性及安全性能满足要求，确保汽车在二级维护间隔期内能正常运行。

7. 汽车二级维护的基本要求是：维护前进行进厂检测诊断；在维护作业过程中进行过程检验；维护结束后进行竣工检验。

8. 汽车二级维护基本作业项目是无论汽车的技术状况如何都必须完成的内容，它真正体现了“强制维护”的要求。

9. 确定汽车二级维护附加作业项目的原则是：根据进厂检测结果，以消除汽车故障为目的，与基本作业项目一并进行。

10. 汽车二级维护竣工检验应由专职检验员及专业检测线和专业检测仪器来完成，检验人员须熟悉汽车二级维护的作业内容、作业过程及维护汽车的技术要求，掌握国家、行业、地方及厂家的有关技术标准和检测方法，并能对汽车二级维护竣工检验（包括人工检查，道路试验和检测线检测等）的结果进行分析，指导维修人员进行调整修理，能够正确填写有关的技术资料。

11. 各类型LPG汽车维护、检测技术规范参照《各类型LPG汽车维护、检测技术规范导则》进行。

12. 在季节转换之前，结合定期维护，并附加一些相应的作业项目，使汽车能适应变化了的运行条件，这种附加性维护称为季节维护或换季保养。在汽车维修市场上属于按需维护范畴。

13. 在突出“不解体”的前提下，用专用设备及保护用品对汽车供油系统、冷却系统、润滑系统、制动系统、自动变速器等进行清洗和补给维护，彻底消除其中的油泥、积炭等积垢，彻底更换工作液，使各系统、总成工作更加顺畅，从而预防故障发生，延长汽车使用寿命的新型维护方法叫免拆维护。在汽车维修市场上属于按需维护范畴。

14. 我国新能源汽车的主要类型有纯电动汽车、混合动力汽车和氢燃料电池汽车。其中，混合动力汽车作为过渡产品，其保有量逐年下降；氢燃料电池汽车技术还不够成熟，保有量增长缓慢；而纯电动汽车技术成熟度较高，起步快，保有量迅速增长。

15. 纯电动汽车由动力电池组和电机代替传统汽车的发动机来驱动汽车行驶。其保养项目主要有动力电池、驱动电机和电气与电控三大系统。

基础练习

1. 单项选择

1）汽车日常维护由________来完成。

A. 维修工　　B. 驾驶人　　C. 生产厂　　D. 经销商

2）汽车日常维护的中心内容是________。

A. 清洁、润滑、紧固　　B. 清洁、补给和安全性能检视

C. 检查、调整　　D. 拆检

3）汽车一级维护由________来完成。

A. 维修工　　B. 驾驶人　　C. 生产厂　　D. 经销商

4）汽车一级维护的中心内容是________。

A. 润滑、紧固　　B. 清洁、补给和安全检视

C. 检查、调整　　D. 拆检

5）汽车一级维护质量保证期为________。

A. 300km或者2日　　B. 1000km或者5日

C. 2000km或者10日　　D. 2500km或者15日

6）汽车二级维护的中心内容是________。

A. 清洁、润滑、紧固　　　B. 清洁、补给和安全检视

C. 检查、调整　　　D. 拆检

7）汽车一、二级维护周期的确定，应以汽车________为基本依据。

A. 行车时间间隔　　B. 行驶里程　　C. 诊断周期　　D. 车辆使用说明书

8）汽车二级维护竣工检验是对承修汽车在二级维护过程中作业项目维护质量的一次综合检验，由________来完成。

A. 专职检验员和专职修理工　　　B. 专职修理工和专业检测线

C. 专职检验员和专业检测线　　　D. 专职检验员和专业工、量具

9）汽车附加作业小修是用修理或更换个别零件的方法，保证或恢复汽车工作能力的________。

A. 计划修理　　B. 定期修理　　C. 恢复性修理　　D. 运行性修理

10）汽车二级维护质量保证期为________。

A. 1000km 或者 5 日　　　B. 2000km 或者 10 日

C. 2500km 或者 15 日　　　D. 5000km 或者 30 日

2. 判断正误

1）日常维护可有可无。（　　）

2）汽车一级维护属于常规定期保养。（　　）

3）汽车底盘不影响车容，故不需要做保养。（　　）

4）制动液加得越多越好。（　　）

5）汽车二级维护前必须对其进行进厂检测，以确定附加作业内容。（　　）

6）汽车二级维护是新的维护制度中最高级别的维护，但不包括一级维护的内容。（　　）

7）免拆维护作业中，不准拆卸任何零部件。（　　）

技能训练

汽车维护作业训练项目1：检查与调整发电机传动带

序号	作业项目	训练内容及要求	配分	评分标准（各项配分扣完为止）	扣分	得分
1	劳动用具穿戴	劳保用具穿戴齐全	5	穿戴不全不得分		
2	正确选用工具、量具、材料	选用工具、量具、材料齐全准确	5	缺一件扣1分，选错一件扣1分，扣完为止		
3	准备	检测前准备	5	准备不充分一次扣2.5分，2次扣5分		
				准备失误扣5分		
4	检查	检查传动带的磨损程度	10	检查方法不正确扣5分		
				检查结果不正确扣5分		
		检查传动带的松紧度	10	检查方法不正确扣5分		
				检查结果不正确扣5分		

（续）

序号	作业项目	训练内容及要求	配分	评分标准（各项配分扣完为止）	扣分	得分
5	调整	调整传动带的松紧度	30	调整方法不正确扣20分		
				调整结果不正确扣10分		
6	复检	复检传动带的松紧度	10	检查结果不正确扣5分		
				未检查扣10分		
7	正确使用工具、用具	工具、用具使用正确	10	一种工具、用具使用不正确扣2分，扣完为止		
				损坏、丢失一件工具、用具不得分		
8	操作规程	操作规程执行情况	10	违反操作规程不得分		
9	清理现场	清理、擦洗并收回工具、用具	5	少收一件工具、用具扣1分，扣完为止		
合计			100			
否定项说明：出现重大安全事故按0分计						

汽车维护作业训练项目2：检测汽油机喷油器

序号	作业项目	训练内容及要求	配分	评分标准（各项配分扣完为止）	扣分	得分
1	劳动用具穿戴	劳保用具穿戴齐全	5	穿戴不全不得分		
2	正确选用工具、量具、材料	选用工具、量具、材料齐全准确	5	缺一件扣1分，选错一件扣1分		
3	准备	检测前准备	5	准备不充分一次扣2.5分		
				准备失误扣5分		
4	检验驱动电路	检验驱动电路	20	检验方法不正确扣10分		
				检验结果不正确扣10分		
5	检测电阻	检测电阻	20	检验方法不正确扣10分		
				检验结果不正确扣10分		
6	检验喷雾质量（口述）	检验喷雾质量	20	检验方法不正确扣10分		
				技术规范叙述不正确扣10分		
7	正确使用工具、用具	工具、用具使用正确	10	一种工具、用具使用不正确扣2分		
				损坏、丢失一件工具、用具不得分		
8	操作规程	操作规程执行情况	10	违反操作规程不得分		
9	清理现场	清理、擦洗并收回工具、用具	5	少收一件工具、用具扣1分		
合计			100			
否定项说明：出现重大安全事故按0分计						

汽车维护作业训练项目3：汽车轮胎换位

序号	作业项目	训练内容及要求	配分	评分标准（各项配分扣完为止）	扣分	得分
1	劳动用具穿戴	劳保用具穿戴齐全	5	穿戴不全不得分		
2	正确选用工具、量具、材料	选用工具、量具、材料齐全准确	5	缺一件扣1分，选错一件扣1分，扣完为止		
3	准备	换位操作前准备	5	准备不充分一次扣2.5分，两次扣5分		
				准备失误扣5分		
4	拆卸	按规范松开车轮并取下车轮	10	螺栓拆卸方法不正确扣5分		
				操作方法不正确扣5分		
5	轮胎换位	进行轮胎换位	30	换位方法不正确扣30分		
6	安装	安装车轮并紧固车轮	20	安装不正确扣5分		
				螺栓紧固方法不正确扣5分		
				紧固力矩不正确扣10分		
7	正确使用工具、用具	工具、用具使用正确	10	一种工具、用具使用不正确扣2分，扣完为止		
				损坏、丢失一件工具、用具不得分		
8	操作规程	操作规程执行情况	10	违反操作规程不得分		
9	清理现场	清理、擦洗并收回工具、用具	5	少收一件工具、用具扣1分，扣完为止		
合计			100			
否定项说明：出现重大安全事故按0分计						

汽车维护作业训练项目4：拆装与检查正时带

序号	作业项目	训练内容及要求	配分	评分标准（各项配分扣完为止）	扣分	得分
1	劳动用具穿戴	劳保用具穿戴齐全	5	穿戴不全不得分		
2	正确选用工具、量具、材料	选用工具、量具、材料齐全准确	5	缺一件扣1分，选错一件扣1分，扣完为止		
3	准备	检测前准备	10	准备不充分一次扣2.5分，两次扣5分		
				准备失误扣5分		
4	拆卸	从发动机上拆卸正时带	15	每出现一次错误扣5分，扣完为止		
5	检查正时带	正确检查正时带	10	每出现一次错误扣5分，扣完为止		
6	安装	正确安装正时带	15	每出现一次错误扣5分，扣完为止		
7	检查正时带张紧度	正确检查正时带张紧度	15	检查方法错误扣5分		
				检查结果错误扣10分		

（续）

序号	作业项目	训练内容及要求	配分	评分标准（各项配分扣完为止）	扣分	得分
8	正确使用工具、用具	工具、用具使用正确	10	一种工具、用具使用不正确扣2分，扣完为止		
				损坏、丢失一件工具、用具不得分		
9	操作规程	操作规程执行情况	10	违反操作规程不得分		
10	清理现场	清理、擦洗并收回工具、用具	5	少收一件工具、用具扣1分，扣完为止		
合计			100			
否定项说明：出现重大安全事故按0分计						

理论思考

1. 汽车日常维护的主要内容是什么？
2. 汽车一级维护的主要内容是什么？
3. 汽车二级维护的主要内容是什么？
4. 汽车二级维护前对其进行进厂检测的目的是什么？
5. 汽车二级维护竣工检验的技术要求有哪些？
6. 汽车二级维护竣工检验中采用人工检查的主要内容有哪些？
7. 我国重点发展纯电动新能源汽车的原因是什么？
8. 换入冬季时一般汽油车需做哪些换季维护作业？
9. 汽车进行免拆维护的目的是什么？
10. 为什么要贯彻“定期检测、强制维护、视情修理”的原则？

第4章

4S店典型车型维护及保养灯归零操作规程

根据中华人民共和国商务部令2017年第1号《汽车销售管理办法》新政规定，允许多种汽车销售存在。这对于促进汽车超市、汽车卖场、汽车电商等新汽车销售形式的发展，实行授权和非授权两种模式并行的局面，为打破品牌垄断、让市场充分竞争、创新流通模式创造了更好的条件。

新的销售管理办法明确规定，今后消费者购车既可以在4S店，又可以在销售多个汽车品牌的汽车超市，也可以在苏宁、国美、淘宝等渠道，这在很大程度上方便了消费者。新的销售管理办法中，最显著的变化就是4S店作为唯一卖车渠道的模式已被打破。这虽然加剧了4S店今后更加激烈的市场竞争局面，但同时由于新政解除了4S店以往只能销售单一厂家有限品牌的限制，转而允许销售更多厂家、更多品牌汽车的利好政策，加上4S店整体形象好、服务规范化、人员专业化、技术标准化、配件质量有保证等优势，使汽车4S店又迎来了新的发展机遇，汽车售后技术服务方面在今后较长一段时间里仍然占有领先优势。

由于今后4S店销售的车型种类更加繁多，使得4S店售后维修保养方面所面临的技术难度也将越来越大，这也必然要求汽车4S店售后技术服务人员应及时更新知识面，拓展专业技能，以适应新政变化。

学习目标：

- 熟悉汽车4S店基本运作流程及作业项目
- 知道汽车4S店各工位的操作规程及技术要求

学习重点：

- 掌握汽车4S店内典型车型的各项目维护与保养的操作方法
- 熟练掌握汽车保养灯的归零、复位方法

4.1　现代汽车4S店维护操作规程

我国汽车工业已经成为国民经济的支柱产业，尤其是进入21世纪以来，汽车市场出现了“井喷”的发展现象，汽车市场的竞争不再仅仅是汽车产品的竞争，而且有很大部分是售后服务的竞争。为了提高自己的竞争力，各大汽车制造商几乎都在采取加盟的方式纷纷在各大、中城市建立规范化、标准化、系统化的汽车4S店（整车销售Sale、零配件供应Spare part、售后服务Service、信息反馈Survey）。据统计，汽车4S店售后服务业务中有60%~70%的工作为常规维护保养工作，为此，本节就汽车4S店的工作流程、管理机制、操作要领、技术要求等进行详细讲解。

4.1.1　汽车4S店的基本运作流程

为提高汽车4S店服务水平、工作效率、工作质量和经济效益等，汽车4S店都有一套相对完善的运作流程，大体包含以下几方面：预约、接待、填写修理单（报修）、监督工作进程、交车前的最后检查、交车时的维修说明、服务追踪和与客户建立良好的关系等，详见图4-1与表4-1~表4-8。

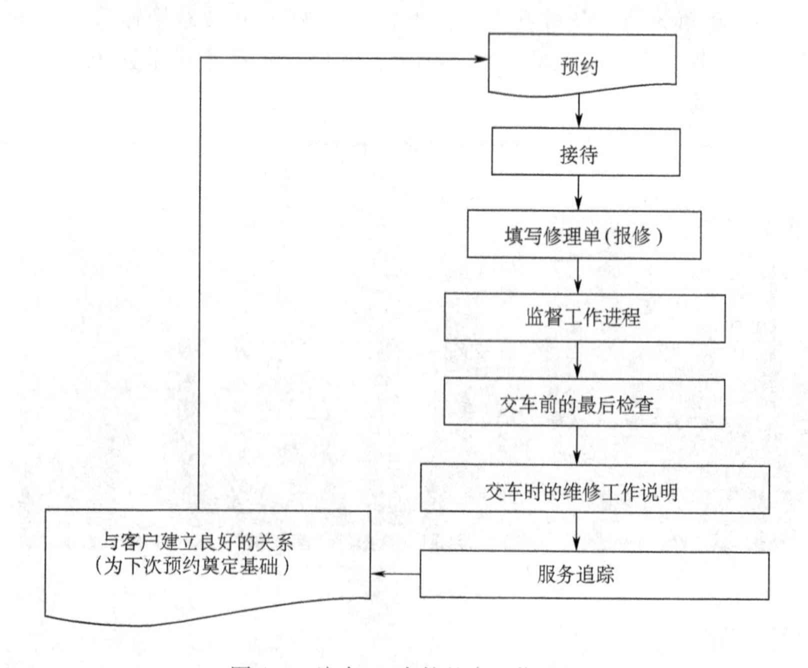

图4-1　汽车4S店的基本运作流程

1. 预约（表 4-1）

表 4-1　汽车 4S 店预约流程的操作步骤及注意事项

序号	操作步骤	操作图解	注意事项	目标、要点及提示
1	进行电话预约	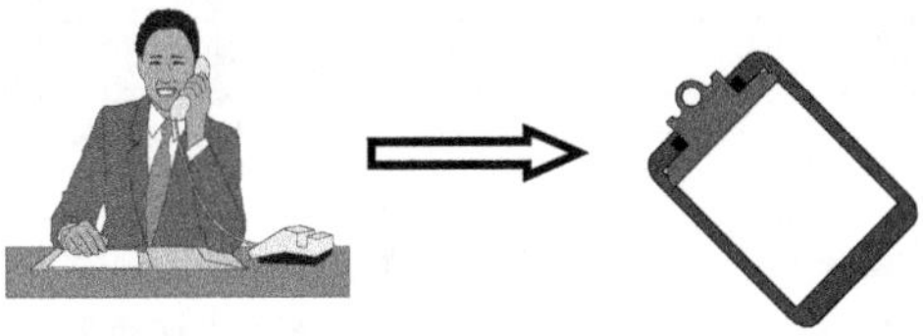 填写预约表，对返修客和投诉客要特别标出	1）把握好预约时机：即什么时候可以预约，什么时候不能预约 2）填写预约表时注意： ① 预约时间应保持 15min 左右间隔 ② 预约截止时间由维修主管决定 ③ 问清楚是“返修客”，还是“投诉客”	**目标：** ① 确保接待顾客准时而且有秩序 ② 确保事先准备好必要的更换零件 **要点：** ① 尽可能将预约放在空闲时间，避免都挤在繁忙的上午和即将收工的傍晚 ② 留出 20% 的车间容量应付简易修理和前一天遗留下来的修理及不能预见的延误 ③ 将预约间隔开（例如，15min 间隔），防止重叠 ④ 与安全有关的返修客及投诉客的预约应予优先安排 **提示：** 预约系统可以有效地将工作分配到维修车间，并且安排足够的时间给每个客户，从而提高客户满意度。如果预约系统能合理发挥作用，其他的工作过程可变得有效平稳
2	确认预约	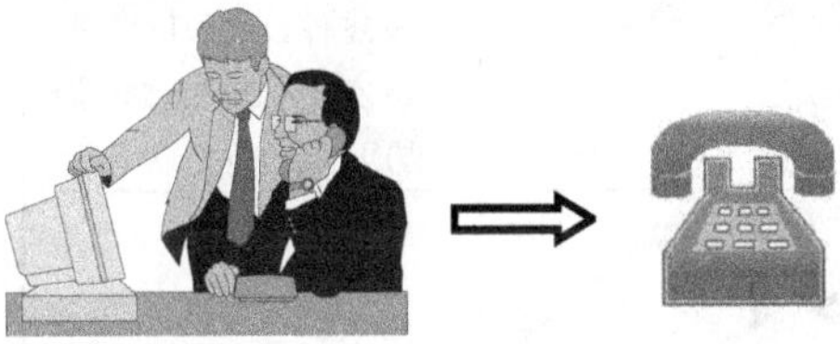 提前两天与顾客联络，以确认预约		
3	准备维修单	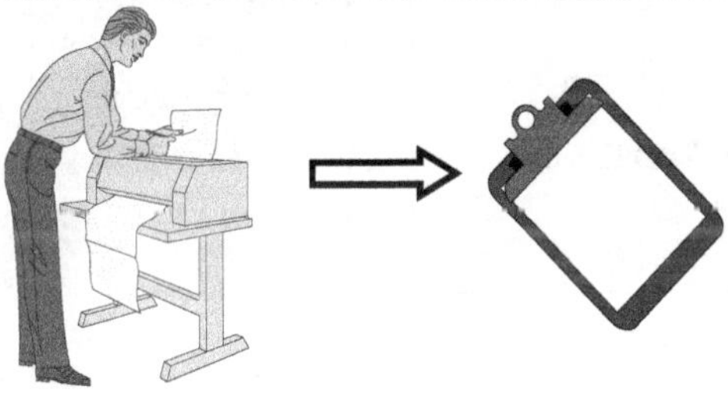 查阅顾客档案或计算机打印出资料	参考顾客档案，计算机打印资料或预约表，将顾客及车辆资料写在修理单上	
4	按 L1 和 L2 两条路线并根据具体情况进行维修准备	L1 路线： 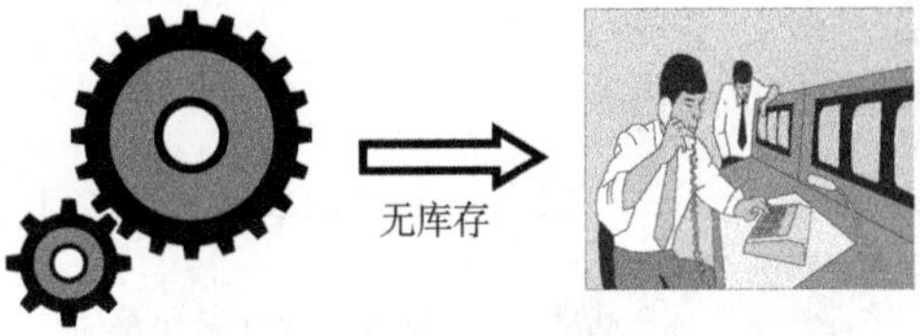 无库存 确定简单工作及定期检查用的主要零件有无库存	① 查询可能的送货日期，并通知顾客，零件何时才有 ② 要求零件部订购必要的零件	
		L2 路线：  预先要求车间主任进行诊断 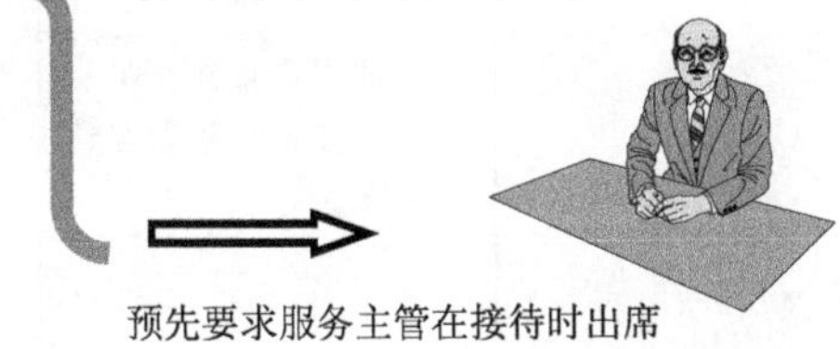 预先要求服务主管在接待时出席	要求车间主任估计要做的工作量及所需时间	

2. 接待（表4-2）

表4-2 汽车4S店接待流程的操作步骤及注意事项

<table>
<tr><th>序号</th><th>操作步骤</th><th>操作图解</th><th>注意事项</th><th>目标、要点及提示</th></tr>
<tr><td>1</td><td>日常准备</td><td> 准备必要的文件、地毯/椅套等</td><td>具体准备：
① 预约表和工作进度表
② 修理单
③ 顾客档案
④ 统一费率手册或人工收费表
⑤ 零件目录和价目表
⑥ 车主手册和维修手册
⑦ 地毯和椅套</td><td rowspan="5">目标：
① 详细了解客户的需求
② 确认故障症状
③ 推荐客户不知道的附加项目
要点：
① 要求服务主管派人协助
② 小心听取客户的要求，将客户的描述登记在修理单上
③ 与技术主管进行路试或仪器诊断
④ 要求技术主管签字
提示：
接待过程的目标是：用有序、专业的方式接待顾客，增加客户的信心，在有能力的基础上超越客户的期望</td></tr>
<tr><td>2</td><td>接待顾客</td><td> 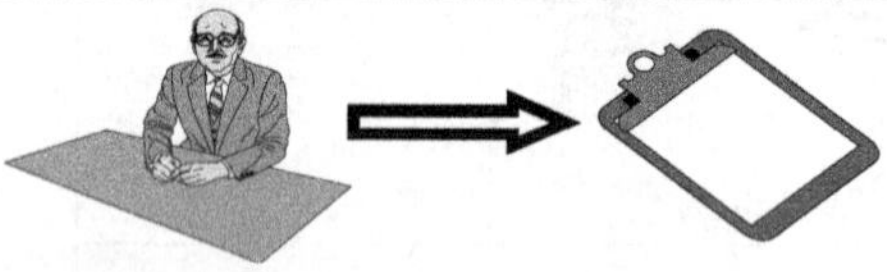① 礼貌地迎接顾客
② 自我介绍
③ 询问顾客姓名，以及他（或她）是否预约
④ 询问顾客是否是第一次来
⑤ 在修理单上写下顾客和车辆的资料</td><td>① 如果是新客则进行第3项操作，即小心聆听
② 如果是熟客或长期顾客则取出已制备好的修理单和顾客档案（资料）</td></tr>
<tr><td rowspan="3">3</td><td rowspan="3">小心聆听</td><td> 小心聆听，以了解故障（或维修要求）、故障产生的情况等</td><td>必要时，需要服务专员与顾客进行交谈</td></tr>
<tr><td> 询问检查目的和里程表读数，然后确定技术检查程序（例如，40000km例行检查）</td><td>① 需要服务主管参加交谈
② 用顾客的话，将症状及要求写在修理单上
③ 将顾客的要求和服务主管的指示写在修理单上</td></tr>
<tr><td> 取出顾客档案或打印出维修记录</td><td>① 带上椅套及地毯
② 必要时，陪顾客到汽车诊断区</td></tr>
</table>

（续）

<table>
<tr><th>序号</th><th>操作步骤</th><th>操 作 图 解</th><th>注 意 事 项</th><th>目标、要点及提示</th></tr>
<tr><td>4</td><td>准备诊断</td><td>①罩上椅套，铺上地毯
②索取品质保证书或维修手册
③查看顾客档案，计算机打印出资料，了解上次维修情况</td><td>①在车旁进行操作
②确认车主姓名和上次所做的检查
③确认汽车识别资料已写在修理单上
④记下里程计读数</td><td rowspan="2">其他要点：
①在一般维修和返修或投诉后，还需完成：用服务主管或车间主任的话，将替换零件及工作指示写在修理单上。询问顾客是否还有其他要求
②将工作指示写在修理单上时注意：
如果顾客有其他要求，请用顾客自己的话记下；记下接车前检查的结果；检查车内是否遗留有贵重物品
除了定期检查，工作指示和替换零件应该用车间主任自己的话记下来</td></tr>
<tr><td>5</td><td>车上检查和决定要做的工作</td><td>发动机舱检查
1 2 3 4 5 6
与车主一起按图中顺序环车检查，根据下面表格中所列项目将检查结果记录在修理单或车辆初检表格中
车辆初检表
车牌号 车型 里程 维修日期
应预查随车附件，并注明其状况：良好（√）有问题（O）
前后标 备胎
点烟器 随车工具
内饰划痕 贵重物品
车身漆 其他
油预指针
仪表板：
ABS 蓄电池 发动机转速 方向指示灯 远光指示灯 车速/里程 燃油表 冷却液温度 发动机故障指示灯 制动警示灯 安全气囊 机油压力 安全带
SERVICE VEHICLE SOON LOW TIRE □SECURITY□ LOW TRAC □ DOOR/TRUNK □冷却液温度指示灯□
□ TRAC OFF □ CHANGE DIL SOON□LOW COOLANT□LOW WASH □
PRND321 □后雾灯 □ 仪表信息中心 □
HOLD 保持模式指示灯 □开门警告灯 □ 前雾灯 □后雾灯 □ P 变速杆指示 □
运动模式 □
外观及内饰：</td><td>分以下三种情况进行：
①定期检查。推荐检查项目（例如，50000km检查），然后将它写在修理单上
②一般维修。要求车间主任协助。根据车间主任进行的车上诊断，亲自确认症状。如果必要，进行路面驾驶
③返修或投诉。要求车间主任协助。根据服务主管或车间主任进行的诊断，与顾客一起确认投诉的性质。在修理单上清楚标示“返修”或“投诉”</td></tr>
</table>

3. 接待填写修理单（报修，表4-3）

表4-3　汽车4S店报修流程的操作步骤及注意事项

序号	操作步骤	操作图解	注意事项	目标、要点及提示
1	写下修理要求	① 检查零件库存情况 ② 估计收费和交车日期及时间 ③ 解释要做的工作，并获得客户的批准 ④ 将修理单交给车间主任	① 逐项解释收费 ② 总体打折，单项不打折 ③ 加强设备仪器的使用 ④ 增加附加检测 ⑤ 加强收费的解释说明 ⑥ 质量保证说明 ⑦ 配件解释说明 ⑧ 打折幅度变化不宜过大 ⑨ 制订收费标准 ⑩ 品牌不打折 ⑪ 不让客户找经理或老板 ⑫ 事故车估价细致，预见不可估计费用 ⑬ 注意维修难度 ⑭ 了解配件价格及采购难度 ⑮ 是否常见车型，其他修理企业能否完成，是否到其他企业维修过 ⑯ 了解什么样的客户类型，了解是否本地车和外地车	**目标：** ① 有关维修的一切项目和费用，均要取得客户的同意 ② 要签合约 **要点：** ① 逐项写出收费金额，以便顾客了解估价 ② 除了定期检查，人工和零件的收费应与车间主任一起协商估算 ③ 若是定期检查，人工和零件收费应按照统一费率手册和零件目录估算 **提示：** 有效的修理单信息和有效的维修过程管理为顾客满意度打下基础，精确的修理单写法是达到“一次修复”的重要一环

4. 监督工作进程（表4-4）

表4-4　汽车4S店监督工作进程的操作步骤及注意事项

序号	操作步骤	操作图解	注意事项	目标、要点及提示
1	检查工作进程	顾客等候 利用工作进程控制表/板来监督各项工作，向顾客汇报工作进程	在预定交车前2h，检查工作进程	**目标：** 跟进工作进程，以确保车辆可以按预定的日期和时间交给顾客 **要点：** ① 确保车间主任或调度员随时刷新工作进程控制表或工作进程控制板，以及反映各项工作最新状况 ② 如果必须做改动，将添加的工作、增加的收费以及新的交货日期和时间通知顾客，并获得其同意 **提示：** 质量控制系统用来确保客户的车辆长期能被一次修复
2	有变化时，事先征得顾客同意	顾客同意 ① 将客户同意的变动项目通知车间主任，以便他能恢复工作 ② 在车间主任的协助下决定新的交车时间及估价 ③ 将变化通知顾客，并争得他或她的同意 ④ 将顾客的回答记在修理单上	将变化写在修理单上时注意： ① 为了使顾客同意了的任何变动突出醒目，用红笔书写添加的工作、增加的收费和修改了的交车时间 ② 在预定交车时间前2h，检查各车的工作进程	

5. 交车前的最后检查（表 4-5）

表 4-5　汽车 4S 店交车前的最后检查步骤及注意事项

序号	操作步骤	操 作 图 解	注 意 事 项	目标、要点及提示
1	对所做的工作进行车上检查	① 查看修理单，以确认最后检查已完成（例如车间主任签字）。如果修理单上写的内容有不清楚的地方，要向车间主任或技术员查询 ② 检查所做的工作和所更换的零件。准备好对顾客有用的资料 ③ 确认车辆里外已清理干净 ④ 确认其他交车前的礼仪工作（将座椅回复到原来位置等） ⑤ 再次检查接车前的检查项目（车身损伤等），并与原先的检查进行比较	在修理单上记述所做的工作和最后检查结果时注意： ① 确认接车前的检查项目，并与现在的检查进行比较 ② 确认最后检查已完成 ③ 在完成了交车前最后检查后，请服务主管和服务专员签字	**目标：** ① 确保顾客要求的所有工作确实完成了，而且质量满意 ② 了解所有工作的详情、更换了什么零件和更换的原因，以及每一项的收费，以便在交车时能做出令顾客满意的解释 ③ 确保所需要的文件、更换的零件等均已准备好，以展示给顾客看 **要点：** ① 要求进行维修的车间主任或技术员对所做的工作做出完整的解释（什么、为什么和如何） ② 填好修理单和适当的分项账单。如果收费与原先的估价有很大出入，找出其原因，并且准备做出清楚的解释 ③ 如果是返修或投诉，请服务主管亲自确认你所做的交车准备工作（例如，所做的工作、工作质量、换掉的零件、文件等） ④ 建议让当初接待顾客的那位服务专员做交车的准备工作，并在交车时对所做的工作进行解释 **提示：** 交车程序是为了确保顾客离开时对销售店有正面的印象并对工作满意
2	备妥文件	① 填好修理单，并逐项检查收费，包括人工和零件价格 ② 根据修理单制备账单（如果账单与修理单是分开的话）	① 要求服务主管批准特别修理（例如，昂贵的修理、保用工作或返修等）的收费 ② 要求服务主管亲自确认返修或投诉的交车前的最后检查 ③ 在维修手册或品质保证书中记录已完成的定期检查	
3	准备交还给顾客的材料	准备要交还给顾客或要给顾客看的换下来的零件和材料（例如，换掉的零件、维修手册或品质保证书、钥匙等）	及时通知顾客车辆维修工作已完成	

6. 交车时的维修工作说明（表4-6）

表4-6　汽车4S店交车时的维修工作说明及注意事项

序号	操作步骤	操作图解	注意事项	目标、要点及提示
1	解释所做的工作和收费（在业务处）	 ① 向顾客问好 ② 向顾客讲述在维修中发现的问题，并且提供有用的咨询	分三种情况进行说明： ① 定期检查。解释所做的工作 ② 一般修理。解释所做的工作，并展示换下的零件 ③ 返修或投诉。解释所做的工作，并展示换下的零件。此时服务主管应在场	**目标：** 确保顾客对4S店有信赖感： ① 向顾客展示，所要求的工作已圆满完成，因此顾客可以满怀信心地驾驶他或她的车辆 ② 让顾客理解收费是合理的 **要点：** ① 在车旁还应再简述所做的工作 ② 应该逐项解释收费（人工收费和零件价格），并且展示换下来的零件 ③ 作为汽车保养专家，应向顾客讲述在维修过程中发现的问题。例如：如何防止同类故障再次发生；提供资料，让顾客可以享受更多的驾驶乐趣
2	展示所做工作的质量（在车上）	 ① 取下椅套 ② 陪同顾客至业务处	陪同顾客到车旁，并做如下的工作： ① 解释所做的工作 ② 展示所做的工作（如果在诊断时进行了路面驾驶，那么此时亦与顾客一起进行路面驾驶） ③ 展示接车前检查的项目都好了（例如，门铰链已加油） ④ 展示商誉性的服务	
3	请顾客付款（在业务处）	 ① 请顾客付款 ② 回到业务处解释所做的工作  ① 通知顾客下次保养检查的时间 ② 询问顾客，何时进行维修后追踪比较方便 ③ 交还维修手册或品质保证书、钥匙等 ④ 在修理单上写下预约服务的时间	不要催促顾客付款	

7. 服务追踪（表4-7）

表4-7 汽车4S店服务追踪步骤及注意事项

<table>
<tr><th>序号</th><th>操作步骤</th><th>操作图解</th><th>注意事项</th><th>目标、要点及提示</th></tr>
<tr><td rowspan="2">1</td><td rowspan="2">维修后追踪（L1和L2）</td><td>L1 通过电话
①取出有关的修理单（在维修后一周内）
②在预约的日期和时间联络顾客，并且按照预定的程序进行追踪（例如，感谢顾客惠顾，确认他/她是否满意等）</td><td>①如果顾客满意：感谢顾客，并欢迎继续光临
②如果顾客不满意或投诉：感谢顾客提出的问题，从而帮助杜绝下次出现同样的问题
请顾客将车开回维修车间，以便解决投诉的问题
立即向服务主管报告投诉</td><td rowspan="3">目标：
①对顾客惠顾表示感谢
②了解顾客对服务是否满意：如果他（或她）不满意，采取行动解决任何可能存在的问题
③通知顾客下一次例行保养检查的时间
要求：
①为表示出关怀顾客的态度，请顾客提供意见，以帮助4S店改进服务
②确实执行服务主管决定，通过电话追踪的标准程序
③确实执行服务主管决定，处理不满意顾客的标准程序（例如，立即报告服务主管，以便他能与顾客联络）
提示：
跟踪服务可以保持与顾客的交流并在顾客满意度方面提供有价值的反馈</td></tr>
<tr><td>L2 通过信件</td><td>按照预定程序编制的调查问卷邮寄给顾客</td></tr>
<tr><td>2</td><td>向服务主管报告追踪的结果</td><td>总结当天追踪的结果，并且向服务主管汇报</td><td></td></tr>
</table>

8. 与客户建立良好的关系（表4-8）

表4-8 汽车4S店与客户建立良好关系的注意事项

序号	操作步骤	操作图解	注意事项
1		通过关系营销，与客户建立良好的关系。使客户从满意到感动	①了解掌握客户的自然情况和性格特点 ②每逢重大节日给客户寄上一份惊喜 ③每年春节赠送一份纪念品 ④客户生日发函电祝寿或直接参加 ⑤得知客户生病，就地前往探望，异地发函电慰问 ⑥获悉客户婚丧嫁娶等红白喜事，以合适的方式予以表示 ⑦邀请或参加双方重大活动

4.1.2　汽车4S店的安全生产

1. 员工个人安全注意事项

1）着装和佩戴饰物：外衣不宜太宽松，严禁披穿，长袖应扣好，衣裙掖进裤腰内，领带藏在衬衣内，严禁戴珠宝饰物，严禁穿拖鞋，最好穿鞋面坚固、鞋底耐油的鞋子。

2）眼睛的保护：使用电动工具、锤、錾或在车底作业时会引起火花、灰尘、铁屑等，故应佩戴劳保眼镜。注意摘眼镜前闭上眼睛，以免尘埃掉入眼睛。

3）旋转物周围作业：如在发电机、起动机、风扇、水泵、压缩机、传动轴、动平衡机、轮胎拆装机、砂轮机、钻床等周围作业时应注意手、衣物、擦布、工具、量具不要放在附近。

4）搬运重物：注意腰、背、肘、脚，要量力而行。注意台架牢靠固定。

2. 工具和设备的安全使用注意事项

1）安全使用手工工具。

2）切勿使用破损、不适合的工具；不要碰锋口；注意工具清洁和脱手是否会受伤。

3）安全使用电气工具设备。

4）佩戴保护器具、检查保护装置、测量是否漏电，使用焊接设备时注意防火防爆。

5）安全使用空气压缩机。

6）检查气管和压力、清洁卫生用安全喷嘴、气动工具安装到位。

3. 提升汽车时的安全注意事项

1）安全使用移动提升机和安全支座。检查移动提升机是否正常、注意支点位置、放置挡块、使用安全支座。

2）安全使用整车提升机（单柱式、双柱式、四柱式、菱架式、手动液压吊车、电动液压吊车）。注意支点位置、考虑汽车平衡、确认高度和宽度、锁好锁止机构。

4. 在车间发动汽车时的注意事项

1）用车轮挡块，固定汽车。

2）变速杆置于空档或停车档。

3）拉紧驻车制动器手柄。

4）注意废气排放。

5. 防火灾和使用灭火器时的注意事项

1）电气管理（先断电，后灭火，根据涉及可燃物选择灭火器具）。

2）管理好油料。

3）管理好易燃易爆物。

4）合理使用灭火器。

4.1.3　汽车4S店的7S工作制

为塑造良好的工作环境和企业形象，提高生产力、工作效率、生产安全性、服务水平和维修质量以及人员素质，减少不必要的浪费，现在大部分汽车4S店开始推行7S工作管理机制。

1. 汽车 4S 店 7S 工作制的概念

1）整理（Seiri）：工作现场，区别要与不要的东西，只保留有用的东西，撤除不需要的东西。

2）整顿（Seiton）：把要用的东西，按规定位置摆放整齐，并做好标识进行管理。

3）清扫（Seiso）：将汽车 4S 店不需要的东西清除掉，保持工作现场无垃圾，无污秽状态。

4）清洁（Seiketsu）：维持以上整理、整顿、清扫后的局面，使工作人员觉得整洁卫生。

5）素养（Shitsuke）：让每个员工都自觉遵守各项规章制度，养成正确执行各项决定的良好习惯。

6）安全（Safety）：规范操作，树立安全第一的观念；清除事故隐患，保障员工人身安全，保证生产正常运行。

7）节约（Saving）：合理利用时间、空间和能源，做到物尽其用，发挥其最大效能。

2. 7S 工作制的要求

1）良好的仪表及礼仪：统一规范的着装要求，良好的坐姿、站姿，电话礼仪，整洁、明亮、大方、舒适的接待环境。

2）单一整洁的办公室：台面整洁，文具单一化管理，公用设施、设备责任人标识。

3）生产工具管理：采用单一化管理，简洁实用。

4）现场管理：分区划线，员工工作井然有序，工作环境清洁明亮。

5）工作速度和效率：最佳的速度和零不良率。

6）空间效率：对现场分区划线，对各场地的利用率予以分析，增加有限空间的利用价值。

7）安全生产：禁止一切违规操作，定期检查安全设施，加强安全意识，做好安全宣传。

8）严明的小组督导：上班前经理、班组长对员工进行检查督导，工作过程中，对发现的问题及时开展小组督导，下班前对全天的工作进行总结。

9）工作评估：自我评估与综合考核评价相结合。

3. 7S 工作制的作业技术

（1）整理作业（表 4-9）

表 4-9　7S 工作制中整理作业的措施及注意事项

序号	作业内容	具体措施	注意事项
1	清除不用物品	进行整理，根据情况，分清需要什么，不需要什么	① 使用后，按层次规定放置的位置 ② 不用的物品，按下列程序进行清除 确定对策范围和目标→实施准备→进行区别不用物品的方法教育→计量化和判断→管理人员的巡回检查、判断和指导
2	进行大扫除		① 注意高空作业的安全 ② 爬上或钻进机器时要注意避免碰刮身体 ③ 使用洗涤剂或药品时要注意不要使设备生锈或被弄坏 ④ 使用錾凿工具或未使用惯的机器时要注意不要使自己受伤

（续）

序号	作业内容	具体措施	注意事项
3	消除安全隐患	经常检查一下有问题的地方	① 重点查看窗户、通道天棚、柱子、管路线路、灯泡、开关、台架、更衣室、外壳、盖板的脱落或破损以及安全支架和扶手的损坏等情况 ② 采取措施彻底解决以上部位生锈、脱落、杂乱等问题
4	消灭污垢来源	进行大扫除；重点打扫污垢来源部位	① 明确什么是污垢 ② 知道污垢的来源 ③ 详细调查一下为什么脏了，研究措施方案并付诸实施 ④ 防止对产生污垢的根源不去解决，对问题放任不管；对清扫困难或对保持清洁失去信心

（2）整顿作业（表4-10、表4-11）

表4-10　7S工作制中整顿作业的原则及具体要求

序号	整顿原则	具体要求
1	规定放置的场所	① 撤掉不用物品，减少50%库存量，车间里（岗位上）原则上一种东西只留一个，其他一律清理除去 ② 放置场所的整体划分和布局，实行统一的分类法：分类区别什么放在远处，什么放在近处，什么放在中央仓库。近处只放必需的东西。室内的整体布局应该是，使用次数多的放在门口附近，重的东西放在容易搬运的地方。这种分类区分法就是符合系统规律性的分类法 ③ 统一名称：工厂里使用、保管的东西的名称要统一。不能出现没有名称、名称重复或没有具体名称等问题
2	规定放置的方法	研究符合功能要求的放置方法： ① 所谓符合功能要求，就是考虑怎样放置才在质量上、安全上、效率上都没有浪费或徒劳 ② 在质量上，特别要注意品名、型号不要出现错误 ③ 对形状、品名、号码相似的东西要放得距离远一些，或放一个样品以便确认，或者用不同的颜色和形状来防止错误 ④ 把仓库编码附加在品名上
		品种名称和放置场所的标示： ① 东西一定要填上名称，“固定位置对号入座” ② 7S规定，物品的名称和放置场所的名称都必须明确 ③ 标示放置场所，固定东西的存放位置 ④ 东西和放置场所两者的配套名称，实物和仓库上都加以标注，放置方法的标示才算完成
		拿放方便的改进： ① 名称标示好了，放置位置也已固定下来，就要想办法做出相关标示，以便能够顺利地找到存放地方，而不至于迷惑 ② 零件要按功能、产品类别或车间类别保管。总之，东西要在一个地方备齐，特别的要使用成套或用工具箱，这样比较容易地把它备齐。对备品等要以组装部件的方式准备好 ③ 放置场所的高度，要考虑安全，把重的东西放在下面或使用有滑轮的台车或设置脚手架、升降机等 ④ 取拿方便（或工作容易）的改进高度是，备品放置在从膝盖到头部的高度为宜；工作用工具类，放置在从腰到肩的高度为宜 ⑤ 放置场所要充分利用建筑物的面积，同时也要考虑取拿方便和质量方面的要求

（续）

序号	整顿原则	具体要求
3	遵守保管的规则	日常管理和防止库存无货： ① 放置场所要明确标明：库存无货、未退货或丢失 ② 为了补充库存，对物品达到最低库存量时的订货起点要明确标示或用颜色区别 ③ 搬运要用适合物品的专用台车，通用零件和专用零件要分别搬运，使用容易移动和容易作业的台车
		取拿、收存的训练和改进的效果： 整顿就是为了避免取出、收存环节浪费时间，一定要掌握改进的效果。因此，对取出、收存进行比赛也很有意义

表 4-11　7S 工作制中整顿作业的要点及具体措施

序号	整顿要点	具体措施
1	进行划线和定位标志	① 工厂里的整顿首先要对通道和区域进行划线，标明定位。当然，最重要的原则是要有利于作业的合理布局 ② 布局应以直线、直角、垂直、平行为原则 ③ 主通道和副通道的划线宽度和颜色也可以不同 ④ 限制东西摆放的高度也很重要，它有助于防止物品掉下来、倒下来或库存过多
2	对台座、搁板、台车等进行整顿	① 减少台座和搁板的使用数量。物品放在台座和搁板上。不用的物品撤掉或收拾起来 ② 台座和搁板高矮不一样时，下面需要适当垫一下、摆成几层高度 ③ 台座或搁板不要直接放在地上，用东西垫起来 ④ 尽量少用起重机和叉车，使用台车效率更高些
3	对管线进行整顿	① 管线要离开地面，要防止打捆、摩擦和振动，要保持直线、直角和松散的状态 ② 不在地下埋线，全部在地上用垫子垫起来或者一根一根分别用不同的种类、号码、颜色来区分，以防出错。还要考虑布局变更容易
4	对工具、用具进行整顿	① 在设计上、维修上考虑减少使用工具 ② 减少工具的使用数。比如，螺栓种类减少了，就可以少用扳手 ③ 工具要放在取拿方便的地方 ④ 按照使用顺序摆放工具 ⑤ 拿起工具不用改换姿势马上就能工作 ⑥ 工具挂起来松开手就能恢复到原来的位置
5	对刀具或模具进行整顿	① 不能搞错品名。保管场所要具备不掉齿、不损坏、不生锈、不弄脏的条件 ② 减少库存数量 ③ 若把刀具立起来保管，则从安全上考虑，一定要戴上保护套
6	对材料、产品、备品等进行整顿	① 对材料、产品首先固定场所，规定数量和位置。超过就应视规定为异常，另行管理，这是要点 ② 材料、产品、备品等必须按“先进先出”的原则使用 ③ 对不良品、保留品要专设放置场所，使用特别的箱子，特别是应以红色或黄色加以区别，便于识别

（续）

序号	整顿要点	具体措施
7	对备品进行明确标示	① 备品的保管，可以考虑保存双份或确定最低库存量 ② 保管中的物品要保持任何时候都具备使用的状态。保管时要注意，对污垢、伤痕，生锈等要有明确的标示
8	对润滑油、油脂、工作液等进行管理	① 减少和合并油种名称，以减少种类 ② 按颜色管理 ③ 集中管理、分开标志管理，都要遵守规定的保管场所、数量和规则 ④ 根据油的品种和注油口的形状准备好用具 ⑤ 对防火、公害、安全方面都要考虑周到 ⑥ 改进注油方法和延长注油周期
9	对计测器具、精密贵重工具等物品进行管理	① 计测器具、精密贵重工具等，实行专人管理 ② 对日常保管用的容器以及放置方法要下功夫研究
10	注意大件物品的放法	① 对大、重的物品要下功夫研究它的形状和使用方法，以确定保管方法和搬运方法 ② 对安全钢丝绳和扫除用具的各种容器和放置方法都要下功夫研究
11	对小物品、消耗品等进行管理	① 作为经常储备品，要管好订货 ② 属于散落物品的，要防止在生产线上飞散和落下 ③ 弹簧和垫圈类消耗品要少量保管
12	告示、布告、文字、条件表、图样、胶带	① 不是什么地方都可以张贴（粘）告示，要规定张贴的位置范围 ② 布告要写上期限，没有期限的不能张贴 ③ 黏胶带的痕迹要擦干净。贴纸时高度要平齐

（3）清扫作业（表4-12）

表4-12 7S工作制中清扫作业的要点及具体措施

序号	清扫要点与注意事项	具体措施
1	划分区域并规定责任范围	① 明确个人分担的区域和共同责任的7S各小组分担的区域。由一个人领导，共同负责 ② 实行值班制度，按车间、区域，每天设值班 ③ 个人分担的范围用地图表示
2	按区域、设备进行清扫	① 按区域、设备顺序进行清扫，会发现种种问题，因此可以得到改进 ② 采用多种形式如“手帕作战”“擦一次作战”“清除作战”的名称进行磨炼
3	注意清扫和检查的方法	① 进行设备7S是自主保全第一阶段的活动 ② 使用“核对确认表”进行检查。设备的清扫、检查要从设备内部着手，这样可以发现许多问题 ③ 检查基本问题。设备的各个部位都应该清扫、检查，但关键问题是防止设备磨损损耗。即对污垢进行清扫、缺油注油，松动扭紧和发热的温度管理等
4	注意清扫和检查的教育	① 学习功能、结构等 ② 掌握机械各部分的知识

（续）

序号	清扫要点与注意事项	具体措施
5	注意清扫、检查的实施以及出现的问题	① 多由于清扫不彻底而产生污垢和堵塞 ② 多数问题的发现与过度自信有关
6	注意对设备功能上的问题进行分析研究	① 为什么这个地方重要 ② 为什么忽视了而未处理 ③ 如果这样下去可能会发生什么问题？会有什么影响？要从原理和机制上考虑 ④ 为什么未能及早发现？如何才能做到及早发现

（4）清洁作业（表4-13）

表4-13 7S工作制中清洁作业的要点及具体措施

序号	清洁要点	具体措施
1	通过目视管理使异常问题暴露出来	① 通过暴露异常问题让每个人都知道 ② 目视管理的基本是视觉的意识化 ③ 对容易看管的用具等下功夫
2	目视管理工具的管理重点	① 从远处看也能明确 ② 管理的物品要有标志 ③ 好坏任何人都能明确指出来 ④ 任何人都能使用，使用起来方便 ⑤ 任何人都能维护，立即可以修好
3	目视管理的方法	① 编制目视管理手册 ② 训练每个人的行动
4	研究确定管理标签	① 润滑油标签表示油种和颜色，注油时间 ② 精确度管理标签表示测定量具的管理等级和精确度周期 ③ 年度检查标签表示年度和月份检查 ④ 恒温器（箱）标签表示各种温度的标签 ⑤ 每种物品都要标示管理责任者姓名
5	标明表示管理界限	① 表示仪表测量的范围。通常对使用范围和危险范围，用画线办法或颜色加以区别。应对最低库存量加以标志 ② 配合记号。例如螺栓和螺母在一定位置上画上一条线以便发现是否松动 ③ 定位记号和停止线。例如斑点和停止位置记号
6	在视觉上下功夫	① 透明化：为使人们看得清楚，不要罩、不要门、不要盖，不上锁 ② 状态的视觉化：如在风扇上系飘带，使人知道送风状态 ③ 故障图像：对各种数据用图像形式表示，使人一目了然 ④ 表示去向：管理人或物品的去向 ⑤ 状态的定量化：表示管理界限和明确异常现象

（5）素养作业（表4-14）

表4-14　7S工作制中素养作业的要点及具体措施

序号	素养要点	具体措施
1	素养是指改变人们的习惯，要养成良好的习惯	① 为取得良好的结果，需要明确规定行动的准则 ② 正确的传达和良好的培训，准确地传授 ③ 组织全员参加活动 ④ 每个人都要养成对自己的行为负责的品质 ⑤ 以语言表示，每天行动，上级发现不好的立即纠正，这样就能养成习惯，形成有纪律的车间 ⑥ 集中全员的力量达成共识，便可发挥更大的力量
2	意向传达的良好方法	① 正确传达有困难的事情 ② 确认传授思想如何重要
3	标准或核对确认表的执行	① 要检查和未检查一样，要作为维持管理的工具使用 ② 把填写核对确认表变成工作而容易管理，管理监督者也容易只依靠部下的核对确认表来判断工作。要从只看核对确认表变为到现场用目视去管理 ③ 在现场通过实物进行指导。对现场目视管理的重点，监督者要到现场，通过实物和现象进行指导 ④ 做的过程重要。标准或核对确认表的确定和填写过程很重要。不是上级分配了才去做，而是作业人员实际参加设备的检查过程去确定和填写
4	通过训练使员工确实会做	① 让作业者每个人都遵守确实是件难事。需要进行防止马虎以及调换设备的作业训练 ② 先从简单的开始做起。素养就是把遵守各项规定作为自觉行动，以“我的誓言”“我的责任”激励自我，从简单的事情约束自己并养成习惯 ③ 训练最有效。通过技能教育使其理解，以示范的方式展示操作方法。向下级传授事情，为了有把握，进行训练最有效

（6）安全作业（4-15）

表4-15　7S工作制中安全作业的要点及具体措施

序号	安全要点	具体措施
1	维护工作环境的安全及培养全员防灾、防公害的相关技能	① 工作区域照明设备及灯光充足 ② 消防设施定期保养 ③ 厂内车辆调度的行车限速适当 ④ 喷漆、清理粉尘或敲击工作要戴上护具 ⑤ 使用千斤顶顶车后确保使用顶车架以避免危险 ⑥ 设置急救箱并让全员了解放置位置 ⑦ 厂房内逃生路线标示明确

（7）节约作业（4-16）

表4-16　7S工作制中节约作业的要点及具体措施

序号	节约要点	具体措施
1	降低仪器设备故障率，减少各种资源的浪费，降低成本，提高企业的经济效益	（1）原材料与供应品的节约方法 ① 制定正确的领发料制度和流程 ② 对多余原材料及时办理退料 ③ 将原材料整齐摆放到指定位置 ④ 加强原材料质量检验与用料监督 ⑤ 合理处理不良品和废弃物 （2）机械设备与工具的节约方法 ① 制订合理的作业计划，充分利用各种机械设备 ② 定期检查和保养机械设备 ③ 将工具进行分类，并实行定置管理 ④ 严格按照操作说明书使用机械设备和工具，形成良好习惯

4.1.4　汽车4S店的售前检查

汽车4S店售前检查（即PDI，也称移交保养）项目综合了各种类车型的检查项目，而本节售前的检查、维护与保养操作以广汽本田的PDI检查制度和大众系列中奥迪等高档车型的PDI检查为例进行介绍，其他车型的技术参数，请参考厂家所提供的资料。

4.1.4.1　PDI检查相关知识

（1）PDI检查的概念　PDI是英语“pre-delivery inspect”的缩写，其含义是“交付前检查”，在广汽本田新车检验体系中，PDI是指车辆交付给用户前对新车所实施的“售前检查”。

注意：PDI检查与新车运输到特约店时由销售部门人员实施的“接车确认”是两个不同的项目，其实施的内容和目的都不一样，绝不可混淆，必须注意区别。

（2）实施PDI检查的目的　生产过程以及产品制成后的质量管理是持续进行的，在车辆从制造到交付用户手中，各个环节都有可能产生新的问题：

① 运输前的不规范搬运作业而导致隐性的故障。

② 存放期间的恶劣环境（高温、潮湿、盐碱、鸟粪等）使车辆受损。

保质保量地交付一辆完美无缺的汽车是用户满意的首要条件。为确保把完美无缺的新车交付到用户的手中，特约店在销售前必须严格按要求对新车实施PDI检查。

（3）实施PDI检查的方法

1）实施PDI检查的方式：

① 新车交付给用户前1天内完成PDI检查。

② 销售部门必须提前2天通知服务部门，以便服务部门合理安排人员实施检查作业。

③ 销售部门与服务部门在PDI实施前、后的交接时必须做好车辆及随车物品移交手续（随车物品、PDI检查单等）。

2）实施PDI检查的流程：特约店在实施PDI检查作业时，务必遵循如下流程，如图4-2所示。

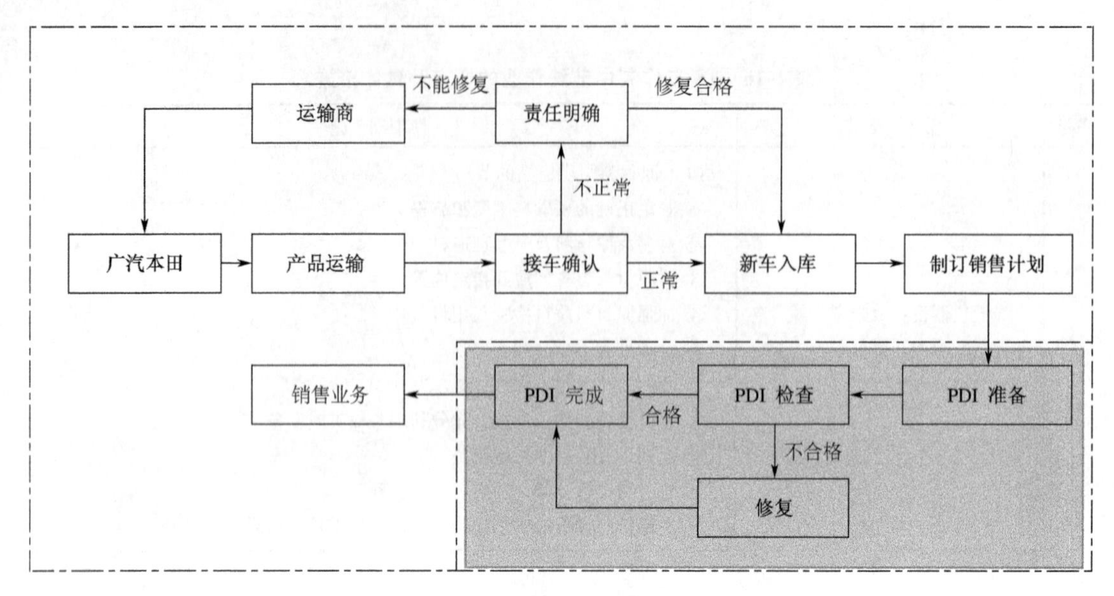

图4-2　汽车4S店PDI检查的基本运作流程

4.1.4.2　PDI检查项目

① 检查蓄电池静态电压（空载电压）。

② 检查蓄电池电缆紧固情况。

③ 检查蓄电池负载电压。

④ 目视检查发动机及发动机舱是否存在渗、漏及损坏。

⑤ 检查冷却液液位。

⑥ 检查风窗/前照灯清洗液液位。售前检查：清洗液罐内应装满清洗液。

⑦ 检查机油油位。

⑧ 检查制动液液位。

⑨ 检查转向助力系统液压油油位。

⑩ 拆除前/后悬架运输锁块。

⑪ 目视检查车辆下部是否存在渗、漏及损坏。

⑫ 检查轮胎（包括备胎）充气压力，厂家提供的商品车轮胎胎压应为350kPa。

⑬ 检查车轮螺栓紧固力矩。

⑭ 安装熔丝。

⑮ 检查所有开关、电气设备、显示器、驾驶人操作控制系统功能。

⑯ 检查电动车窗升降器单触功能。

⑰ 调整数字式时钟。

⑱ 检查空调系统功能。

⑲ 激活收音机/导航系统功能（输入防盗码）。

⑳ 设置组合仪表语言显示。

㉑ 保养周期复位。

㉒ 前排乘客侧安全气囊开关处于开启（ON）位置（有该开关时）。

㉓ 检查所有控制单元故障记忆。

㉔ 检查风窗清洗喷嘴喷射角度及位置（必要时调整）。

㉕ 拆除座椅保护套及地毯塑料保护膜。

㉖ 检查车辆内部是否清洁，包括前/后座椅、内部装饰件、地毯/脚垫、车窗等。

㉗ 安装车轮罩盖/装饰帽、车顶天线、电话天线等（这些零件存放在行李箱内）。

㉘ 安装脚垫。

㉙ 拆除车门保护块。

㉚ 检查车辆外部是否清洁，包括油漆、装饰件、车窗、刮水片等。

㉛ 检查钥匙标牌上的钥匙号/认证号胶贴是否完整、清晰。

㉜ 在保养胶贴上填写下次保养日期（及更换制动液日期），将该胶贴粘贴在仪表板左侧或车门 B 柱上。

㉝ 在保养手册中填写交车检查的有关内容。

㉞ 检查随车文件是否完整、齐全。

㉟ 试车。

4.1.4.3 PDI 主要项目的操作规程

以奥迪 A6 的 PDI 检查为例进行介绍，详见表 4-17。

表 4-17 奥迪 A6 的 PDI 检查主要项目及作业任务

序号	PDI 检查项目	图 示	任务、条件、说明及注意事项
1	检查蓄电池静态电压	V.A.G 1526 A	任务：关闭点火开关，测量接线柱间电压 ① 显示 12.5V 或更高，正常 ② 低于 12.5V，不正常 必备的检测仪器：数字式万用表 V.A.G1526A 说明：测量蓄电池前 2h 内 ① 不得开车或起动发动机 ② 不得接通用电器 ③ 不得对蓄电池充电
2	检查蓄电池电缆紧固情况	A27-0182	任务：将蓄电池紧固后，检查蓄电池线是否接牢，如需要，拧紧箭头所示螺母（拧紧力矩为 6N·m） 注意：如果蓄电池正极未接好，为了防止发生故障，应先断开蓄电池负极
3	目视检查发动机和发动机舱		任务： ① 拆下发动机舱盖 ② 检查发动机和发动机舱是否泄漏和损坏 ③ 检查下述系统的软管和接头是否泄漏、擦伤、渗漏及脆裂：燃油系统、冷却系统和加热系统、制动系统 再从下面检查同样的地方，这时要将车举起，拆下底护板

（续）

序号	PDI检查项目	图　示	任务、条件、说明及注意事项
4	检查冷却液液面高度	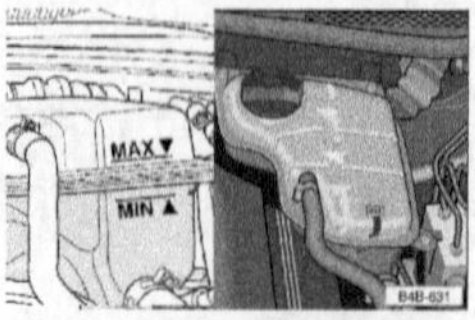 MAX▼ MIN▲ B4B-631	任务：冷态时，检查冷却液液面高度，液面是否在Max处 注意：如需补加，只能补加G12（红色）
5	检查清洗液液面高度		任务：检查清洗液液面是否在指定标记处
6	检查机油液面高度	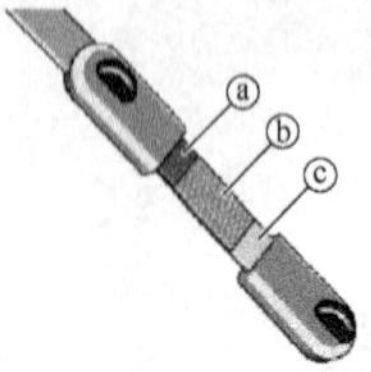 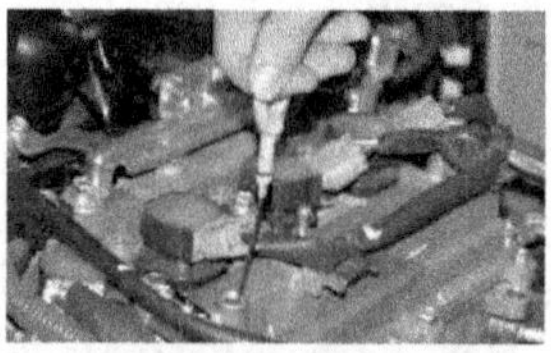 a b c	检查条件： ①发动机暖机（机油温度不低于60℃） ②车停在水平地面上，发动机停转后等几分钟，以便机油回到油底壳内 ③拔出机油尺，用干净布擦干净后再插回原处 ④再次拔出机油尺，读出油位 机油尺上的标记区： “a”—不可再加机油 “b”—可加注机油，加油后油位可达a区 “c”—必须加注机油，加油后油位达到a区 任务：机油液面要在“a”区
7	检查制动液液面高度	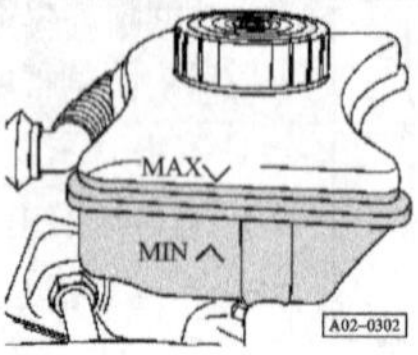 MAX MIN A02-0302	任务：检查制动液液面是否在MAX处
8	检查助力转向系统液压油液面高度	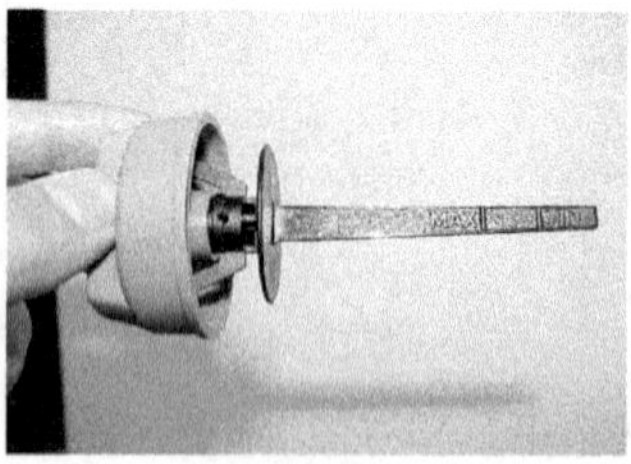 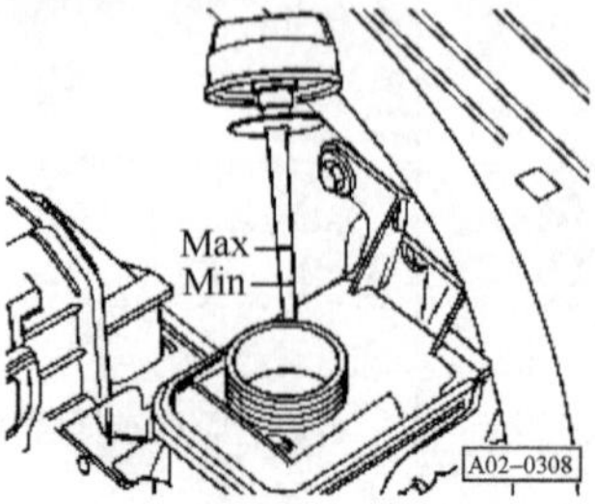 Max Min A02-0308	任务： 冷态时： ①不起动发动机，摆正前轮 ②检查液面高度：应在Min和Max附近（2mm） 暖机时（约50℃以上）： ①起动发动机，摆正前轮 ②拧下油尺盖，用一块干净抹布擦净油尺，用手拧紧油尺盖并将其再拧下 ③检查液面高度：应在Min和Max之间 注意： ①如液面高于规定值，应抽出一些液压油 ②如液面低于规定值，检查液压系统是否泄漏，不能盲目补加液压油 ③如液压系统无泄漏问题，才可补加液压油

（续）

序号	PDI 检查项目	图　示	任务、条件、说明及注意事项
9	从下面目测检查		任务： ① 检查是否泄漏及损坏 ② 总成 ③ 转向系统 ④ 万向节护套 ⑤ 制动系统 ⑥ 软管及储液罐 ⑦ 车底板
10	检查轮胎压力	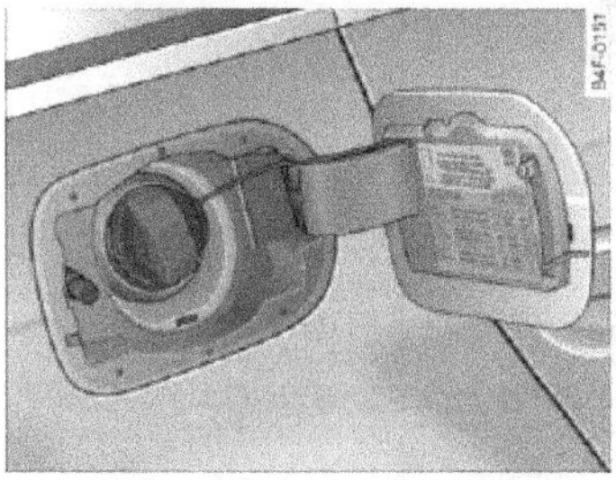	任务： ① 保证正确的充气压力 ② 商品车轮胎气压（包括备胎）要在 300kPa 左右 ③ 卸压：冷态状态下，按燃油箱盖内侧标签上所对应的值对轮胎卸压（按半载） 注意：标签上的轮胎压力值仅指轮胎冷态时
11	重新紧固车轮螺栓		任务：按对角线拧紧至规定力矩 120N · m
12	检查照明设施的功能状态		前灯：驻车灯，转向灯、远光灯、近光灯、雾灯 尾灯：制动灯、高位制动灯、倒车灯、后尾灯、牌照灯 其他：警告灯、行李箱照明灯、室内照明、收音机、空调和玻璃升降开关照明灯等
13	检查开关及其他控制元件功能	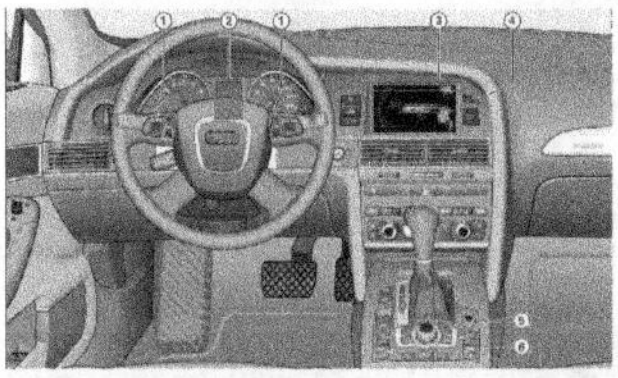 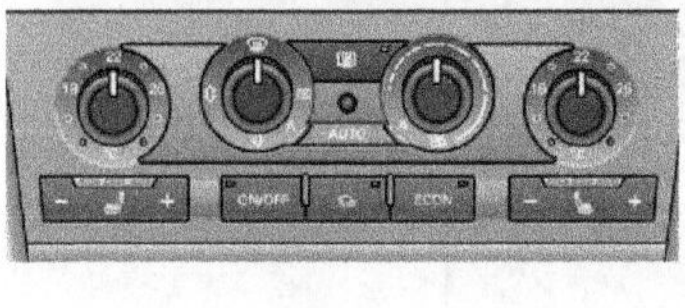	任务： ① 仪表板上的所有开关 ② 驾驶人信息系统 ③ 风窗刮水/清洗系统、前照灯清洗系统 ④ 前、后点烟器 ⑤ 电动车外后视镜 ⑥ 电动玻璃升降开关 ⑦ 中央门锁、遥控装置、自动锁装置 ⑧ 电动座椅、安全带高度调节 ⑨ 加热座椅 ⑩ 音响系统

（续）

序号	PDI检查项目	图 示	任务、条件、说明及注意事项
14	调整时钟		任务：调整到准确的时间与日期 调小时：拉出调整按钮，小时显示值闪，左右拨动即可改变 调分钟：拉出调整按钮，直至分钟显示值闪 调日期：拉出调整按钮，直至年、月、日显示值闪
15	检查空调功能		任务： ① 检查空调所有功能 ② 检查是否已设为22℃。如需要，进行设定
16	激活收音机		任务：测试调频，AS钮
17	启动防盗码		① 打开收音机，屏幕显示“SAFE”字样，同时按下“FM2”和“MONO”键，直到显示“CODE”，瞬间变为“1000” ② 用选台按键1~4输入收音机卡上贴的代码。即用按键1输入代码第一位，用按键2输入第二位，依此类推。然后再次同时按下“FM2”和“MONO”键，直到频率显示屏上出现“SAFE”字样，松开按键。其上短时出现一个频率 ③ 如果固定码已正确输入收音机，则在拔下汽车钥匙时，收音机旁的一个发光二极管应闪亮 若两次密码输入错误，1h后才能再次输入
18	查询故障存储		任务： 查询各控制单元的故障码存储

（续）

序号	PDI检查项目	图　示	任务、条件、说明及注意事项
19	用V. A. G1551 查询故障存储	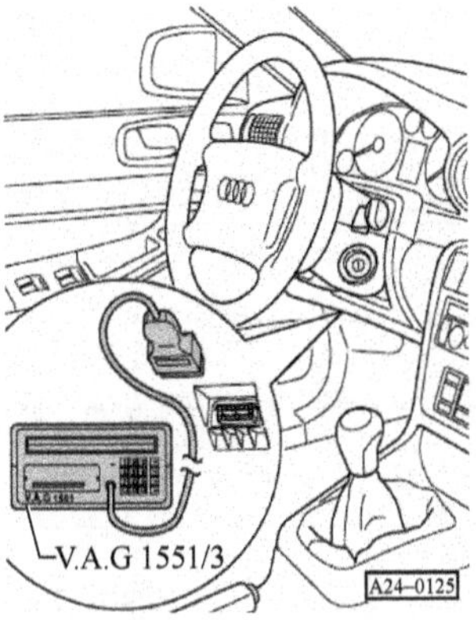	任务： ① 将变速杆置于“P”或“N”位并拉紧驻车制动器手柄（自动变速器） ② 关闭点火开关，连接V. A. G1551 ③ 按print键接通打印机（键内指示灯亮） ④ 起动发动机，使之怠速运转 ⑤ 短时踏下一次制动踏板 ⑥ 按1键选择运作方式“快速数据传递”。按0键两次选择“自动检测”（地址码00），按Q键确认输入 ⑦ V. A. G1551依次发送已知的地址码。显示屏将显示存储的故障数或“无故障”。存储的故障依次显示并打印出来，然后V. A. G1551发送下一个地址码。出现该内容时，自动检测结束 ⑧ 关闭点火开关 ⑨ 如有故障，将故障记录交给维修人员进行修理
20	用V. A. S5051 查询故障存储	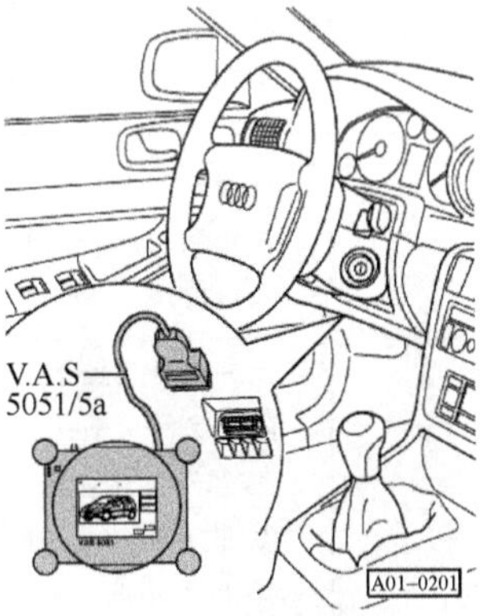	任务： ① 将变速杆置于“P”或“N”位并拉紧驻车制动器手柄（自动变速器） ② 关闭点火开关，连接V. A. S5051，打开V. A. S5051电源开关 ③ 起动发动机，使之怠速运转 ④ 短时踏下一次制动踏板 ⑤ 其他与V. A. G1551相同
21	保养周期显示复位	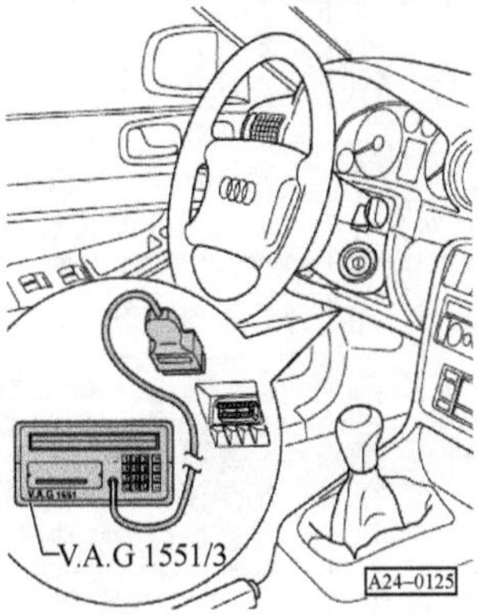	任务： ① 连接V. A. G1551 ② 按1键选择快速数据传递 ③ 输入组合仪表地址码“17”，按Q键确认输入 ④ 按->键切换 ⑤ 输入“10”自适应，按Q键确认 ⑥ 输入通道号“02”，按Q键确认 ⑦ 输入“00000”，按Q键确认 ⑧ 按Q键确认 ⑨ 按->键结束技术保养周期显示的复位

（续）

序号	PDI检查项目	图　　示	任务、条件、说明及注意事项
22	风窗清洗装置		任务：检查喷嘴调整及功能 工具：喷嘴调整工具3125A 步骤：用记号笔在风窗玻璃上做上四点标记 调整尺寸： $a=400\text{mm}$（±50） $b=190\text{mm}$（±50） $c=420\text{mm}$（±50） 用专用工具检测喷嘴标记的位置
23	清除车内保护膜		
24	安装脚垫		
25	检查车厢内的清洁状况		前后座椅、内饰板、脚垫、玻璃窗
26	安装附件		全部车轮装饰盖 电话天线
27	拆除运输保护膜		
28	检查车外部清洁状况		漆面、装饰件、玻璃、刮水器
29	检查钥匙标牌		任务： 检查钥匙标牌上不干胶标签的钥匙号码是否完整及可读性
30	检查随车文件		任务：检查随车文件是否齐备 随车文件包括： ① 整车使用说明书 ② 收音机使用说明书 ③ 保养手册 ④ 15000km免费保养凭证
31	试车		任务： 发动机：功率、点火连续性、怠速、加速性能、热起动特性 离合器：起步特性、踏板力、有无烧焦味 变速器：变速杆位置、换档锁止/钥匙锁止、换档特性、仪表板上显示 行车制动和驻车制动：功能、自由行程和作用、制动时是否跑偏、抖动、噪声、ABS功能 转向系统：功能、间隙、转向盘在中间位置时是否直线行驶 车速控制装置、驾驶人信息系统及空调功能 收音机：接收情况、外观、干扰噪声 整车：直线行驶时是否跑偏（水平路面） 平衡：车轮、传动轴、万向轴 车轮轴承：噪声

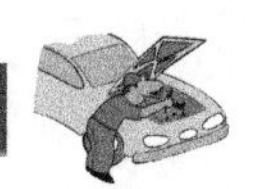

4.1.5　汽车4S店保养实例

4.1.5.1　上海大众全新桑塔纳系列1.4 TSI（EA211）车型4S店保养操作技术

1. 上海大众全新桑塔纳系列1.4 TSI（EA211）车型保养计划

上海大众全新桑塔纳整车质保周期为2年或60000km，两者以先到者为准。新车可享受一次免费保养，首次免费保养在5000km时进行，超出此规定范围将不再享受免费保养服务。首保过后，车辆保养周期为每10000km时进行一次。在恶劣情况下保养周期会相应缩短，例如：机油和机油滤清器建议每5000km更换一次。上海大众全新桑塔纳系列1.4 TSI（EA211）车型4S店保养计划详见表4-18。

表4-18　上海大众全新桑塔纳系列1.4 TSI（EA211）车型保养计划

维修站代号：743 ＿＿＿＿　委托单号：＿＿＿＿　车牌号：＿＿＿＿　发动机号：＿＿＿＿

底盘号：＿＿＿＿＿＿　行驶里程：＿＿＿＿　送修日期：＿＿＿＿　交车日期：＿＿＿＿

5000	10000	20000	30000	40000	50000	60000	70000	80000	90000	100000	110000	120000	130000	140000	150000	160000	170000	180000	190000	200000	210000	220000	230000	240000
A	B	C	D	C	B	E	B	C	D	C	B	E	B	C	D	C	B	E	B	C	D	C	B	E

序号	保养内容	保养类型					保养检查情况		
		A 5000km 首次保养	B 10000km 常规保养	C 20000km 常规保养	D 30000km 常规保养	E 60000km 常规保养	正常	不正常	已调整
1	车身内、外照明电器，用电设备检查功能： ① 组合仪表指示灯、阅读灯、时钟、点烟器、喇叭、电动摇窗机、电动外后视镜、暖风空调系统、收音机 ② 近光灯、弯道行车灯、辅助行车灯、远光灯、前雾灯、转向灯、警告灯 ③ 驻车灯、后雾灯、制动灯、倒车灯、车牌灯、行李箱照明灯	●	●	●	●	●			
2	安全气囊和安全带：目测外表是否受损，并检查安全带功能	●	●	●	●	●			
3	多功能转向盘：检查各按键的功能	●	●	●	●	●			
4	驻车制动器：检查功能	●	●	●	●	●			
5	自诊断：用专用VAS诊断设备读取系统控制器内的故障存储信息	●	●	●	●	●			
6	燃油喷油器检查：用专用VAS诊断设备读取发动机测量值（IDE03953），标准值为：0.8～1.2（超差时应按规定更换或清洗）	●	●	●	●	●			
7	保养周期显示器：复位		●	●	●	●			
8	活动天窗：检查功能、清洁导轨，如有必要涂敷专用油脂	●	●	●	●	●			

（续）

序号	保养内容	保养类型					保养检查情况		
		A 5000km 首次保养	B 10000km 常规保养	C 20000km 常规保养	D 30000km 常规保养	E 60000km 常规保养	正常	不正常	已调整
9	活动天窗排水功能：检查，必要时清洁			●		●			
10	前照灯：检查灯光照射位置，必要时调整	●	●	●	●	●			
11	前风窗玻璃落水槽、排水孔：清洁	●	●	●	●	●			
12	刮水器/洗涤装置：检查刮水片，必要时更换；检查清洗装置功能，必要时调整并加注清洗液	●	●	●	●	●			
13	灰尘及花粉过滤器：清洁罩壳和滤芯		●		●				
14	灰尘及花粉过滤器：清洁罩壳并更换滤芯（行驶里程较少的车辆，建议每12个月更换1次）			●		●			
15	发动机舱：检查燃油管路、真空管路、电气线路、制动管路是否存在干涉或损坏，必要时调整	●	●	●	●	●			
16	冷却系统：检查冷却液冰点数值______℃，检查系统是否泄漏，必要时补充原装冷却液（标准值：-35℃，极寒地区可低于-35℃，应使用折射计T10007A检测冷却液冰点数值）	●	●	●	●	●			
17	蓄电池：用专用检测仪检测蓄电池状况，检查正、负极连接状态	●	●	●	●	●			
18	空气滤清器：清洁罩壳和滤芯	●	●		●				
19	空气滤清器：清洁罩壳并更换滤芯（行驶里程较少的车辆，建议每24个月更换1次）			●		●			
20	火花塞：更换			●		●			
21	发动机燃烧室和排气道：用内窥镜检查，必要时使用上海大众专用汽油清洁剂			●		●			
22	楔形传动带（发动机附件带）：检查（首次30000km），必要时更换，每100000km更换		●	●	●	●			
23	正时齿形传动带：检查（首次90000km），必要时更换				●	●			
24	正时齿形传动带张紧轮：检查（首次90000km），必要时更换				●	●			
25	水泵齿形传动带：检查（首次90000km），必要时更换				●	●			
26	机油及机油滤清器：更换（行驶里程较少的车辆，建议每12个月更换1次） （注：如拆卸油底壳放油螺塞，必须按照要求更换正确状态的螺栓和垫片） 选择机油类型：□专用机油　□优选机油　□高端机油　□尊选机油	●	●	●	●	●			

（续）

序号	保养内容	保养类型					保养检查情况		
		A 5000km 首次 保养	B 10000km 常规 保养	C 20000km 常规 保养	D 30000km 常规 保养	E 60000km 常规 保养	正常	不正常	已调整
27	变速器/传动轴护套：检查有无渗漏和损坏，连接是否牢固		●	●	●	●			
28	转向横拉杆/稳定杆/连接杆：检查是否有间隙，连接是否牢固	●	●	●	●	●			
29	车身底部：检查燃油管、制动液管是否干涉以及底部保护层是否损坏，排气管是否泄漏，固定是否牢靠	●	●	●	●	●			
30	燃油滤清器：更换					●			
31	底盘螺栓：检查并按规定力矩紧固	●	●	●	●	●			
32	制动系统：检查制动液管路、制动系统零部件是否泄漏，检查制动液液面，必要时补充	●	●	●	●	●			
33	制动盘及制动摩擦片：检查厚度及磨损情况，必要时更换（首次检查在 30000km）		●	●	●	●			
34	轮胎/轮毂（包括备胎）：检查轮胎磨损情况，必要时进行轮胎换位，同时校正轮胎气压（若配备胎压报警功能，在校正轮胎气压后，必须进行标定）	●	●	●	●	●			
35	车轮固定螺栓：检查并按规定力矩紧固	●	●	●	●	●			
36	车门限位器；固定销；门锁；发动机舱盖；行李箱盖铰链和锁扣：检查功能并润滑		●	●	●	●			
37	空调系统冷凝排水：检查，必要时清洁		●	●	●	●			
38	尾气排放：检测			●		●			
39	试车：性能检查	●	●	●	●	●			
40	制动液：更换（每 24 个月或 50000km，以先到者为准）	特殊项目							
41	TSI 发动机燃油系统清洁：应使用上海大众专用汽油清净剂进行维护（使用方法请参照汽油清净剂使用说明）	建议项目							

说明：

① 本表格的保养内容适用于上海大众生产的全新桑塔纳（New Santana）、浩纳（Gran Santana）配备 1.4 TSI CST（EA211）发动机的车型。保养项目需根据车型的不同配置进行选择。

② 本表格的保养内容和周期是根据汽车在正常行驶情况下制定的。对于使用条件比较恶劣的车辆，特别是经常停车/起动以及常在低温情况下使用的车辆，应经常检查机油液面，并建议每 5000km 更换机油和机油滤清器。

③ 在灰尘较大环境里行驶的车辆，应缩短空气滤清器滤芯、空调系统花粉过滤器和活动天窗的保养间隔（如每 5000km 更换）。

注意：花粉过滤器滤芯脏污将影响空调制冷效果，空气滤清器滤芯脏污可能导致涡轮增压器损坏，应注意检查并及时更换。

④ 每次保养时请在保养表上部的里程表相应的空格内打√，并根据里程表中不同里程下方建议的保养类型（A、B、C、D、E）正确地选择保养项目。

⑤ 本表格的保养内容将根据车辆技术状态变化进行调整，应以最新版本为准（本版本为 2015 年 05 月版）。

检修工签字（日期）：________　　检验员签字（日期）：________　　客户签字（日期）：

2. 上海大众全新桑塔纳系列 1.4 TSI（EA211）车型典型保养项目

上海大众全新桑塔纳系列 1.4 TSI（EA211）车型在4S店里的典型保养任务主要包括汽车发动机舱内作业，如发动机润滑系统和冷却系统的养护，蓄电池、火花塞、空气滤清器、风扇传动带等零部件的检查、调整、补充和更换以及相关附件检查等；汽车车身外部的养护和清洁作业，如车身清洁、风窗玻璃和车外后视镜清洁、汽车镀铬部件清洁等，风窗玻璃刮水片养护、橡胶密封条养护以及车门养护等；汽车车身内部的养护和清洁作业，如塑料件和仪表板的清洁和维护、软垫和织物饰面的清洁、人造皮革椅套的清洁、天然皮革椅套的清洁、安全带的清洁等；汽车底盘维护作业，如传动、转向、行驶、制动等系统的养护等。其典型保养项目、作业内容、操作要领、技术要求、注意事项及相关图解详见表4-19～表4-22。

表4-19　全新桑塔纳轿车发动机舱内保养项目、作业内容、操作要领及技术要求

序号	保养项目	作业内容	操作要领	技术要求及注意事项	相关图解
1	发动机润滑系统养护	检查机油液面高度	① 将车辆停放于水平地面 ② 关闭发动机 ③ 打开发动机舱盖 ④ 等待几分钟后拔出机油标尺 ⑤ 用一块干净的抹布擦净机油标尺，然后把机油标尺插回原位 ⑥ 再次拔出机油标尺，读出机油液面位置	① 机油液面既不能超出“MAX”上限，也不能低于“MIN”下限。液面高度最好处于两个标示中间偏上位置 **注意：机油液面不得超出“MAX”上限，否则废气净化装置有损坏的可能** ② 由于高原行驶条件恶劣，发动机温度较高，机油黏度变小，机油消耗增加。因此，长期在高原行驶的车辆最好每5000km更换一次机油	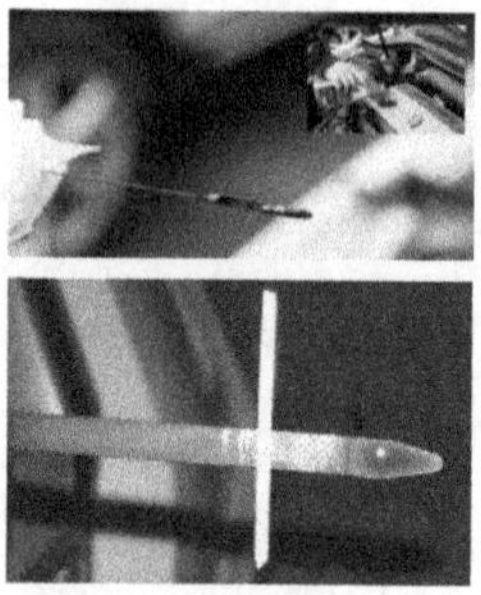
		补充发动机机油	① 检查机油液位 ② 拧开机油加注口盖子 ③ 以小份额补充合适的机油 ④ 再次检查机油液位 ⑤ 小心地拧紧加注口的盖子，并把机油尺向下插到底，否则发动机运转时机油可能溢出	① 在补充机油时，机油不得滴落在发动机零部件上，否则有燃烧的危险 ② 机油液面不得超出“MAX”上限，否则机油会被曲轴箱的通风孔吸入，并可能通过废气排放装置进入大气，机油可能在废气净化装置中燃烧并损坏废气净化装置	
		更换机油	① 将旧机油排放干净 ② 更换机油滤清器滤芯 ③ 安装并按规定力矩拧紧油底壳放油螺塞 ④ 加注机油后，着车运行2min，熄火等待3min，确认机油量	① 更换机油前先让发动机充分冷却，否则容易被热机油烫伤 ② 要佩戴防护眼镜，否则洒出的机油容易对眼睛造成伤害 ③ 当用手旋出放油螺塞时，手臂应保持水平，以免流出的机油顺着手臂向下流而烫伤手臂 ④ 在任何情况下都不允许将废弃机油直接排入下水道或留存在地面上	

（续）

序号	保养项目	作业内容	操作要领	技术要求及注意事项	相关图解
		冷却液温度/液位警告灯检查	① 打开点火开关后，该警告灯亮数秒钟后不熄灭，说明冷却系统存在故障 ② 行驶中该警告灯亮起或闪亮，同时系统发出警告，说明冷却液温度过高或液位偏低	① 若冷却液温度过高，应立即停车，关闭发动机，检查冷却液液位。若冷却液液位正常，系统过热，应联系上海大众汽车特约维修站 ② 若冷却液液位偏低，应尽早添加符合规定的冷却液 ③ 忽视亮起的警告灯和文字信息会导致在路途中抛锚，易引起事故和受伤 ④ 若看见蒸汽或冷却液逸出发动机舱，切不可打开发动机舱盖，以防烫伤。直至无蒸汽或冷却液逸出时方可打开发动机舱盖	
2	发动机冷却系统养护	发动机冷却液规格识别	① 根据红颜色识别补偿容器中的冷却液是不是原装冷却液 ② 如果补偿容器中的液体颜色发生变化，则说明冷却液与其他冷却液添加剂混合了 ③ 如果在原装冷却液中混入其他添加剂，则必须立即更换，否则会出现严重的功能故障或发动机故障	① 严寒条件下为确保冷却液的防冻能力，应根据环境温度加入规定浓度的冷却液，否则冷却液可能冻结，导致车辆抛锚。同时，汽车取暖系统不工作，致使汽车驾乘人员暴露在严寒之中，有冻伤危险 ② 冷却液中不得加入任何其他类型的添加剂，否则将大大降低其防腐能力，导致发动机冷却系统腐蚀，冷却液流失，严重损坏发动机 ③ 冷却液和冷却液添加剂应收集并按规定处理	
		检查冷却液液位	① 将车辆停放在水平而坚实的地面上 ② 待发动机冷却后打开发动机舱盖 ③ 通过发动机冷却液补偿罐（膨胀水箱）上的“MAX”和“MIN”标示来检查液位 ④ 发动机处于冷态时检查冷却液液位是否处于补偿罐上的“MAX”和“MIN”标记之间，若低于“MIN”标记（若此时点火开关处于ON档，则发动机冷却液警告灯会亮起），则须添加符合规定的冷却液 ⑤ 牢固拧紧冷却液补偿罐盖子	① 冷却液液位是否正常对发动机冷却系统的正常工作极其重要 ② 发动机达到暖态或热态时冷却系统处于高压状态，此时切不可拧开冷却液补偿罐盖子，否则可能被高温蒸汽烫伤 ③ 如果在紧急情况下没有符合要求规格的发动机冷却液时，不要使用其他发动机的冷却液及添加剂，可暂时添加蒸馏水，然后用规定的发动机冷却液添加剂来恢复正确的混合比	[冷却液正确范围] 冷却液温度警告灯

（续）

序号	保养项目	作业内容	操作要领	技术要求及注意事项	相关图解
2	发动机冷却系统养护	补充添加冷却液	① 关闭发动机，待其冷却，打开冷却液补偿罐盖子 ② 添加符合上海大众规格要求的原装冷却液	① 为防止烫伤，用厚布包住冷却液补偿罐，然后慢慢拧开补偿罐盖子 ② 发动机冷却液液位必须处于补偿罐上的“MAX”和“MIN”标记之间，液位不得超过“MAX”位上边缘，否则多余的发动机冷却液在受热时会被挤出，并可能导致冷却系统损坏	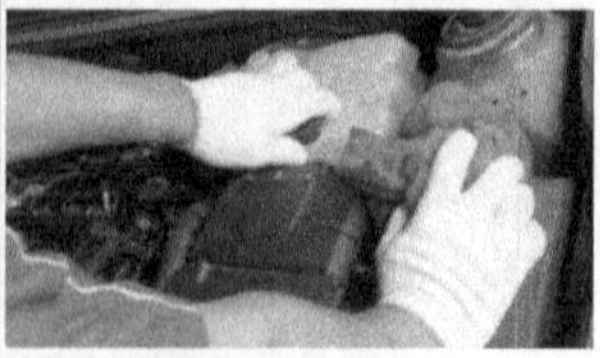
3	汽车充电系统养护	检查充电警告灯	① 当打开点火开关时，充电警告灯会亮起，当发动机起动正常运转后，若该灯熄灭，则说明发电机正常发电，充电系统工作正常；若该灯不熄灭，则说明充电系统存在故障，应及时检修 ② 在车辆行驶时若警告灯亮起，表明发电机不再对蓄电池充电。发现此情况，应尽快到附近的上海大众特约维修站进行检修	① 切勿忽视亮起的警告灯和文字信息，否则会导致车辆在行驶途中抛锚、引起事故或受伤 ② 对充电系统进行检修前必须关闭发动机、点火开关及所有用电设备，断开蓄电池负极电缆线 ③ 打开点火开关，发电机处于运转状态时切不可断开蓄电池，否则容易损坏充电系统和电子元器件	 40 20 0 充电系统警告灯
		检查蓄电池电解液液位	① 将车辆停放在水平而坚实的地面上，打开发动机舱盖 ② 对于带电眼（蓄电池顶部的圆形观察孔，观察孔内的颜色随充电量和电解液液位而变化）的免维护蓄电池，可通过电眼颜色变化来检查蓄电池电解液液位。若电眼呈黑色，表明蓄电池正常；若电眼呈白色，表明电解液液位偏低，应尽快更换蓄电池 ③ 对于不带电眼的蓄电池，应按照安装保养要求，定期前往上海大众特约维修站进行检查	① 蓄电池电解液有很强的腐蚀性，操作不当可能灼伤皮肤甚至使眼睛失明。因此在检查处理蓄电池时，务必佩戴防护眼镜和防护手套，以防止双手、双臂和面部被溅出的电解液损伤 ② 切勿翻倒汽车蓄电池，否则电解液容易从排气孔中流出，从而导致酸液灼伤人体或车身 ③ 若不慎将电解液溅到皮肤或眼睛上，应立即用冷水冲洗相关部位数分钟，然后立即就医 ④ 切勿将损坏或渗漏的蓄电池连接到车辆上，否则易腐蚀损坏车辆	 观察孔 55B24L

（续）

序号	保养项目	作业内容	操作要领	技术要求及注意事项	相关图解
3	汽车充电系统养护	蓄电池的充电及更换	① 对于经常短途行驶或长时间停放不用的汽车，应在规定的保养周期内对蓄电池进行检查和充电，并适当增加充电次数 ② 若蓄电池损坏、电量不足，从而导致发动机起动困难，则应尽快更换上海大众经销商匹配的原装蓄电池	① 蓄电池的充电应用专业设备、专业人员，在专业可控场所进行 ② 充电时蓄电池容易产生易爆气体，因此充电场所必须通风良好 ③切不可对结冰的蓄电池或刚解冻的蓄电池进行充电，否则可能导致蓄电池爆炸和化学灼伤 ④ 将蓄电池与整车电气系统断开时必须先拆下负极电缆，然后方可拆正极电缆；连接蓄电池前必须先关闭所有用电设备，且必须先接正极电缆，后接负极电缆；切勿接错极性，否则可能引起火灾	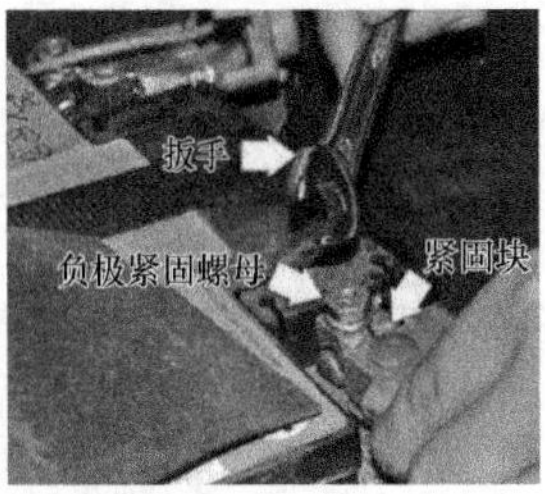
4	空气滤清器养护	空气滤清器的清洁和更换	① 打开卡子 ② 打开盖子取出空气滤清器滤芯 ③ 更换空气滤清器滤芯	① 若滤芯堵塞不严重、灰尘较少，可轻轻拍打端面除尘，最好用压缩空气由里向外吹 ② 空气滤清器的滤芯不能用液体清洗，若发现被液体淋湿，则应更换 ③ 所更换的空气滤清器滤芯应清洁有效，安全可靠	
5	传动带养护	检查发电机传动带	① 检查传动带张紧力及状况 ② 检查各部件磨损情况，必要时更换	① 驱动附件的传动带应无龟裂和过量磨损，表面无油污；张紧力应符合原厂规定 ② 应按规定里程更换上海大众原厂附件传动带，否则劣质传动带一旦断裂，会导致发动机不能正常工作	
		检查正时带	检查调整正时带，必要时更换（每 8 万 km 更换）	应按规定里程更换上海大众原厂正时带，否则劣质传动带一旦断裂，会导致发动机严重受损	

（续）

序号	保养项目	作业内容	操作要领	技术要求及注意事项	相关图解
6	火花塞养护	火花塞间隙调整及更换	清洁、检查、调整火花塞，若不符合技术要求，则应更换火花塞 ① 拔下各个缸线（高压线） ② 拆下全部火花塞 ③ 装上新火花塞，并拧紧火花塞 ④ 装复所有缸线	① 首先清洁、检查并调整火花塞间隙，若已无法调整且不符合技术要求，则应更换 ② 应更换经过匹配和测试，其电极数量、间隙、热值一致并具有抗无线电干扰的原厂火花塞 ③ 用专用扳手按规定力矩拧紧火花塞	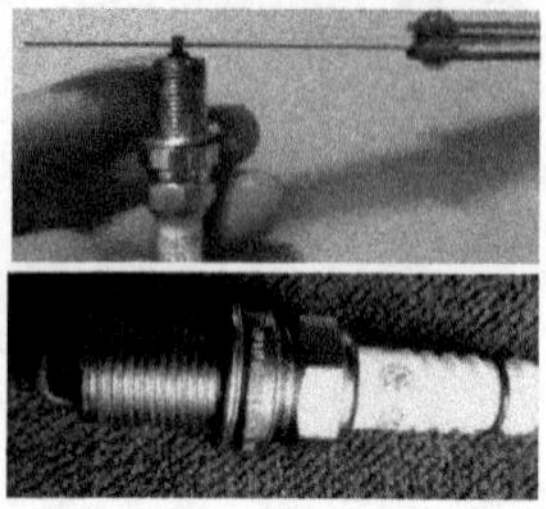
7	发动机附件检查	检查制动液液面	① 用专用仪器检查制动液品质、质量 ② 目视检查制动液液面指示灯开关	① 制动液不变质，型号为DOT4，液面高度在MAX和MIN之间，更换周期为2年或50000km ② 必要时更换制动液	
		检查转向助力器液面	① 目视检查转向器、助力泵、储液罐等的密封性 ② 目视检查液压助力器储液罐液面高度（见圈中部分）	① 液压油液面高度应在标记MAX至MIN之间 ② 转向助力系统工作良好，无异响	
		检查风窗清洗液液面高度	目视检查风窗清洗液液面高度	风窗清洗液液面高度不能过低，必要时添加，否则易烧坏喷液电动机	
		检查燃油蒸发控制装置	① 目视检查软管和各部接头 ② 目视检查活性炭罐、储油罐外观	① 软管无老化、裂损，连接可靠无泄漏 ② 活性炭罐、储油罐完好、密封，工作正常	
		检查曲轴箱通风装置	检查PCV阀（圈中部分）和通气软管	PCV阀不堵塞，单向阀关闭严密，开关灵活、无卡滞现象	

表 4-20　全新桑塔纳轿车车身外部保养项目、作业内容、操作要领及技术要求

序号	保养项目	作业内容	操作要领	技术要求及注意事项	相关图解
1	汽车外部养护和清洁	清洗汽车	① 自动清洗 自动洗车前应与自动清洗机操作员一同检查汽车上是否有额外安装的部件，并遵守操作员提供的建议 ② 手工清洗 ◇先用大量清水软化污垢，并冲洗干净 ◇用柔软的海绵、手套或刷子自车顶向下轻轻清洗汽车 ◇洗车期间应经常冲洗海绵或手套等洗车工具 ◇粘结牢固的污物应用专用清洁剂加以清除 ◇车轮和门槛等部位应最后清洗，清洗时换一块海绵或手套 ◇用清水彻底冲洗汽车 ◇用麂皮仔细擦干漆面，若遇寒冷天气则用干净布擦干橡胶密封件及周围表面，防止其结冰，并用硅树脂喷涂橡胶密封件 ③ 高压清洗 严格按照高压清洗机的使用说明清洗汽车，应特别注意其工作压力和喷洗距离	① 用自动清洗机洗车时，需注意对漆面的损伤。如机洗后发现车身漆面变暗或有划痕，则应立即通知操作员，设法纠正 ② 清洗车身底部时注意不要被尖锐部件刮伤手和手臂 ③ 汽车表面处于干燥状态时切勿试图清除其上的污物、泥浆或灰尘，清洁汽车表面时不可使用干布或干泡沫塑料，否则易损坏漆面和玻璃 ④ 应尽可能避免在烈日下洗车，以免损坏车身漆面 ⑤ 在寒冷天气洗车时，若用软管洗车，则切不可对准锁孔或车门、行李箱或发动机舱的接缝处冲洗，以防上述部位结冰 ⑥ 应远距离喷洗柔软部件和涂漆保险杠，切勿用高压清洗机清除车窗上的冰雪 ⑦ 切不可用“集束喷嘴”清洗轮胎，即使远距离短时间喷洗也容易对轮胎造成可见和不可见损伤，从而埋下安全隐患 ⑧ 洗车后应尽可能避免紧急制动，须轻踏数次制动踏板，挤干渗入制动器内的水分	
		清洁风窗玻璃和车外后视镜	① 清洁风窗玻璃和车外后视镜 ◇使用上海大众原装玻璃清洁剂弄湿风窗玻璃和车外后视镜 ◇用干净的麂皮或不起毛的布擦干玻璃表面 ② 清除车蜡残余物 ◇用洗车机和汽车养护材料清洗汽车后窗玻璃表面残留的车蜡，蜡汁应用专用清洁剂或保洁布加以清除 ◇用含有专用除蜡清洁剂（按规定比例添加）的风窗清洗液清除风窗上的蜡残留物，以免残蜡刮擦刮水片而使其损坏 ③ 清除积雪 可用小刷子清除风窗玻璃和车外后视镜上的积雪	① 擦拭过车身漆面的麂皮不得再用于擦拭风窗和风外后视镜玻璃，否则其上残留的蜡会导致玻璃变得模糊 ② 玻璃上残留的橡胶、机油、油渍和硅酮须用玻璃清洁剂或硅酮清洁剂加以清除 ③ 切勿将其他规格的玻璃清洁剂与上海大众原装玻璃清洁剂混用，否则容易堵塞风窗清洗液喷嘴 ④ 切勿用温水或热水清除风窗玻璃和后视镜上的冰雪，否则容易导致玻璃爆裂 ⑤ 切勿用刮冰铲在玻璃上来回刮擦，否则容易使风窗上的污物刮坏风窗玻璃 ⑥ 切勿用不干胶将热丝粘在后风窗玻璃内侧，否则容易损坏后风窗玻璃内侧的加热丝	

（续）

序号	保养项目	作业内容	操作要领	技术要求及注意事项	相关图解
1	汽车外部养护和清洁	清洁风窗玻璃刮水片	① 将刮水器置于维护位置，然后将刮水器臂抬离风窗 ② 用柔软的布擦去刮水片上的灰尘和脏物 ③ 用风窗清洗剂清洗刮水片，粘结牢固的污垢可用海绵、柔软塑料薄膜或布清除	① 使用已经损坏或脏污的刮水片会降低能见度，增大事故和受伤的风险 ② 寒冷冰冻条件下首次使用刮水器前务必检查刮水片是否冻结在风窗玻璃上，否则一旦使用刮水器则容易损坏刮水片和刮水器电动机 ③ 禁止在无水的情况下使用刮水器（即干刮）；若风窗玻璃及刮水片表面有灰尘、油渍，则禁止使用刮水器，否则会造成刮水片永久性损坏，若发现刮水片损坏应及时更换	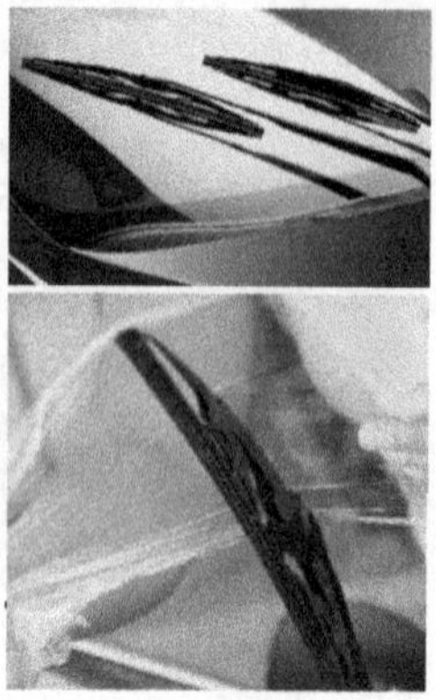
		汽车漆面上蜡和抛光	① 上蜡 清洗汽车车身表面后无水滴滚落即可上优质保护蜡 ② 抛光 漆面暗淡，即使上蜡也不能恢复其光泽时需对漆面进行抛光处理	① 塑料件和喷涂亚光漆的部件不得抛光或上蜡 ② 切勿在沙尘环境里抛光汽车漆面	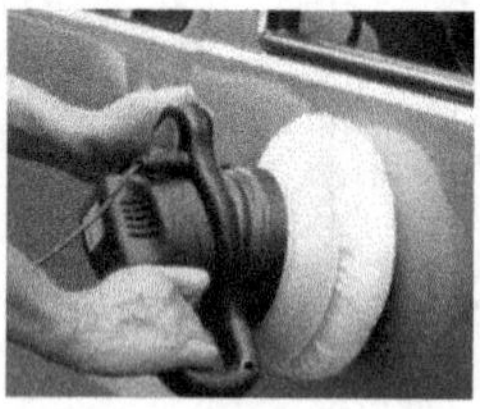
		清洁镀铬部件	① 用湿布清洗镀铬部件 ② 用铬清洁剂清除其表面污垢及附着物 ③ 用柔软的干布抛光镀铬部件表面	① 切勿用研磨剂处理镀铬部件，否则会刮伤镀铬部件表面 ② 切勿在沙尘环境里清洗和抛光镀铬部件，否则会刮伤镀铬部件表面	
		钢车轮的维护	① 定期用专用海绵清洁钢车轮 ② 用工业清洁剂清除制动磨屑，如出现油漆损坏，必须在金属锈蚀前加以修补	① 制动系统内如有水、冰或防滑盐时将降低制动效能，延长制动距离，极易引发事故，因此必须彻底清除 ② 钢车轮维护结束后，应在低速行驶过程中轻踏制动踏板，去除制动器上的水、冰或防滑盐，以恢复制动效能	
		合金车轮的维护	① 每两周清洗合金车轮上的防滑盐和制动磨屑 ② 每三个月在合金车轮上涂硬蜡	① 必须用无酸清洁剂清洗车轮 ② 不得用汽车抛光机或其他研磨剂处理车轮，若合金车轮表面防护层损坏，则必须及时修复损伤处	

（续）

序号	保养项目	作业内容	操作要领	技术要求及注意事项	相关图解
1	汽车外部养护和清洁	养护橡胶密封条	① 天窗橡胶密封条的养护： ◇完全打开天窗 ◇用柔软、不起毛的清洁布和大量清水除去橡胶密封件的尘土和污物，必要时还要除去密封件支撑部位表面涂漆上的尘土和污物 ◇让橡胶密封件充分干燥 ② 行李箱盖和车门橡胶密封条的养护：用柔软的清洁布和大量清水除去橡胶密封件的尘土和污物	① 使用不适合的养护剂可能会导致密封件损坏 ② 对已干燥的橡胶密封件，最好选用上海大众原装附件养护套件来处理	
		去除车门锁芯内的积冰	使用具有润滑及防腐特性的上海大众原装喷雾剂去除车门锁芯内的积冰	不可使用含油脂溶化剂的除冰喷雾剂去除车门锁芯内的积冰，否则容易导致门锁生锈	
		车身底部防护层的维护	定期检查车身底部和行驶系统的防护层，若有破损应及时修补，最好春末秋初各检查一次	① 切勿将汽车停驻在诸如干草或汽油等可燃物上，以免处于高温状态的催化转换器引燃这些物质，造成不必要的损失 ② 在尾气排放控制系统隔热罩、排气管和催化转换器上不得涂覆车身底板防护剂或密封剂，否则处于高温状态的发动机和尾气排放控制系统可能点燃防护剂或密封剂	
		清洁发动机舱	① 冬季行驶条件下，经常在撒盐路面行驶时良好的防腐涂层尤为重要。为防止防滑盐腐蚀汽车，撒盐期前后应彻底清洗整个发动机舱 ② 若用油脂清除剂清洗发动机舱或由他人清洗发动机舱，则防腐涂层通常会被洗掉，故清洗后必须对发动机舱的所有表面、缝隙、接合处和部件进行防腐处理	① 打开发动机舱盖前务必关闭发动机，拉紧驻车制动器，拔下点火钥匙 ② 务必在发动机充分冷却后再清洗发动机舱 ③ 清洗时应注意不要被发动机舱内和汽车上的金属锐边刮伤 ④ 清洗时切勿触碰散热器风扇，因其受温度控制，即使关闭发动机、拔下点火钥匙后风扇仍然可能突然自动起动	

表4-21 全新桑塔纳轿车车身内部保养项目、作业内容、操作要领及技术要求

序号	保养项目	作业内容	操作要领	技术要求及注意事项	相关图解
1	汽车内部的养护和清洁	塑料件和仪表板的清洁和维护	① 用干净的湿布清洗塑料件和仪表板 ② 若清洗效果不佳，则可用不含溶剂的塑料清洗剂进行处理	① 切勿用含溶剂的清洗剂清洗仪表板和安全气囊组件的表面，否则将会使仪表板表面疏松，一旦安全气囊触发，碎裂的塑料件可能严重伤害乘员 ② 切勿用含溶剂的驾驶舱喷雾剂和清洁剂清洗仪表板和安全气囊组件的表面，因为溶剂会损坏车内材料	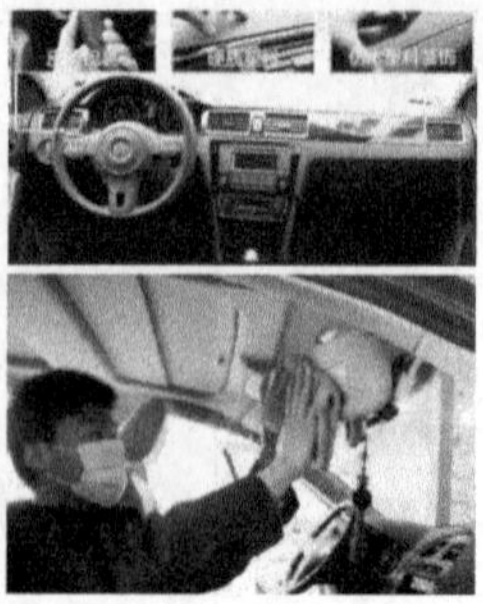
		软垫和织物饰面的清洁	① 普通保洁 ◇用柔软的海绵或不起毛的细纤维布清洁 ◇如果表面只是一般性的脏污，则可用常用的泡沫清洁剂进行处理，但要涂匀（不能湿透织物），然后用吸水性较好的干燥清洁布擦净泡沫，待完全干透后再用吸尘器处理 ② 清除污斑 ◇对饮料造成的污斑可用高级洗涤溶剂处理，用海绵蘸上少许洗涤溶剂进行擦拭，若污斑不易清除，可直接在污斑处涂擦一块洗涤膏，然后用清水进行处理，最后用吸水性好的干布擦净 ◇对巧克力或化妆品造成的污斑可用一块洗涤膏涂擦，然后用一块打湿的海绵去除洗涤膏 ◇对油脂、油液、口红或圆珠笔痕迹造成的污斑可用中性肥皂粉处理（必要时用牛胆汁皂处理），然后用吸水性好的材料吸走洗涤剂，最后用水进行后续处理，但不要湿透织物	① 含有溶剂的清洁剂会腐蚀材料并使其过早损坏 ② 开着的尼龙搭扣容易导致软垫和织物饰面损坏，因此要扣好所有可能与软垫和织物饰面发生接触的尼龙搭扣 ③ 应注意避免棱角尖锐的物品、衣服和腰带上的镶嵌饰件（如拉链、铆钉、人造钻石）刮伤软垫和织物饰面	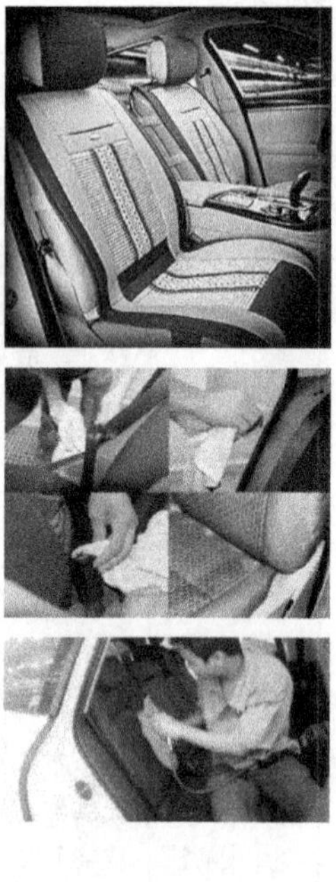

（续）

序号	保养项目	作业内容	操作要领	技术要求及注意事项	相关图解
1	汽车内部的养护和清洁	人造皮革椅套的清洁	使用水和中性清洁剂清洁人造皮革椅套	① 绝不允许用溶剂（如汽油、松脂精）、地板蜡、鞋油、污斑清除剂以及类似物品处理人造皮革，否则容易导致材料硬化以及提前开裂 ② 应注意避免棱角尖锐的物品、衣服和腰带上的镶嵌饰件在人造皮革表面形成不可恢复的划伤或刮痕	
		天然皮革椅套的清洁和养护	① 普通清洁 ◇用插在吸尘器风口上的刷子头吸去松散的污物 ◇用略微潮湿的纯棉抹布或羊毛抹布擦净有脏污的皮革表面 ② 厚重污物的去除 ◇把抹布先在中性的肥皂粉溶液（两汤匙中性肥皂粉溶于1L水）中浸透，然后拧干用来清洁污物厚重的部位 ◇清洁时要注意防止水浸透皮革的任何部位，也不要让水进入接缝处的针孔内 ③ 污斑的清除 ◇用吸水性较好的保洁布或纸巾清除新洒上的水质污斑（如咖啡、茶、果汁等），如污斑已干透则使用合适的清洁剂处理 ◇新洒上的油质污斑（如黄油、色拉油、巧克力等）如果还没有浸入皮革表面，则可用吸水性较好的抹布、纸巾或合适的清洁剂清除，对于已干透的油污应用除油喷雾剂处理 ◇对特殊污斑（如圆珠笔、记号笔、指甲油、乳胶漆、鞋油等）应使用皮革专用的污斑清除剂处理 ④ 皮革养护 ◇每隔半年就要使用合适的皮革养护剂对天然皮革加以养护处理 ◇涂上薄薄一层清洁养护用品 ◇最后用柔软的抹布擦干	① 绝不允许用溶剂（如汽油、松脂精、地板蜡、鞋油、污斑清除剂和类似物品）处理皮革 ② 进入皮革毛孔、褶皱和拼缝中的灰尘及污物颗粒会磨损、损坏皮革表面，因此应注意日常保洁工作 ③ 定期及每次清洁后，应使用具有防光照和浸渍功能的养护油 ④ 每两到三个月清洁一次皮革，及时清除新的污渍 ⑤ 应尽快清除圆珠笔、墨水、口红、鞋油等留下的新污斑 ⑥ 要加强对皮革颜色进行养护，根据需要在有色差的部位涂上专用的彩色皮革油	

（续）

序号	保养项目	作业内容	操作要领	技术要求及注意事项	相关图解
1	汽车内部的养护和清洁	清洁杂物箱、饮料罐托架和烟灰缸	①清洁杂物箱、饮料罐托架：用一块干净且不起毛的抹布用水蘸湿后进行清洁。如果效果不好，可使用不含溶剂的塑料清洁养护剂进行清洁 ②清洁烟灰缸 ◇取出烟灰缸将其清空，然后用抹布擦净烟灰缸 ◇清洁点烟器时应使用牙签或类似物品来清除剩余烟灰	切勿用含有溶剂的清洁剂进行清洁，否则易腐蚀内饰材料使其提早损坏	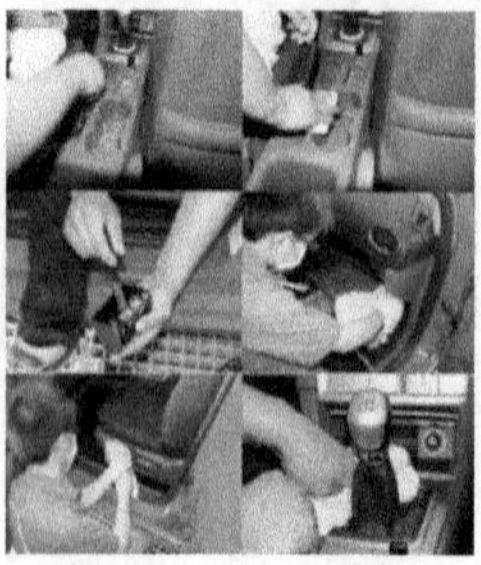
		清洁安全带	①小心地拉出脏污的安全带，并保持在拉出位置 ②用淡皂液清洗脏污的安全带 ③待安全带完全干透，干透前切勿收卷安全带	①务必定期检查车内所有安全带的状况，若发现安全带带基、连接件、收卷机构或锁损坏，则必须到上海大众经销商处进行更换 ②绝不允许拆下安全带进行清洗，切勿使用化学清洁剂清洗安全带，否则可能损坏安全带带基 ③切勿试图自行维修损坏的安全带；任何情况均不得拆卸和改装安全带	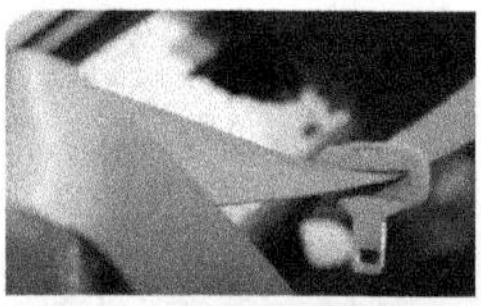 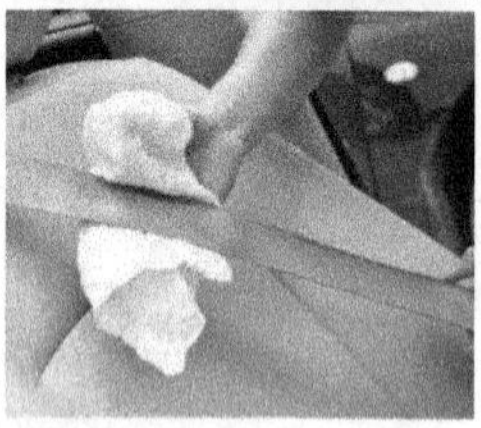
		空调系统养护	①检查空调操纵系统 ②检查空调密封状况	①检查各操纵部件的工作状况，各部件操纵应灵敏有效 ②检查空调系统，应无磨损和泄漏（一般用专用仪器检测）	

表4-22　全新桑塔纳轿车底盘保养项目、作业内容、操作要领及技术要求

序号	保养项目	作业内容	操作要领	技术要求及注意事项	相关图解
1	制动系统维护	检查前制动器	①微微举升车辆，使车轮离开地面，松开轮胎螺栓 ②继续举升20cm，检查举升器是否对位，然后拆下前、后轮胎，对制动片进行检查 ③检查转向横拉杆、防尘套、底部保护层、燃液管、制动液管及排气管的状况，看有无损伤，并检查减振器有无渗漏	①摩擦片极限厚度不得小于规定值，若磨损超限应更换 ②装回轮胎时，检查轮胎气压及磨损程度并清理杂物，使用扭力扳手将轮胎螺栓紧固到规定力矩 ③对达到规定里程的车辆进行同侧轮胎前后调换	

（续）

序号	保养项目	作业内容	操作要领	技术要求及注意事项	相关图解
1	制动系统维护	检查后制动器	①使用一把直尺测量外制动器摩擦片的厚度 ②通过制动卡钳内的检查孔目测检查内制动器摩擦片的厚度	①检查各部件磨损情况，必要时更换 ②确保制动器摩擦片没有不均匀磨损，如果制动器摩擦片的厚度低于磨损极限，则更换制动器摩擦片 ③确保内制动器摩擦片与外制动器摩擦片没有明显的偏差	
		检查制动液管路和轮缸	检查制动液管路和轮缸	制动液管路应无磨损，制动液无渗漏	
2	转向系统维护	检查转向传动机构	检查转向传动轴（前驱）的密封和工作状况	防尘套应无破损，各部螺栓连接可靠（见圈中部分）	
3	传动系统维护	检查变速器的密封状况	检查变速器的密封和工作状况	变速器外部应清洁，外表应无裂纹，密封垫及油封要完好，无渗漏现象	
		检查液面高度	检查液面高度及油质，必要时更换	①手动变速器齿轮油规格为API GL-5，液面高度为加油孔下边缘，螺栓的紧固力矩为25N·m ②自动变速器油规格为VW ATF，颜色为淡黄色，液面高度为上、下刻度之间	
		检查变速器换档操纵机构	检查变速器换档操纵机构	换档操纵机构应操纵灵活、连接可靠，无松旷	

（续）

序号	保养项目	作业内容	操作要领	技术要求及注意事项	相关图解
4	行驶系统维护	检查轮胎花纹	检查轮胎花纹和轮辋	轮辋应无裂纹和变形，车轮清洁，胎面无气鼓、裂伤、老化、变形、扎钉，气门嘴完好	
		检查轮胎气压	检查轮胎（含备胎）气压	轮胎气压标准：夏季，230kPa；冬季，250kPa；备胎，230kPa	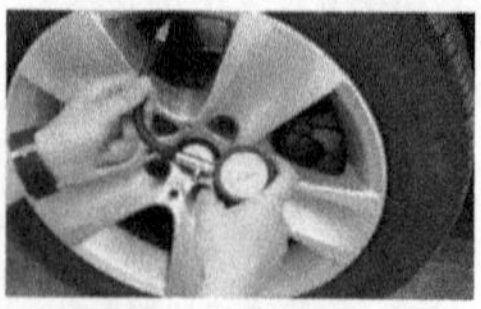
		检查轮胎螺栓	检查轮胎螺栓拧紧力矩	轮胎的装用符合要求，车轮螺栓拧紧力矩为120N·m	 扭力扳手上用于调节扭力的转动把手
5	车身底部维护	检查燃油系统	检查燃油箱及燃油箱盖，检查燃油管路及管路接头	燃油箱、燃油管路应安装牢固，无变形	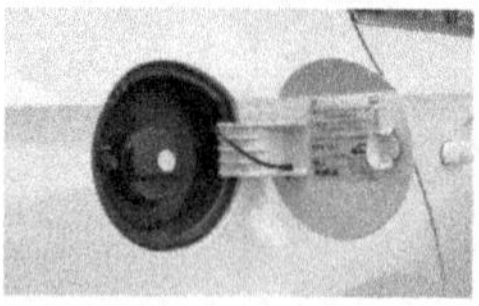
		检查排气系统和三元催化转换装置	① 检查排气歧管、消声器状况及密封性 ② 检视三元催化转换器外观及连接状况	① 排气歧管、消声器各部件应完好，密封垫、吊耳齐全，无裂纹、漏气，消声器性能良好 ② 三元催化转换器的保护壳应完整，连接牢固；内部载体无破损、不堵塞	
		检查悬架系统	检查减振器密封及各部连接状况	减振器应不漏油，上部支撑架胶套无开裂，紧固可靠，减振作用良好	
		检查球头	检查各拉杆球头间隙，紧固防尘套	当上下晃动悬架时，摆臂球头应无松旷，下摆臂衬套完好，配合无松动	 转向拉杆 半轴 制动 下摆臂

4.1.5.2　奥迪A8轿车4S店的保养操作技术

奥迪系列高级轿车技术含量高，产品性能好，保养要求严，如奥迪A8轿车的保养内容包含了移交保养（即PDI）、长效保养、换油保养以及常规保养四部分，且要求规范严格，其保养作业具有示范性。移交保养（售前检查）前面已做介绍，且不同车型的PDI检查内容亦大同小异，不再重述。这里简单介绍长效保养和换油保养的作业周期及工作范围，以图解和表格形式详细讲解常规保养的作业周期、保养项目、作业范围以及技术要求等。

1. 长效保养（表4-23）

表4-23　奥迪A8轿车长效保养的周期及作业范围

序号	保养周期	作业范围
1	根据保养显示的读数	所有的保养工作/除了标有符号◆◆的项目
2	每隔60000km	所有的保养工作/包括标有符号◆◆的项目
3	每隔90000km	除了进行长效保养外，还须更新火花塞（V8汽油发动机）
4	每隔120000km	除了进行长效保养外，还须更新多楔带（V8汽油发动机）和齿形带（V8汽油发动机）
5	每隔24个月	除了进行长效保养外，还须更新制动液
6	在36个月后进行首次保养，之后每隔24个月进行一次保养	废气检测
7	根据保养显示	检查停车灯、近光灯、远光灯、前雾灯、转向信号灯、危险警告灯等前照明装置的功能
8	根据保养显示	检查制动灯（包括三个制动灯）、尾灯、倒车灯、后雾灯、牌照灯、转向信号灯、危险警告灯、行李箱照明灯等后照明装置的功能
9	根据保养显示	检查车内照明灯、杂物箱照明灯、指示灯、信号喇叭及MMI等的功能
10	根据保养显示	调整喷嘴并检查车窗刮水器和清洗装置的功能
11	根据保养显示	检查风窗玻璃刮水片的静止位置
12	根据保养显示	检查风窗玻璃刮水片是否损坏（若损坏，则与客户协商后更换）
13	根据保养显示	用VAS 5051查询故障码存储器的故障记忆（适用于引导型故障查询）
14	根据保养显示	复位保养显示
15	根据保养显示	润滑车门锁和锁芯
16	根据保养显示	清洁滑动天窗导轨并喷涂油脂喷剂
17	根据保养显示	检查蓄电池电解液液位、必要时添加蒸馏水
18	根据保养显示	从上部目测发动机和发动机舱的密封和损坏情况
19	根据保养显示	往风窗玻璃清洗装置/前照灯清洗装置中添加防冻液
20	根据保养显示	检查冷却系统防冻情况，必要时添加防冻液
21	根据保养显示	清洁空气滤清器壳并更新滤芯
22	根据保养显示	检查液压系统的密封情况和液位，必要时添加液压油

（续）

序号	保养周期	作业范围
23	根据保养显示	更新粉尘及花粉过滤器
24	根据保养显示	从下部目测发动机、变速器、主减速器、转向装置和万向节保护套等部位的密封和损坏情况
25	根据保养显示	检查主减速器（自动变速器）油位、必要时添加油液
26	根据保养显示	排放机油，更新机油滤清器
27	根据保养显示	目测制动装置的密封和损坏情况
28	根据保养显示	检查制动摩擦片的厚度
29	根据保养显示	目测底部保护层的损坏情况
30	根据保养显示	目测排气装置的密封和损坏情况
31	根据保养显示	检查转向横拉杆球头、转向器接头和转向节等部位的间隙、固定情况及橡胶密封罩损坏情况
32	根据保养显示	检查车桥转向节橡胶密封罩的密封和损坏情况
33	根据保养显示	检查轮胎（包括备胎）状态和轮胎运行状况
34	根据保养显示	校正轮胎（包括备胎）充气压力
35	根据保养显示	检查并记录轮胎（包括备胎）的花纹深度
36	根据保养显示	添加机油
37	根据保养显示	检查制动液液位（取决于摩擦片磨损情况）
38	根据保养显示	检查前照灯设定情况，必要时进行调整
39	根据保养显示	进行试车

说明：

① 根据保养显示进行长效保养，但装用汽油发动机（含涡轮增压）的车辆最晚不能超过24个月或30000km。

② 应加注符合厂方VW标准的503 00（汽油发动机/涡轮增压汽油发动机）机油。如果车辆在进行第一次保养时未加注该标准机油，则应按照常规保养中规定的保养周期进行保养。

③ 每隔24个月更换制动液。

④ 长效保养始终包括机油更换和相关附加工作。

2. 换油保养（表4-24）

表4-24 奥迪A8轿车换油保养的周期及作业范围

序号	保养周期	作业范围
1	每隔15000km	排放机油，更新机油滤清器
2		检查盘式制动器摩擦片的厚度
3		添加机油
4		复位保养显示

3. 常规保养（表4-25）

表4-25 奥迪A8轿车常规保养的操作要领及技术要求

保养周期及项目	操作要领	操作图解	技术要求
每隔12个月或15000km	换油保养		
每隔30000km	除了每隔12个月须进行的保养工作外还包括标有符号◆的项目		
每隔60000km	除了每隔12个月须进行的保养工作外还包括标有符号◆和符号◆◆的项目		
每隔90000km。除了进行长效保养外还进行火花塞的更新（V8汽油发动机）	更新火花塞： ①拆下发动机舱盖 ②拆除两个螺栓1 ③拔下点火线圈的插头2 ④用顶拔器T40039从火花塞上拔下杆状点火线圈3 ⑤用火花塞扳手3122B旋出火花塞。旋入新的火花塞	V8 5V发动机右侧气缸列	工具： ①顶拔器T40039 ②火花塞扳手3122B 技术要求： ①火花塞拧紧力矩为30N·m ②轻轻旋转点火线圈，将其插入，必须明显感觉到嵌入
每隔120000km。除了进行长效保养外还进行多楔带及齿形带的更新（V8汽油发动机）	（1）更新多楔带 1）拆卸 ①松开多楔带。用19mm环形扳手沿箭头方向向右旋转张紧装置，直到两个孔上下重叠地排列为止，然后用定位芯棒3204锁死 ②取下多楔带 2）安装（略，请参阅维修手册） （2）更新齿形带（略，请参阅维修手册）		工具： 定位芯棒3204 说明： ◆在拆卸多楔带之前用粉笔或记号笔记下转动方向。用过的传动带转动方向相反时会被损坏。 ◆在安装多楔带时注意传动方向和带轮中传动带的正常位置

（续）

<table>
<tr><th>保养周期及项目</th><th>操作要领</th><th>操作图解</th><th>技术要求</th></tr>
<tr>
<td>每隔24个月。除了进行长效保养外还进行制动液的更换</td>
<td>更换制动液：
1）抽吸储液罐中的制动液
① 从制动液罐上拧下端盖1
注意：不能拆掉制动液罐内的滤网
② 旋出制动液储液罐螺塞（箭头所示）
③ 将VAS5234的抽吸软管连接到制动液储液罐的细管1上
④ 用VAS5234的抽吸软管尽可能地多抽吸制动液
注意：抽出的制动液不能重复使用
⑤ 拔下抽吸软管
⑥ 将VAS5234的抽吸软管连接到制动液储液罐的细管2上
⑦ 用VAS5234的抽吸软管尽可能地多抽吸制动液
⑧ 拔下抽吸软管
⑨ 将螺旋塞拧进制动液储液罐
2）收集制动轮缸及制动管路中的制动液
① 将适配接头1连接到制动液储液罐上
② 将VAS5234的加注软管2连接到适配接头上
③ 拔下排气螺栓上的盖帽
④ 将收集瓶的排气软管1插到车辆右后轮的排气螺栓上，打开排气螺栓，放出大约200mL的制动液，关闭排气螺栓。左后轮，重复此工作步骤
⑤ 将收集瓶的排气软管1插到车辆右前轮的排气螺栓上，打开排气螺栓，放出大约200mL的制动液，关闭排气螺栓。左前轮，重复此工作步骤
3）加注制动液
① 将盖帽插到制动钳的排气螺栓上
② 将VAS5234的加注杆放置于B上（参见使用说明书）
③ 从适配接头上取下加注软管
④ 从制动液储液罐上拧下适配接头
⑤ 检查制动液液位，必要时进行修正
⑥ 旋上制动液储液罐的端盖</td>
<td></td>
<td>工具：
制动液加注及排气装置VAS5234和V. A. G1869（以VAS5234为例）
VAS 5234

V.A.G 1869
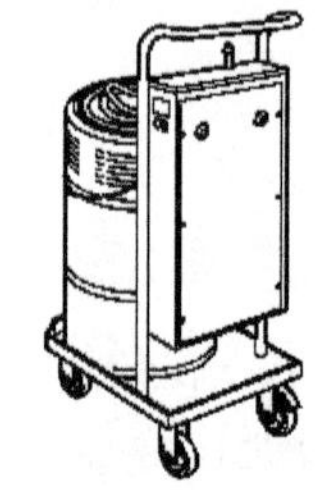
技术要求：
按照下表顺序进行抽吸、排空及加注
<table>
<tr><th>顺序</th><th>制动液量</th></tr>
<tr><td>右后</td><td>200mL</td></tr>
<tr><td>左后</td><td>200mL</td></tr>
<tr><td>右前</td><td>200mL</td></tr>
<tr><td>左前</td><td>200mL</td></tr>
<tr><td>总量</td><td>1000mL</td></tr>
</table>
警告：
① 制动液绝对不能与含矿物油的液体（机油、汽油、清洗剂）混合。矿物油会损坏制动装置的橡胶管路和密封件
② 制动液有毒性和腐蚀性，故不要接触油漆
③ 制动液有吸湿性，很容易从周围环境中吸取湿气，故必须保存于密闭容器中
④ 如果制动液溢出，要用大量清水冲洗</td>
</tr>
</table>

（续）

保养周期及项目	操 作 要 领	操 作 图 解	技 术 要 求
在 36 个月后进行首次保养，之后每隔 24 个月进行一次保养并进行废气检测	废气检测： 1）检测条件 ① 冷却液温度最低要达到 80℃ ② 故障码存储器中应无故障码 注意：在点火开关关闭时，通过适配电缆 V. A. G1551/3A 将故障读取装置 V. A. G1551 与诊断接口相连 ③ 目测检查所有受废气影响的部件是否都存在、已连接且外观正常 2）仪器连接 ① 将 CO 检测装置 V. A. G1363A 或四组件尾气测试仪 V. A. G1787/1788 的取样探头插入排气尾管中（300～400mm） ② 将点火测试仪 V. A. G1767 的触发器夹钳连接到 VAS5087 的集电弓上 ③ 用 VAS5087 的“Switch 1/4”（开关 1/4）选择总线端的开关位置“4” ④ 旋转气缸数量开关至 8 缸发动机的“8”上 ⑤ 将适配器 VAS5087/1 的一根导线连接至 VAS5087（VAS5087/1）插孔 ⑥ 将适配器 VAS5087/1 的另一根导线连接至车辆蓄电池上 注意：将红色总线端连接至正极，将黑色总线端连接至负极	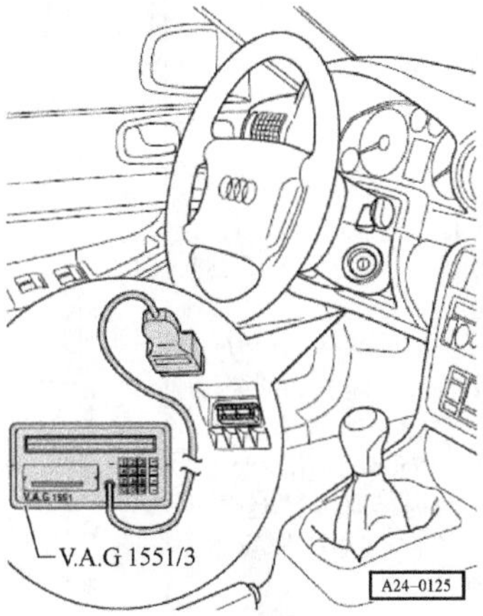 V.A.G 1551/3 A24-0125 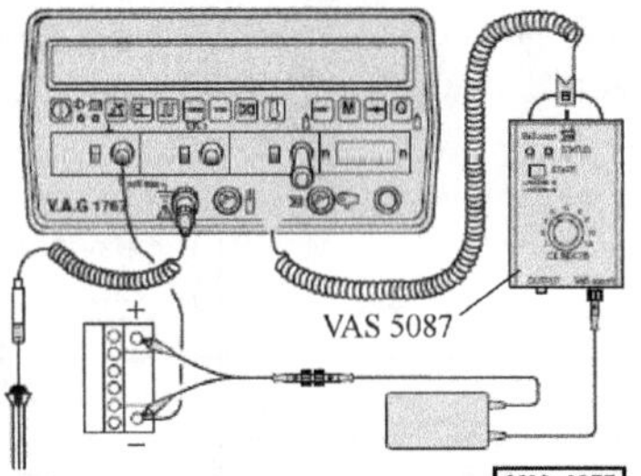 VAS 5087 N02-0277 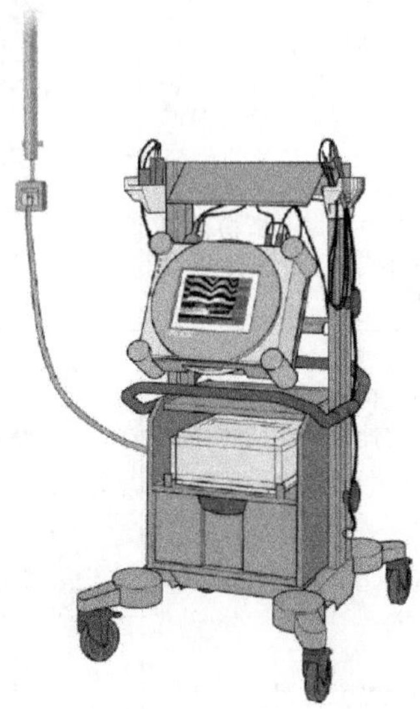	工具： ① 故障读取装置 V. A. G1551 ② 适配电缆 V. A. G1551/3A ③ 四组件尾气测试仪 V. A. G1787/1788 ④ 转速适配器车辆电源 VAS5087 ⑤ 点火测试仪 V. A. G1767 V.A.G 1551 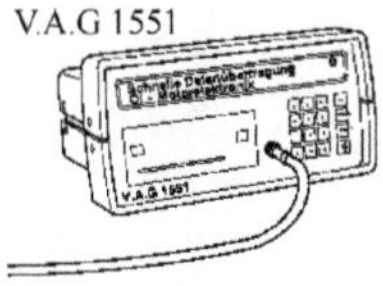 V.A.G 1551/3 A 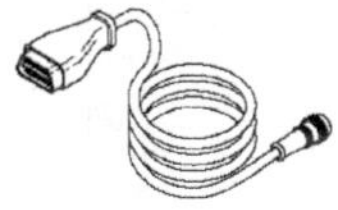 V.A.G 1787/1788 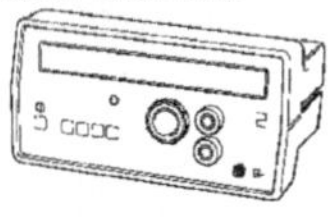 VAS 5087 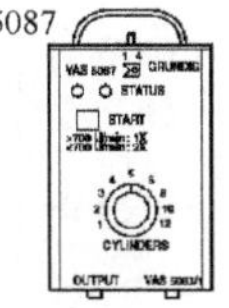 V.A.G 1767 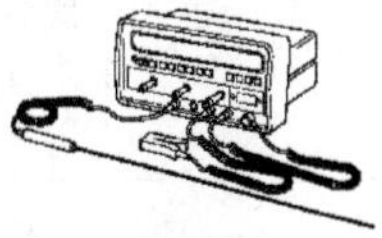 技术要求： ① 尾气测试仪进行一次 HC 残留测试。如果数值超过 20Pmm，则中断检查过程。如果 $\rho(CO_2)$ 值超过 8%，则自动继续检测过程 ② 如果打开点火开关，废气警告灯“MIL”不起作用，则说明车辆没有通过废气检测，要重测

（续）

保养周期及项目	操作要领	操作图解	技术要求
在36个月后进行首次保养，之后每隔24个月进行一次保养并进行废气检测	3）检测过程 ①起动发动机并使其怠速运转 ②按下VAS5087上的按钮“Start”（起动）。红色信号灯必须闪烁约10s，然后绿色信号灯必须亮起 ③点火测试仪V. A. G1767上应显示发动机转速。如果发动机转速显示错误或没有显示，则须参见VAS5087使用说明书 ④按压数据读取装置上用于“AU Benzin”（汽油废气检测）的F1按钮 ⑤按照数据读取装置显示屏上的指示进行废气检测 ⑥通过数据读取装置的键盘输入车辆识别数据 ⑦用Q按钮确认输入车辆识别数据	Abgasuntersuchung nach § 47a STVZO （根据STVZO的第47a款进行废气检查） F1-AU Benzin　F2-AU Diesel （F1-汽油废气检查）（柴油废气检查） 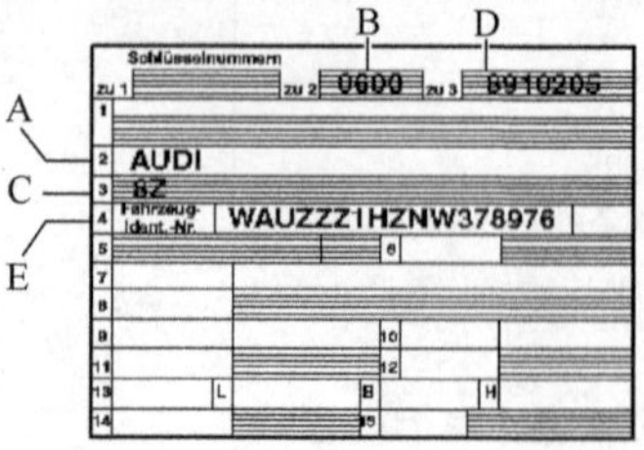 B　D A　C　E 0600　8910205 AUDI 8Z WAUZZZ1HZNW378976 ◆车牌照 ◆A-车辆制造商 ◆B-车辆制造商钥匙密码 ◆C-车型 ◆D-车型钥匙密码（头三位数） ◆E-车辆身份识别编号 ◆发动机标识字母 ◆行驶里程 Eingabe überprüfen mit→ Taste （用→按钮检查输入） Weiter mit Q Taste（按Q按钮继续）	技术要求：尾气排放应符合车辆厂家标准及国家机动车环保排放要求
检查前照明装置的功能	检查停车灯、近光灯、远光灯、前雾灯、转向信号灯、危险警告灯等前照明装置的功能	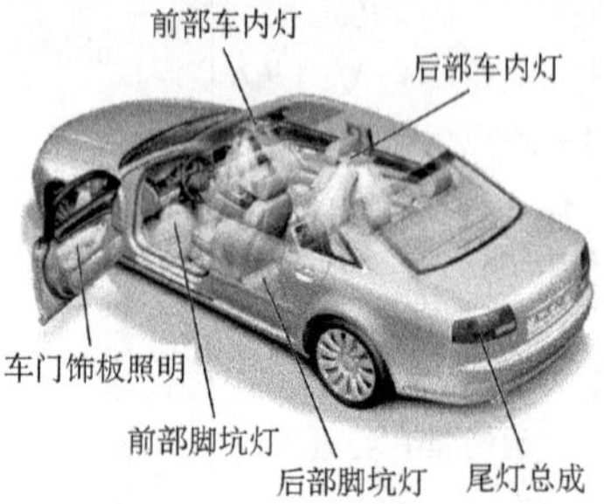 前部车内灯 后部车内灯 车门饰板照明 前部脚坑灯 后部脚坑灯 尾灯总成	技术要求：齐全有效
检查后照明装置的功能	检查制动灯（包括三个制动灯）、尾灯、倒车灯、后雾灯、牌照灯、转向信号灯、危险警告灯、行李箱照明灯等后照明装置的功能		技术要求：齐全有效
检查其他装置功能	检查车内照明灯、杂物箱照明灯、指示灯、信号喇叭及MMI的功能		技术要求：齐全有效
风窗刮水器和清洗装置	调整喷嘴并检查功能： ①用水溶性的笔在风窗玻璃上标记四个点 调整尺寸： $a=400$mm $b=250$mm $c=300$mm $d=500$mm ②用各个喷嘴的调整工具测定各点	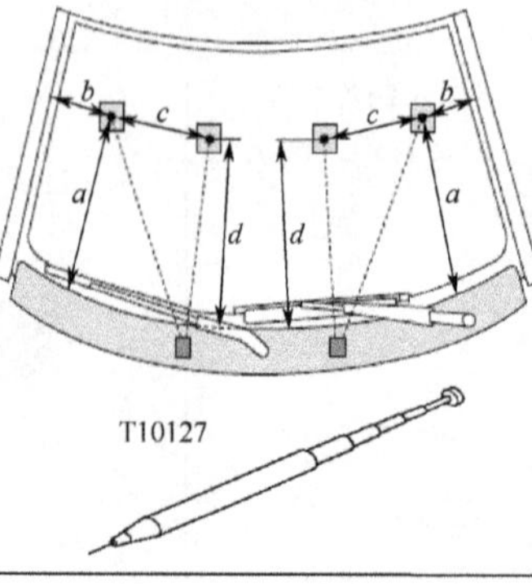 b　c　c　b a　d　d　a T10127	工具：风窗玻璃刮水器喷嘴调整工具T10127（装有通针3125/5A） 警告：绝对不能使用针或类似物品，否则将损坏喷嘴中的水流通道

（续）

保养周期及项目	操作要领	操作图解	技术要求
风窗玻璃刮水片	检查静止位置： ① 打开和关闭风窗玻璃刮水器并运行至极限位置 ② 关闭点火开关 ③ 检查刮水片是否位于风窗玻璃规定的位置上。必要时拧松刮水器摆臂，校正后再将固定螺母拧紧 ④ 操作点动刮水，检查调整情况		技术要求： ① 刮水片位置 尺寸 $a=10$mm 尺寸 $b=27$mm 注意：该尺寸是指刮水片到风窗玻璃下边缘排水槽风窗框隔栅的距离 ② 拧紧力矩。刮水器轴上的刮水器摆臂拧紧力矩为 21N·m
风窗玻璃刮水片	检查是否损坏： 1）拆卸 ① 从风窗玻璃上提起刮水器摆臂 ② 从刮水器摆臂 3 上沿箭头方向移开固定夹 2 ③ 向下从刮水器摆臂上拆下刮水片 1		技术要求：若损坏则与客户协商后进行更换
	2）安装 ① 将刮水器摆臂肘节杆安装到刮水片上的导向装置中（箭头所示 1）。注意肘节杆应完全进入导向装置中 ② 向上移动固定夹松开刮水片（箭头所示 2）		
查询故障记忆	用 VAS 5051 查询故障码存储器的故障记忆“引导型故障查询” 1）连接车辆诊断、测量和信息系统 VAS 5051： ① 拉上驻车制动器 ② 自动变速器：变速杆置于“P”或“N”位。手动变速器：变速杆置于空档位置 ③ 在点火开关处于关闭状态下用适配电缆 VAS 5051/5a 连接 VAS 5051		工具： ① VAS 5051——车辆诊断、测量和信息系统 ② VAS 5051/5a——适配电缆 技术要求：如果存储器中有故障码，则必须采取维修措施。维修时需要提供故障记录

（续）

保养周期及项目	操作要领	操作图解	技术要求
查询故障记忆	2）查询故障码存储器中的故障记忆： ① 打开点火开关 显示屏显示： 选择操作模式： ② 按显示屏上的“Guided fault-finding（引导型故障查询）”（箭头所示） 跟随测试仪的引导（选择标示、型号、发动机标示字母等） 显示屏显示： 在显示区1内显示文字“Control unit has been interrogated（控制单元查询完毕）” ③ 按显示屏上的箭头按钮 未显示任何故障或控制单元故障	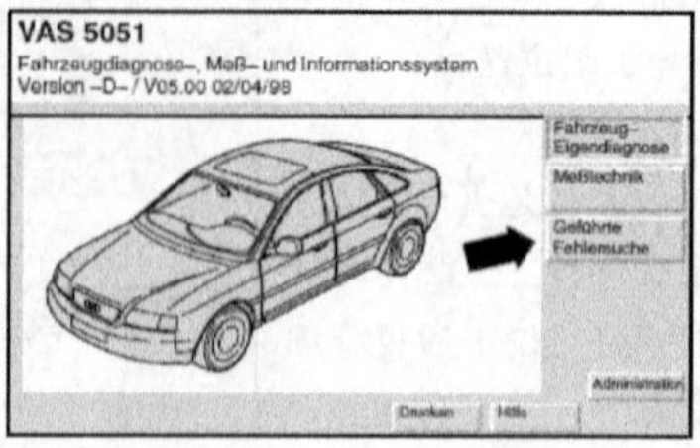 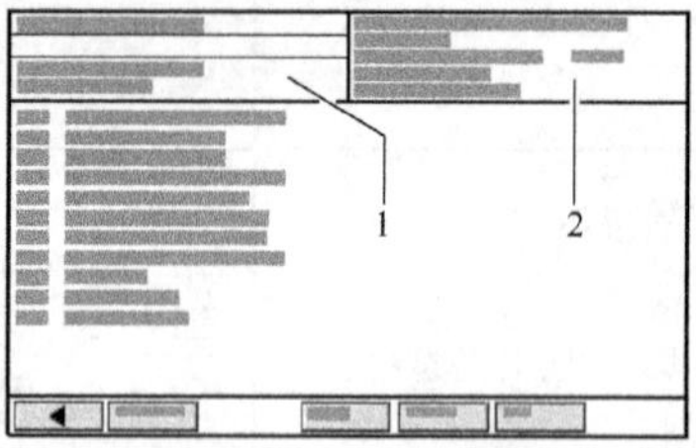 VAS 5051 Fahrzeugdiagnose–, Meß– und Informationssystem Version –D– / V05.00 02/04/98 Fahrzeug-Eigendiagnose Meßtechnik Geführte Fehlersuche Administration Drucken Hilfe 1 2	
保养显示	复位： ① 连接设备：同上。 ② 复位操作：打开点火开关。 显示屏显示： 选择操作模式： 按显示屏上的“Vehicle self-diagnosis”（车辆自诊断）按钮（箭头所示） 显示屏显示： 选择车辆系统： 按显示屏上的“17-Dash panel insert”（17-组合仪表）（箭头所示）	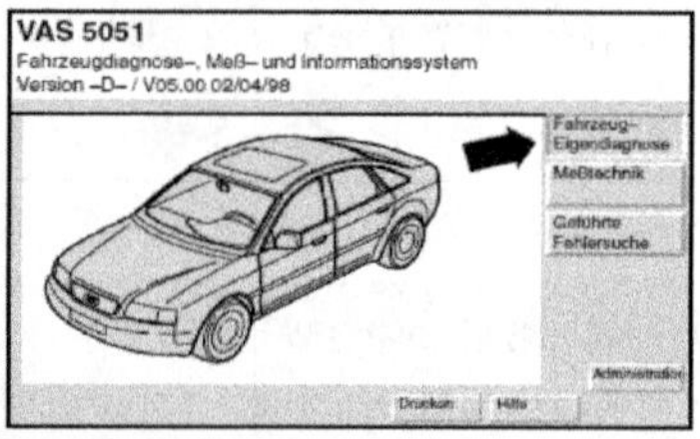 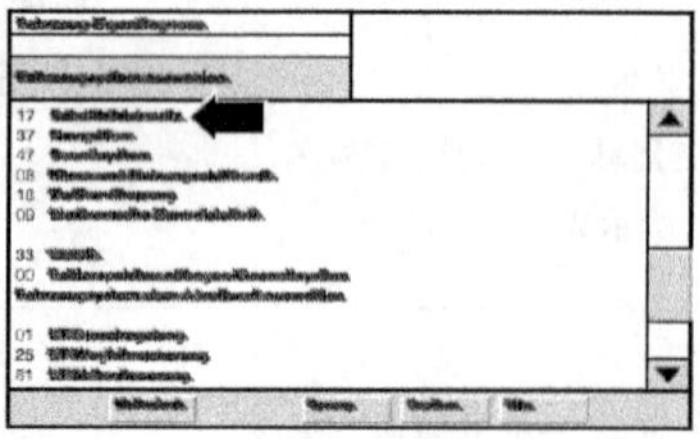 VAS 5051 Fahrzeugdiagnose–, Meß– und Informationssystem Version –D– / V05.00 02/04/98 Fahrzeug-Eigendiagnose Meßtechnik Geführte Fehlersuche Administration Drucken Hilfe	说明： ① 如果显示器上未显示工作步骤中所述的显示内容，请参见车辆诊断、测量和信息系统VAS 5051的使用说明书 ② 详细常规保养复位操作内容及要领，请参见奥迪A8随车使用保养手册
车门锁和锁芯	润滑： ① 润滑车门锁 ② 润滑锁芯	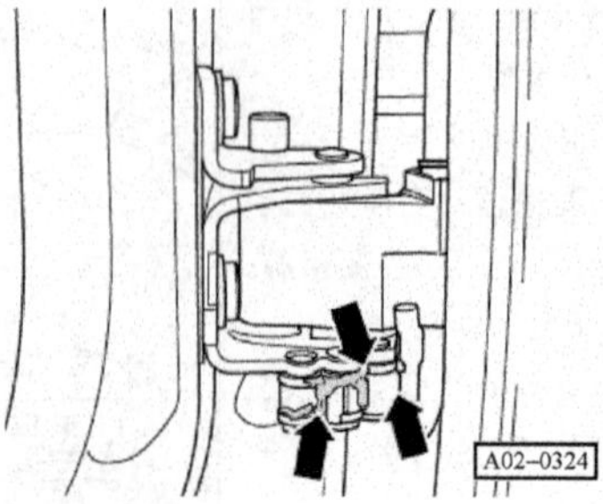 A02-0324	技术要求： ① 车门锁只能在图中箭头所示位置上油脂 ② 车门锁和锁芯润滑必须使用润滑剂（油脂）“G052 778 A2”

（续）

保养周期及项目	操作要领	操作图解	技术要求
滑动天窗	清洁导轨并喷涂油脂喷剂： ① 检查滑动天窗是否泄漏 ② 清洁导轨（见圆圈部分） ③ 在导轨上喷涂润滑剂 ④ 检查滑动天窗功能（见 1）		技术要求：导轨须喷涂润滑剂“G052 778 A2”
蓄电池：检查电解液液位，必要时添加蒸馏水	（1）断开蓄电池连接线 ① 关闭点火开关并拔下点火钥匙 ② 拆下行李箱右侧饰板的盖板（箭头所示） ③ 拆下蓄电池上方的盖板 1 和 2 ④ 断开蓄电池上的接地线 2 和正极导线 4 （2）连接蓄电池连接线 ① 首先用手将正极导线的电极端部 4 插入蓄电池正极“+”并拧紧螺母 ② 用手将接地线的电极端部 2 插入蓄电池正极“-”并拧紧螺母 注意： ① 若要重新连接蓄电池连接线，则必须采取如下措施： ◆退出电子通信系统控制单元的服务模式。参见车辆诊断、测量和信息系统 VAS 5051 使用说明 ◆激活电动车窗升降器的自动升降功能。参见车辆使用说明书 ◆向左转动一遍汽车开关中的汽车钥匙至极限位置 ② 更换蓄电池后必须对电源管理系统 J644 的控制单元重新设码。请在“Guided fault-finding”（引导型故障查询）中选择功能“Change and encode battery”（蓄电池的更换和设码）	A27-0156 A27-0157	工具： ① 蓄电池加液瓶 VAS 5045 ② 普通型电解液虹吸管。 技术要求：蓄电池正、负极接线柱的拧紧力矩为 6N·m。 技术要求： ① 没有充电或电量过低时，应查找原因，并及时充电 ② 如果蓄电池使用超过 5 年，而电眼的颜色显示已变为黑色，则须更换新的蓄电池

（续）

<table>
<tr><th>保养周期及项目</th><th>操作要领</th><th>操作图解</th><th>技术要求</th></tr>
<tr><td rowspan="3">蓄电池：检查电解液液位，必要时添加蒸馏水</td><td>（3）检测液位及容量
1）带电眼的蓄电池
① 在进行目测之前，用螺钉旋具的手柄轻敲电眼。目的是分解气泡
② 读取“电眼”的颜色显示
<table><tr><th>颜色显示</th><th>蓄电池状态</th></tr><tr><td>绿色</td><td>蓄电池已充足电</td></tr><tr><td>黑色</td><td>没有充电或电量过低</td></tr><tr><td>无色或黄色</td><td>电解液达到临界液位，必须添加蒸馏水</td></tr></table></td><td>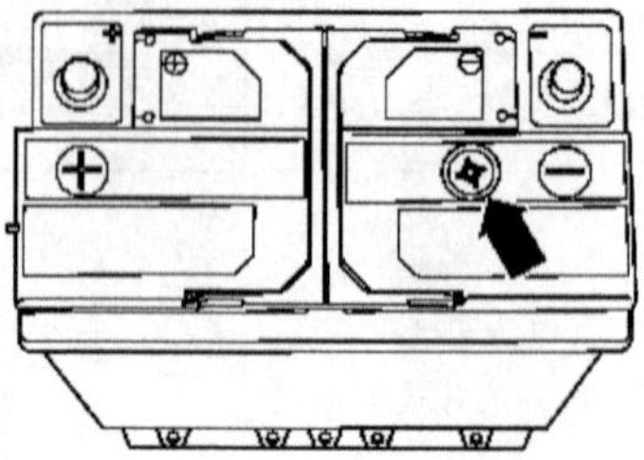</td><td>提示：
电眼（箭头所示）可提供蓄电池的电解液液位和充电状态的信息。且用三种不同颜色表示</td></tr>
<tr><td>2）带最小和最大标记的蓄电池
① 从外部直接目测蓄电池电解液液位
② 当从外部目测不到蓄电池电解液液位时，可旋出密封塞查看（箭头所示）</td><td>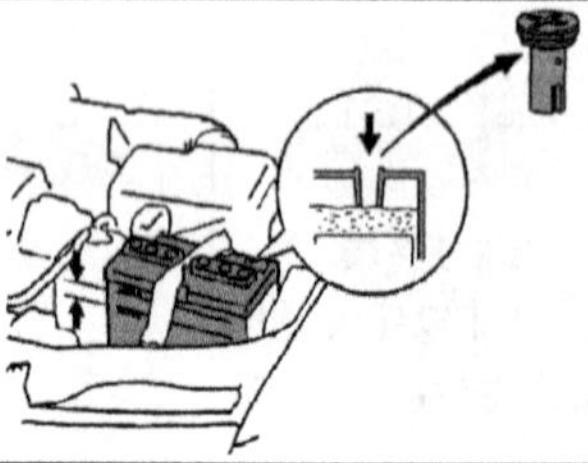</td><td>技术要求：电解液液位必须在最小（MIN）和最大（MAX）标记之间</td></tr>
<tr><td>（4）添加蒸馏水
用蓄电池加液瓶 VAS 5045 和普通型电解液虹吸管进行添加
警告：
① 在处理蓄电池电解液时，必须穿上合适的防护服装
② 只能用手电筒对蓄电池壳体内部进行照明（绝对不能用明火照明且禁止在蓄电池附近使用明火）
③ 在回收和处理蓄电池时，必须遵守废弃物处理有关规定</td><td>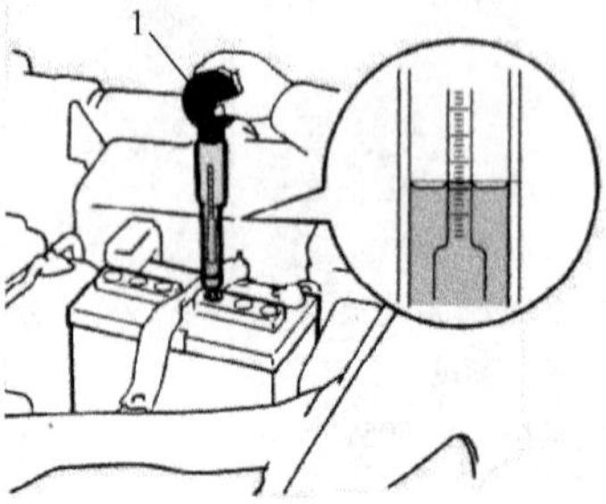
</td><td>技术要求：
① 电解液液位必须在最小（MIN）和最大（MAX）标记之间。如果电解液液位过低，易使极板露出液面干燥氧化而造成蓄电池容量损失；如果电解液液位过高，易使电解液溅出而腐蚀机体和车身
② 如果电解液液位过低，只能用蓄电池加液瓶 VAS 5045 添加蒸馏水</td></tr>
<tr><td>发动机（从上部）和发动机舱</td><td>目测密封和损坏情况：
按以下步骤进行目测：
① 检查发动机（从上部）和发动机舱的密封和损坏情况
② 检查下列系统的管路、软管和连接处的密封情况以及擦痕、孔隙度和脆性（箭头所示）：
◆燃油装置
◆冷却和加热装置
◆制动系统</td><td>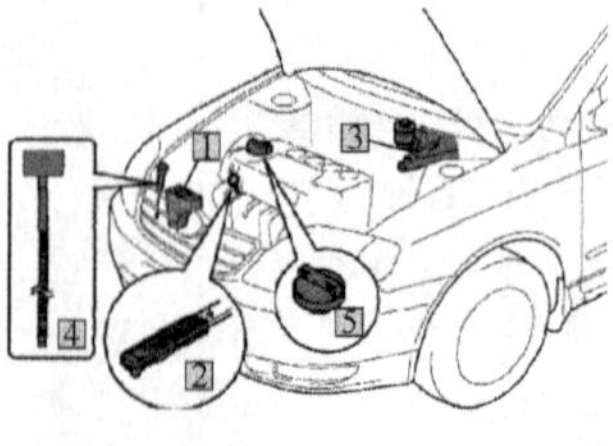

1—散热器储液罐
2—机油油尺
3—制动主缸储液罐
4—喷洗器液位尺
5—机油加注口盖
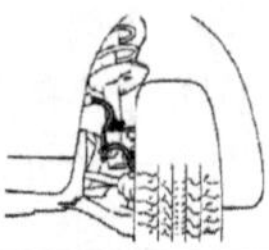</td><td>技术要求：已确定的故障必须排除
提示：如果车辆已被升降台（或举升机）升起，且隔音垫已拆下，则可从下面不同角度目测检查各管路有无泄漏和连接部位是否松动</td></tr>
</table>

（续）

<table>
<tr><th>保养周期及项目</th><th>操 作 要 领</th><th>操 作 图 解</th><th>技 术 要 求</th></tr>
<tr><td>风窗玻璃清洗装置/前照灯清洗装置</td><td>添加清洗液：
将清洗液添加到上边缘</td><td></td><td>技术要求：
清洗液必须始终添加pH值为中性的玻璃清洁剂（冬季加防冻剂）</td></tr>
<tr><td rowspan="2">冷却系统</td><td>1）检查冷却液液位，必要时添加冷却液
① 检查液位：在发动机处于冷却状态时检查补偿罐中的冷却液液位
② 添加冷却液：可人工加注或机器加注
注意：如果冷却液补偿罐中的液体为棕色，则表明 G 012 A8 D 与其他冷却液混合了，此时须冲洗冷却系统并更换冷却液。冲洗时，向冷却系统加注清水并使发动机运转 2min，从而尽可能地清除剩余的冷却液</td><td>参考混合比
<table>
<tr><th>防冻温度至</th><th>冷却液添加剂</th><th>水</th></tr>
<tr><td>-25℃</td><td>约 40%</td><td>约 60%</td></tr>
<tr><td>-35℃</td><td>约 50%</td><td>约 50%</td></tr>
<tr><td>-40℃</td><td>约 60%</td><td>约 40%</td></tr>
</table></td><td>技术要求：
① 冷却液液位在最低（MIN）和最高（MAX）标记之间
② 当冷却液液位过低时，根据混合比补足缺少的冷却液
◆ 应加注符合 TL VW774 D 的“G 012 A8 D”型具有防冻、防腐、防垢及防沸的复合型冷却液</td></tr>
<tr><td>2）检查防冻情况，必要时添加防冻添加剂
① 如果防冻效果太差，则排放防冻剂表格中规定的差量并添加“G 012 A8 D”型或“符合 TL VW774 D”标准的冷却液添加剂
② 试车后检查冷却液添加剂的浓度</td><td>防冻剂表格
<table>
<tr><th colspan="2">防冻至/℃</th><th colspan="2">差量/L</th></tr>
<tr><th>实际值</th><th>标准值</th><th>6 缸发动机</th><th>8 缸发动机</th></tr>
<tr><td rowspan="2">0</td><td>-25</td><td>5.0</td><td>5.0</td></tr>
<tr><td>-35</td><td>6.0</td><td>6.0</td></tr>
<tr><td rowspan="2">-5</td><td>-25</td><td>4.5</td><td>4.5</td></tr>
<tr><td>-35</td><td>5.5</td><td>5.5</td></tr>
<tr><td rowspan="2">-10</td><td>-25</td><td>3.5</td><td>3.5</td></tr>
<tr><td>-35</td><td>4.5</td><td>4.5</td></tr>
<tr><td rowspan="2">-15</td><td>-25</td><td>2.5</td><td>2.5</td></tr>
<tr><td>-35</td><td>3.5</td><td>3.5</td></tr>
<tr><td rowspan="2">-20</td><td>-25</td><td>1.5</td><td>1.5</td></tr>
<tr><td>-35</td><td>2.5</td><td>2.5</td></tr>
<tr><td>-25</td><td>-35</td><td>1.5</td><td>1.5</td></tr>
<tr><td>-30</td><td>-35</td><td>1.0</td><td>1.0</td></tr>
<tr><td>-35</td><td>-40</td><td>0.5</td><td>0.5</td></tr>
</table></td><td></td></tr>
</table>

（续）

保养周期及项目	操 作 要 领	操 作 图 解	技 术 要 求
空气滤清器	清洁空气滤清器壳并更新滤芯： ① 拆下隔音垫（对于装备驻车暖风功能的车辆而言，请参见车辆使用说明书） ② 拔下空气滤清器壳上连接下部二次空气泵的软管（箭头所示） ③ 拆除夹子 ④ 旋出螺栓	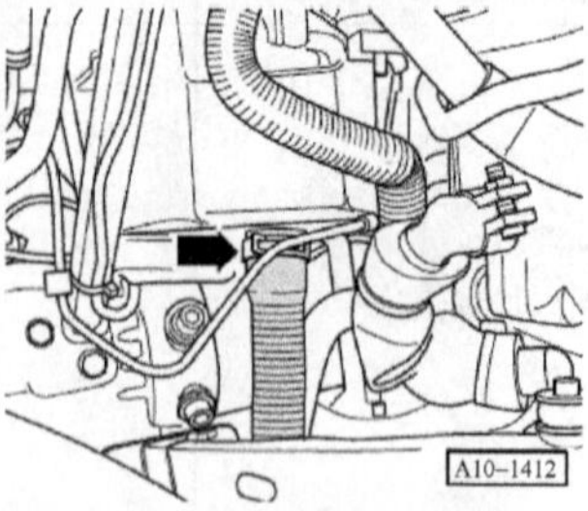	
	⑤ 向上从空气滤清器壳上拆下盖板（箭头所示）	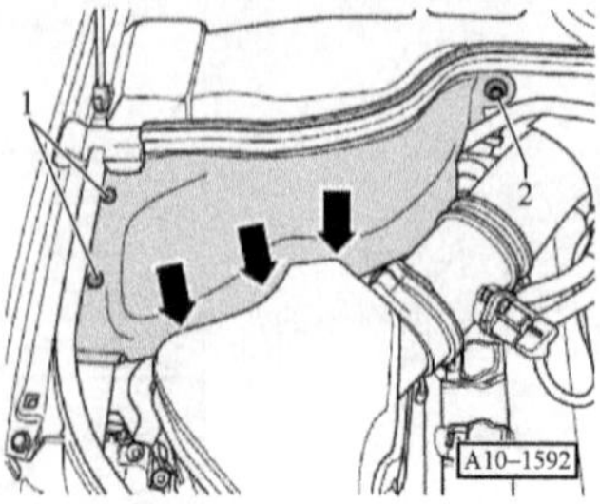	
	⑥ 拆下空气滤清器壳上的空气导流软管2 ⑦ 拔下电气插头连接1 ⑧ 旋出螺栓（箭头所示）并取下空气滤清器壳	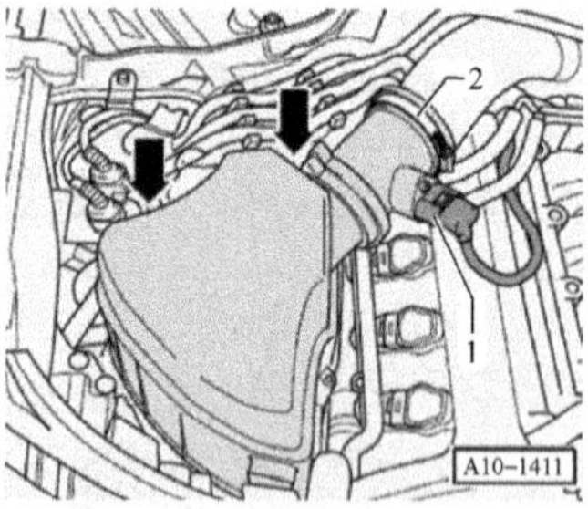	说明：如果是4.2L发动机，则必须拔下功率翻板的真空软管（箭头所示） 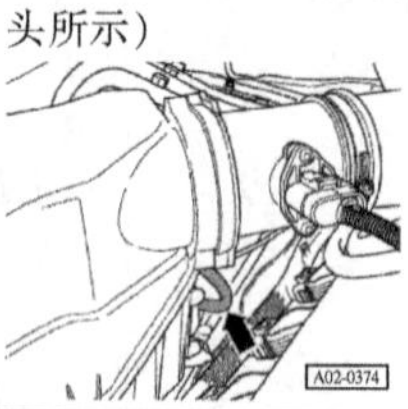
	⑨ 将螺栓（箭头所示）从空气滤清器壳上部部件上旋出 ⑩ 取出旧的滤芯，清洁空气滤清器壳	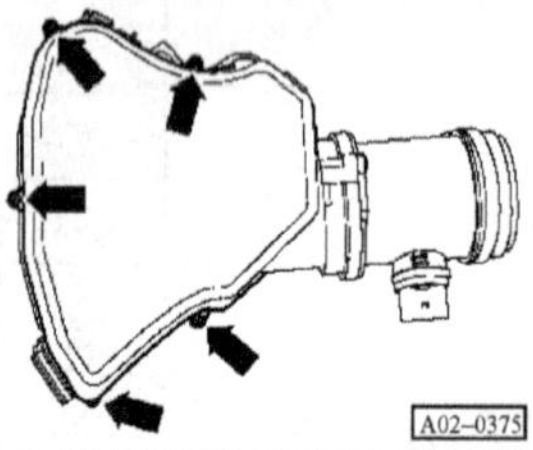	
液压转向系统	检查密封情况和液位，必要时添加液压油 （1）检查密封情况 如果液位低于规定的范围，则必须检查液压系统的密封性。否则只补充液压油是不够的	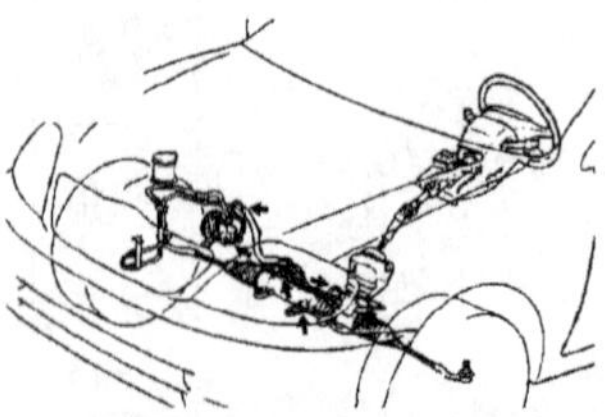	技术要求：参见维修手册
	（2）检查液位 1）检查准备 ① 使发动机停止运转，并使前轮位于正前打直方向 ② 旋出带有油尺的端盖 ③ 用干净的抹布擦拭油尺 ④ 先用手轻轻旋入端盖，然后再拧下	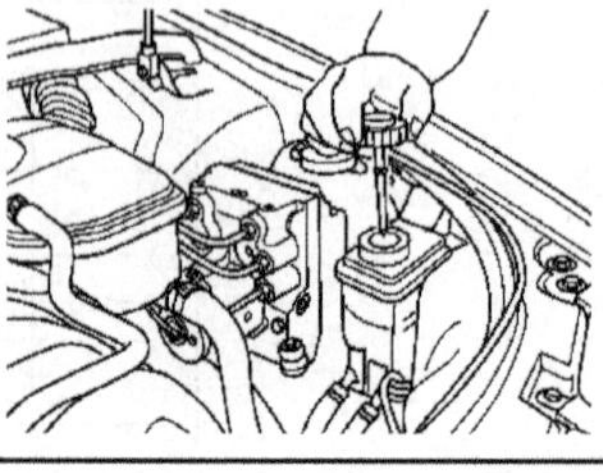	技术要求： ① 必须在事先旋入了端盖后，才可以进行液位检查，且结果才有效 ② 如果液位高于规定的范围，则必须抽出一部分液压油

（续）

保养周期及项目	操作要领	操作图解	技术要求
液压转向系统	2）检查液位 ① 在低温状态下，液位必须在 MIN（最低）标记的范围内（标记上下 2mm 的范围） ② 正常工作温度下（50℃以上），液位必须在 MAX（最高）和 MIN（最低）标记之间		
	3）添加液压油 ① 在液压转向系统不泄漏的前提下，加注 G 002 000 型液压油 ② 用手拧紧端盖		
粉尘及花粉过滤器	更新： 1）更新花粉过滤器 ① 先清洁粉尘及花粉过滤器周围区域 ② 拆下左、右散热器盖板 ③ 旋转 180°松开夹紧销 A，将盖板 B 连同粉尘及花粉过滤器 C 一起取下 ④ 从过滤器壳内取出粉尘及花粉过滤器 C		技术要求：安装新过滤器之前必须清洁粉尘及花粉过滤器周围区域
	2）检查和清洁排水槽的排水口 检查排水槽内的 A 和 B 区域内是否有污物。 说明：清洁排水口和空调器下面区域，可用普通的可弯曲的抓取工具清理较大的污物。细小的沉积物和泥浆可以用细水管或压力喷枪 V. A. G 1538 和灵活的尼龙探头 V. A. G 1538/2 清除		技术要求：更新粉尘及花粉过滤器后必须清洁排水槽，同时要特别注意空调器下面区域

（续）

保养周期及项目	操作要领	操作图解	技术要求
发动机（从下部）变速器、主减速器、转向装置和万向节保护套	目测密封和损坏情况： 按以下步骤进行目测： ①检查发动机（从下部） ②检查变速器、主减速器、转向装置和万向节保护套的密封性以及损坏等情况	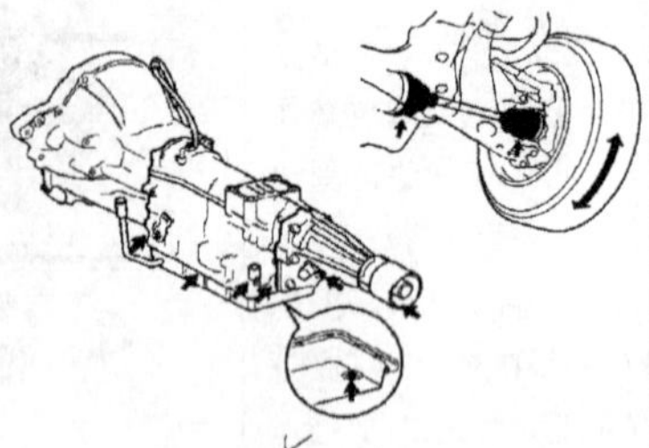 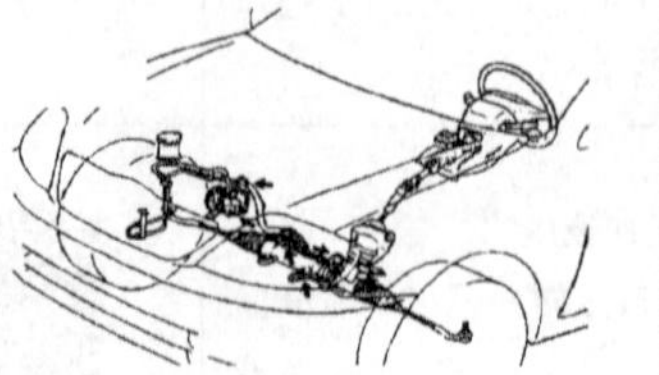	技术要求：严格按照车辆举升点（圈中部分）和举升机的使用说明书进行举升作业 
主减速器（自动变速器）	检查液位，必要时添加齿轮油： 1）检查液位。旋出注油螺塞（箭头所示） 2）添加齿轮油 ①在主减速器密封的前提下，添加 SAE 75 W 90（合成型）规格的“G 052 145 ”型齿轮油 ②更换注油螺塞的 O 形密封圈 ③旋入注油螺塞	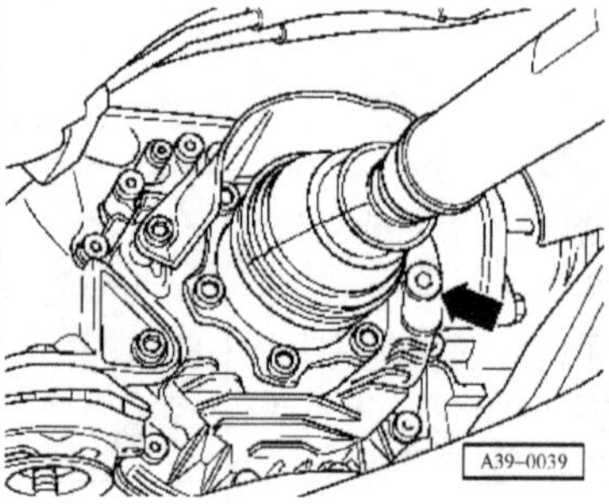 A39-0039	技术要求： ①标准值：液位应达到注油口的下边缘 ②如果液位低于规定的范围，则必须检查主减速器的密封性（参见维修手册）。否则只补充齿轮油是不够的 ③旋入注油螺塞的拧紧力矩为35N·m
发动机	排放机油，更换机油滤清器： 1）拆除附件 ①松开螺栓或快速接头 1 和 2 并取下隔音垫 ②打开油底壳上的放油螺塞 ③打开滤清器壳上的放油螺塞（箭头所示） 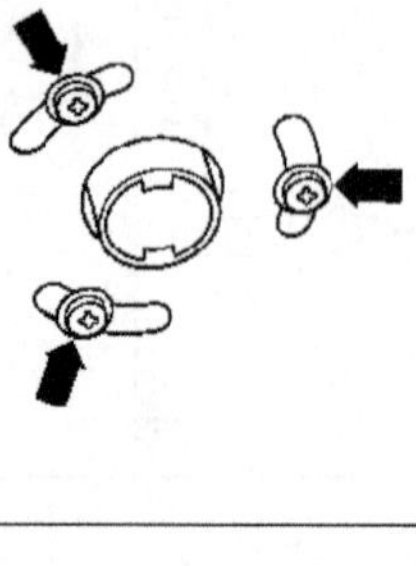	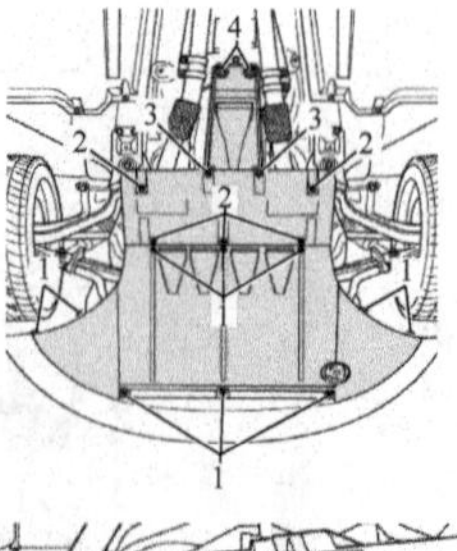 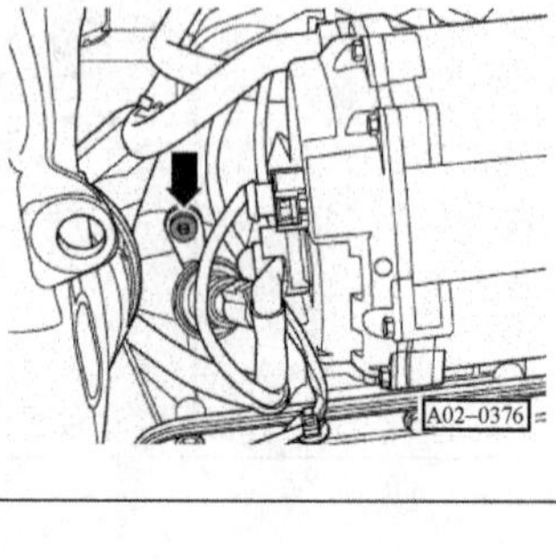 1　2　3　4 A02-0376	说明：机油滤清器位于空气滤清器的下面。故必须先拆下空气滤清器。参见上述空气滤清器常规保养部分

（续）

保养周期及项目	操作要领	操作图解	技术要求
发动机	2）拆卸机油滤清器盖 ① 沿车架方向按压隔热板1 ② 拧下机油滤清器盖（箭头所示） ③ 清洁机油滤清器盖和机油滤清器壳上的密封面		
	3）更新机油滤清器滤芯1 ① 安装新的O形密封圈2并涂薄薄一层机油 ② 将新的机油滤清器滤芯嵌入机油滤清器盖内 ③ 装上机油滤清器盖3 ④ 将隔热板装回初始位置 ⑤ 将油底壳和滤清器壳上的放油螺塞垫上新的密封环后旋入		技术要求： 拧紧力矩： ① 机油滤清器盖为25 N·m ② 机油滤清器壳上的放油螺塞为10N·m ③ 油底壳上的放油螺塞为50 N·m
制动系统（从下部）	目测密封和损坏情况： ① 检查下列部件的密封和损坏情况： ◆制动主缸 ◆制动助力器 ◆ABS（制动防抱死系统）液压单元 ◆制动钳 ② 检查制动软管的孔隙度、气泡和脆性 ③ 检查制动软管和制动管路是否有擦伤 ④ 检查制动管路接头及固定装置的位置是否正确，同时查看有无泄漏和腐蚀情况		技术要求： ① 已确定的故障必须排除（参见维修手册） ② 检查时不许扭转制动软管 ③ 确保制动软管在最大转向角时不接触车辆任何部件

（续）

保养周期及项目	操作要领	操作图解	技术要求
制动摩擦片	检查厚度 1）前部盘式制动器摩擦片 ① 拆下前车轮 ② 拆卸前将车轮位置对应各自制动盘做好记号。检测后将车轮重新安装到原来的位置上 a为制动摩擦片厚度（包括背板）	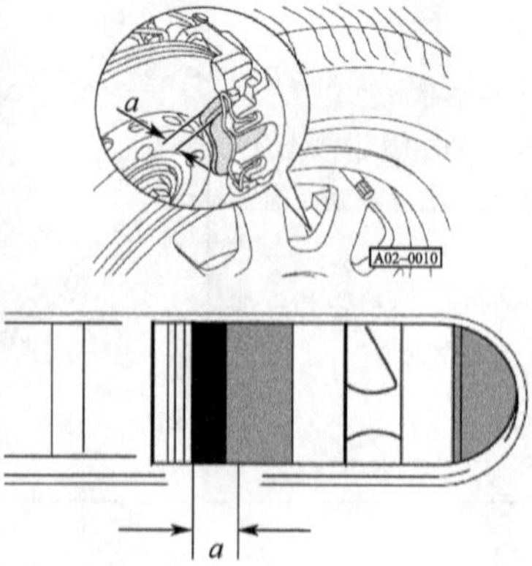	技术要求： 磨损尺寸：11mm 制动摩擦片厚度（包括背板）为11mm时，制动摩擦片达到磨损极限，此时必须更换（参见维修手册），并将相关情况通知客户
	2）后部盘式制动器摩擦片 ① 拆下后车轮 ② 拆卸前将车轮位置对应各自制动盘做好记号。检测后将车轮重新安装到原来的位置上 a为制动摩擦片厚度（包括背板）	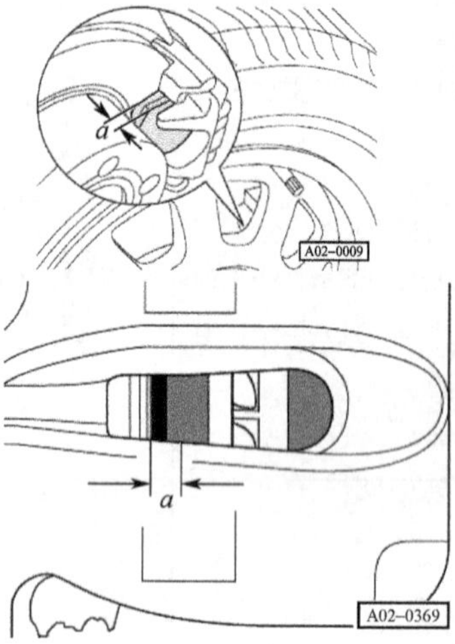	技术要求： 磨损尺寸：8mm 制动摩擦片厚度（包括背板）为8mm时，制动摩擦片达到磨损极限，此时必须更换（参见维修手册），并将相关情况通知客户
底部保护层	目测损坏情况： 在进行目测时要注意底板、轮罩和边梁等部位		技术要求：已确定的故障必须排除（参见维修手册）
排气装置	目测密封和损坏情况： 1）目测密封情况。通过观察接头周围是否存在炭黑来检查排气管连接部分是否泄漏废气 2）检查损坏和安装情况 ① 检查排气管是否损坏 ② 检查消声器是否损坏 ③ 检查排气管支架上的O形圈是否损坏或脱离 ④ 检查垫片是否损坏	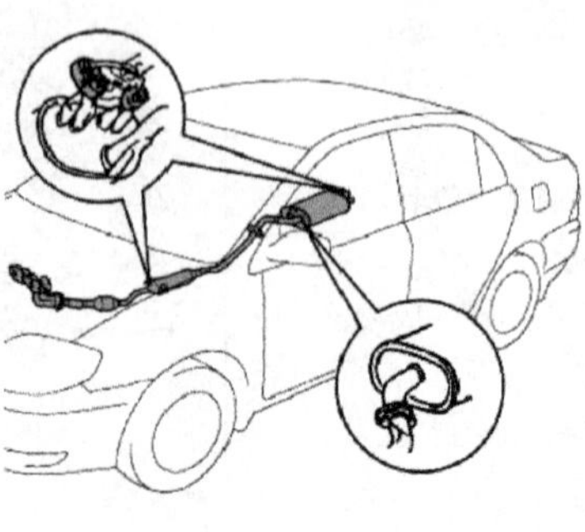	技术要求：已确定的故障必须排除（参见维修手册）

（续）

保养周期及项目	操作要领	操作图解	技术要求
转向横拉杆头、转向器接头和转向节	1）检查间隙和固定情况：移动转向横拉杆和车轮检查间隙	1 A02-0041	技术要求： ① 检查时，车轮要悬空 ② 不允许有间隙 ③ 用 40 N·m 的力检查锁紧螺母 1 的紧合情况
	2）检查橡胶密封罩 ① 检查橡胶密封罩（箭头所示）是否损坏以及位置是否正确 ② 用一个镜子检查密封罩的后面	A02-0378	技术要求：检查时，车辆须停放在平整的地面上
车桥转向节（同上）	检查橡胶密封罩的密封和损坏情况		
检查轮胎（包括备胎）	1）检查轮胎使用状态 ① 检查轮胎表面和轮胎侧壁是否损坏，必要时清除异物 ② 检查轮胎是否浸湿，摩擦面是否单侧磨损，侧壁是否散线，是否有切口和穿孔		技术要求：发现缺陷一定要告知客户
	2）检查轮胎运行状况：根据前轮的运行状况判断是否需要检查前束角和车轮外倾角 **注意：** ◆ 轮胎花纹上的毛刺是由于前束角缺陷而造成的 ◆ 摩擦面单侧磨损大多是由于车轮外倾角缺陷而造成的	1　2　3　4 1—双肩磨损 2—中间磨损 3—薄边磨损 4—单肩磨损	技术要求：如果发现这种磨损现象，则须通过车桥测量确定原因（参见维修手册）

（续）

保养周期及项目	操作要领	操作图解	技术要求
检查轮胎（包括备胎）	3）检查并记录花纹深度：检查花纹深度 注意： ◆ 轮胎花纹上的毛刺是由于前束角缺陷而造成的 ◆ 摩擦面单侧磨损大多是由于车轮外倾角缺陷而造成的 ◆ 检查顺序：左前→右前→右后→左后→备胎	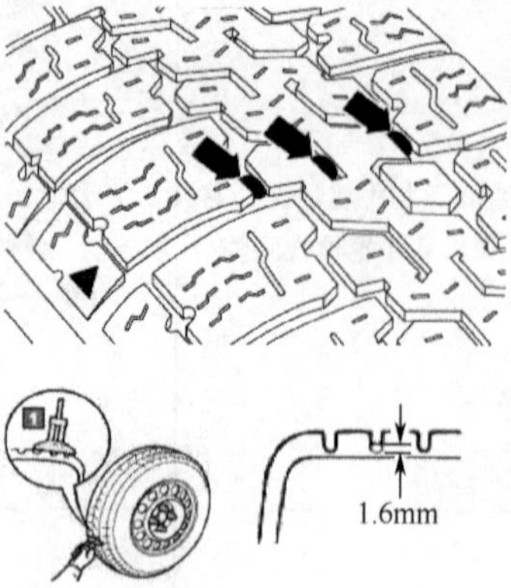 1.6mm	技术要求： ① 最低胎纹深度：1.6mm。如果轮胎圆周上1.6mm高的多个磨损指示器（箭头所示）不再显示胎纹，则表明达到了最低胎纹深度 ② 如果花纹深度接近法规允许的最低胎纹深度，则应告知客户
	4）校正轮胎充气压力 说明：检查带有钢制轮辋和车轮装饰罩的车辆时，要检查轮胎充气压力气门的加长件上（箭头所示）是否存在可能导致泄漏的隐患和污物。必要时更新	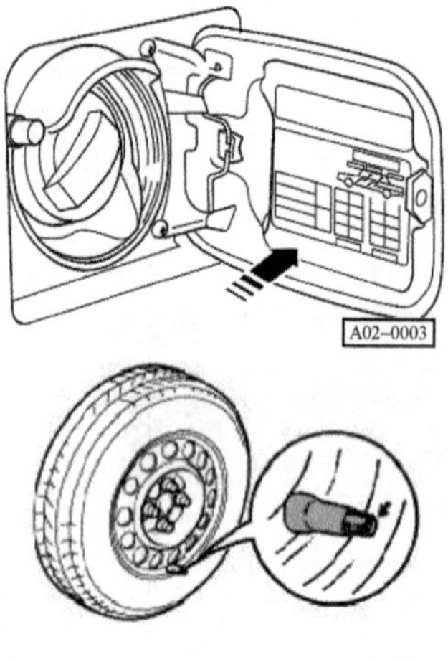 A02-0003	技术要求： ① 夏季轮胎的充气压力值见燃油箱盖板内侧的贴签 ② 冬季轮胎的充气压力值在夏季轮胎充气压力的基础上需升高20kPa ③ 普通备胎，遵守车辆规定的最高充气压力；应急备胎，充气压力值在轮胎侧面
机油	1）选择机油 汽油车机油规格： A-多用途轻机油，规格VW500 00① B-多用途机油，规格VW 501 01① -多用途机油，规格API-SF②或则APIG② 注：① VW标准后必须是1997年10月以后的日期 ② 仅在没有认可的机油可供使用时，才允许使用此类机油	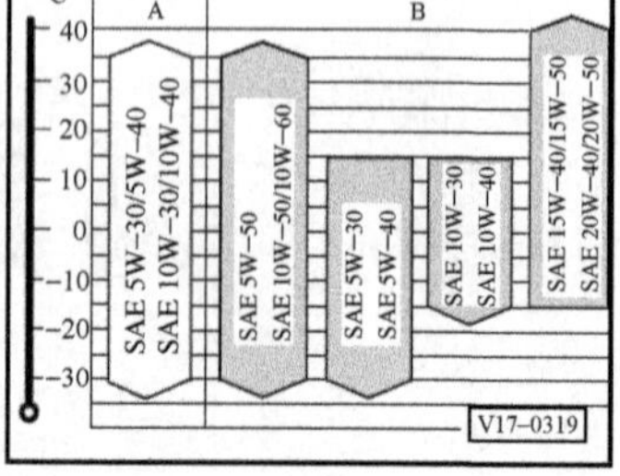 ℃ 40 30 20 10 0 -10 -20 -30 A: SAE 5W-30/5W-40, SAE 10W-30/10W-40 B: SAE 5W-50, SAE 10W-50/10W-60; SAE 5W-30, SAE 5W-40; SAE 10W-30, SAE 10W-40; SAE 15W-40/15W-50, SAE 20W-40/20W-50 V17-0319	技术要求：须选用规格为VW500 00的多用途轻机油（奥迪A8轿车在出厂时已加注了可一年四季使用的长效机油，即多用途轻机油）

（续）

保养周期及项目	操作要领	操作图解	技术要求
机油	2）添加机油 ① 机油滤清器更换时的机油加注量：参见电子保养查询系统“ELSA”的保养计划表 ② 带有废气涡轮增压器的发动机：在更换过机油和机油滤清器后，在首次起动发动机时必须注意以下问题：		
	◆ 只要组合仪表上的油压指示灯亮着（见方框），则发动机只允许在怠速状态下运转，不要踩踏加速踏板。若踩踏加速踏板，则易损坏涡轮增压器，甚至完全失灵 ◆ 只有当指示灯熄灭后才达到规定油压，这时才可以踩踏加速踏板	机油压力故障灯	
	3）检查油位 ① 检测前提条件： ◆ 机油温度至少为60℃ ◆车辆处于水平位置 ◆ 关闭发动机后等待几分钟，使机油能回流到油底壳内 ② 将机油尺拔出，用干净的抹布擦净后再将机油尺插入油底壳 ③ 再将油尺拔出，查看液位	a b c max min	技术要求： ① 按机油尺上的标记区进行加注 a. 不允许再添加机油 b. 可以添加机油，但添加时要防止液位进入区域a中 c. 必须添加机油，添加后液位进入测量区b即可（网纹区） ② 油位不允许超过机油尺上的标记a
制动液液位（取决于摩擦片磨损情况）	检查液位： 根据制动摩擦片磨损情况来判断： ◆ 如果制动摩擦片是新的或远未达到磨损极限，则制动液液位必须位于MIN（最低）和MAX（最高）标记之间 ◆ 当制动摩擦片要达到磨损极限时，而液位在MIN（最低）标记或略高于该标记时，无须添加制动液	MAX MIN A02-0302 说明： 在车辆行驶中由于制动摩擦片磨损和自动调整，会使液位有所下降	技术要求： ① 仅使用新的符合美国标准的FMVSS 116 DOT4的原装VW/Audi制动液 ② 如果液位降到了MIN（最低）标记之下，必须在添加制动液之前检查制动系统（参见维修手册）

（续）

保养周期及项目	操作要领	操作图解	技术要求
	检查设定情况、必要时进行调整 (1) 检查和调整条件 ◆ 轮胎充气压力正常 ◆ 散射罩不得损坏或弄脏 ◆ 反光镜和灯泡正常 ◆ 车辆必须处于加载状态。加载要求详见奥迪 A8 轿车维修手册 ◆ 车辆和前照灯调整装置必须处于平面上。详见前照灯调整装置的使用说明书。 ◆ 必须校正前照灯调整装置。要求前照灯调整装置必须置于前照灯前方 30cm 处，且倾斜度必须调整完毕	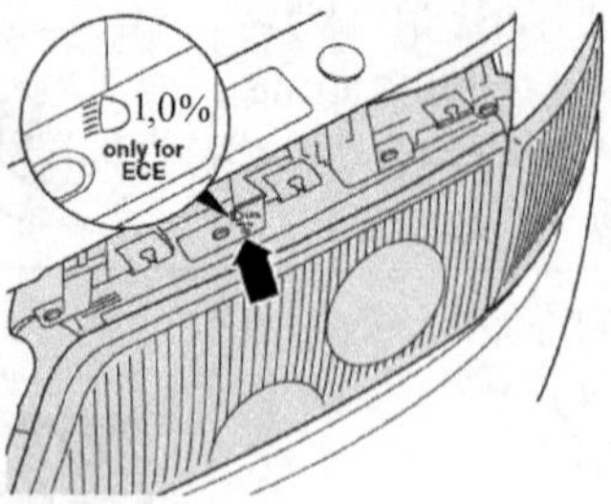	技术要求：在前照灯上部刻有倾斜度百分数的必须根据这一尺寸进行调整。百分数以 10m 投影距离为基准。如 1.0% 的倾斜度换算后即为 10cm
灯	(2) 检查前照灯的调整情况(用没有 15°调整线的新的检查屏) ① 起动发动机 ② 打开近光灯 说明： ◆为便于确定转折点 2，应将前照灯左半部分（从行驶方向看）交替盖住几次，然后放开。随后再次检查近光灯 ◆根据规定调整了近光灯后，远光灯的光束中心必须在中心标记 3 上 ◆用新的检查屏进行的调整同样适用于原来的有 15°调整线的新的检查屏。为避免出现错误调整，不允许再参照 15°调整线	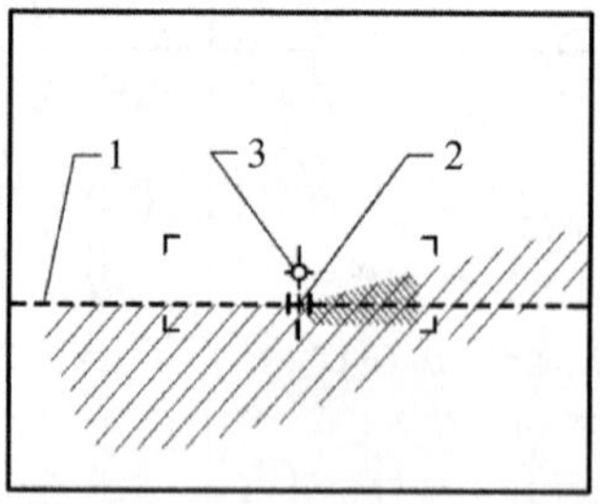 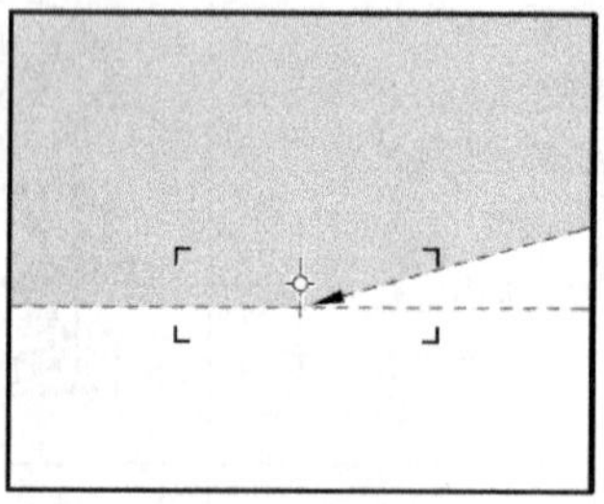	技术要求： ① 水平的明暗分界线必须和检测面分隔线 1 接触 ② 明暗分界线的左侧水平部分与右侧增高部分之间的转折点 2 必须垂直穿过中心标记 3 ③ 光束明亮的核心部分必须在垂直线的右侧
	(3) 前照灯调整 如果前照灯调整不正常，则调整前照灯。要求调整汽车高度（见使用说明书 MMI）并遵守上述前照灯检查和调整条件。 同时注意： 左侧前照灯有调节螺栓 右侧前照灯的布置是对称的	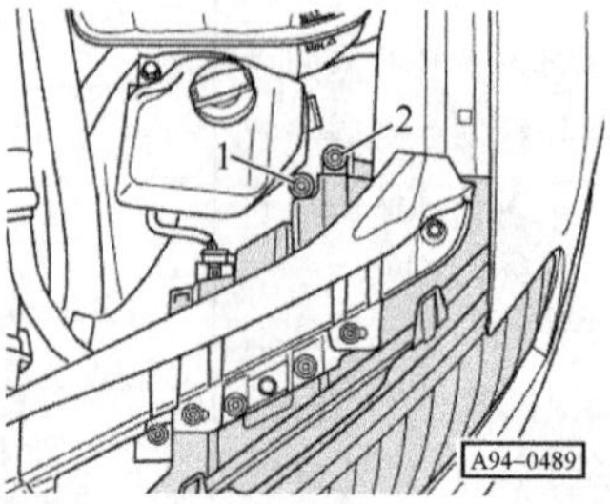	提示： 1 是用于高度与侧面调整的调节螺栓 2 是用于高度调整的调节螺栓 ◆ 调整高度时以相同的圈数拧转调节螺栓 1 和 2 ◆ 调整侧面时只拧转调节螺栓 1

（续）

保养周期及项目	操作要领	操作图解	技术要求
	1）调整气体放电前照灯 注意上述前照灯检查和调整条件 说明：对于气体放电前照灯，在每次人工调整调节螺栓之前，先查询、删除故障码存储器中的记忆，然后再进行基本设定 检测条件：带 5051/5a 诊断导线的车辆诊断、测量和信息系统 VAS 5051 已连接。汽车自诊断和车辆系统“55-Headlight range control（55-前照灯光线水平调整）”已选中		工具：带 VAS 5051/5a 的 VAS 5051 VAS 5051
	① VAS 5051 上显示： 在选择 1 中选择诊断功能“04-Basic setting（04-基本设定）”		
灯	② VAS 5051 上显示： 1 为输入显示分组 在显示区 2 中输入“001”表示“Display group number 001”（显示分组号 001）并按下 Q 按钮确认	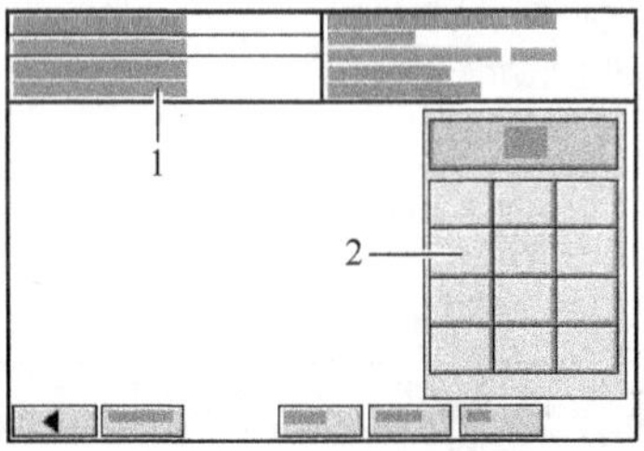	
	③ VAS 5051 上显示： 1-Basic setting（基本设定） 2-Display group 1（显示分组 1） 3-Wait（请等待） 按下按钮“Activate”（激活）激活基本设定 ◆ 将前照灯移动到调整位置 VAS 5051 上显示： 3-Headlight adjusting（调整前照灯） ◆ 前照灯现在处于调整位置（同上） 说明：基本设定 1 关闭正常运行并在故障码存储器中记录“前照灯没有调整”	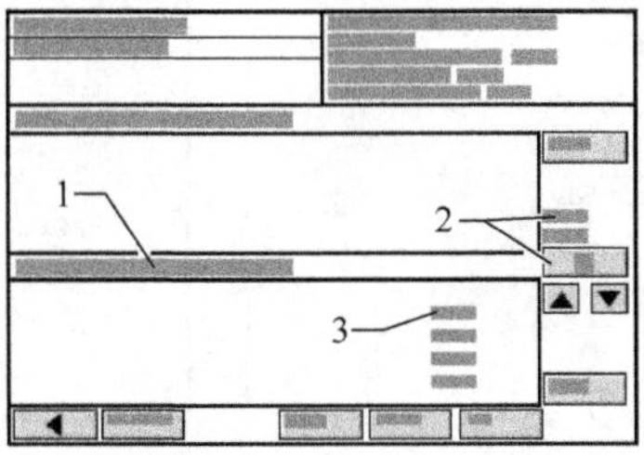 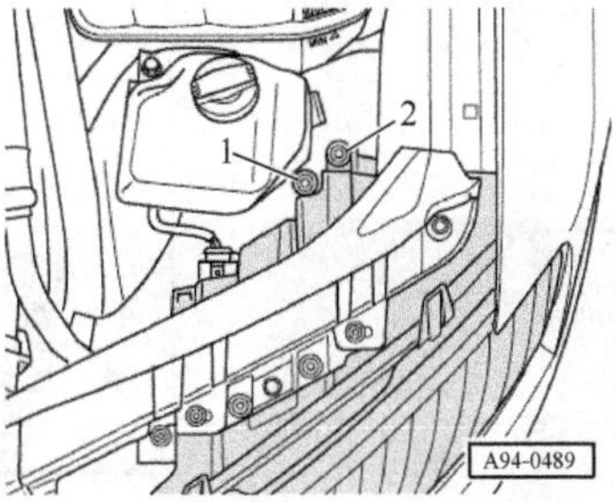	

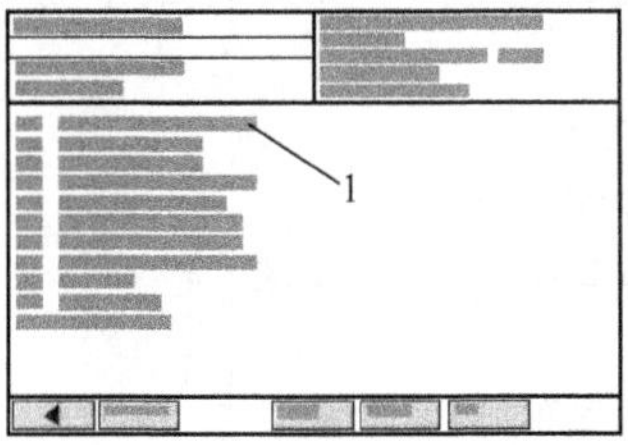

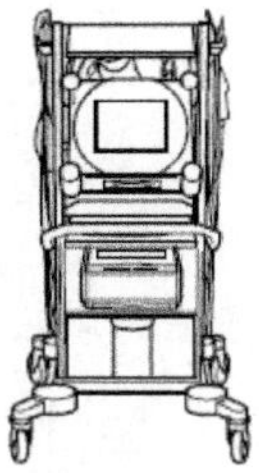

（续）

保养周期及项目	操作要领	操作图解	技术要求
灯	④ VAS 5051 上显示： 1-Basic setting（基本设定） 2-Display group 1（显示分组1） 3-Headlight adjusting（调整前照灯） 按下按钮"Activate"（激活）激活基本设定	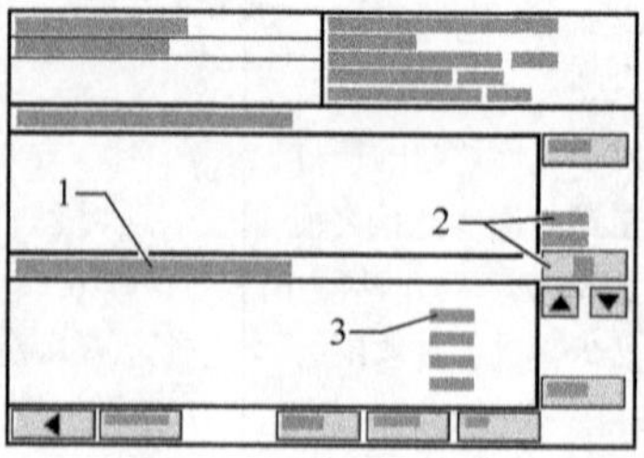 1 2 3	
	⑤ VAS 5051 上显示： 3-Setting Learnt（适配控制位置） 控制单元现在已将该位置作为控制装置 说明：故障码存储器中的记录（"前照灯没有调整"）将被删除并重新开始正常运行 按▼按钮退出功能"04-Basic setting"（04-基本设定） 按 06 End output（06-退出输出）		
	2）调整椭圆形前照灯（略）		
	（4）前雾灯	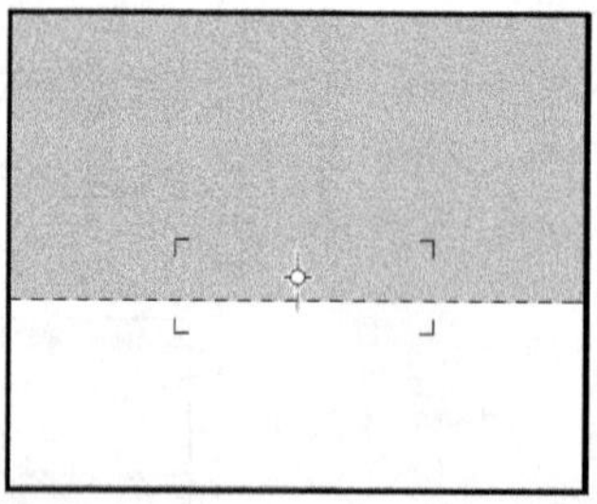	技术要求： ① 前雾灯倾斜度：20cm ② 上部明暗分界线要与调整线接触，并水平覆盖测量屏幕的整个宽度范围
	① 拔下保险杠下部的空气进气网罩（箭头所示）	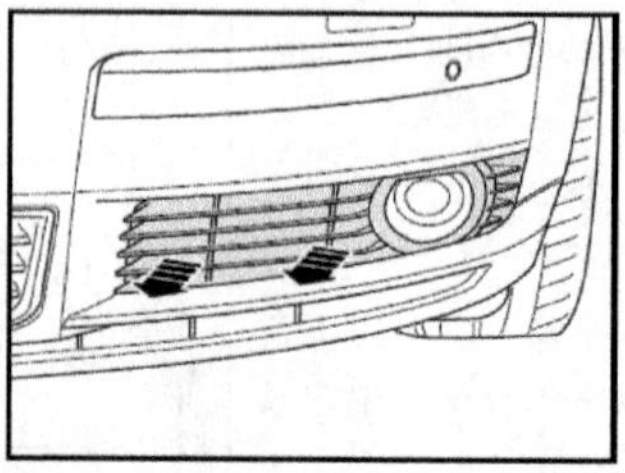	

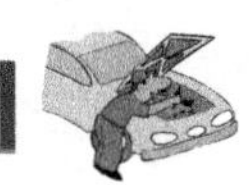

（续）

保养周期及项目	操作要领	操作图解	技术要求
灯	② 转动调节螺栓（箭头所示）来调整高度（未规定进行侧面调整） 说明：图中所示为左侧前雾灯。在右侧前雾灯上，调节螺栓对称布置	A94-0487	
	（5）其他附加前照灯 后装的其他系统的附加前照灯必须根据其适用的准则进行检查和调整		

进行试车，下述事项受车辆装备和给定的场合（城市/国家）影响。在试车时应对下列事项进行判断：

- ◆ 发动机：功率、熄火、怠速特性、加速情况。
- ◆ 离合器：起步特性、踏板力、气味。
- ◆ 换档：灵活性、变速杆位置。
- ◆ 自动变速器：变速杆位置、档位锁/汽车钥匙防拔出锁、换档特性、组合仪表上的显示器。
- ◆ 行车制动器和驻车制动器：功能、空行程和作用、跑偏、不平稳、啸叫声。
- ◆ ABS 功能：在进行 ABS 调节制动时必须感觉到制动踏板上有脉动。
- ◆ 转向系：功能、转向间隙、直线行驶时转向盘在中间位置。
- ◆ 滑动/外翻式天窗：功能。
- ◆ 定速巡航装置：功能。
- ◆ MMI 功能（收音机、导航系统等）。
- ◆ 驾驶人信息系统（DIS）：功能。
- ◆ 空调器：功能。
- ◆ 车辆：直线行驶时跑偏（平坦的车道）。
- ◆ 不平衡度：车轮、万向轴。
- ◆ 车轮轴承：噪声。
- ◆ 发动机：热起动性能。

4. 汽车型号铭牌、识别号及数据牌（表 4-26）

表 4-26　汽车型号铭牌、识别号及数据牌

1）汽车型号铭牌：位于锁支架前部 注意，某些国家的车辆没有型号铭牌	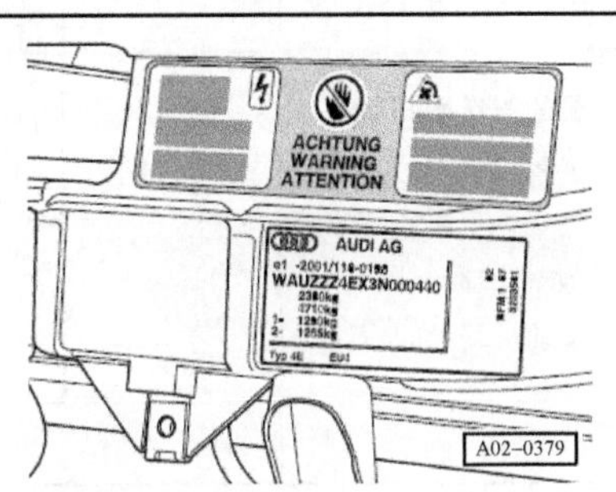

（续）

2）汽车识别号：压印在前排乘客座椅下面的横梁内

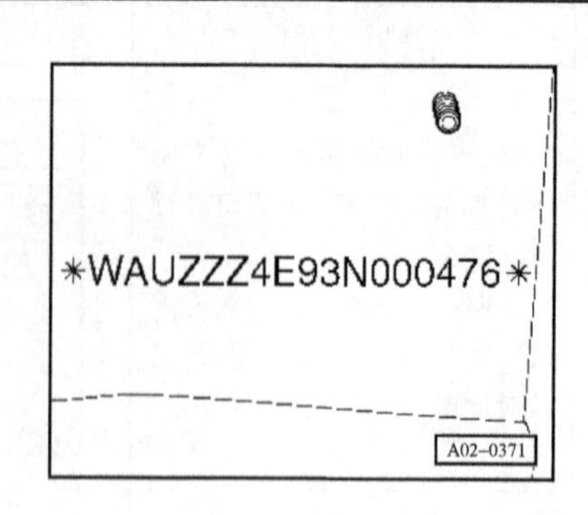

汽车识别号编码方式：

WAU	ZZZ	4E9	3	N	000 476
制造商符号	填充符号	车型	年款2003	生产厂	序号

3）汽车数据牌

1-车辆识别号

2-车型代码/生产控制编号

3-车型说明

4-发动机功率/排放标准/变速器

5-发动机和变速器标记字母（某些国家无此数据）

6-油漆编号/内部装备代码

7-选装装备代码

8-空载重量/耗油量/CO_2 排放值（某些国家无此数据）

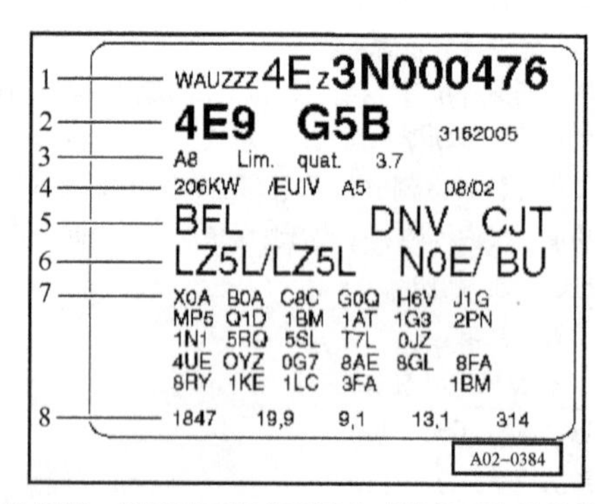

提示：汽车数据牌一般列示于保养手册中或贴签于备胎轮槽中及行李箱底板上

发动机标识字母及发动机编号：

V8-5V 汽油发动机：发动机编号（“发动机标识字母”和“序列号”）压印在气缸体左侧

说明：在保养手册的汽车数据牌上、在备胎轮槽中或行李箱底板上都有“发动机标识字母”

另外，在齿形传动带护板上贴有带发动机标识字母及发动机编号的标签

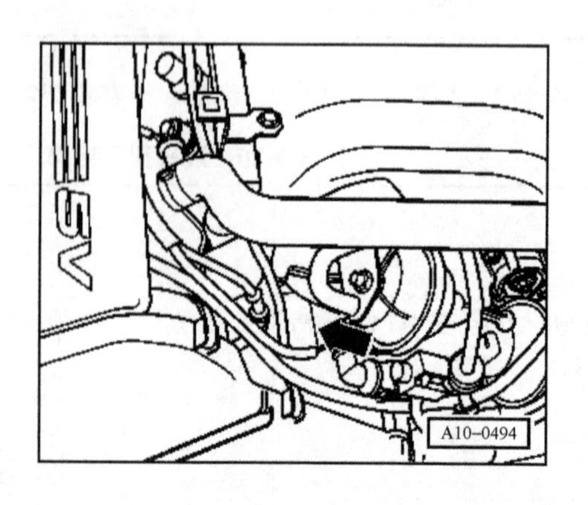

5. 车辆的举升和牵引（表 4-27）

表 4-27　车辆的举升和牵引

<table>
<tr><td>（1）车辆的举升
◆ 汽车千斤顶模式
在用汽车千斤顶或升降台举升车辆前，必须激活汽车千斤顶模式，这样空气悬架的自动调节过程就不会妨碍用汽车千斤顶或升降台举升车辆
说明：
◇ 车速高于 15km/h 时会自动关闭汽车千斤顶模式
◇ 在汽车千斤顶模式中，组合仪表里的一个指示灯发亮
1）打开
① 打开点火开关
② 按压功能按钮“CAR”（汽车），出现主菜单“adaptive air suspension”（自适应空气悬架）
③ 按压功能按钮“SETUP”（设置），出现菜单“adaptive air suspension”（自适应空气悬架）
④ 将旋转/按压控制按钮转到所需要的模式，并选择“On”（打开）</td><td rowspan="2">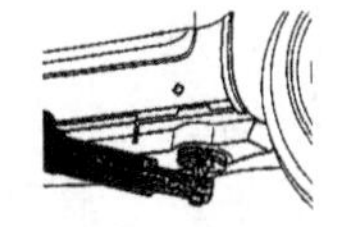 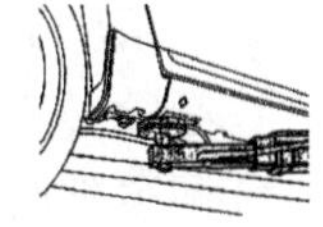
警告：
◆ 为了避免车辆底板损坏和车辆倾倒，只允许在插图所示的支点上举升车辆
◆ 只要还有一个驱动轮支撑在地面上，就绝对不能在车辆举升时起动发动机并挂档。如果不注意会有发生事故的危险
◆ 如果要在车辆下面进行工作，必须用合适的支架支撑住车辆</td></tr>
<tr><td>2）关闭
① 打开点火开关
② 按压功能按钮“CAR”（汽车），出现主菜单“adaptive air suspension”（自适应空气悬架）
③ 按压功能按钮“SETUP”（设置），出现菜单“adaptive air suspension”（自适应空气悬架）
④ 将旋转/按压控制按钮转到“Car jack mode”（汽车千斤顶模式），并选择“Off”（关闭），以关闭汽车千斤顶模式</td></tr>
<tr><td>◆ 维修厂汽车千斤顶模式
◇ 为避免损坏，必须使用合适的橡胶垫板或木垫板
◇ 维修厂汽车千斤顶只允许放在图示的支撑点上
◇ 绝不允许在发动机油底壳、变速器、前后桥处举升车辆，否则会造成严重损坏
◇ 将车开上升降台前必须保证底部的车辆零部件和升降台之间有足够的间距
◇ 汽车上用于升降台和维修厂汽车千斤顶的前、后支撑点在车辆地板上的椭圆形橡胶盘上</td><td>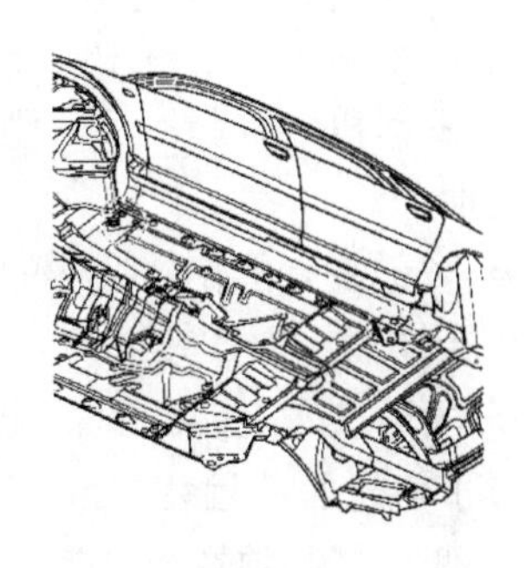</td></tr>
<tr><td>（2）车辆的牵引起动/牵引
1）前部牵引环
① 从下方翻开盖板
② 从随车工具中取出牵引环
③ 将牵引环（箭头所示）旋入到止动位置，然后用车轮螺栓扳手拧紧牵引环
说明：用过之后将牵引环旋出并重新放回到随车工具箱内。牵引环必须始终随车携带</td><td>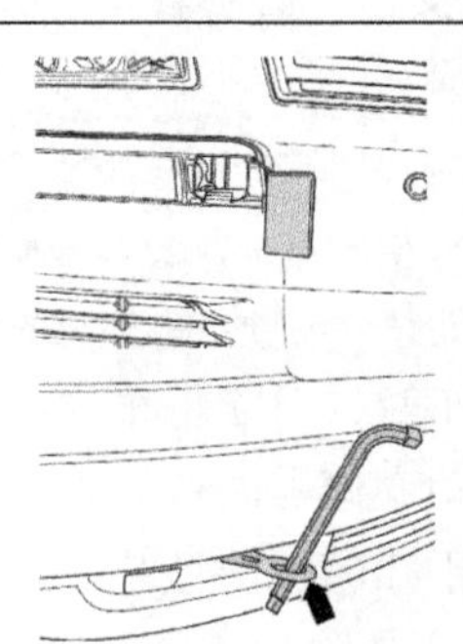</td></tr>
</table>

（续）

2）后部牵引环 从上方翻开盖板 技术要求： ◇ 牵引绳应当有弹性，以保护牵引车和被牵引车。最好用牵引杠 ◇ 牵引时始终注意，避免出现非允许的拉力和冲击性载荷 ◇ 只有在无法使用辅助起动电缆起动发动机的情况下才考虑牵引车辆	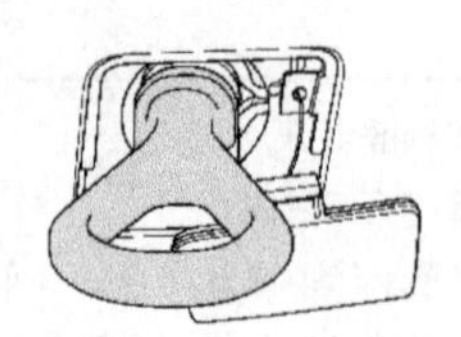

在车辆进行牵引起动或牵引时须注意下列事项：

① 必须遵守牵引的有关法规规定。

② 两名驾驶人都要熟悉牵引过程的特点，否则不可进行牵引工作。

③ 牵引车的驾驶人使用牵引绳时，在起动和换档时要特别注意缓慢地进行操作。

④ 被牵引车的驾驶人要注意随时保持牵引绳绷紧。

⑤ 两辆汽车上的危险警告灯都要打开，并遵守有关法规规定。

⑥ 打开点火开关，避免转向盘处于锁死状态，这样还可以随时使用转向信号灯、喇叭、风窗刮水器和玻璃清洗装置等。

⑦ 制动助力器只在发动机运转时才有效，因此被牵引车应加大踩踏制动踏板上的力量。

⑧ 发动机停止运转后，转向助力也失效，因此转向时必须加大力量。

⑨ 如果手动变速器或自动变速器中没有润滑油，则牵引时必须将驱动轮抬起。

对于装配手动变速器的车辆，在牵引起动时须注意下列事项：

① 在牵引起动前将变速杆挂入2档或3档，然后踩下离合器踏板并踩住。

② 打开点火开关。

③ 如果两车在运行中，则必须松开离合器踏板。

④ 发动机一旦起动后，则立即踩下离合器踏板，挂入空档，避免与牵引车相撞。

说明：

◆ 对于装有催化转换器的车，牵引起动距离不可超过50m，否则，未燃烧的燃油会进入催化转换器，导致其损坏。

◆ 由于技术上的原因，配备自动变速器的车不能采用牵引的方法来起动发动机。

对于前轮驱动且装配自动变速器的车辆，在牵引时还须注意下列事项：

① 变速杆必须置于“N”位。

② 牵引速度不得超过50km/h。

③ 牵引距离不得超过50km。

如果牵引距离超过50km，则必须将前轮抬离地面。因为发动机停转时，变速器油泵不工作，如果牵引速度过大或牵引距离过长，变速器得不到良好润滑而损坏。如果用救险吊车牵引轿车时，只能将车的前轮抬离地面。因为后部抬起的车，其传动轴是反向转动的，这会导致自动变速器内行星轮转速过高，变速器在短时间内会严重损坏。

对于四轮驱动且装配手动变速器的车辆，在牵引时还须注意下列事项：

① 用救险吊车牵引时，可抬起后桥或前桥。

② 牵引速度不得超过50km/h。

③ 牵引距离不得超过50km。

对于四轮驱动且装配自动变速器的车辆，在牵引时还须注意下列事项：

① 变速杆必须置于“N”位。

② 牵引速度不得超过50km/h。

③ 牵引距离不得超过50km。

④ 若用救险吊车牵引时，前、后桥均不得抬离地面。

说明：

如果无法使用一般方法来牵引车辆，则必须使用专用的运输车或拖车来运输。

4.2　现代汽车保养灯的归零与复位操作规程

随着汽车行驶里程的增加，车辆内部的机件磨损会逐渐加大，为了保证汽车行驶的可靠性，延长汽车的使用寿命，以及为了适应电子控制技术在汽车上的不断运用，目前绝大多数汽车制造商在其生产的各类汽车的相关系统上设置了汽车保养提醒指示灯。当汽车行驶到一定里程或时间后，就提醒汽车驾驶人员要及时对车辆进行保养（甚至更换相关零配件），且完成保养后，还需要将保养灯进行归零。其目的是防止车辆错过最佳保养时机，也避免因保养灯未归零而常亮所带来的误导和困扰。

下面以欧洲车系、美洲车系、亚洲车系及自主品牌常见乘用车为例，举例介绍有关车型保养灯的归零、复位及重新设置等内容。

4.2.1　欧洲车系保养灯的归零与复位操作规程

4.2.1.1　奔驰系列

这里重点介绍国内常见奔驰系列合资及进口品牌乘用车各车型保养灯手工及仪器归零复位操作规程。

1. 北京奔驰GLK车型保养灯手工归零操作规程

奔驰GLK保养灯归零可以通过转向盘上的按钮来完成。

① 将点火开关置于1档（点火档），先通过转向盘左侧上、下按钮（图4-3所示圈中部分）调整到仪表中间显示里程数（图4-4）。

图4-3　转向盘左侧上下按钮

图4-4　显示里程数

② 按住转向盘右侧按钮的拨号键（图4-5箭头所示），然后再按住左侧按钮的OK键（图4-6箭头所示），等待大约10s。

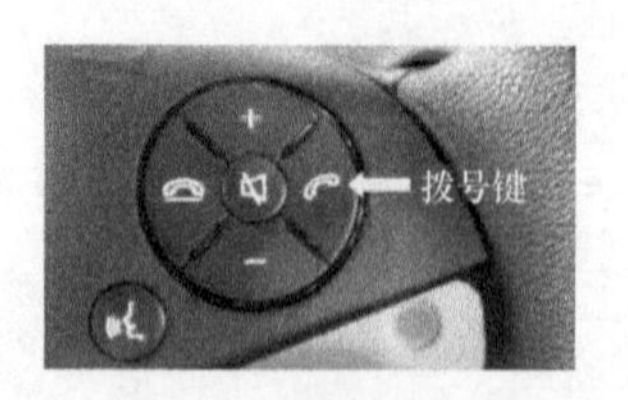

图4-5　右侧按钮拨号键

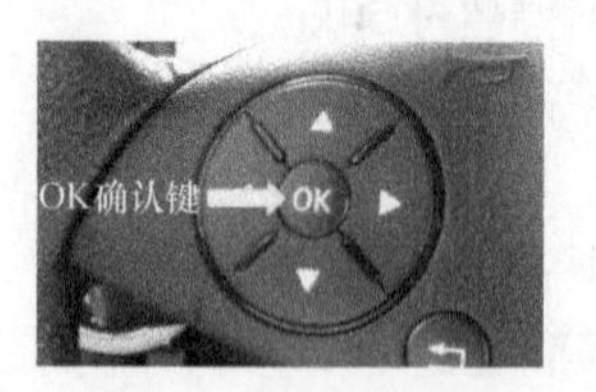

图4-6　左侧按钮OK键

③ 大约10s后，仪表中间显示图4-7所示信息。

④ 通过左侧按钮上、下箭头（图4-6）选择最后一项ASSYST PLUS（图4-8）。

⑤ 按OK键确认，屏幕显示图4-9所示保养数据等信息，如里程、时间等。

图4-7　显示“车辆数据”

图4-8　显示“ASSYST PLUS”

图4-9　显示“保养数据”

⑥ 通过左侧按钮上、下箭头（图4-6）选择“整套保养”（图4-10），然后再根据提示选择“执行保养”。

⑦ 按OK键确认，屏幕显示图4-11所示信息。

⑧ 选择“确认整套保养”（图4-12），按OK键。

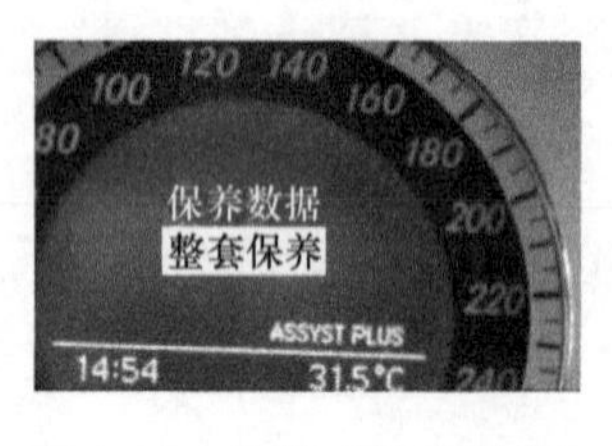

图4-10　选择“整套保养”

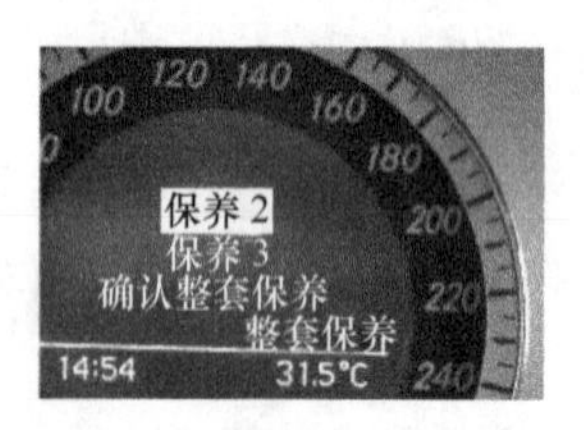

图4-11　显示“保养2”

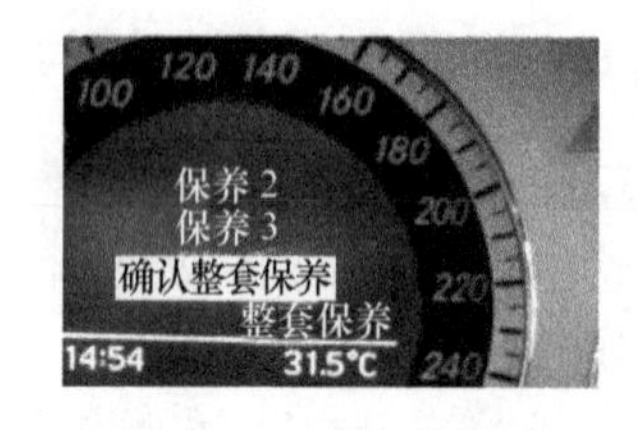

图4-12　选择“确认整套保养”

⑨ 选择“是”（图4-13），按OK键。

⑩ 再选择“确认”（图4-14），保养归零完成。

图4-13　选择“是”

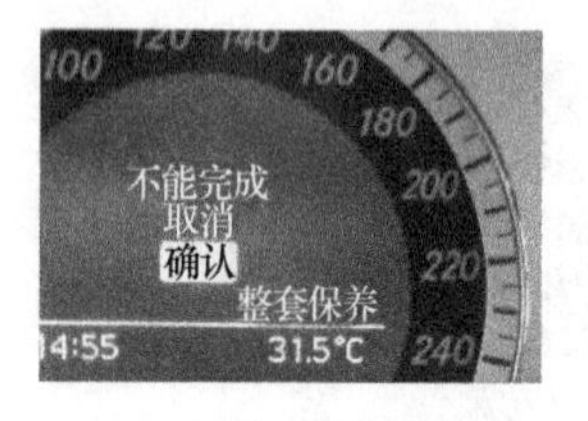

图4-14　选择“确认”

2. 奔驰B200车型保养灯手工归零操作规程

① 将点火开关置于1档（图4-15）。

② 使用菜单键（图4-16中圈中部分）搜索里程界面。

③ 按压仪表板复位钮（图 4-17 中圆圈所示）3 次。

图 4-15　点火开关

图 4-16　菜单键

图 4-17　复位按钮

④ 液晶屏上显示蓄电池电压（图 4-18）。

⑤ 按压上、下箭头按钮（图 4-16 中圈中部分）搜索保养界面，直至显示保养界面（图 4-19）。

⑥ 按压转向盘右侧的“+”“-”按钮（图 4-20），选择“Addit Work”（图 4-21）。

图 4-18　显示蓄电池电压

图 4-19　显示保养界面

图 4-20　按压“+”“-”按钮

⑦ 按压转向盘左下角的菜单按钮（图 4-22），直至出现保养界面（图 4-23）。

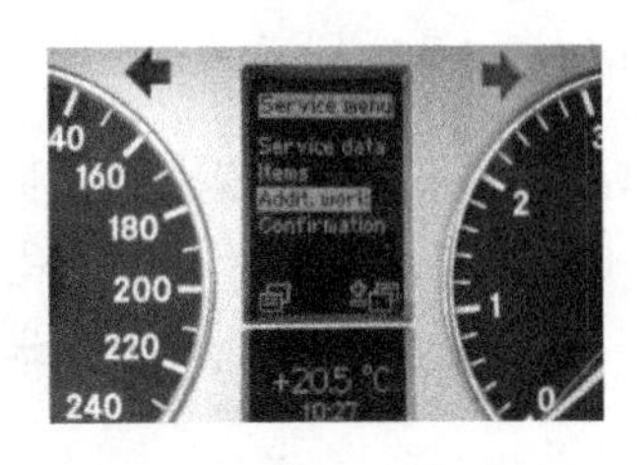

图 4-21　显示 Addit Work

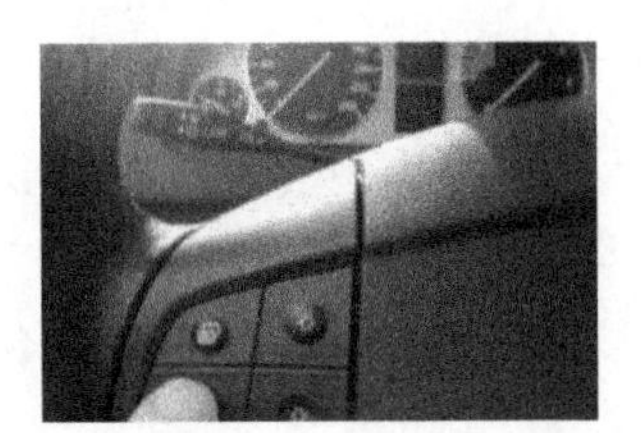

图 4-22　菜单按钮

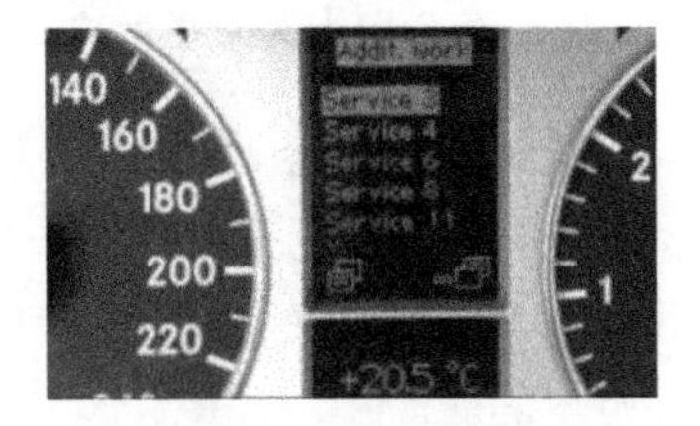

图 4-23　保养界面

⑧ 按压转向盘左下角的菜单按钮（步骤⑦），出现“确认”咨询界面（图 4-24）。

⑨ 按压转向盘左下角的菜单按钮（步骤⑦），直至出现图 4-25 所示界面，完成保养归零。

⑩ 关闭点火开关，再重新打开，系统提示 C 保在 1 万 km 后进行（图 4-26），完成保养设置。

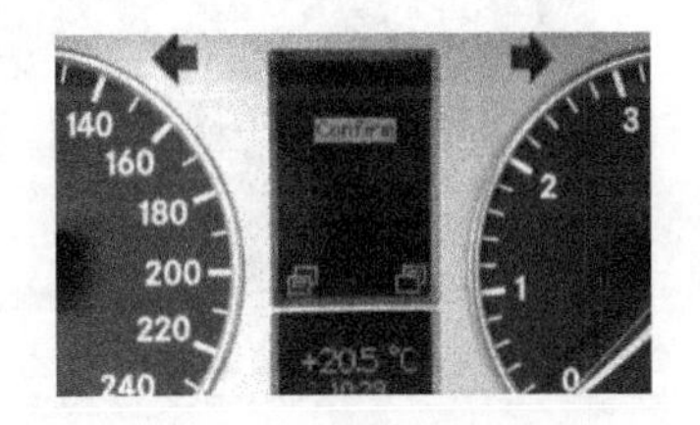

图 4-24　“确认”咨询界面

图 4-25　“保养归零”界面

图 4-26　“保养设置”界面

3. 奔驰C200车型保养灯手工归零操作规程

① 通过转向盘左侧按键（图4-27）的操作，调出仪表信息中心菜单。

② 通过转向盘左侧按键左右键（图4-28）的操作，调出仪表信息中心菜单。

③ 通过转向盘左侧按键左右键调至（保养）菜单（图4-29）。

图4-27　转向盘左侧按键

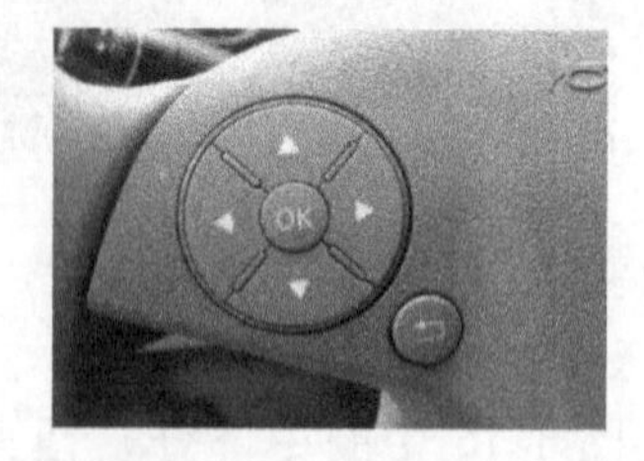

图4-28　转向盘左侧按键左右键

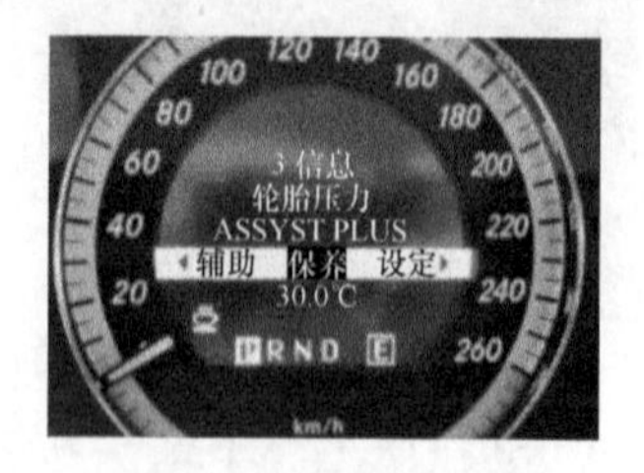

图4-29　显示保养菜单

④ 通过转向盘左侧按键上下键（图4-28）调整至“ASSYST PLUS”（图4-30），然后按OK键，完成归零复位。

⑤ 仪表板会显示当前距离下次保养剩余的里程数（图4-31），完成下次保养设置。

图4-30　显示“ASSYST PLUS”信息

图4-31　显示“下次保养A”信息

提示：新款奔驰C、E、GLK、CLS等车型（包括W204/W211）可通过转向盘左侧按键（布局略有差别，基本功能一样）操作，调出仪表信息中心菜单（菜单项基本一致，只是老款的可能会显示英文菜单，可通过百度APP翻译功能在线翻译，不影响调校清除功能）进行归零。

4. 2013款奔驰精灵车型保养灯手工归零操作规程

① 将点火开关置于ON档，快速按下仪表板左边按钮（图4-32）3下。

② 按一下转向盘左边的确认键（即上下键）的向下键（图4-33），仪表提示电压或者温度（图4-34）。

图4-32　仪表板左边按钮

图4-33　上下确认键

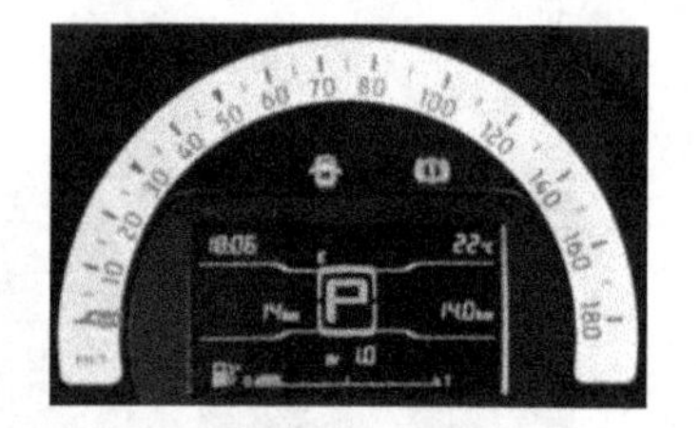

图4-34　显示温度22℃

③ 提示保养服务（SERVICE）后，按转向盘右边的“+”“-”键（图4-35），提示

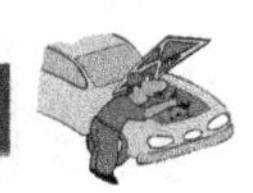

归零所有服务。

④ 按转向盘左边的确认键（即上下键）的向下键（图4-33），仪表显示屏显示所有归零已经成功（图4-36中所示扳手灯熄灭），将点火开关置于OFF档，退出即可完成保养灯归零。

图4-35　按“+”“-”键

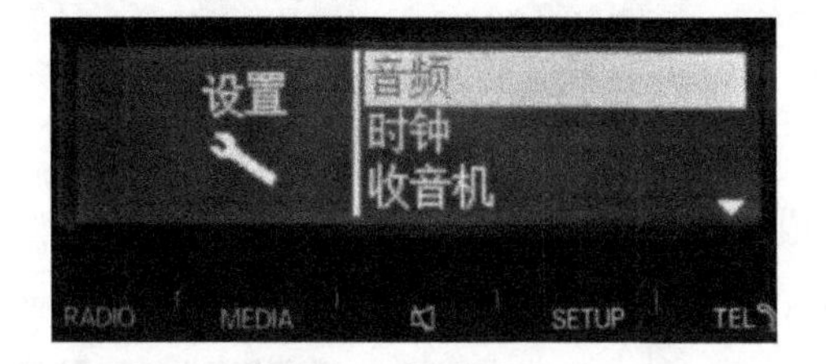

图4-36　完成归零

5. 2015款奔驰S400L车型保养灯仪器归零操作规程

2015款奔驰S400L（W222）底盘保养后，用PS90汽车诊断仪或其他同类仪器进行复位操作。

① 在复位前车辆仪表显示“保养A过了400km”（图4-37），其中A表示需要进行保养复位。

② 打开PS90 APP，选择特殊功能选项，选择“保养灯归零”（图4-38）菜单。

图4-37　显示“保养A过了400km”提示

图4-38　选择“保养灯归零”菜单

③ 选择“欧洲车系”，进行软件下载（图4-39）。

④ 选择“奔驰”（图4-40）车系。

⑤ 选择对应车型底盘，如S系列222底盘（图4-41），底盘号可在发动机舱盖的气压支撑杆上查找。

图4-39　选择“欧洲车系”

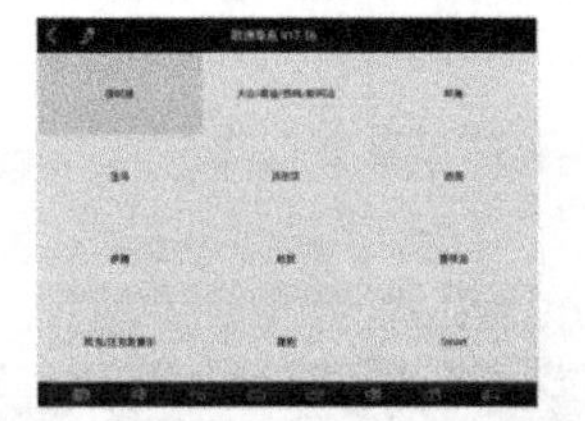

图4-40　选择“奔驰”

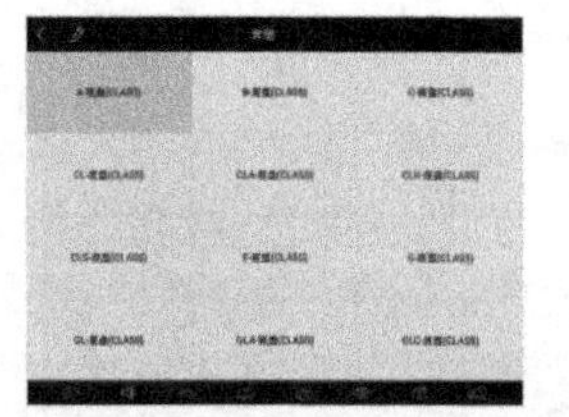

图4-41　选择“222底盘”

⑥ 选择底盘号“222”（图4-42）。

⑦ 此时软件提示保养成功（图4-43）。

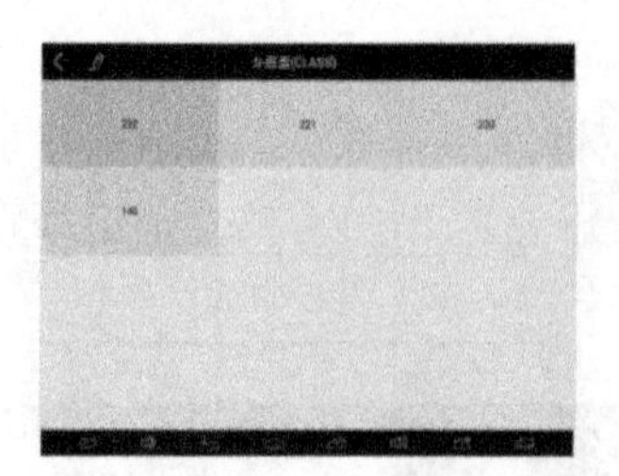

图4-42 选择底盘号“222”

图4-43 显示“保养灯复位完成”

⑧ 保养复位完成后，车辆仪表出现“下次保养B在10000km之后”（图4-44），此时的B表示复位完成。

图4-44 显示下次保养里程

提示：奔驰系列乘用车自2008年以后的A级、B级、C级、CL级、CLS级、E级、G级、GL级、GLK级、M级、R级、S级、SL级和SLK级等车型的转向盘功能键大同小异，保养灯的归零复位操作方法亦相差无几，因此在本书中不再一一列举，如有不同，可通过百度查询。

4.2.1.2 宝马系列

这里重点介绍国内常见宝马系列合资及进口品牌乘用车各车型保养灯手工及仪器归零复位操作规程。

1. 华晨宝马5系车型保养灯手工归零操作规程

① 接通点火开关，但不起动发动机。

② 长按仪表左下方的复位按钮（图4-45中圈中部分），约8s后仪表信息中心显示机油复位信息（图4-46）。

③ 松开复位按钮，每短按1次复位按钮，仪表信息中心切换至下一个复位信息，包括车辆检查、前制动摩擦片、后制动摩擦片、制动液等复位信息。

④ 通过短按复位按钮选择需要复位的项目后，再长按复位按钮，此时会提示“是否进行复位?”（图4-47）。

图4-45 复位按钮

图4-46 显示机油复位信息

图4-47 显示“是否进行复位?”

⑤ 松开复位按钮再长按直至仪表信息中心提示复位完成即可。

提示：华晨宝马5系车更换机油和更换制动摩擦片时，均采用此保养重置方法。

2. 宝马325i车型保养灯手工归零操作规程

提示：宝马X1、3系、5系车，保养灯人工归零操作方法基本相同，这里以2006款宝马325i为例进行介绍。

① 插入汽车钥匙，置于ON档，按住仪表板左下角按钮（图4-48中圆圈所示）3s以上，直至出现惊叹号（图4-49）。

② 出现惊叹号同时，手按起动按钮等待5s再松开手。

③ 松开手后再次按住仪表板左下角按钮5s以上，直至出现图4-50所示图标。

图4-48 复位按钮

图4-49 显示“惊叹号”

图4-50 显示保养图标

④ 用方向杆按钮（图4-51中圆圈所示）上下左右拨动，可选择所需保养归零项目。

⑤ 按BC按键，可确认需要保养的项目，出现RESET选项（图4-52，再按会消失）。

⑥ 此时按住BC键，可以看到RESET界面有个圆圈转动约8s后，可完成保养灯归零。

⑦ 关闭点火开关，拔掉汽车钥匙，自动设置下次保养项目里程，图4-53所示提示微尘滤清器下次保养间隔为110000km。

注意：若重新设定微尘滤清器保养里程，则必须断开蓄电池搭铁线5min以上。

图4-51 方向杆按钮

图4-52 显示RESET界面

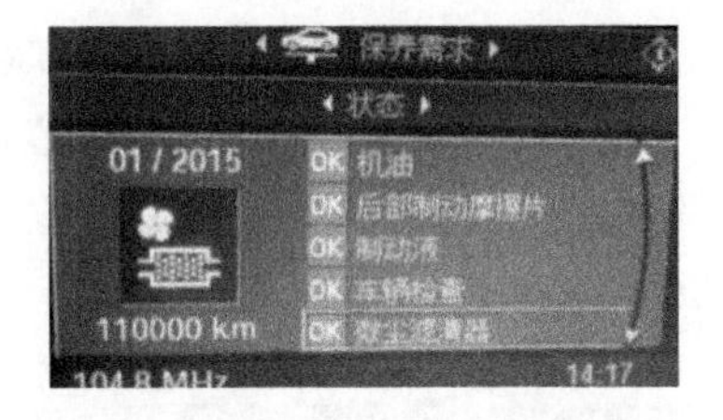

图4-53 设置下次保养项目里程

3. 宝马F02车型保养灯手工归零操作规程

提示：这里以只复位制动液为例进行介绍。

① 首先坐上车，关好全部车门（这一点非常重要，若不关好全部车门，则不能进行任何后续操作）。

② 插上汽车钥匙，不踩制动踏板，按两次起动按钮（图4-54），系统进行自检。

③ 按住左下角复位键不放，约5s后出现一个感叹号（图4-55），继续按住不放，待显示出机油标识后就可进入复位程序，此时应放手。

④ 短按一次复位键，系统依次显示需要复位的项目，如机油、制动液、制动摩擦片等

信息（图4-56）。

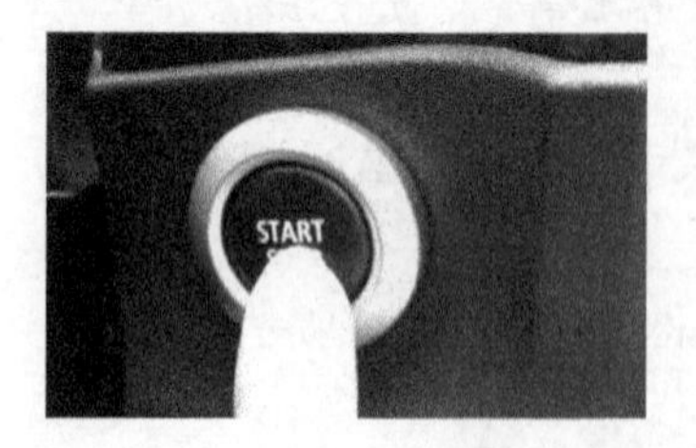

图4-54　起动按钮

图4-55　复位键

图4-56　显示复位的项目

⑤ 按住复位键不放，显示“RESET?”（图4-57），此时放开复位键再重新按住不放直至出现一条横线（图4-58），表明复位成功（其他项目复位以此类推）。

图4-57　显示“RESET?”

图4-58　显示复位成功

4. 宝马新7系车型保养灯手工归零操作规程

这里以宝马新7系E65轿车，更换制动片后进行保养灯归零操作为例进行介绍。

① 插入汽车钥匙（不要踩制动踏板），按下汽车钥匙左边的“START/STOP ENGINE”按钮（图4-59）。

② 按住仪表左上方的归零按钮（图4-60），约8s后松开，仪表左上方液晶显示屏闪现“RETURN”（回退）、“BR. FLUID8MTHS”（制动液8个月）、“ENG. OIL30TKM”（建议机油3万km）、“FR. BRAKE40TKM”（前制动片4万km）、“R. BRAKE40TKM”（后制动片4万km）、“VEH. CHIK50TKM”（车身查看5万km）、“MICROFIL60TKM”（过滤器6万km）、“SPKPLUGS60TKM”（火花塞6万km）和“COOLANT32MTHS”（冷却液32个月）等信息（图4-60、图4-61）。

图4-59　汽车钥匙

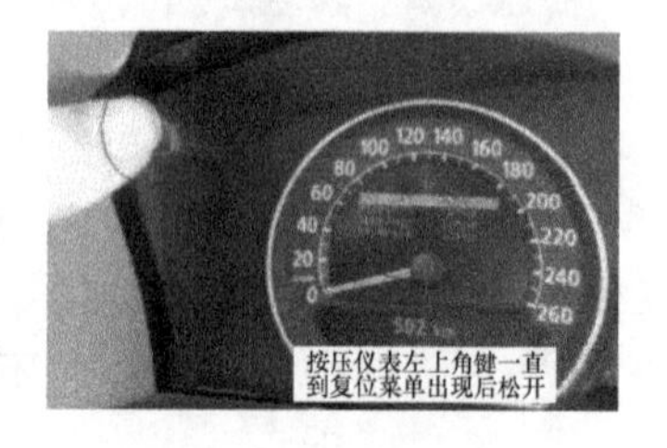

图4-60　归零按钮

图4-61　显示保养信息

注意：当超过规定的里程数或周期时，中央液晶显示区会显示保养信息，进行保养信息归零时，归零主菜单会显示“!”提醒字样。例如：前制动片超过规定更换时间或未进行归零操作时，仪表上会显示“FR. BRAKE 40TKM!”。

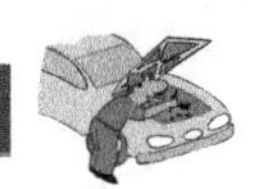

③ 按一下归零按钮（也可以按下转向灯开关上的BC两个按钮，如图4-62所示），挑选“ENG. OIL30TKM”（建议机油3万km）后，再按住归零按钮，直至仪表右上区屏幕上闪现“RETURN RESET ENG. OIL”（图4-63），此刻按下归零按钮，选择“RESET ENG. OIL”，并再次按住归零按钮并保持，直到屏幕闪现“ENG. OIL RESET OK”，制动警告灯归零程序完成。

④ 当再次起动时，仪表会瞬间闪现“售后服务3万km”。

图4-62　方向杆按钮

图4-63　显示RESET界面

5. 宝马X5车型保养灯仪器归零操作规程

这里以宝马X5为例，用朗仁PS90或PS60汽车诊断仪进行保养灯归零操作。

① 打开点火开关，PS90连接车辆进入“特殊功能”，选择“保养灯归零”（图4-64）。

② 选择“欧洲车系”（图4-65）。

③ 选择“宝马”（图4-66）。

图4-64　选择“保养灯归零”

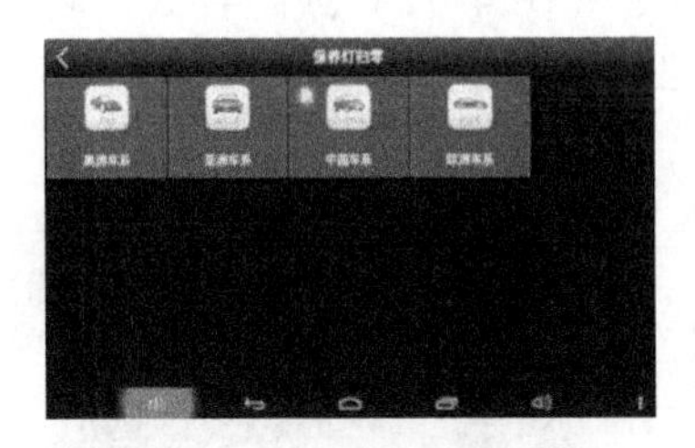

图4-65　选择“欧洲车系”

图4-66　选择“宝马”

④ 选择“X系列”（图4-67）。

⑤ 选择“E70　X5”（图4-68），如需查询车辆的底盘代号，可在PS90的宝马诊断功能里选择“输入VIN识别车辆”查询。

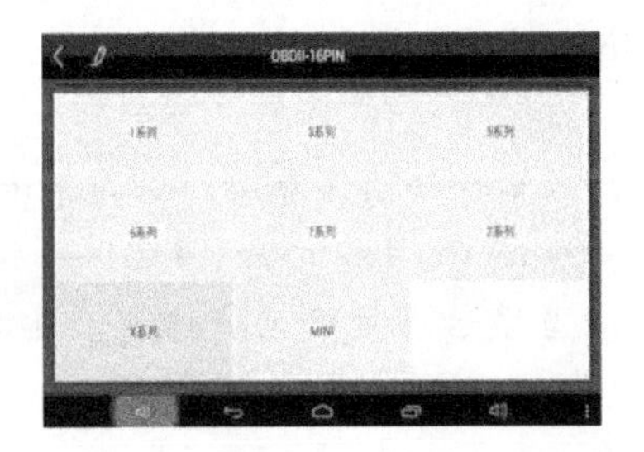

图4-67　选择“X系列”

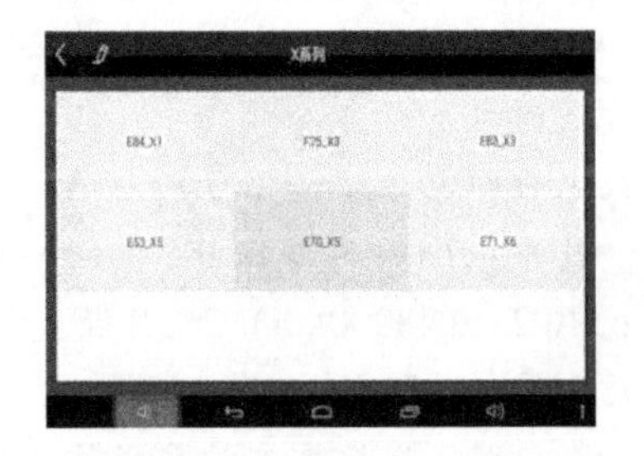

图4-68　选择“E70　X5”

⑥ 选择相应的保养项目进行复位（这里以更换机油为例，如图4-69所示）。

⑦ 等待提示复位完成后（图4-70）按确定，如需继续复位请选择相应的菜单，结束按返回键退出即可。结束后关闭点火开关10s再打开，从车上查看保养状态确认所有保养成功。

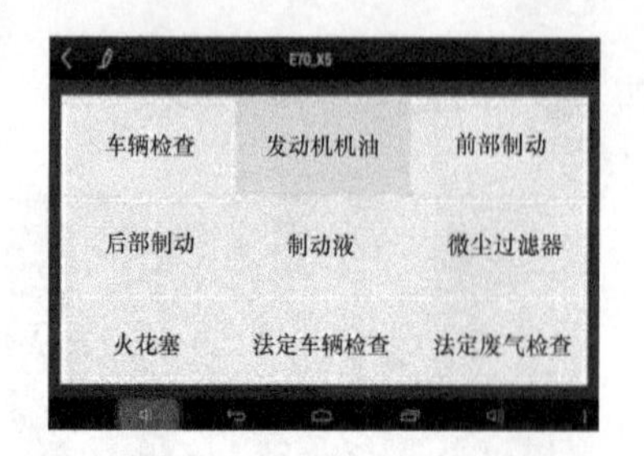

图4-69　选择“发动机机油”

图4-70　显示“复位完成”

4.2.1.3　奥迪系列

这里重点介绍国内常见奥迪系列合资及进口品牌乘用车各车型保养灯手工及仪器归零复位操作规程。

1. 奥迪A3车型保养灯手工归零操作规程

① 将点火开关“KEY”置于ON档（图4-71）。

② 按住里程表下方的归零键。

③ 将点火开关“KEY”置于OFF档，并放开归零键。

④ 按住数字式时钟调时键（图4-72）或指针式时钟调时键，直到显示屏出现图4-73所示信息。若显示“OEL”即为保养归零完成。

图4-71　点火开关“KEY”

图4-72　数字式时钟调时键

图4-73　显示相关保养信息

⑤ 如果要将IN02归零，则继续以下步骤：再按下里程表下方归零键，进入IN01，并再按时钟调时键归零；再重复上述步骤进行IN02的归零。

⑥ 将点火开关“KEY”置于ON档，等到IN00出现，则将点火开关“KEY”置于OFF档，即归零完成。

提示：此保养归零方法适用于所有A3车型，当车辆必须保养时，保养指示灯将显示保养提醒信息。其中：IN—无需保养；OEL—(12000km) 6月换机油；IN01—(24000km) 12月做小保养；IN02—(48000km) 24月做大保养。当显示屏显示上述信息、且保养做完后，应进行保养灯归零。

2. 奥迪A4车型保养灯手工归零操作规程

这里以2007款奥迪A4机油灯手工复位为例进行介绍。

① 按住仪表右侧的扳手按键（图4-74），来回打开关闭点火开关3次，松开按键。

② 再次打开点火开关，仪表之前的保养提示变成离下次保养的距离（图4-75），完成复位。

图4-74　扳手按键

图4-75　显示完成复位

3. 奥迪A6车型保养灯手工归零操作规程

这里以2012款奥迪A6L为例，介绍其保养灯手工归零方法。

① 按“CAR”键（图4-76中左上箭头所示）进入设置菜单，按“BACK”键（图4-76中右上箭头所示）可返回上级菜单，旋转多功能选择钮（图4-76中环形箭头所示）可选择菜单项目，按压可确认选择（图4-76中向下箭头所示）。

② 按“CAR”键进入汽车设置，并选择“保养和检查”。

③ 通过旋转多功能选择钮选择“保养周期”（图4-77），并确定进入下一级界面。

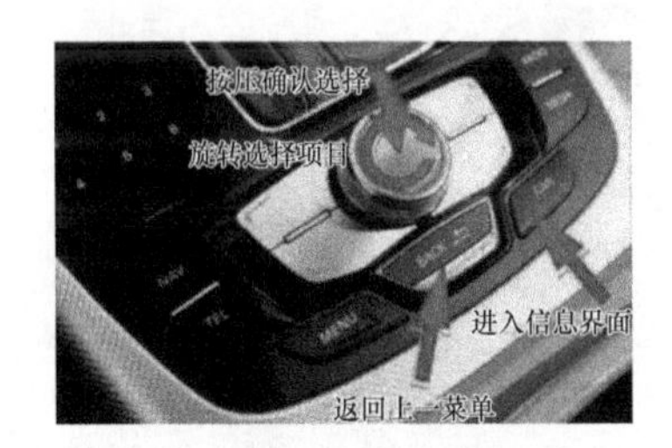

图4-76　多功能键

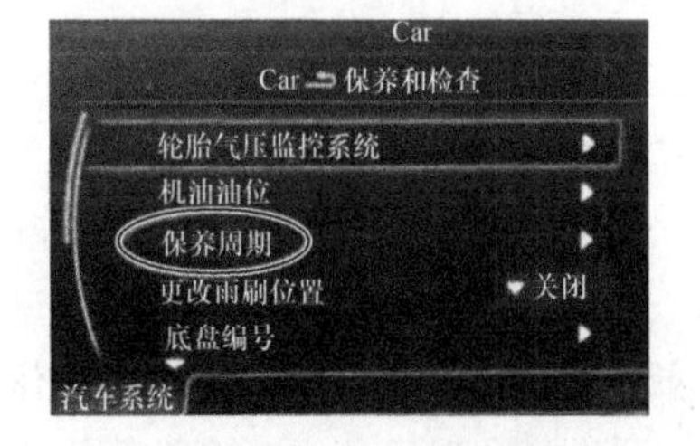

图4-77　显示“保养周期”

④ 进入“保养周期”出现第一个图的界面，通过旋转多功能选择钮调到第二个图、第三个图、第四个图，所有复位项目按提示操作即可（图4-78）。

⑤ 设置保养周期，完成复位（图4-79）。

图4-78　显示复位项目

图4-79　设置保养周期

4. 奥迪Q5车型保养灯归零操作规程

这里以2010款奥迪Q5车型（与一汽大众奥迪A6相同）为例进行介绍。

（1）奥迪Q5车型保养灯手工归零操作规程

① 关闭点火开关，按住仪表板底部左边的按钮（图4-80中左侧标线箭头所示）。

② 打开点火开关，显示屏上显示“SERVICE”标志（图4-80中右上角长方框所示），按住仪表板底部右边的按钮（图4-80中右侧标线箭头所示），直到显示下一次维护里程后再松开。

（2）奥迪Q5车型保养灯仪器归零操作规程

① 打开点火开关，连接金奔腾解码器（图4-81）。

图4-80　左右按钮

图4-81　连接解码器

② 选择“汽车诊断测试”，选择“国产大众汽车”，进入“仪表板”系统。

③ 选择“自适应匹配”功能按确认按钮进入。

④ 输入匹配通道号：02。

⑤ 按右键输入新的匹配值，把“00001”改为“00000”，确认退出即可完成归零。

4.2.1.4　大众系列

这里重点介绍国内常见大众系列合资及进口品牌乘用车各车型保养灯手工及仪器归零复位操作规程。

1. 2015款大众迈腾车型保养灯归零操作规程

新款大众迈腾、途观、R36、帕萨特等车型可以通过转向盘右侧按键的操作，调出仪表信息中心菜单，按提示可完成保养灯归零。这里以2015款大众迈腾车型为例进行介绍。

① 熟悉仪表板外观（图4-82）。

② 通过转向盘右侧左右键（图4-83）的操作，调出仪表信息中心菜单（图4-84）。

③ 选择设置菜单（图4-85）。

图4-82　仪表板外观

图4-83　转向盘右侧左右键

图4-84　仪表信息中心菜单

④ 选择保养菜单（图4-86）。

⑤ 选择信息。

⑥ 仪表屏幕将会显示距离下次保养的剩余里程数与天数（图4-87），完成保养灯归零和保养设置。

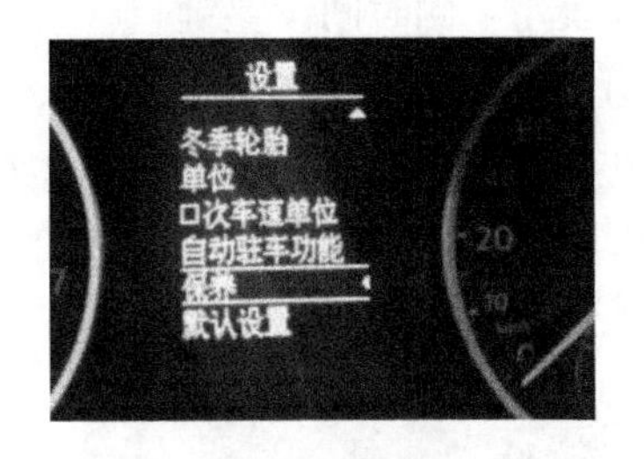

图4-85　选择设置菜单

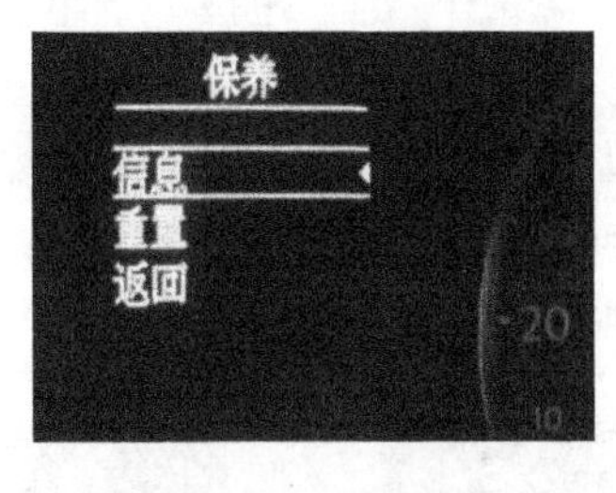

图4-86　选择保养菜单

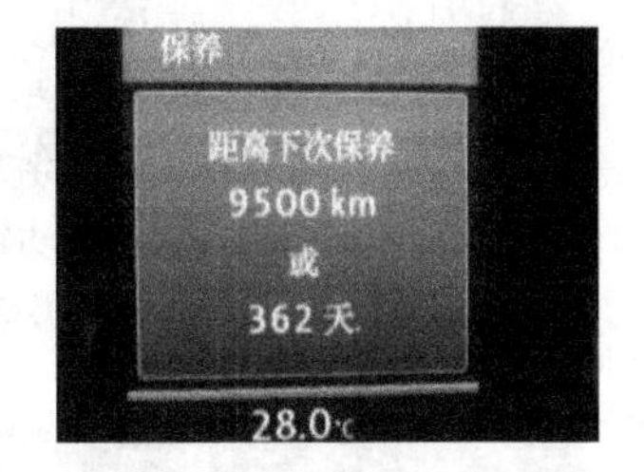

图4-87　显示保养信息

2. 2014款大众Polo车型保养灯归零操作规程

注意：归零操作前，应关闭所有车门，否则无法归零。

① 将点火开关置于OFF档，此时仪表灯全部熄灭。

② 按住保养归零按钮（图4-88），同时将点火开关置于ON档，仪表灯全部点亮，继续按住按钮不放等待片刻，保养周期指示器进入复位模式。

③ 松开保养归零按钮，在20s内按下“A”键（图4-89），在短时间内指示器恢复到正常显示，完成保养灯归零。

图4-88　保养归零按钮

图4-89　复位“A”键

提示：2010～2014款大众朗行、凌渡、帕萨特、桑塔纳、宝来等车型的保养灯手工归零方法与大众Polo大同小异，故不一一列举。

3. 大众途观车型保养灯归零操作规程

大众途观组合仪表板集成保养提示功能，当车辆行驶到规定的时间或里程后，通过组合仪表板信号灯或文字提醒驾驶人对车辆进行保养。

① 保养即将到期：打开点火开关时显示器显示保养提示信息。无文本信息显示的轿车，组合仪表显示器显示“扳手”符号及字母“km”。显示的千米数相当于距下次规定保养可行驶的最长距离。数秒钟后显示器切换显示内容，显示时钟符号及距下次规定保养的天数。有文本信息显示的轿车，其组合仪表显示器显示字符“Service in---km or---days”（距离下次保养---km或---天）。

② 保养到期：打开点火开关时系统将发出声响信号，显示器显示“扳手”符号数秒钟。有文本信息显示功能的车型，组合仪表显示器显示“Service now”（立即保养）。

③ 保养超期：超期未保养以带负号的里程或旅程读数表示。有文本信息显示功能的车型，组合仪表显示器显示字符“Service since---km or---days”（距离下次保养---km或---天）。

（1）通用组合仪表按键手动归零操作

① 关闭点火开关，按住右侧“0.0/SET”键（图4-90中长方框所示）。

② 打开点火开关，松开“0.0/SET”键，短按一下组合仪表左下侧时间设置键。

③ 保养周期处于复位模式；稍候，归零结束，关闭点火开关。

（2）具备文本显示功能车型手工归零操作　对于液晶显示屏（图4-91）具备文本显示功能的车型，也可以通过多功能转向盘，或者刮水器控制柄上的船形开关配合“ok/reset”开关（图4-92），通过下列步骤归零。

图4-90　右侧“0.0/SET”键

图4-91　液晶显示屏

① 选择“Setting”（设置）菜单。

② 在“Service”（保养）子菜单里选择“Reset”（重置）菜单键。

③ 按压“OK”键（图4-93）确认归零，按照屏幕提示完成后续操作，完成归零。

图4-92　“ok/reset”开关

图4-93　“OK”键

注意：不要在两次保养之间复位保养周期数据，否则可能出现错误显示。

4. 2016款大众捷达车型保养灯归零操作规程

① 将点火开关置于OFF档，按下仪表板右下方的“0.0/SET”（图4-94）按钮不松手。

② 将点火开关置于ON档，此时会发现仪表板上的保养指示小扳手不闪烁了。

③ 松开“0.0/SET”按钮，并按下其左边的按钮（图4-94），会发现仪表板上的小扳手消失了。

④ 保养归零完毕。

5. 斯柯达车型保养灯归零操作规程

① 右手插入汽车钥匙，不要通电或起动发动机。

② 左手按下车速表下面的复位按钮（图4-95）并保持。

③ 右手转动汽车钥匙置于OFF档。

④ 左手顺时针旋转复位按钮。

⑤ 关闭电源，完成归零。

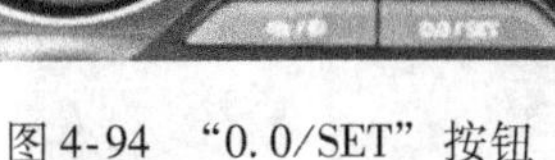

图4-94　“0.0/SET”按钮

图4-95　复位按钮

注意：斯柯达在做完保养后，需要清除保养提示，为下次保养重新计时归零。

6. 进口大众辉腾车型保养灯归零操作规程

① 在菜单中找出“Service”（图4-96中长条框所示）。

② 点击“Service”，会出现图4-97中长条框所示信息。

③ 点击“Reset”，会出现图4-98中长条框所示信息。

④ 点击“OK”（图4-98），完成保养灯归零。

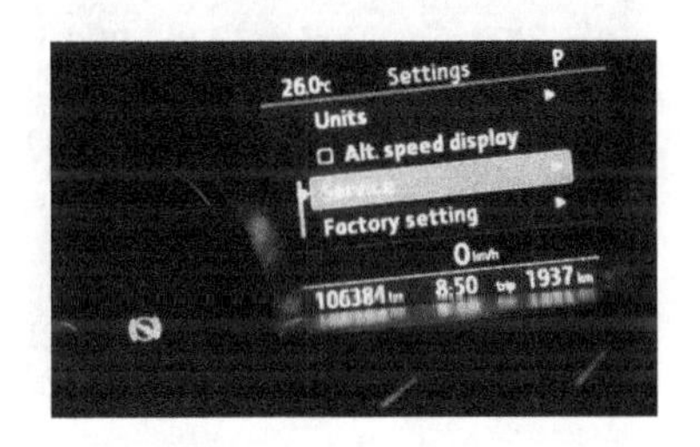

图4-96　找出“Service”菜单

图4-97　显示“Reset”信息

7. 保时捷卡宴车型保养灯归零操作规程

2010年后保时捷卡宴、帕纳梅拉等车型保养，按行驶里程不同，保养项目也不同，原厂设计为以下3种形式提醒，具体如下：

① 更换机油保养10000km、365天归零。

② 中间保养30000km、730天归零。

③ 主保养60000km、1460天归零；按原厂要求保养后，需用X200对其保养项目做归零复位。

（1）保时捷卡宴车型保养灯手工归零操作规程

① 通过转向盘确认/上下翻页键（图4-99）的操作，调出仪表信息中心菜单。

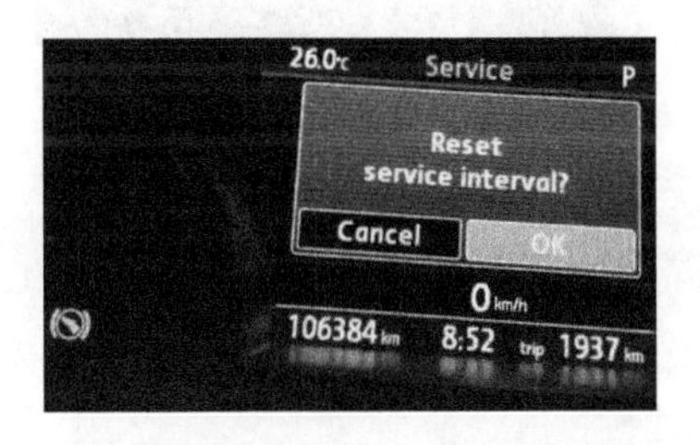

图4-98　点击“OK”完成归零

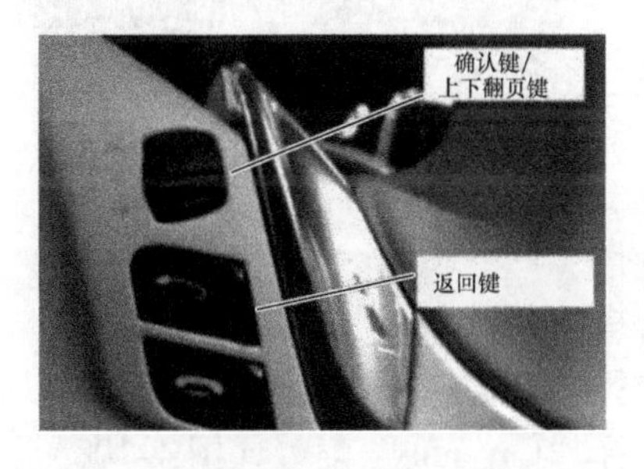

图4-99　确认/上下翻页键

② 通过确认/上下翻页键，调到“车辆”“信息”（图4-100）。

③ 通过确认/上下翻页键，在信息菜单调到“保养周期”（图4-101）。

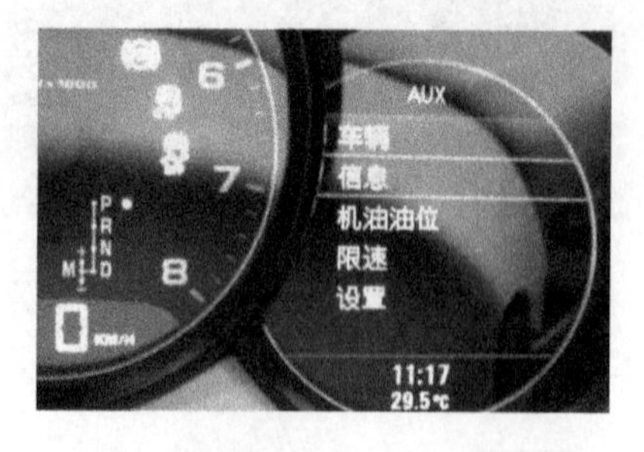

图4-100　调到“车辆”和“信息”菜单

图4-101　显示“保养周期”

④ 通过确认/上下翻页键，即可看到3种类型保养的具体里程和时间（图4-102～图4-104）。

图4-102　365天归零提示

图4-103　730天归零提示

（2）保时捷卡宴车型保养灯仪器归零操作规程　这里以2015款保时捷卡宴A221为例，介绍其保养灯的仪器归零操作方法。

① 打开点火开关。

② 选择“保养灯归零”V10.42版本（图4-105）。

图4-104　1460天归零提示

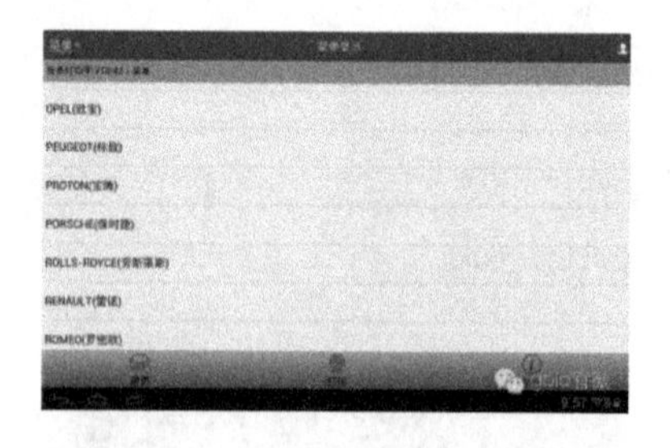
图4-105　选择“保养灯归零”

③ 选择“PORSCHE（保时捷）”。

④ 选择“软件归零”（图4-106）。

⑤ 选择“自动扫描”（图4-107）。

⑥ 选择“Cayenne”菜单（图4-108）。

⑦ 选择机油复位（图4-109）。

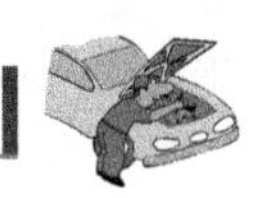

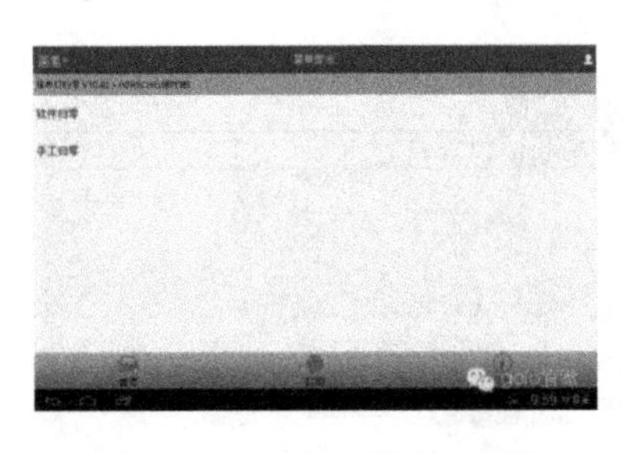

图4-106　选择“软件归零”

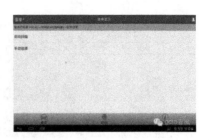

图4-107　选择“自动扫描”

图4-108　选择“Cayenne”菜单

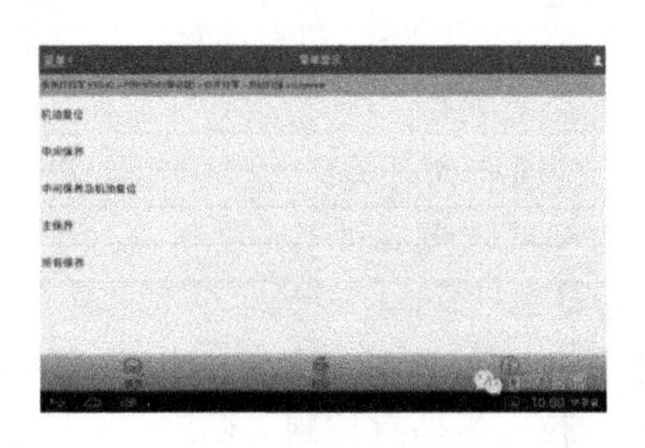

图4-109　选择机油复位

⑧ 如图4-110所示，按要求输入当前保养日期，例如20160331；点击确定，提示“保养周期已成功复位”，车辆保养提示信息消失。

⑨ 关闭点火开关，退出软件，保养灯仪器归零操作步骤完成。

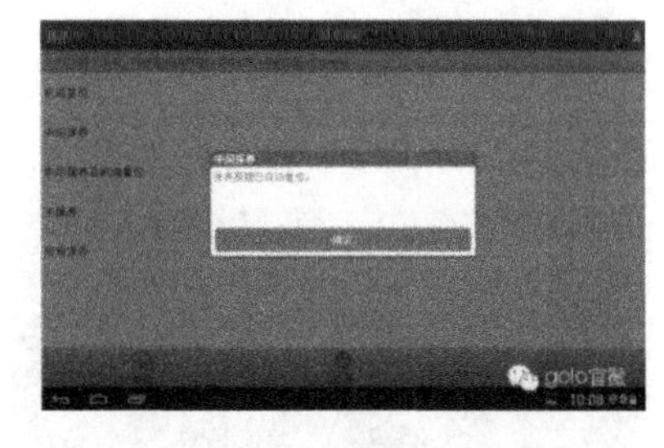

图4-110　提示“保养周期已成功复位”

4.2.1.5　路虎系列

这里重点介绍国内常见路虎系列合资及进口品牌乘用车各车型保养灯手工及仪器归零复位操作规程。

1. 2014款路虎部分车型保养灯手工归零操作规程

2014款路虎部分车型，可以用专用故障检测仪（SDD）执行保养灯归零操作，部分车型也可以用手工方法进行归零。可以采用手工方法对保养灯进行归零的2014款路虎车型及起始VIN如下（涵盖了汽油和柴油发动机车辆）：Range Rover Sport L494 2014款车型（新运动），VIN从N300000起；Range Rover L405 2014款车型（新揽胜），VIN从LG124982起；Discovery 4 L319 2014款车型（发现者4），VIN从LA699716起；Defender L316 2014款车型（卫士），VIN从LD446699起；Evoque L538 2014款车型（极光），VIN从LV856580起；Freelander 2 L359 2014款车型（神行者2），VIN从LF382339起；印度Pune工厂制造的2014款车型Freelander 2 L359，VIN从DL910986起。这里只介绍2014款路虎发现车型的保养灯手工归零操作规程。

① 接通点火开关。

② 打开发动机舱盖。

③ 打开驾驶人侧车门，此时维修重置信息将会显示在组合仪表上（图4-111）。

图 4-111　显示维修重置信息

④ 完全踩下加速踏板和制动踏板并保持 60s。

⑤ 断开点火开关。

⑥ 再次接通点火开关，然后检查保养灯归零操作是否成功，若未成功，重复上述步骤。

2. 2015 款路虎揽胜极光车型保养灯手工归零操作规程

① 接通点火开关。

② 用转向盘右侧的 5 个键（4 个方向键，1 个 OK 键）和转向开关尾部的 i 键，如图 4-112所示仪表板信息控制，调出服务功能菜单中的 VIN 码和报警状态。

③ 选择报警状态，按住转向盘右侧 5 个键中的向下键和转向开关尾部的 i 键（图 4-113），保持 5s 以上。

④ 然后起动车辆，检查保养灯是否已归零，如果保养灯没有归零则重复上述各步骤直至完成归零。

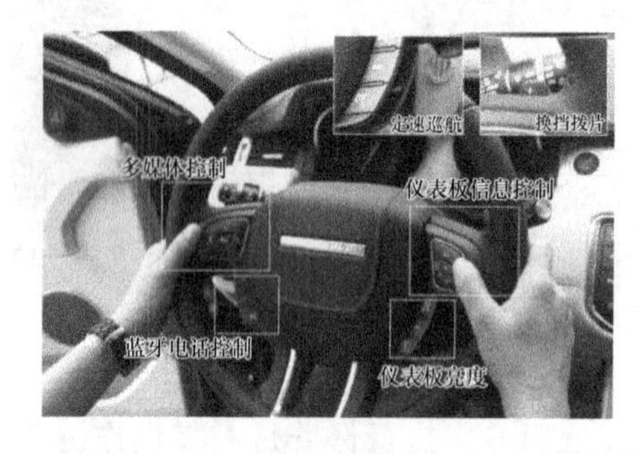

图 4-112　转向盘右侧的 5 个键（仪表板信息控制）

图 4-113　转向开关尾部的 i 键

3. 2015 款路虎揽胜车型保养灯手工归零操作规程

（1）以距离为基础的检查保养灯归零

① 将点火开关置于 OFF 档（图 4-114 中圈中部分）。

② 按下并按住按键 A（图 4-115 中箭头所示）。

③ 将点火开关置于 I 档，5s 后显示“OIL SERVICE”或“INSPECTION 和 RESET SIA”。

④ 松开按键 A，按下并按住按键 A，5s 多以后，信息“RESET SIA”开始闪烁。

⑤ 松开按键 A，再按下，再松开，显示器显示新的保养间隔。

⑥ 按下再松开按键 A，显示信息“END SIA”。

⑦ 将点火开关置于 OFF 档，完成保养灯归零。

图4-114　点火开关置于OFF档

图4-115　按住按键A

（2）以时间为基础的检查，同时进行距离为基础的检查保养灯归零

① 将点火开关置于OFF档（图4-114中圈中部分）。

② 按下并按住按键A（图4-115中箭头所示）。

③ 将点火开关置于I档，5s后显示器显示“OLL SERVICE”或“INSPECTION”和信息“RESET SIA”。

④ 松开按键A，按下并按住按键A，5s后信息“RESET SIA”开始闪烁。

⑤ 松开按键A，按下再松开，显示器显示新的保养间隔。

⑥ 按下并按住按键A 5s，以时间为基础的检查会和信息“RESET SIA”一起显示。

⑦ 松开按键A，再按下并按住按键A，5s多以后信息“RESET SIA”开始闪烁。

⑧ 松开按键A，再按下，再松开，显示器显示新的保养间隔。

⑨ 按下再松开按键A，显示器显示“END SIA”

⑩ 将点火开关置于OFF档，完成保养灯归零。

（3）以时间为基础的检查，独立进行距离为基础的检查保养灯归零

① 将点火开关置于OFF档。

② 按下并按住按键A。

③ 将点火开关置于I档，5s后显示器显示“OIL SERVICE”或“NSPECTION”和“RESET SIA”。

④ 松开按键A，按下并按住按键A，5s以后信息“RESET SIA”开始闪烁。

⑤ 松开按键A，等待闪烁停止。

⑥ 按下并按住按键A 5s，以时间为基础的检查和信息“RESET SIA”一起显示。

⑦ 松开按键A，按下并按住按键A，5s后信息“RESET SIA”开始闪烁。

⑧ 松开按键A，按下再松开按键，显示器显示新的保养间隔。

⑨ 按下再松开按键A，信息显示“END SIA”。

⑩ 将点火开关置于OFF档，完成保养灯归零。

4. 名爵MG3、MG5/荣威350、750车型保养灯仪器归零操作规程

名爵MG3、MG5，荣威350、750直接用X200选择菜单进行操作。

① 重置仪表板上的SIA警告灯（保养灯归零）菜单，无须输入保养天数和里程数。

② 重置完成后，仪表会显示1个小扳手（图4-116），同时旁边会显示归零后的里程。

提示：10000km里程数是原厂设计固定的，无法更改，如图4-117所示。

图4-116　显示小扳手

图4-117　原厂设定保养里程数

5. 名爵MG6/荣威550车型保养灯仪器归零操作规程

名爵MG6、荣威550需要设置距下次保养周期，原厂建议为1年，也就是按归零的日期推后1年，例如归零那天为20120801. 则设置保养周期为20130801。

图4-118　显示下次保养里程

① 根据当地环境需要自由设置。

② 归零成功后仪表板中间显示屏会显示10000km和设置的距下次保养时间（图4-118）。

提示：荣威950目前有3款发动机，排量为2.0L、2.4L、3.0L，归零时按发动机排量选择菜单即可，950需要输入机油寿命值，一般归零时输入100即可。

4.2.1.6　标致系列

这里重点介绍国内常见标致系列合资及进口品牌乘用车各车型保养灯手工归零复位操作规程。

1. 东风标致系列相关车型保养灯手工归零操作规程

东风标致206、207、307、308、408、3008等车型，组合仪表板所集成的保养提醒（图4-119）功能大同小异，按照设定的保养间隔里程（图4-120）和时间提醒驾驶人对车辆进行保养。其保养灯归零按提醒形式（四种状态）操作即可完成。

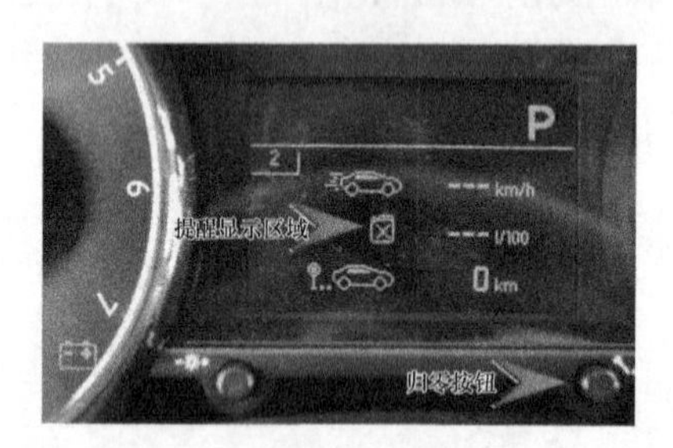

图4-119　保养提醒显示区域

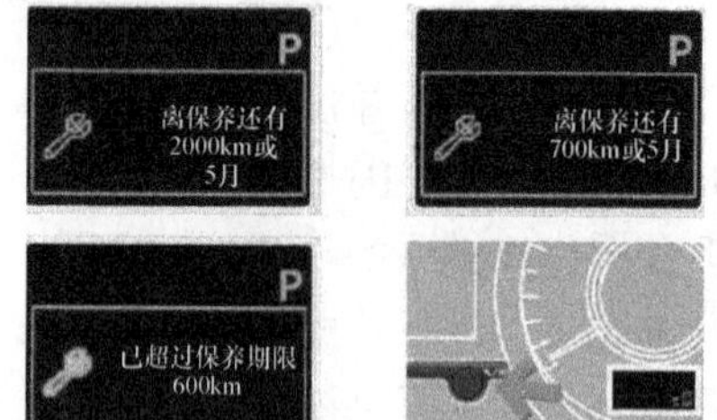

图4-120　保养提醒里程数

① 距下次保养剩余里程数大于1000km时（图4-121），当驾驶人接通点火开关5s内，会显示距离下次保养里程数和提醒标志“扳手”，5s后恢复正常使用状态。

② 距下次保养剩余里程数不足1000km时（图4-122），当驾驶人接通点火开关5s内，会显示距离下次保养里程数和提醒标志“扳手”，5s后恢复正常使用状态，保养标志持续点亮。

③ 超过定期保养设定里程未保养时（图4-123），当驾驶人接通点火开关5s内，会显示

超出预定保养里程数，提醒标志“扳手”闪烁，5s 后恢复正常使用状态，保养标志持续点亮。

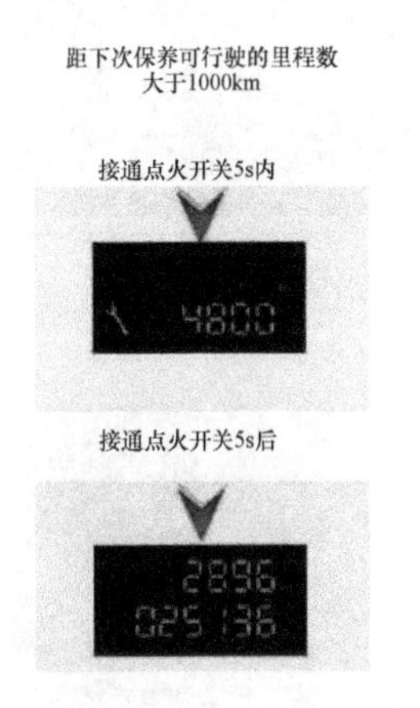

图 4-121　大于 1000km 提示

图 4-122　不足 1000km 提示

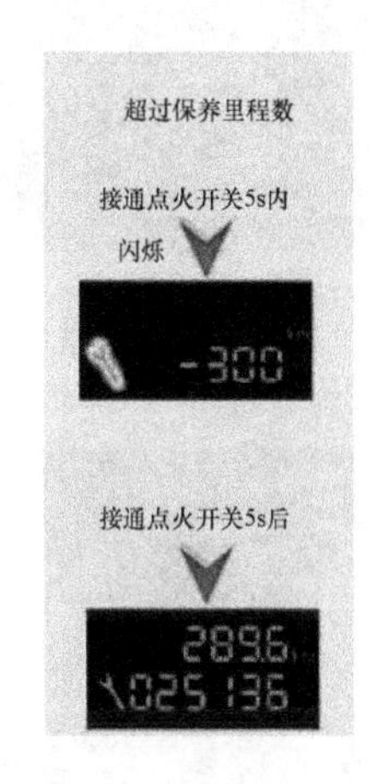

图 4-123　超过设定里程提示

④ 如果车辆超过一年没有保养，则提醒标志“扳手”指示灯持续点亮。

⑤ 按上述保养提醒功能完成保养后，按下归零按钮（图 4-119 中右下角箭头所示），直至保养灯熄灭，即可完成保养灯归零。

2. 法国标致 308 车型保养灯手工归零操作规程

法国标致 308 轿车，当车辆进行定期保养后，必须将保养指示灯复位归零，重新计算下一次保养里程和时间。

① 关闭点火开关（图 4-124 中刮水器操纵杆下方）。

② 按住单次里程表归零按钮，如图 4-125 中箭头所示。

图 4-124　标致 308 组合仪表

图 4-125　单次里程表归零按钮

③ 打开点火开关，里程显示屏开始倒计数。

④ 当显示屏显示“=0”（图 4-126）或“0000”时（图 4-127），松开按钮，保养指示灯“扳手”标记熄灭，归零复位完成。

注意：归零操作后不要立即拆除电池电缆，如确有需要，需将车辆上锁并等待 5min，使归零操作生效后再行处理。

3. 法国雪铁龙 C2 车型保养灯手工归零操作规程

法国雪铁龙 C2 轿车仪表板上的“小扳手”符号，为保养提醒指示灯（图 4-128）。当该灯点亮或闪烁时，应对车辆进行保养。雪铁龙 C2 保养完毕后，有两种方法可以完成保养灯归零，一种是手工归零，另一种是仪器归零，这里只介绍手工归零操作规程。

图4-126　显示屏显示“=0”

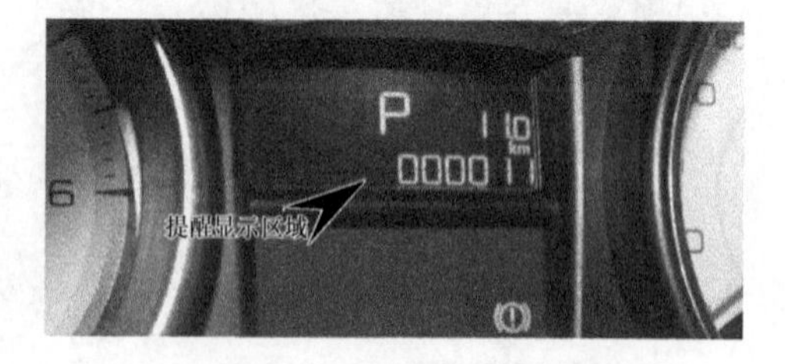

图4-127　显示屏显示“0000”

图4-128　显示“小扳手”

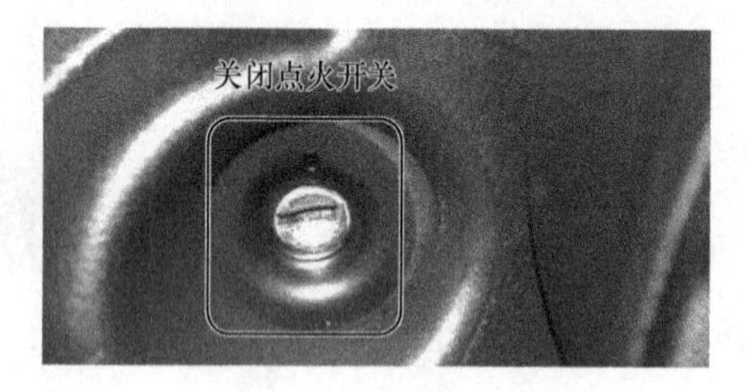

图4-129　拔出汽车钥匙

① 关闭点火开关，拔出汽车钥匙（图4-129）。

② 按住冷却液温度表左下方的里程表归零按钮（图4-130中方框所示）。

③ 将点火开关旋至“点火”处（图4-131中方框所示）。

④ 持续按住里程表归零按钮不放，直到仪表板上的“小扳手”符号消失，然后关闭点火开关即可完成归零。

图4-130　归零按钮

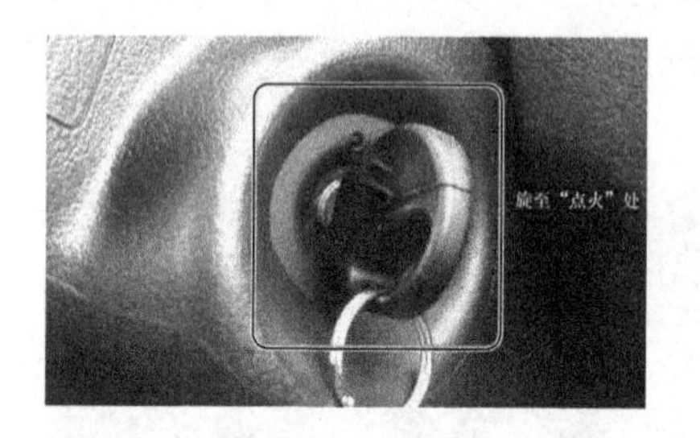

图4-131　点火开关

4. 东风雪铁龙C5车型保养灯手工归零操作规程

① 关闭点火开关。

② 持续按下里程表归零按钮（图4-132中箭头所示）。

③ 打开点火开关，里程表显示开始倒计时，当显示出现“0.0km”时（图4-133），放开按钮，扳手标志熄灭。

④ 操作完成后，至少等待5s，以保证归零设置完全储存。

5. 东风雪铁龙C4毕加索/爱丽舍/世嘉等车型保养灯手工归零操作规程

雪铁龙C4毕加索、爱丽舍、世嘉C-QUATRE等车型的组合仪表板所集成的保养提醒功能（图4-134），按照设定的保养间隔里程和时间提醒驾驶人对车辆进行保养。提醒形式也分成四种状态（图4-135），与标致系列一致，这里不再赘述。

图4-132　里程表归零按钮

图4-133　显示“0.0km”

图4-134　保养提醒功能及归零按钮

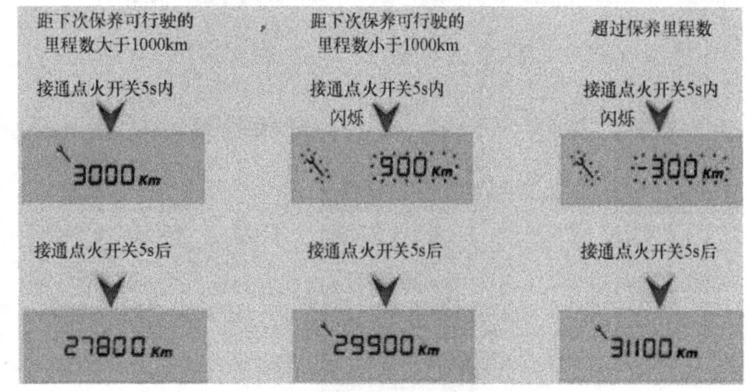

图4-135　保养提醒状态

① 关闭点火开关，然后将点火开关转到位置S，锁定转向盘。

② 按住归零按钮不要松开，打开点火开关。

③ 按住归零按钮（图4-136），当显示屏显示“0”和保养扳手消失时再松开（图4-137）。

④ 关闭点火开关，归零复位完成。

⑤ 操作完成后，等待至少5min，以保证归零设置完全储存。

图4-136　归零按钮

图4-137　保养扳手

4.2.1.7　沃尔沃系列

这里重点介绍国内常见沃尔沃系列合资及进口品牌乘用车相关车型保养灯手工归零复位操作规程。

1. 沃尔沃S40车型保养灯手工归零操作规程

① 关闭点火开关。

② 按住重新设定按钮（图4-138）10s。

③ 起动发动机，重新设定完毕。

2. 2015款沃尔沃S60/S60L/V60等车型保养灯手工归零操作规程

① 按住转向拨杆顶端OK键（图4-139中左手食指所按按钮）。

② 先轻点一次点火开关（图4-140中右手食指所按按钮），再长按点火开关，等到仪表板上黄色叹号指示灯闪烁三次，松开OK键及点火开关，完成归零。

图4-138　重新设定按钮

图4-139　转向拨杆顶端OK键

图4-140　点火开关

提示：2013款以前的沃尔沃部分车型只需将操作过程中的OK键换成仪表板上的T1/T2（图4-141）里程切换键即可。

特别提示：操作过程全程，不要踩制动踏板（图4-142）。

图4-141　T1/T2键

图4-142　制动踏板

4.2.2　美洲车系保养灯的归零与复位操作规程

4.2.2.1　通用系列

这里重点介绍国内常见通用系列合资及进口品牌乘用车各车型保养灯手工及仪器归零复位操作规程。

1. 雪佛兰科帕奇车型保养灯手工归零操作规程

雪佛兰科帕奇SUV的机油更换指示灯（圈4-143中圈中部分）是根据发动机控制系统中的各种传感器，如冷却液温度、起动，还有发动机运行时间（行驶里程）等各种输入信号来计算机油寿命的。在发动机ECU里设定了机油寿命还剩余0～10%时（图4-144），ECU便通过点亮机油保养指示灯，通知驾驶人更换机油。

图4-143　机油更换指示灯

图4-144　机油寿命剩余显示

① 将点火开关置于ON档（但不要起动发动机）。

② 在5s内踩加速踏板三次并松开，再等待5s即可完成保养灯归零。

2. 2015款凯迪拉克SRX车型保养灯手工归零操作规程

这里以配置多功能驾驶人信息中心（DIC）按钮的凯迪拉克SRX车型为例进行介绍。

① 利用“Driver Information Center（DIC）MENU”（驾驶人信息中心菜单，图4-145）按钮和转向信号操纵杆上的指轮，在驾驶人信息中心显示“REMAINING OIL LIFE”（机油剩余寿命，如图4-146所示“机油寿命84%”）。

② 按下SET/CLR（设置/清除）按钮（图4-147），将机油寿命复位至100%。

图4-145　驾驶人信息中心

图4-146　机油剩余寿命显示

注意：任何时候都不要意外复位机油寿命读数，除非更换机油之后。否则读数不能精确复位，直到下一次更换机油。

3. 2016款上海通用凯迪拉克CTS车型保养灯手工归零操作规程

这里以带基本音响系统的凯迪拉克CTS车型为例进行介绍。

① 打开点火开关（图4-148），按下驾驶人信息中心（DIC）显示器右侧的CLR按钮，确认更换机油信息，完成保养后从显示器上清除信息并复位。

图4-147　设置/清除按钮

图4-148　点火开关

② 按动驾驶人信息中心（DIC）显示器右侧INFO按钮（图4-149中圆圈所示）上的上/下箭头，进入DIC菜单。

③ 在“100% Engine Oil Life”（100%机油寿命，图4-150）菜单灯点亮显示后，按住CLR按钮，百分比将变为100%，机油寿命指示器即被归零。如果百分比没有变为100%，则重复以上步骤。

④ 关闭点火开关。

注意：如果起动车辆时更换机油信息再次出现，则机油寿命系统未被归零，重复归零程序。

图4-149　INFO按钮

图4-150　机油寿命

4. 别克林荫大道车型保养灯归零操作规程

(1) 2007—2009年别克林荫大道保养灯手工归零操作规程

① 左手按住"TRIP"按键（图4-151中圆圈所示），打开点火开关，直到组合仪表信息屏显示"保养提醒复位，XXXXkm"（图4-152）。

② 松开"TRIP"按键，按下转轮（图4-151中箭头所示），保养复位完成。

注意：转向盘上左侧有"TRIP"按键，"TRIP"按键旁边有一转轮，转轮上下转动为选择，向下按转轮为"ENTER"。

图4-151　转轮及"TRIP"键

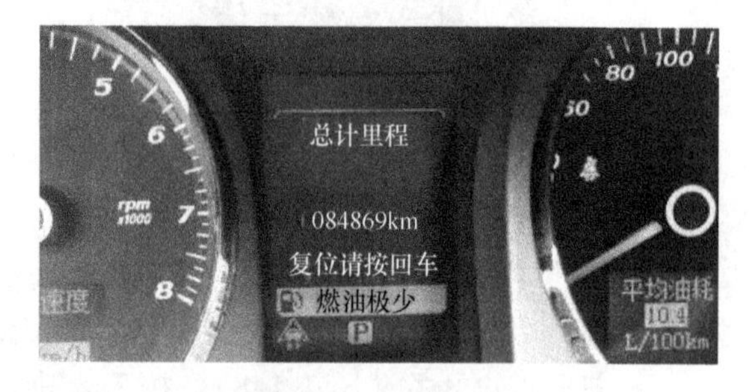

图4-152　显示保养提醒复位

(2) 2010—2014年别克林荫大道保养灯仪器归零操作规程

① 将点火开关置于OFF档。

② 按住图4-151中圆圈所示的"TRIP"（行程）按钮。

③ 将点火开关置于ON档（图4-153）。

④ 松开"TRIP"（行程）按钮，复位后将会发出"嘟嘟"确认声。

⑤ 一旦处于"保养复位"屏幕（图4-154），按住"ENTER"（回车）开关3~5s。

⑥ 将点火开关置于OFF档，完成归零。

图4-153　点火开关

图4-154　保养复位屏幕

重要注意事项：如果起动车辆时出现保养提示信息，则“保养提示”没有复位，应重复本程序，直至完成归零。

5. 2016款上海通用别克君威/君越/昂科拉等车型保养灯手工归零操作规程

2016款别克君威、别克君越和别克昂科拉等车型，根据不同的行车条件，由车载计算机计算出机油寿命，并通过组合仪表中央显示屏将剩余的机油寿命显示在车辆信息菜单上。菜单和功能可以用转向信号控制杆上的按钮进行选择。当系统计算出机油寿命已减小时，“Change Engine Oil Soon”（请速更换机油）会出现在驾驶人信息中心显示屏上，提醒驾驶人抓紧时间更换机油，每次更换机油后必须将其归零复位。

（1）显示发动机剩余机油寿命的车型

① 按控制杆上的MENU（图4-155中的菜单键）按钮。

② 选择“车辆信息菜单”（图4-155中的选择键）。

③ 转动调节轮以选择“机油寿命”（图4-156）。

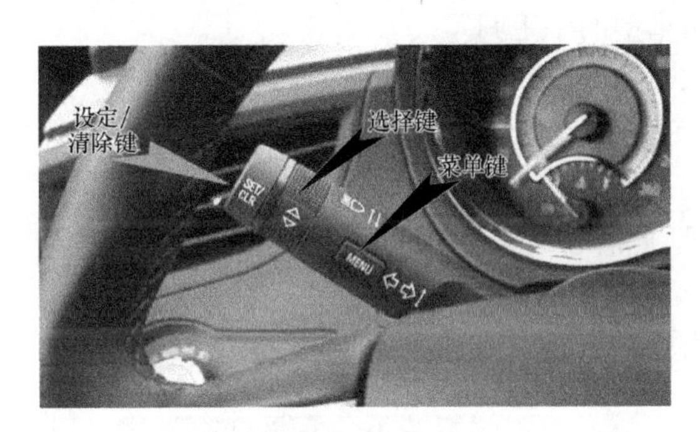

图4-155　各类按键

图4-156　选择“机油寿命”

（2）提示机油寿命复位（保养周期复位）的车型

① 按控制杆上的MENU（图4-155中的菜单键）按钮。

② 选择“车辆信息菜单”（图4-155中的选择键）。

③ 转动调节轮以选择“机油寿命”（图4-156）。

④ 按住SET/CLR按钮（图4-155中的设定/清除键）复位几秒，中央显示屏显示机油寿命100%，复位成功。

6. 通用别克昂科雷车型保养灯手工归零操作规程

（1）车辆不具备驾驶人信息中心（DIC）按钮车型的手工归零

① 在发动机关闭的情况下，将点火开关置于ON/RUN（打开/运行，图4-157）位置，按下里程表复位杆（图4-158中圆圈所示）直至显示“REMAINING OIL LIFE”（剩余机油寿命）的信息（图4-158中箭头所示信息栏）。

注意：访问显示器前必须将车辆置于驻车档P位。

② 按住里程表复位杆直至显示“OIL LIFE REMAINING”（机油寿命剩余）“100%”（图4-158中箭头所示信息栏）。系统发出三次蜂鸣声并且“CHANGE ENGINE OIL SOON”（立即更换机油）的信息消失。

③ 将点火开关置于LOCK/OFF（锁止/关闭）位置，完成复位。

图4-157　点火开关

图4-158　复位杆及信息栏

注意：起动车辆时，如果再次显示“CHANGE ENGINE OIL SOON”（立即更换机油）信息，则机油寿命系统没有复位，应重复上述步骤，直至完成归零复位。

（2）车辆具备驾驶人信息中心（DIC）按钮车型的手工归零

① 在发动机关闭的情况下，将点火开关置于 ON/RUN（打开/运行）位置。

② 按下车辆信息按钮（图4-159）直到屏幕显示“OIL LIFE REMAINING”（剩余机油寿命，图4-160）信息。

③ 按住设置/复位按钮直至屏幕显示“100%”信息（图4-160），系统发出三次蜂鸣声并且“CHANGE ENGINE OIL SOON”（立即更换机油）的信息消失。

④ 将点火开关置于 LOCK/OFF（锁止/关闭）位置，完成复位。

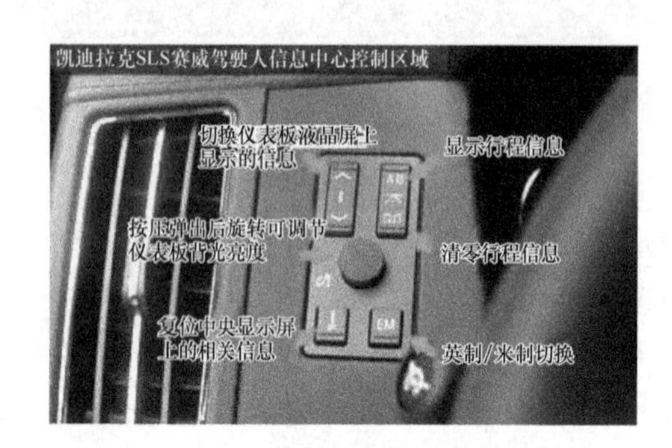

图4-159　信息按钮

图4-160　机油寿命信息

注意：起动车辆时，如果再次显示“CHANGE ENGINE OIL SOON”（立即更换机油信息，则机油寿命系统没有复位，应重复上述步骤，直至完成归零复位）。

7. 通用别克荣御车型保养灯手工归零操作规程

别克荣御车型每隔5000km会通过液晶仪表板（图4-161）提示驾驶人进行保养，例行保养后需通过仪器或手工方法消除保养提示。这里介绍其保养灯的手工归零操作规程。

① 关闭点火开关，同时按住仪表板右侧设置键（图4-162 中箭头所示）中的两个箭头键，然后打开点火开关。

② 大概3s后，松开上述两个键，此时会出现保养菜单，问是否复位。

③ 再按住 SET 键3s以上。

④ 按 MODE 键。

图 4-161　液晶仪表板

图 4-162　设置键

⑤ 关点火开关，完成复位。

8. 上海通用别克新君威车型保养灯手工归零操作规程

2008—2014 年新君威、2009—2014 年新君越、2011—2014 年新 GL8 陆尊商务等车型的保养灯归零方法基本一致。这里以 2014 款新君越为例进行介绍。

① 打开点火开关，按变光开关上的“MENU”按键（图 4-163）。

② 直到组合仪表显示屏显示“车辆信息菜单”（图 4-164）。

③ 转动变光开关上的转轮（图 4-165）。

图 4-163　“MENU”按键

车辆信息
菜单

图 4-164　显示“车辆信息菜单”

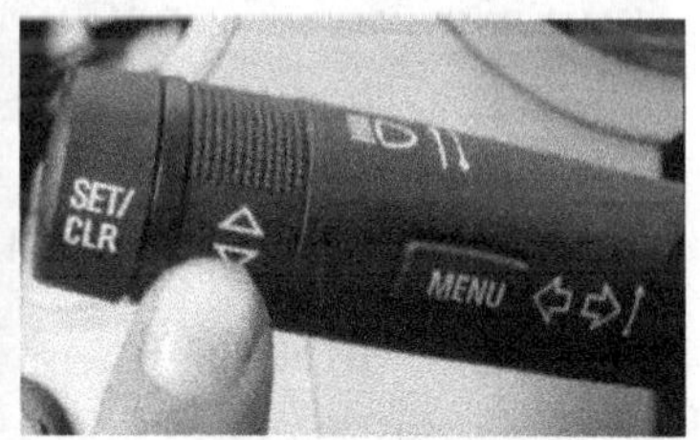

图 4-165　转轮上下箭头

④ 当组合仪表信息显示器显示“机油寿命 96%”时，按 SET/CTRL 键进行复位（图 4-166）。

⑤ 再按变光开关端部的 SET/CTRL 键即可完成归零（图 4-167）。

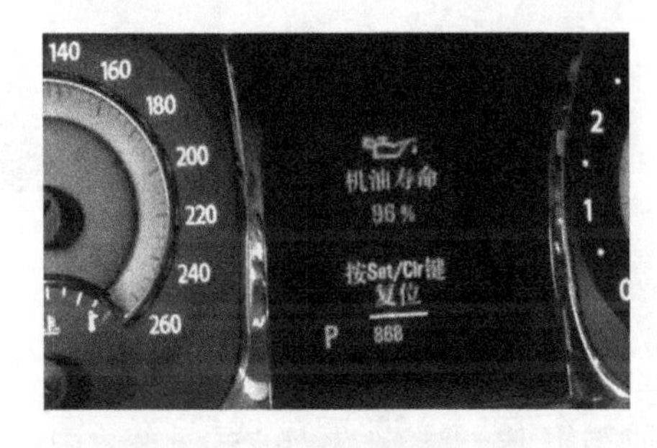

图 4-166　仪表信息显示器

图 4-167　SET/CTRL 键

9. 2016 款别克威朗车型保养灯仪器归零操作规程

① 打开点火开关。

② 选择中国通用 V49.00 以上版本。

③ 手动选择。

④ 选择别克（Buick）。

⑤ 选择2016。

⑥ 选择威朗。

⑦ 进入发动机控制模块。

⑧ 选择发动机识别符。

⑨ 选择1.5L（L3G）。

⑩ 选择自动。

⑪ 选择配置/复位功能（图4-168）。

⑫ 选择复位功能（图4-169）。

图4-168　选择配置/复位功能

图4-169　选择复位功能

⑬ 选择机油寿命复位（图4-170）。

⑭ 显示当前机油寿命剩余值25.29%，点击写入选项并按要求输入复位值（图4-171）。

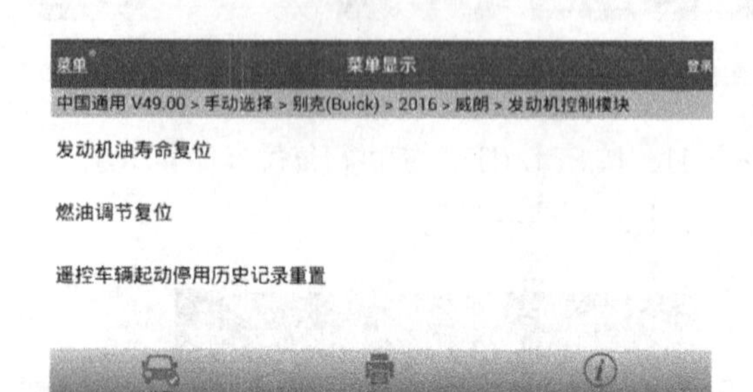

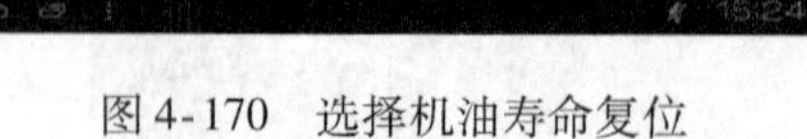

图4-170　选择机油寿命复位

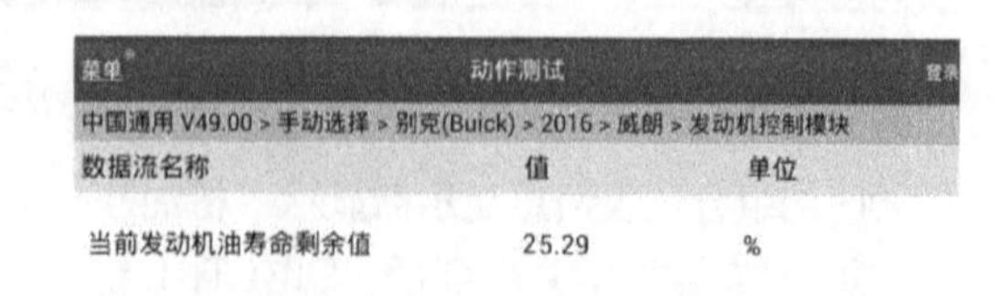

图4-171　输入复位值

⑮ 输入数值100（图4-172）。

⑯ 返回再点击机油寿命复位，原来机油寿命剩余值25.29%变成99.22%（图4-173），表示复位完成。

4.2.2.2　福特系列

这里重点介绍国内常见福特系列合资及进口品牌乘用车部分车型保养灯手工归零复位操作规程。

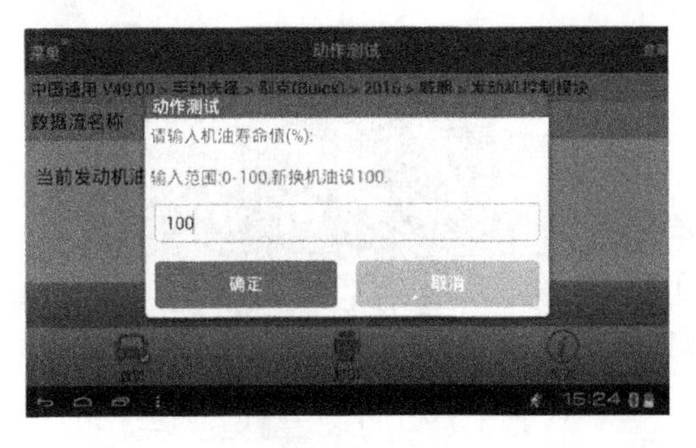

图4-172 输入数值100

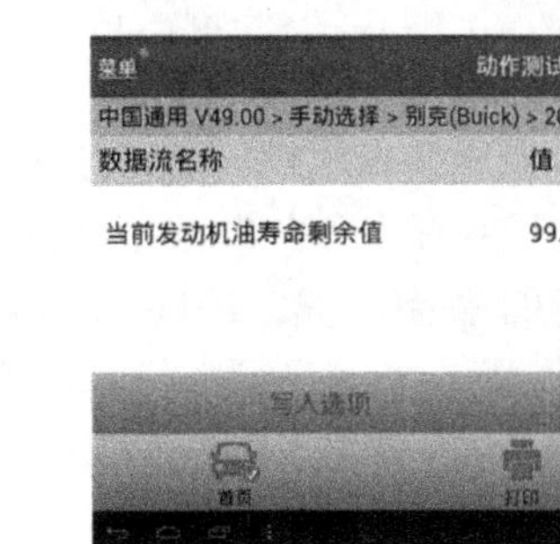

图4-173 显示当前机油寿命值

1. 福特蒙迪欧车型保养灯手工归零操作规程

(1) 2007—2011款福特蒙迪欧各车型保养灯手工归零操作规程 2007—2011年产的福特蒙迪欧1.6L、2.0L、2.3L、2.5L 16V Ti-VCT等各车型的保养灯手工归零操作方法相同，其归零操作规程如下：

① 关闭所有车门窗，显示车门正常（图4-174）。

② 打开点火开关至“Ⅱ”位置。

③ 踩住加速踏板和制动踏板。

④ 等待15s，松开加速踏板和制动踏板。

⑤ 警告指示灯将会熄火。

⑥ 系统已经重新设定（图4-175，机油寿命重设），完成归零。

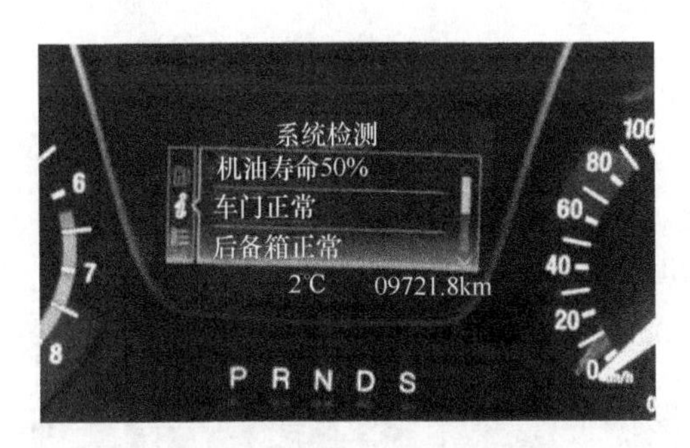

图4-174 显示车门关闭状态

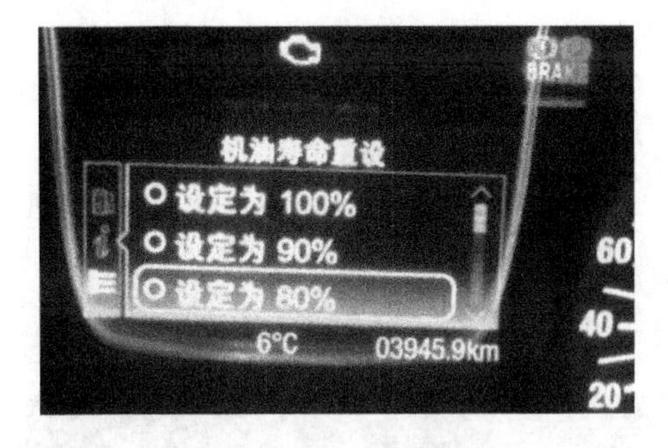

图4-175 机油寿命重设

(2) 2014款福特蒙迪欧车型保养灯手工归零操作规程 2014款福特锐界、探险者，2014款新蒙迪欧等车型的保养灯手工归零操作方法基本相同，均利用转向盘上的仪表功能选择键来设置复位归零，这里以2014款福特新蒙迪欧为例介绍其保养灯手工归零的操作规程。

① 向下选择“汽车”，按右选择键（图4-176中圆圈所示），进入汽车设置。

② 继续按右选择键，进入汽车设置。

③ 按向下选择键（图4-176中圆圈所示）找到“机油寿命重设”（图4-177）后，按右选择键进入“机油寿命重设”。

④ 进入机油寿命重设界面后，按选择键，选择“100%”（图4-177，“100%”指1万km后会提醒保养，可根据客户使用的机油品牌和质量选择提醒保养的期限）。

⑤ 按住功能选择键中的“OK”键（图4-176中圆圈所示），按住不放等待提醒设置成功。

图4-176　“OK”键及上下左右键

⑥ 设置成功后，仪表会提示机油的寿命为100%。

2. 福特翼虎车型保养灯手工归零操作规程

2013—2014年产的福特翼虎，2011—2014年产的福特蒙迪欧、致胜、新福克斯等车型的保养灯手工归零操作方法相同，这里以福特翼虎为例介绍其保养灯手工归零的操作规程。

① 关闭所有车门窗。

② 打开点火开关至“Ⅱ”位置（图4-178）。

图4-177　机油寿命重设界面

图4-178　点火开关

③ 同时完全踩下并踩住加速和制动踏板，等待15s。

④ 等待仪表显示“Vehicie”“service：Oil Reset in prog”等字样（图4-179）。

⑤ 再等待显示“Oil Life Reset”等字样（图4-180），即可松开加速和制动踏板。

⑥ 系统已经重新设定完毕。

3. 2009—2014年产福特猛禽F150车型保养灯手工归零操作规程

① 按住然后松开Select/Reset键，显示“Oil Life XXX% Hold”等字样（图4-180）。

② 按住Select/Reset键2s，然后取消重置机油寿命到100%。

图4-179　显示“Vehicie”等字样

图4-180　显示“Oil Life Reset”等字样

注意：改变机油寿命100%，从12000km或12个月，进入第③步。

③ 只有当“Set to 100%”（图4-181）显示时，松开然后按住Seletc/Reset键设定机油寿命估计值。每次松开、按下将会减少约10%的寿命（图4-182）。

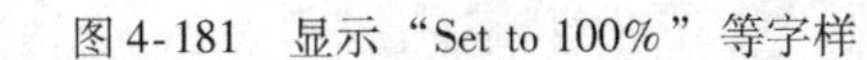
图4-181　显示“Set to 100%”等字样

图4-182　设定机油寿命估计值

注意：机油寿命100%相当于12000km或12个月，如设置机油寿命为60%，则机油剩余寿命相当于7200km和219天。

4. 2013年产福特锐界2.0T车型保养灯手工归零操作规程

2013年产福特锐界2.0T和2013年产探险者两个车型的机油寿命重设方法相同，这里以2013年产福特锐界2.0T为例，介绍其保养灯的手工归零操作规程。

① 利用转向盘上的仪表功能选择键来设置（图4-183）。

② 向下选择“汽车”，按右选择键进入汽车设置界面（图4-184）。

③ 继续按右选择键，进入汽车设置界面（图4-185）。

④ 按向下选择键，找到“机油寿命重设”后，按右选择键进入“机油寿命重设”（图4-186）。

图4-183　仪表功能选择键

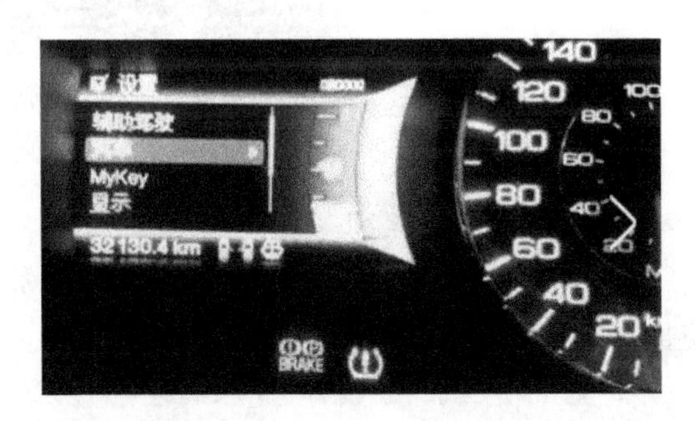

图4-184　进入汽车设置界面

图4-185　进入“汽车设置”界面

图4-186　进入“机油寿命重设”界面

⑤ 进入机油寿命重设界面后，按选择键选择“70%”（图4-187，“70%”指7000km后会提醒保养，可根据客户使用的机油品牌和质量选择提醒保养的期限）。

⑥ 按住功能选择键中的“OK”键来设定，按住不放等待提醒设置成功（图4-188）。

⑦ 设置成功后，仪表会提示机油的寿命为70%（图4-189）。

⑧ 设置完成。

图4-187　选择“设定为70%”界面

图4-188　设置“设定为70%”

图4-189　完成“设定为70%”

4.2.2.3　克莱斯勒系列

这里重点介绍国内常见克莱斯勒系列合资及进口品牌乘用车部分车型保养灯手工归零复位操作规程。

1. 克莱斯勒Jeep/指挥官/指南者/大切诺基等车型保养灯手工归零操作规程

美国克莱斯勒公司2007—2008年产的指挥官（Commander）、2006—2011年产的指南者（Compass）、2008—2010年产的大切诺基（Grand Cherokee）、2008—2011年产的自由客（Patriot）、2008—2011年产的牧马人（Wrangler）等车型的保养灯手工归零方法基本相同，这里以2010年产的大切诺基为例进行介绍。

① 打开点火开关。

② 在10s内慢踩加速踏板，之后松开，来回重复3次。

③ 关闭点火开关，完成保养等归零。

注意：当起动车辆时，如果仪表板显示“CHANGE OIL”或“OIL CHANGE REQUIRED”信息（图4-190中的显示屏），表明未完成重新设定（即归零），应重复上述程序，直至完成

图4-190　仪表板显示屏

复位。

2. 克莱斯勒大捷龙保养灯手工归零操作规程

美国克莱斯勒公司2004—2011年产的300C、2007—2011年产的Sebring Cabrio、2008—2011年产的大捷龙（Grand Voyager）等车型的保养灯归零方法基本相同，这里以2011年产的大捷龙为例进行介绍。

① 打开点火开关（图4-191中圆圈所示）。

② 在10s内完全踩下再松开加速踏板。

③ 关闭点火开关，完成保养等归零。

3. 2012款克莱斯勒300C轿车保养灯手工归零操作规程

克莱斯勒300C轿车仪表板上出现“EMI”字样时，提示要更换机油和机油滤清器，更换后需要对保养灯进行归零。其归零方法有两种。

1）第一种保养灯归零方法：拆下保养计时器并更换。

2）第二种保养灯归零方法：

① 按住归零按钮US/METRIC键。

② 打开点火开关，保养灯开始闪烁。

③ 再按住“SELECT”键和“SET”键（图4-192）2s以上。

④ 等蜂鸣器发声6次后，即可完成保养灯归零。

图4-191　打开点火开关

图4-192　“SET”键

4.2.3　亚洲车系保养灯的归零与复位操作规程

4.2.3.1　丰田系列

这里重点介绍国内常见的丰田系列合资及进口品牌乘用车各车型保养灯手工及仪器归零复位操作规程。

1. 丰田卡罗拉轿车保养灯手工归零操作规程

① 打开点火开关（图4-193）。

② 按下仪表板上车速表右下角的复位按钮（图4-194）。

③ 打开点火开关，继续按住复位按钮，持续5s以上时间，直到显示屏显示“ODO XXXXX”（图4-194中车速表指针下方条形框所示）和“Maint reqd”。

④ 指示灯熄灭，完成保养灯归零。

图4-193　打开点火开关

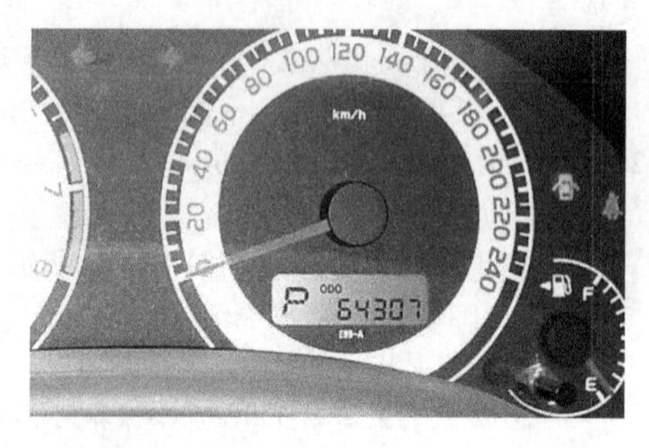

图4-194　显示屏显示“ODO XXXXX”

2. 丰田凯美瑞（Carmy）轿车保养灯手工归零操作规程

2007—2011年生产的丰田凯美瑞（Carmy）轿车，部分车型没有配置多功能显示屏，部分车型配置了多功能显示屏，配置不同其保养灯归零方法也有所不同。

（1）没有配置多功能显示屏车型的归零方法

① 打开点火开关。

② 按下车速表右下角箭头所示按钮（图4-195），在显示器上显示“Trip -6℃”（图4-195中车速表指针下方条形框所示）。

③ 关闭点火开关。

④ 按下并按住车速表右下角圆圈所示复位按钮（图4-195）。

⑤ 打开点火开关。

⑥ 继续按住车速表右下角圆圈所示复位按钮（图4-195），持续至少5s。

⑦ 显示器显示“000000”和“Maint reqd”（图4-195中车速表指针下方条形框所示），指示灯将会熄灭，表明归零完毕。

（2）配置多功能显示屏（图4-196）车型的归零方法

图4-195　复位按钮及显示框

图4-196　复位按钮及多功能显示屏

① 打开点火开关。

② 按下图4-196中圆圈所示复位按钮，在多功能显示屏上显示图4-197所示的“Trip B”。

③ 关闭点火开关，按下并按住图4-198所示右侧按钮A。

④ 打开点火开关。

⑤ 继续按住按钮，持续至少5s。

⑥ 显示屏上显示图4-198中B所示“Oil mileage reset mode”。

⑦ 当重新设定完毕后，在指示灯熄灭和显示记录里程数前，显示屏幕上B（图4-198）所示处变为“Oil mileage reset mode complete”，持续大约1s。

⑧ 重新设定完成，松开图4-198所示右侧按钮A，完成保养等归零。

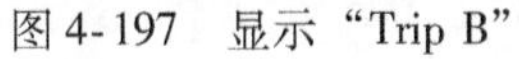
图4-197　显示“Trip B”

图4-198　按钮A

3. 丰田兰德酷路泽保养灯手工归零操作规程

丰田兰德酷路泽4700车型设有正时带警告灯，车辆每行驶50000km后该灯会亮起，表示正时带已到更换时候，更换正时带后保养灯需要归零。

① 在里程表显示“ODO 9”（图4-199）总里程时，关闭点火开关。

② 按里程按钮trip（图4-199所示车速表右下角按钮），打开点火开关并保持5s。

③ 松开里程按钮trip，在5s内再按里程按钮，仪表显示“ODO 33572km”（图4-199中长方形显示器所示）。

④ 按里程按钮并保持5s以上。

⑤ 检查显示变为“ODO”时（图4-200），警告灯熄灭。

⑥ 如果警告灯未熄灭，则重新起动发动机后警告灯应熄灭。

⑦ 如果归零未成功，应重复上述操作规程一次。

图4-199　长方形显示器及里程按钮

图4-200　显示“ODO”

4. 2007—2010年产丰田兰德酷路泽（FJ Cruiser）保养灯手工归零操作规程

① 打开点火开关。

② 按图4-201所示按钮A，显示里程数。

③ 关闭点火开关。

④ 按下并按住按钮A。

⑤ 打开点火开关。

⑥ 继续按住按钮，持续至少5s。

⑦ 显示屏上显示图4-201中B所示“ODO”和“Maint reqd”，指示灯熄灭，重新设定完毕，完成保养灯归零。

4.2.3.2　本田系列

这里重点介绍国内最常见的广汽本田雅阁车型保养灯手工归零复位操作规程。

1. 仪表板上未设保养灯的广汽本田雅阁保养灯手工归零

广汽本田第八代雅阁2.0L轿车，仪表板上未设置保养灯，但仪表板上的“MAIN TENANCE REQUIRED”指示灯有提示功能。当行驶里程接近12000km时，该指示灯由绿色变为黄色，若超过12000km仍未进行保养，该指示灯将由黄色变为红色。保养后，为了保证该指示灯的提示功能，需要进行归零操作。

① 断开点火开关，将汽车钥匙插到转速表下面的槽内。

② 按下转向柱右侧仪表板下面的复位按钮（图4-202中车速表右下角所示按钮）并保持3s。

图4-201　长方形显示器及里程按钮

图4-202　右侧复位按钮

③ 按住组合仪表右侧的“SELECT”与“RESET”按钮，接通点火开关，10s后松开按钮，归零操作完成。

2. 仪表板上设置保养灯的广汽本田雅阁保养灯手工归零

广汽本田雅阁2.4L、3.0L轿车仪表板上设置有保养灯，当行驶里程为9600～12000km时，打开点火开关，保养灯亮2s。超过12000km车主仍未进行保养，保养灯会一直闪亮，以提示车主及时保养，保养后须对里程表进行归零。

① 打开点火开关。

② 反复按下车速表右下角复位按钮（图4-203），直至显示机油寿命。

③ 按下并按住复位按钮，持续大约10s，直到机油剩余寿命和保养代码指示灯闪亮。

④ 按下并按住复位按钮，持续大约5s，直至保养代码显示出来，同时“Oil life 100%”信息显示在屏幕上。

⑤ 关闭点火开关，按压仪表板上复位按钮，直至里程表显示“0000”（图4-204）为止。

4.2.3.3　日产系列

这里重点介绍国内常见日产系列合资及进口品牌乘用车部分车型保养灯手工归零复位操作规程。

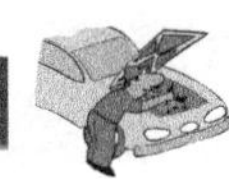

图4-203 复位按钮

图4-204 显示“0000”

1. 日产新天籁保养灯手工归零操作规程

① 打开点火开关，或是起动发动机。

② 按 □ 开关（图4-205），转至警告检查模式（图4-206）。

③ 按 ● 开关（图4-205），转至选择其他（图4-206）。

④ 按 ● 开关（图4-205），转至“MAINTENANCE”（保养）。

⑤ 按 □ 开关（图4-205），进入“MAINTENANCE”（保养）。

⑥ 按 ● 开关（图4-205），转至“ENGINE OIL”（机油）。

⑦ 按 □ 开关（图4-205），进入“ENGINE OIL”（机油）。

提示：选择此子菜单可以设置或更换机油行驶距离。

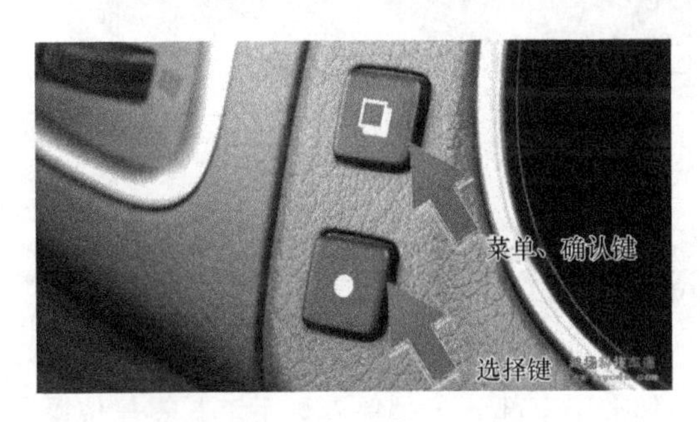

图4-205 菜单、确认键/选择键

图4-206 仪表显示屏

⑧ 按 ● 开关（图4-205），转至“＊＊＊＊（＊＊＊＊/5000）行驶的公里数”（如果不是5000，可允许修改）。

⑨ 按 □ 开关（图4-205），“＊＊＊＊”变成0，机油保养灯归零完成。

⑩ 如果想更改下次保养里程数，将 ● 开关转至“5000（＊＊＊＊/5000）”，按●开关增加或减少，按一下加500（0～30000）。

⑪ 重复步骤①～④或 按 □ 开关（图4-205），返回到“MAINTENANCE”（保养）。

⑫ 按 ● 开关（图4-205），转至“OIL FILTER”机油滤清器。

⑬ 按 □ 开关（图4-205），进入“OIL FILTER”机油滤清器。

提示：选择此子菜单可以设置或更换机油滤清器滤芯行驶距离。

⑭ 按 ● 开关（图4-205），转至“＊＊＊＊（＊＊＊＊/5000）行驶的公里数”（如果不是5000，可允许修改）。

⑮ 按 □ 开关（图4-205），使“＊＊＊＊”变成0，机油滤清器保养灯归零完成。

⑯ 如果想更改下次保养里程数，将 ● 开关转至“5000（＊＊＊＊/5000）”，按● 开关增加或减少，按一下加500（0～30000）。

2. 日产逍客保养灯手工归零操作规程

这里以日产逍客（采用MR20DE发动机）车型为例，介绍其保养灯的手工归零方法。

① 接通点火开关。

② 在5s内按下并按住仪表板右侧按钮（图4-207），持续3s。

③ 松开仪表板右侧按钮，此时汽车剩余里程和一个扳手符号的标志指示灯闪亮。

④ 在显示屏仍在闪亮时，简短地按下仪表板右侧按钮。

⑤ 再一次按仪表板右侧按钮，显示屏将会显示目前剩余的里程数，系统重新设定完毕。

3. 东风风神保养灯手工归零操作规程

这里以东风风神A60车型的机油保养灯归零为例，介绍其保养灯的手工归零方法。

① 在打开点火开关之前，用左手按住仪表板右面的调节杆（图4-208）不放。

图4-207　左右按钮

图4-208　左右调节杆

② 用右手打开点火开关（左手一定要按住仪表板右面的调节杆不放），则会看到里程数在变化，第一次默认为4000km，以后每次为5000km。

4.2.3.4　铃木系列

这里重点介绍国内常见铃木系列合资及进口品牌乘用车部分车型保养灯手工归零复位操作规程。

1. 铃木天语保养灯手工归零操作规程

铃木天语车型分为有保养提醒功能和无保养提醒功能两种类型。下面分别予以介绍。

（1）无保养提醒功能的铃木天语保养灯手工归零操作规程　无保养提醒功能的铃木天语运行达到三个月或5000km的保养间隔时间或间隔里程之后应进行定期保养，并进行保养灯归零复位操作。

① 接通点火开关，组合仪表液晶显示屏右下区将显示5s的“oil”（图4-209中圆圈所示）。

② 在这5s之内按下选择按钮（图4-210中右侧箭头所示），并持续5s以上。

③ 此时液晶显示屏右下区将在闪烁显示1次“oil”之后继续显示“oil”。

④ 在完成第②步操作后，放开选择按钮（图4-210），并在2s内连续5次快按选择按钮（图4-210），且该操作必须在3s内完成。

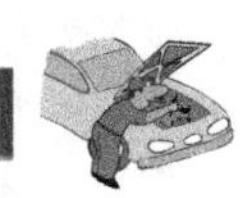

图 4-209　显示“oil”字样

图 4-210　左右按钮

⑤ 当上述操作顺利完成后，液晶显示屏右下区将会以 1Hz 的频率闪烁显示 3 次“oil”，之后关闭“oil”及警告灯的显示，归零复位操作完成。

（2）有保养提醒功能的铃木天语保养灯手工归零操作规程　铃木天语国 V 车型增配保养提醒功能。每隔三个月或 5000km 提醒客户进行车辆保养。该功能通过组合仪表板提醒警告灯和液晶显示的方式实现。每当点火开关接通时，组合仪表 ECU 将自动检测其内部存储器，一旦累计的行驶时间达到三个月或行驶里程达到 5000km，黄色的保养提醒警告灯将会持续点亮。同时，组合仪表右下液晶显示屏也将显示 5s 的“oil”字样，以提醒客户需对车辆进行定期保养。

① 接通点火开关，短按图 4-210 所示选择按钮，将信息显示屏里程显示区内容转换成续驶里程显示。

② 在续驶里程显示过程中，持续按下选择按钮（图 4-210）5s 以上，液晶显示屏右下区将显示“oil”（图 4-209 中圆圈所示）字样 2s。

③ 在完成第②步操作后，放开选择按钮（图 4-210），并在 2s 内连续 5 次快按选择按钮（图 4-210），且该操作必须在 3s 内完成。

④“oil”（图 4-209 中圆圈所示）闪烁显示 3 次后熄灭，归零复位操作完成。

2. 铃木奥拓保养灯手工归零操作规程

2013 款铃木奥拓及其以后车型均增加了保养提醒功能。组合仪表控制器自动累计自新车下线或前次归零复位之日起车辆的行驶里程和行驶时间。当累计的行驶里程或行驶时间达到 3 个月或 5000km（以先到者为准），且点火开关置于“ON”位置时，保养提醒警告灯将会持续点亮，一直到清零复位操作完成为止。同时，组合仪表信息显示器将显示 5s 的“OIL”（小扳手，图 4-211）符号，以提醒用户对车辆进行定期保养。提醒后的归零复位操作，即保养提醒灯点亮之后，其归零复位操作方法如下：

① 接通点火开关（图 4-212），在组合仪表信息显示器“OIL”符号显示期间持续按下“MODE”按钮（图 4-211）5s 以上。

② 在“OIL”符号开始闪烁后，迅速点按“MODE”按钮（图 4-211）5 次以上。

③“OIL”符号将闪烁 3 次后熄灭，保养提醒警告灯熄灭，归零复位操作完成。

4.2.3.5　现代系列

这里重点介绍国内常见现代系列合资及进口品牌乘用车部分车型保养灯手工归零复位操作规程。

图4-211　仪表按钮及保养扳手

图4-212　点火开关

1. 现代新胜达保养灯手工归零操作规程

现代新胜达组合仪表LCD显示器具备保养提示功能，自动计算并显示车辆周期保养服务的里程和天数（图4-213）。当车辆续驶里程或时间达到1500km或30天（保养间隔可使用专用仪器修改），每次将点火开关或发动机起动/停止按钮置于ON位置时，显示“维护”信息几秒钟。如果超过已设定的维护保养间隔周期，则每次将点火开关或发动机起动/停止按钮置于ON位置时，里程和日期变为“---”，显示“需要维护”信息几秒钟。

① 按下SELECT/RESET（选择/复位）按钮（图4-214）5s以上时间，激活复位模式。

② 再次按下SELECT/RESET（选择/复位）按钮1s以上时间，即可完成保养灯归零。

图4-213　保养显示器

图4-214　各功能键

2. 现代朗动保养灯手工归零操作规程

现代朗动组合仪表LCD显示器具备保养提示功能（图4-215），自动计算并显示车辆周期保养服务的里程和时间（图4-216）。当续驶里程或时间达到1500km或30天（保养间隔可使用专用仪器修改），每次将点火开关或发动机起动/停止按钮置于ON位置时，显示“维护”（图4-217）信息几秒钟。如果超过已设定的维护保养间隔周期，则每次将点火开关或发动机起动/停止按钮置于ON位置（里程和日期变为“---”）时，显示“需要维护”（图4-217）信息几秒钟，如果原车未设置维护间隔则提示功能关闭，LCD显示器上显示“维护关”（图4-217）信息。

① 按下重新设置键RESET按钮（图4-218中箭头所示）5s以上，激活复位模式。

② 再次按下重新设置键RESET按钮1s以上，复位完成。

图4-215　LCD显示器

图4-216　显示车辆保养信息

图4-217　显示维护信息

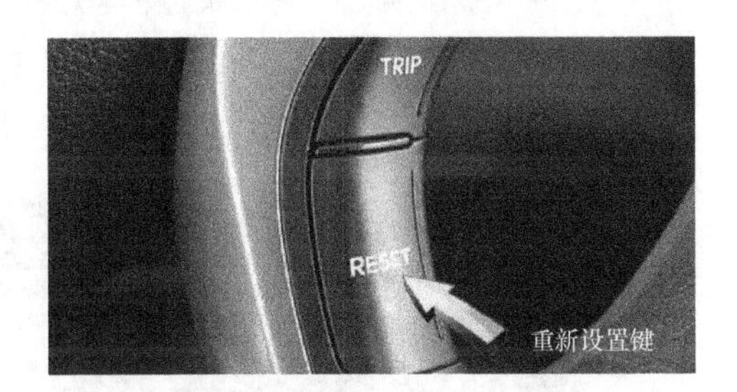

图4-218　重新设置键

3. 现代伊兰特保养灯手工归零操作规程

2016款现代伊兰特轿车保养灯归零，可通过组合仪表上的分里程表显示按钮（图4-219中箭头所示）来进行保养周期显示复位操作，具体操作步骤如下：

① 将点火开关置于“0”位。

② 按住分里程显示器的按钮（图4-219中箭头所示），并将点火开关旋转至“1”位。

③ 继续按住按钮约5s，直到显示“oelservice”（换油保养）或“inspektion”（保养检查），待“reset”（复位）或“re”（闪烁）。

④ 在显示器闪烁时（图4-220中箭头所示），在短时间内按住按钮，以使保养周期复位在显示器短暂显示新的周期后，转而显示制动液更换周期。在显示器上出现下列信息：时钟符号和“rest”（复位）或“re”（闪烁）。

图4-219　显示器按钮

图4-220　保养显示器

⑤ 再次按住按钮约5s，直到显示“rest”（复位）或“re”（闪烁）。

⑥ 在显示器闪烁时短暂按住按钮，以使制动液周期复位在显示器短暂显示新的周期后，

最后在显示器上出现约2s以下信息："endsia"。

4.2.3.6　起亚系列

这里重点介绍国内常见起亚系列合资及进口品牌乘用车部分车型保养灯手工归零复位操作规程。

1. 起亚k7凯尊保养灯手工归零操作规程

① 长按TRIP按钮（图4-221），仪表界面变化后，看到三行字，第一行是返回。

② 让光标移动到第二行（保养里程确认），选择关闭或者需要的里程数即可。

③ 最后再按相应按钮返回，即可完成归零。

提示：RESET键的作用是移动光标，TRIP键的作用是确定。

2. 东风悦达起亚/起亚k3保养灯手工归零操作规程

① 按TIPE键，直至出现保养提示数字。

② 再长按TIPE键数秒，直至菜单里有"用户设定""消耗品设置"等字样（图4-222）。

图4-221　TRIP按钮

图4-222　显示"用户设定"等字样

③ 按REST键确定，按TIPE键选择，有3000km，4000km和5000km的选项。

4.2.4　自主品牌汽车保养灯的归零与复位操作规程

4.2.4.1　比亚迪系列

这里重点介绍国内常见比亚迪系列部分车型保养灯手工及仪器归零复位操作规程。

1. 比亚迪S6保养灯归零操作规程

比亚迪S6运行到保养周期时，仪表会显示"请立即保养"的提示，此时就应进店进行保养作业了，并进行保养灯归零，其保养灯归零方法分为手工归零和仪器归零两种。

（1）比亚迪S6保养灯手工归零操作规程

① 打开点火开关到灯亮，不用着车，按下多功能转向盘右边的确定按钮（图4-223），仪表会出现一系列提示，当出现保养提示时进入。

② 当看到保养周期里程数和天数，选择清零，然后重新设定下次保养里程数和天数。

③ 进入里程数设置，设置成5000km，然后进入天数设置，设置为4个月，确定，保养复位完成。

（2）比亚迪S6保养灯仪器归零操作规程

① 打开点火开关。

② 用X431进入仪表板系统。

③ 进入通道调整匹配。

④ 输入 02 点击确定，将 1 改成 0，完成保养灯归零。

2. 比亚迪 S7 保养灯归零操作规程

① 将点火开关置于 OFF 档。

② 按下车速表右下方里程归零按钮（图 4-224），按住不放。

③ 将点火开关置于 ON 档，且持续按住里程归零按钮 10s 以上，直到屏幕显示“---”，即表示归零成功。

图 4-223　多功能转向盘及各按键

图 4-224　里程归零按钮

3. 比亚迪 g5 保养灯归零操作规程

① 插入汽车钥匙。

② 按住里程数按钮（在发动机转速表右下角，如图 4-225 所示）不要松开，旋转汽车钥匙至电源开启。

③ 此时里程表液晶屏会出现 10s 倒数，等到 0.0 以后松开里程数按钮，保养提示的小扳手消失（图 4-226 中转速表与里程表之间的显示屏），完成保养灯归零。

图 4-225　左右按钮

图 4-226　显示“0.0”

4.2.4.2　奇瑞系列

这里重点介绍国内常见奇瑞系列部分车型保养灯手工归零复位操作规程。

1. 奇瑞风云 2/奇瑞旗云 2/奇瑞 A3 保养灯手工归零操作规程

奇瑞部分车型组合仪表提供了保养提醒功能，车辆保养后每隔 5000km 组合仪表会点亮一盏“扳手状”保养提示灯，提醒驾驶人对车辆进行保养，每次保养后服务站使用专用仪器或手工将保养提示灯归零熄灭，保养提醒系统进入下一个保养周期的计算。

特别提示：如果驾驶人不在特约服务站保养车辆，即使车辆做过保养但未对保养提示灯归零复位，则提示灯仍然点亮，此时保养提示灯就成为一个刺激视觉的符号。

（1）仪表状态一手工归零操作程序

① 打开点火开关，使用右侧模式调节按钮（图 4-227 中右侧箭头所示）将仪表切换到瞬时油耗状态，关闭点火开关。

② 按住右侧模式调节按钮不放，打开点火开关，此时松开模式调节按钮。在 30s 内同时按下时间调节按钮（图 4-227 中左侧箭头所示）和模式调节按钮（时间小于 2s）即可完成保养灯归零。

（2）仪表状态二手工归零操作程序

① 关闭点火开关，按住调节按钮（图 4-228 中转速表左下角按钮）不放，打开点火开关。

② 松开调节按钮，在 30s 内再次按下调节按钮并向右旋转，持续时间不大于 2s，释放调节按钮，保养归零结束。

图 4-227　左右按钮

图 4-228　调节按钮

2. 奇瑞 A1 等车型保养灯手工归零操作规程

奇瑞 A1、奇瑞 QQ3、奇瑞 QQme、奇瑞东方之子、奇瑞瑞虎、奇瑞瑞麟 X1/M1 等车型的仪表板形状及布局略有不同，但保养灯归零操作方法大同小异。这里以奇瑞 A1 为例，介绍其保养灯的手工归零方法。

（1）仪表状态一手工归零操作程序

① 打开点火开关，通过仪表中间的调节按钮（图 4-229）将仪表模式切换到瞬时油耗状态，关闭点火开关。

② 按下调节按钮，打开点火开关，按住时间超过 3s 后松开调节按钮，保养灯自动清除。

（2）仪表状态二手工归零操作程序

① 关闭点火开关。

② 按下单程里程调节按钮（图 4-230），打开点火开关，按住时间超过 3 s 后松开调节按钮，保养灯自动清除。

3. 奇瑞 E5 保养灯手工归零操作规程

① 关闭点火开关。

② 按住左调节杆（图 4-231 中箭头所示），把点火开关打到 ON 档，不松开调节杆，直到保养灯熄灭（图 4-232 中显示屏所示），即可完成保养灯归零。

图 4-229　调节按钮

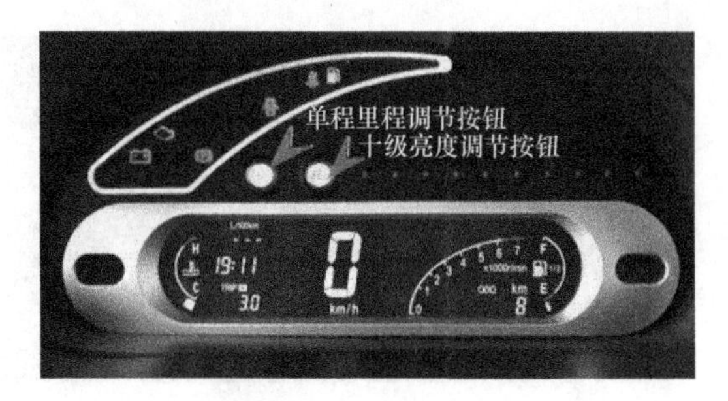

图 4-230　单程里程调节按钮

图 4-231　左右调节杆

图 4-232　保养显示屏

4.2.4.3　哈弗系列

这里重点介绍国内常见哈弗系列部分车型保养灯手工归零复位操作规程。

1. 哈弗 H2 保养灯手工归零操作规程

① 关闭点火开关。

② 按下组合仪表上的单次计程表归零按钮，保持不放。

③ 打开点火开关。

④ 里程表显示屏开始倒计数。当显示屏显示“0.0”时（图 4-233 中显示屏所示），松开按钮，此时组合仪表上显示屏中表示保养操作的扳手指示灯应熄灭。

2. 哈弗 H6 保养灯手工归零操作规程

① 关闭点火开关。

② 左手按住车速表左下角归零按钮（图 4-234）不松手。

③ 右手打开点火开关，但不起动发动机，且左手不要松开归零按钮，此时仪表板上会出现一个不闪烁的扳手符号（图 4-234 中车速表指针上方）。

④ 左手松开归零按钮。

⑤ 按一下车速表左下角归零按钮，直至扳手符号消失，即可完成保养灯归零。

4.2.4.4　江淮系列

这里重点介绍国内常见江淮系列部分车型保养灯手工归零复位操作规程。

1. 江淮瑞风 S3 保养灯手工归零操作规程

江淮瑞风 S3 行车电脑已设置首次保养为 3000km，当行驶到 2800km 时，仪表板出现扳手指示灯，首次保养后应归零。

图 4-233　显示屏显示“0.0”

图 4-234　归零按钮

① 仪表板车速表下方出现扳手指示灯（图 4-235 中圆圈所示）。

② 断电状态，按住仪表板上的旋转按钮（图 4-236 中方框所示）。

图 4-235　扳手指示灯

图 4-236　旋转按钮

③ 插入汽车钥匙，从 LOCK 位拧至 ON 位（图 4-237）。

④ 待自检完成，仪表板指示灯关闭，续驶里程表及油耗表显示为“---”时（图 4-238），放手，油耗表会清零，完成归零。

图 4-237　汽车钥匙

图 4-238　显示屏显示“---”

2. 江淮瑞风 S2 保养灯手工归零操作规程

① 断开点火开关。

② 按住清零/设置键（图 4-239 中箭头所示）。

③ 接通点火开关，约 5s 后保养指示灯熄灭，松开清零/设置键即可完成保养灯归零。

3. 江淮瑞风 M5 保养灯手工归零操作规程

① 接通点火开关。

② 按住多功能转向盘左侧的“TRIP”键（图4-240中箭头所示圈中部分），约3s后组合仪表上的保养提示消失，松开“TRIP”键即可完成保养灯归零。

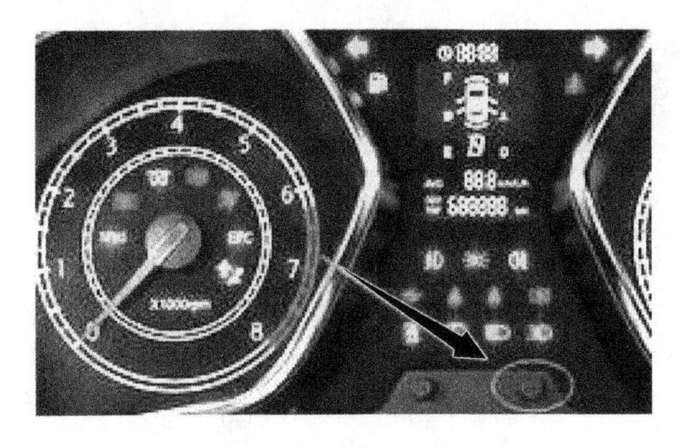

图4-239　左右键

图4-240　“TRIP”键

4.2.4.5　众泰系列

这里重点介绍国内常见众泰系列部分车型保养灯手工归零复位操作规程。

1. 众泰Z300保养灯手工归零操作规程

装备定期保养型仪表板的众泰Z300车型有保养提示的功能，可用手动方法重新设定保养灯归零。

① 压下转速表左下侧的保养灯归零按键（图4-241）。

② 将点火开关置于ON档，“SERVICE”或“SERVICE IN XXXXMI”将出现在液晶显示器上。

③ 释放归零按键。

④ 压下转速表左下侧的保养灯归零按键，重新设置显示，并且“SERVICE IN 10000MI”字符将出现在液晶显示器上（图4-242）。

⑤ 点火开关置于OFF档，即可完成保养灯归零。

图4-241　归零按键

图4-242　液晶显示器

2. 众泰T600保养灯手工归零操作规程

① 关闭点火开关，仪表灯全部熄灭（图4-243）。

② 同时按住仪表板上的两个按钮（图4-243），且保持不动。

③ 打开点火开关，直至仪表灯全部亮起（图4-244），等到扳手灯熄灭。

④ 松开两个按钮，按住里程归零按钮（图4-243中车速表左下角按钮）。

⑤ 关闭点火开关后，重新打开点火开关，即可完成保养灯归零。

图4-243　关闭仪表灯

图4-244　点亮仪表灯

本章小结

1. 汽车4S店基本运作流程大体包含以下几方面：预约、接待、报修（填写修理单）、组织生产、质量控制（过程监督）、交车（竣工验收）和跟踪服务。

预约系统可以有效地分配工作到维修车间，并且安排足够的时间给每个客户，从而提高客户满意度。如果预约系统能合理发挥作用，其他的工作过程可变得有效平滑。

接待过程的目标是：用有序、专业的方式接待顾客，增加客户的信心，在能力的基础上超越客户的期望。

有效的修理单信息和有效的维修过程管理为顾客满意度打下基础。精确的修理单写法是达到“一次修复”的重要一环。

服务部工作的高效率需要人力资源和设施的良好协作。经销店应该系统地控制和监视修理单在服务部的流动。

质量控制系统用来确保客户的车辆长期能被一次修复。

交车程序是为了确保顾客离开时对销售店有正面的印象并对工作满意。

跟踪服务可以保持与顾客的交流，并在顾客满意度方面提供有价值的反馈。

2. 现代汽车4S店一般采用7S工作管理机制，包含以下几方面：整理（Seiri）、整顿（Seiton）、清扫（Seiso）、清洁（Seiketsu）、素养（Shitsuke）、安全（Safety）、节约（Saving）。

整理（Seiri）：工作现场，区别要与不要的东西，只保留有用的东西，撤除不需要的东西。

整顿（Seiton）：把要用的东西，按规定位置摆放整齐，并做好标识进行管理。

清扫（Seiso）：将不需要的东西清除掉，保持工作现场无垃圾、无污秽状态。

清洁（Seiketsu）：维持以上整理、整顿、清扫后的局面，使工作人员觉得整洁卫生。

素养（Shitsuke）：让每个员工都自觉遵守各项规章制度，养成能正确地执行各项决定的良好习惯。

安全（Safety）：规范操作，树立安全第一观念；清除事故隐患，保障员工人身安全，保证生产正常运行。

节约（Saving）：合理利用时间、空间和能源，做到物尽其用，发挥其最大效能。

3. 汽车 4S 店的售前检查（即 PDI）、维护、保养，其主要目的是确保出售车辆达到质量标准。

4. 上海大众全新桑塔纳系列 1.4 TSI（EA211）车型 4S 店典型保养任务主要包括发动机舱内、车身外部、车身内部、底盘以及车身底部的保养项目、作业内容、操作要领及技术要求等。

5. 奥迪 A8 轿车 4S 店维护与保养作业主要包括移交保养（即 PDI）、长效保养、换油保养以及常规保养四部分，且要求规范严格，其保养作业具有示范性。

6. 设置保养灯的主要目的是防止车辆错过最佳保养时机，也避免因保养灯未归零而常亮所带来的误导和困扰。

7. 现代汽车保养灯的归零与复位操作规程可按欧洲车系、美洲车系、亚洲车系以及自主品牌进行分类操作练习。

基础练习

1. 单项选择

1）4S 的 4 个英文单词中的 Sale 代表的是__________。

A. 整车销售　　B. 零配件供应　　C. 售后服务　　D. 信息反馈

2）汽车 4S 店都有一套相对完善的运作流程，其首要环节是__________。

A. 进行预约　　B. 填写修理单　　C. 监督工作进程　　D. 交车时的维修说明

3）奥迪 A8 轿车换油保养的周期是__________ km。

A. 5000　　B. 10000　　C. 15000　　D. 20000

4）上海大众 2013 款全新桑塔纳轿车整车质保周期为__________。

A. 1 年或 30000km　　B. 2 年或 60000km

C. 3 年或 90000km　　D. 4 年或 120000km

5）奥迪 A3 车型的保养指示灯显示“OEL”字样时表明__________。

A. 无须保养　　B. 12000km 或 6 个月换机油

C. 24000km 或 12 个月换机油　　D. 48000km 或 24 个月换机油

2. 判断正误

1）PDI 检查与新车运输到特约店时由销售部门人员实施的“接车确认”是两个不同的项目，其实施的内容和目的都不一样，应注意区别。（　）

2）汽车 4S 店中有效的修理单信息和有效的维修过程管理可为顾客满意度打下良好基础。（　）

3）为保证汽车行驶的可靠性，延长汽车的使用寿命以及为了适应电子控制技术在汽车上的不断运用，目前所有汽车制造商在其生产的各类汽车上均设置了汽车保养提醒指示灯。（　）

4）现代汽车 4S 店已全部采用 7S 工作管理机制。（　）

5）即使车辆做过保养但未对保养提示灯归零复位，则提示灯仍然点亮，此时保养提示灯就成为一个刺激视觉的符号了。（　）

技能训练

4S店维护作业训练项目1：检测汽油机燃油压力

序号	作业项目	训练内容及要求	配分	评分标准（各项配分扣完为止）	扣分	得分
1	劳保用具穿戴	劳保用具穿戴齐全	5	穿戴不全不得分		
2	正确选用工具、量具、材料	选用工具、量具、材料齐全准确	5	缺一件扣1分，选错一件扣1分，扣完为止		
3	准备	检测前准备	5	准备不充分一次扣2.5分，2次扣5分		
				准备失误扣5分		
4	检测	按规定泄压	10	操作方法不正确扣5分		
				操作不熟练扣5分		
		连接燃油压力表	10	连接方法不正确扣10分		
		测量燃油压力	20	测量方法不正确扣10分，不会测量不得分		
				测量结果不正确扣10分		
5	分析	查阅维修手册，对读取的数据进行分析	20	分析不正确扣10分		
				不会分析扣20分		
6	正确使用工具、用具	工具、用具使用正确	10	一种工具、用具使用不正确扣2分，扣完为止		
				损坏、丢失一件工具、用具不得分		
7	操作规程	操作规程执行情况	10	违反操作规程不得分		
8	清理现场	清理、擦洗并收回工具、用具	5	少收一件工具、用具扣1分，扣完为止		
合计			100			
否定项说明：出现重大安全事故按0分计						

4S店维护作业训练项目2：检查与调整前轮侧滑量

序号	作业项目	训练内容及要求	配分	评分标准（各项配分扣完为止）	扣分	得分
1	劳保用具穿戴	劳保用具穿戴齐全	5	穿戴不全不得分		
2	正确选用工具、量具、材料	选用工具、量具、材料齐全准确	5	缺一件扣1分，选错一件扣1分，扣完为止		
3	准备	检测前准备	5	准备不充分一次扣2.5分，2次扣5分		
				准备失误扣5分		

（续）

序号	作 业 项 目	训练内容及要求	配分	评分标准 （各项配分扣完为止）	扣分	得分
4	检查	检查轮胎气压及轮胎的表面状况	10	检查方法不正确扣 10 分		
		将汽车按规定的速度驶过侧滑试验台，并读取前轮侧滑量	20	测量方法不正确扣 10 分		
				测量结果不正确扣 10 分		
5	调整	调整前轮侧滑量	20	操作方法不正确扣 20 分		
		调整完毕，再次检查前轮侧滑量	10	操作方法不正确扣 5 分		
				检查结果不正确扣 5 分		
6	正确使用工具、用具	工具、用具使用正确	10	一种工具、用具使用不正确扣 2 分，扣完为止		
				损坏、丢失一件工具、用具不得分		
7	操作规程	操作规程执行情况	10	违反操作规程不得分		
8	清理现场	清理、擦洗并收回工具、用具	5	少收一件工具、用具扣 1 分，扣完为止		
合计			100			
否定项说明：出现重大安全事故按 0 分计						

4S 店维护作业训练项目 3：检查与调整转向盘自由转动量

序号	作 业 项 目	训练内容及要求	配分	评分标准 （各项配分扣完为止）	扣分	得分
1	劳保用具穿戴	劳保用具穿戴齐全	5	穿戴不全不得分		
2	正确选用工具、量具、材料	选用工具、量具、材料齐全准确	5	缺一件扣 1 分，选错一件扣 1 分，扣完为止		
3	准备	检测前准备	5	准备不充分一次扣 2.5 分，2 次扣 5 分		
				准备失误扣 5 分		
4	检查	将测量仪安装在转向盘上	10	安装不正确扣 5 分		
				安装不熟练扣 5 分		
		检查转向盘自由转动量	20	检查方法不正确扣 10 分		
				检查结果不正确扣 10 分		
5	调整	调整转向盘自由转动量	20	调整方法不正确扣 10 分		
				调整结果不正确扣 10 分		
6	复检	调整完毕，再次检查转向盘自由转动量	10	检查方法不正确扣 5 分		
				检查结果不正确扣 5 分		
				不会检查扣 10 分		

（续）

序号	作业项目	训练内容及要求	配分	评分标准（各项配分扣完为止）	扣分	得分
7	正确使用工具、用具	工具、用具使用正确	10	一种工具、用具使用不正确扣2分，扣完为止		
				损坏、丢失一件工具、用具不得分		
8	操作规程	操作规程执行情况	10	违反操作规程不得分		
9	清理现场	清理、擦洗并收回工具、用具	5	少收一件工具、用具扣1分，扣完为止		
合计			100			
否定项说明：出现重大安全事故按0分计						

保养灯归零作业训练项目1：手工归零（各学校根据自身条件选择相应车型进行训练）

序号	作业项目	训练内容及要求	配分	评分标准（各项配分扣完为止）	扣分	得分
1	劳保用具穿戴	劳保用具穿戴齐全	5	穿戴不全不得分		
2	正确选用工具、量具、材料	选用工具、量具、材料齐全准确	5	缺一件扣1分，选错一件扣1分，扣完为止		
3	准备	归零前准备	5	准备不充分一次扣2.5分，2次扣5分		
				准备失误扣5分		
4	查阅相关资料	上网下载相应车辆维修手册	10	不会下载相应车辆维修资料扣5分		
				下载维修资料与自有车辆不符扣5分		
		上网查阅相应车型的保养灯归零操作方法	20	查阅方法不正确扣10分		
				查阅结果不正确扣10分		
5	归零	对保养灯进行归零	20	归零方法不正确扣10分		
				未完成归零扣20分		
6	复位	根据相应车型重设保养里程或保养时间	10	复位方法不正确扣5分		
				复位结果不正确扣5分		
				不能完成复位扣10分		
7	正确使用工具、用具	工具、用具使用正确	10	一种工具、用具使用不正确扣2分，扣完为止		
				损坏、丢失一件工具、用具不得分		
8	操作规程	操作规程执行情况	10	违反操作规程不得分		
9	清理现场	清理、擦洗并收回工具、用具	5	少收一件工具、用具扣1分，扣完为止		
合计			100			
否定项说明：出现重大安全事故按0分计						

保养灯归零作业训练项目2：仪器归零（各学校根据自身条件选择相应车型进行训练）

<table>
<tr><th>序号</th><th>作业项目</th><th>训练内容及要求</th><th>配分</th><th>评分标准
（各项配分扣完为止）</th><th>扣分</th><th>得分</th></tr>
<tr><td>1</td><td>劳保用具穿戴</td><td>劳保用具穿戴齐全</td><td>5</td><td>穿戴不全不得分</td><td></td><td></td></tr>
<tr><td>2</td><td>正确选用工具、量具、材料</td><td>选用工具、量具、材料齐全准确</td><td>5</td><td>缺一件扣1分，选错一件扣1分，扣完为止</td><td></td><td></td></tr>
<tr><td rowspan="2">3</td><td rowspan="2">准备</td><td rowspan="2">归零前准备</td><td rowspan="2">5</td><td>准备不充分一次扣2.5分，2次扣5分</td><td></td><td></td></tr>
<tr><td>准备失误扣5分</td><td></td><td></td></tr>
<tr><td rowspan="4">4</td><td rowspan="4">连接并运行仪器</td><td rowspan="2">将相应归零仪器或设备连接到车辆上</td><td rowspan="2">10</td><td>连接不正确扣5分</td><td></td><td></td></tr>
<tr><td>连接不熟练扣5分</td><td></td><td></td></tr>
<tr><td rowspan="2">仪器连接完成后，进行仪器与车辆的通信测试</td><td rowspan="2">20</td><td>测试方法不正确扣10分</td><td></td><td></td></tr>
<tr><td>不能完成通信扣10分</td><td></td><td></td></tr>
<tr><td rowspan="2">5</td><td rowspan="2">归零</td><td rowspan="2">对保养灯进行归零</td><td rowspan="2">20</td><td>归零方法不正确扣10分</td><td></td><td></td></tr>
<tr><td>未完成归零扣20分</td><td></td><td></td></tr>
<tr><td rowspan="3">6</td><td rowspan="3">复位</td><td rowspan="3">根据相应车型重设保养里程或保养时间</td><td rowspan="3">10</td><td>复位方法不正确扣5分</td><td></td><td></td></tr>
<tr><td>复位结果不正确扣5分</td><td></td><td></td></tr>
<tr><td>不能完成复位扣10分</td><td></td><td></td></tr>
<tr><td rowspan="2">7</td><td rowspan="2">正确使用工具、用具</td><td rowspan="2">工具、用具使用正确</td><td rowspan="2">10</td><td>一种工具、用具使用不正确扣2分，扣完为止</td><td></td><td></td></tr>
<tr><td>损坏、丢失一件工具、用具不得分</td><td></td><td></td></tr>
<tr><td>8</td><td>操作规程</td><td>操作规程执行情况</td><td>10</td><td>违反操作规程不得分</td><td></td><td></td></tr>
<tr><td>9</td><td>清理现场</td><td>清理、擦洗并收回工具、用具</td><td>5</td><td>少收一件工具、用具扣1分，扣完为止</td><td></td><td></td></tr>
<tr><td colspan="3">合计</td><td>100</td><td></td><td></td><td></td></tr>
<tr><td colspan="7">否定项说明：出现重大安全事故按0分计</td></tr>
</table>

理论思考

1. 汽车4S店的预约机制有何作用？

2. 如何做好汽车4S店的接待工作和跟踪服务工作？

3. 如何做好汽车4S店的安全生产工作？

4. 如何做好汽车4S店的整理（SEIRI）、整顿（SEITON）、清扫（SEISO）、清洁（SEIKETSU）、素养（SHITSUKE）、安全（SAFETY）、节约（SAVING）等工作？这样做有何好处？

5. PDI有何作用？主要做哪些项目？

6. 归纳整理各类汽车保养灯的作用及归零与复位的基本方法。

附　　录

附录 A　道路运输车辆技术管理规定

（2016 年 1 月 14 日中华人民共和国交通运输部发布第 1 号令。根据原交通部发布的《汽车运输业车辆技术管理规定》（交通部令 1990 年第 13 号）和《道路运输车辆维护管理规定》（交通部令 2001 年第 4 号）进行修正）

第一章　总　　则

第一条　为加强道路运输车辆技术管理，保持车辆技术状况良好，保障运输安全，发挥车辆效能，促进节能减排，根据《中华人民共和国安全生产法》《中华人民共和国节约能源法》和《中华人民共和国道路运输条例》等法律、行政法规，制定本规定。

第二条　道路运输车辆技术管理适用本规定。

本规定所称道路运输车辆包括道路旅客运输车辆（以下简称客车）、道路普通货物运输车辆（以下简称货车）、道路危险货物运输车辆（以下简称危货运输车）。

本规定所称道路运输车辆技术管理，是指对道路运输车辆在保证符合规定的技术条件和按要求进行维护、修理、综合性能检测方面所做的技术性管理。

第三条　道路运输车辆技术管理应当坚持分类管理、预防为主、安全高效、节能环保的原则。

第四条　道路运输经营者是道路运输车辆技术管理的责任主体，负责对道路运输车辆实行择优选配、正确使用、周期维护、视情修理、定期检测和适时更新，保证投入道路运输经营的车辆符合技术要求。

第五条　鼓励道路运输经营者使用安全、节能、环保型车辆，促进标准化车型推广运用，加强科技应用，不断提高车辆的管理水平和技术水平。

第六条　交通运输部主管全国道路运输车辆技术管理监督。

县级以上地方人民政府交通运输主管部门负责本行政区域内道路运输车辆技术管理监督。

县级以上道路运输管理机构具体实施道路运输车辆技术管理监督工作。

第二章　车辆基本技术条件

第七条　从事道路运输经营的车辆应当符合下列技术要求：

（一）车辆的外廓尺寸、轴荷和最大允许总质量应当符合《道路车辆外廓尺寸、轴荷及质量限值》（GB 1589）的要求。

（二）车辆的技术性能应当符合《道路运输车辆综合性能要求和检验方法》（GB 18565）的要求。

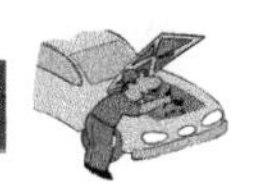

（三）车型的燃料消耗量限值应当符合《营运客车燃料消耗量限值及测量方法》（JT 711）、《营运货车燃料消耗量限值及测量方法》（JT 719）的要求。

（四）车辆技术等级应当达到二级以上。危货运输车、国际道路运输车辆、从事高速公路客运以及营运线路长度在800公里以上的客车，技术等级应当达到一级。技术等级评定方法应当符合国家有关道路运输车辆技术等级划分和评定的要求。

（五）从事高速公路客运、包车客运、国际道路旅客运输，以及营运线路长度在800km以上客车的类型等级应当达到中级以上。其类型划分和等级评定应当符合国家有关营运客车类型划分及等级评定的要求。

（六）危货运输车应当符合《汽车运输危险货物规则》（JT 617）的要求。

第八条　道路运输管理机构应当加强从事道路运输经营车辆的管理，对不符合本规定的车辆不得配发道路运输证。

在对挂车配发道路运输证和年度审验时，应当查验挂车是否具有有效行驶证件。

第九条　禁止使用报废、擅自改装、拼装、检测不合格以及其他不符合国家规定的车辆从事道路运输经营活动。

第三章　技术管理的一般要求

第十条　道路运输经营者应当遵守有关法律法规、标准和规范，认真履行车辆技术管理的主体责任，建立健全管理制度，加强车辆技术管理。

第十一条　鼓励道路运输经营者设置相应的部门负责车辆技术管理工作，并根据车辆数量和经营类别配备车辆技术管理人员，对车辆实施有效的技术管理。

第十二条　道路运输经营者应当加强车辆维护、使用、安全和节能等方面的业务培训，提升从业人员的业务素质和技能，确保车辆处于良好的技术状况。

第十三条　道路运输经营者应当根据有关道路运输企业车辆技术管理标准，结合车辆技术状况和运行条件，正确使用车辆。

鼓励道路运输经营者依据相关标准要求，制定车辆使用技术管理规范，科学设置车辆经济、技术定额指标并定期考核，提升车辆技术管理水平。

第十四条　道路运输经营者应当建立车辆技术档案制度，实行一车一档。档案内容应当主要包括：车辆基本信息，车辆技术等级评定、客车类型等级评定或者年度类型等级评定复核、车辆维护和修理（含《机动车维修竣工出厂合格证》）、车辆主要零部件更换、车辆变更、行驶里程、对车辆造成损伤的交通事故等记录。档案内容应当准确、翔实。

车辆所有权转移、转籍时，车辆技术档案应当随车移交。

道路运输经营者应当运用信息化技术做好道路运输车辆技术档案管理工作。

第四章　车辆维护与修理

第十五条　道路运输经营者应当建立车辆维护制度。

车辆维护分为日常维护、一级维护和二级维护。日常维护由驾驶人实施，一级维护和二级维护由道路运输经营者组织实施，并做好记录。

第十六条　道路运输经营者应当依据国家有关标准和车辆维修手册、使用说明书等，结合车辆类别、车辆运行状况、行驶里程、道路条件、使用年限等因素，自行确定车辆维护周期，确保车辆正常维护。

车辆维护作业项目应当按照国家关于汽车维护的技术规范要求确定。

道路运输经营者可以对自有车辆进行二级维护作业，保证投入运营的车辆符合技术管理要求，无需进行二级维护竣工质量检验。

道路运输经营者不具备二级维护作业能力的，可以委托二类以上机动车维修经营者进行二级维护作业。机动车维修经营者完成二级维护作业后，应当向委托方出具二级维护出厂合格证。

第十七条　道路运输经营者应当遵循视情修理的原则，根据实际情况对车辆进行及时修理。

第十八条　道路运输经营者用于运输剧毒化学品、爆炸品的专用车辆及罐式专用车辆（含罐式挂车），应当到具备道路危险货物运输车辆维修资质的企业进行维修。

前款规定专用车辆的牵引车和其他运输危险货物的车辆由道路运输经营者消除危险货物的危害后，可以到具备一般车辆维修资质的企业进行维修。

第五章　车辆检测管理

第十九条　道路运输经营者应当定期到机动车综合性能检测机构，对道路运输车辆进行综合性能检测。

第二十条　道路运输经营者应当自道路运输车辆首次取得《道路运输证》当月起，按照下列周期和频次，委托汽车综合性能检测机构进行综合性能检测和技术等级评定：

（一）客车、危货运输车自首次经国家机动车辆注册登记主管部门登记注册不满60个月的，每12个月进行1次检测和评定；超过60个月的，每6个月进行1次检测和评定。

（二）其他运输车辆自首次经国家机动车辆注册登记主管部门登记注册的，每12个月进行1次检测和评定。

第二十一条　客车、危货运输车的综合性能检测应当委托车籍所在地汽车综合性能检测机构进行。

货车的综合性能检测可以委托运输驻在地汽车综合性能检测机构进行。

第二十二条　道路运输经营者应当选择通过质量技术监督部门的计量认证、取得计量认证证书并符合《汽车综合性能检测站能力的通用要求》（GB 17993）等国家相关标准的检测机构进行车辆的综合性能检测。

第二十三条　汽车综合性能检测机构对新进入道路运输市场车辆应当按照《道路运输车辆燃料消耗量达标车型表》进行比对。对达标的新车和在用车辆，应当按照《道路运输车辆综合性能要求和检验方法》（GB 18565）、《道路运输车辆技术等级划分和评定要求》（JT/T 198）实施检测和评定，出具全国统一式样的道路运输车辆综合性能检测报告，评定车辆技术等级，并在报告单上标注。车籍所在地县级以上道路运输管理机构应当将车辆技术等级在《道路运输证》上标明。

汽车综合性能检测机构应当确保检测和评定结果客观、公正、准确，对检测和评定结果承担法律责任。

第二十四条　道路运输管理机构和受其委托承担客车类型等级评定工作的汽车综合性能检测机构，应当按照《营运客车类型划分及等级评定》（JT/T 325）进行营运客车类型等级

评定或者年度类型等级评定复核，出具统一式样的客车类型等级评定报告。

第二十五条　汽车综合性能检测机构应当建立车辆检测档案，档案内容主要包括：车辆综合性能检测报告（含车辆基本信息、车辆技术等级）、客车类型等级评定记录。

车辆检测档案保存期不少于两年。

第六章　监督检查

第二十六条　道路运输管理机构应当按照职责权限对道路运输车辆的技术管理进行监督检查。

道路运输经营者应当对道路运输管理机构的监督检查予以配合，如实反映情况，提供有关资料。

第二十七条　道路运输管理机构应当将车辆技术状况纳入道路运输车辆年度审验内容，查验以下相应证明材料：

（一）车辆技术等级评定结论。

（二）客车类型等级评定证明。

第二十八条　道路运输管理机构应当建立车辆管理档案制度。档案内容主要包括：车辆基本情况，车辆技术等级评定、客车类型等级评定或年度类型等级评定复核、车辆变更等记录。

第二十九条　道路运输管理机构应当将运输车辆的技术管理情况纳入道路运输企业质量信誉考核和诚信管理体系。

第三十条　道路运输管理机构应当积极推广使用现代信息技术，逐步实现道路运输车辆技术管理信息资源共享。

第七章　法律责任

第三十一条　违反本规定，道路运输经营者有下列行为之一的，县级以上道路运输管理机构应当责令改正，给予警告；情节严重的，处以1000元以上5000元以下罚款：

（一）道路运输车辆技术状况未达到《道路运输车辆综合性能要求和检验方法》（GB18565）的。

（二）使用报废、擅自改装、拼装、检测不合格以及其他不符合国家规定的车辆从事道路运输经营活动的。

（三）未按照规定的周期和频次进行车辆综合性能检测和技术等级评定的。

（四）未建立道路运输车辆技术档案或者档案不符合规定的。

（五）未做好车辆维护记录的。

第三十二条　违反本规定，道路运输车辆综合性能检测机构有下列行为之一的，县级以上道路运输管理机构不予采信其检测报告，并抄报同级质量技术监督主管部门处理。

（一）不按技术规范对道路运输车辆进行检测的。

（二）未经检测出具道路运输车辆检测结果的。

（三）不如实出具检测结果的。

第三十三条　道路运输管理机构工作人员在监督管理工作中滥用职权、玩忽职守、徇私舞弊的，依法给予行政处分；构成犯罪的，由司法机关依法处理。

第八章　附　　则

第三十四条　本规定自2016年3月1日起施行。原交通部发布的《汽车运输业车辆技术管理规定》（交通部令1990年第13号）、《道路运输车辆维护管理规定》（交通部令2001年第4号）同时废止。

附录B　机动车维修管理规定

（交通运输部关于修改〈机动车维修管理规定〉的决定（中华人民共和国交通运输部令2015年第17号），本决定自2015年8月8日起施行）

第一章　总　　则

第一条　为规范机动车维修经营活动，维护机动车维修市场秩序，保护机动车维修各方当事人的合法权益，保障机动车运行安全，保护环境，节约能源，促进机动车维修业的健康发展，根据《中华人民共和国道路运输条例》及有关法律、行政法规的规定，制定本规定。

第二条　从事机动车维修经营的，应当遵守本规定。

本规定所称机动车维修经营，是指以维持或者恢复机动车技术状况和正常功能，延长机动车使用寿命为作业任务所进行的维护、修理以及维修救援等相关经营活动。

第三条　机动车维修经营者应当依法经营，诚实信用，公平竞争，优质服务。

第四条　机动车维修管理，应当公平、公正、公开和便民。

第五条　任何单位和个人不得封锁或者垄断机动车维修市场。

托修方有权自主选择维修经营者进行维修。除汽车生产厂家履行缺陷汽车产品召回、汽车质量“三包”责任外，任何单位和个人不得强制或者变相强制指定维修经营者。

鼓励机动车维修企业实行集约化、专业化、连锁经营，促进机动车维修业的合理分工和协调发展。

鼓励推广应用机动车维修环保、节能、不解体检测和故障诊断技术，推进行业信息化建设和救援、维修服务网络化建设，提高机动车维修行业整体素质，满足社会需要。

第六条　交通运输部主管全国机动车维修管理工作。

县级以上地方人民政府交通运输主管部门负责组织领导本行政区域的机动车维修管理工作。

县级以上道路运输管理机构负责具体实施本行政区域内的机动车维修管理工作。

第二章　经营许可

第七条　机动车维修经营依据维修车型种类、服务能力和经营项目实行分类许可。

机动车维修经营业务根据维修对象分为汽车维修经营业务、危险货物运输车辆维修经营业务、摩托车维修经营业务和其他机动车维修经营业务四类。

汽车维修经营业务、其他机动车维修经营业务根据经营项目和服务能力分为一类维修经营业务、二类维修经营业务和三类维修经营业务。

摩托车维修经营业务根据经营项目和服务能力分为一类维修经营业务和二类维修经营

业务。

第八条　获得一类汽车维修经营业务、一类其他机动车维修经营业务许可的，可以从事相应车型的整车修理、总成修理、整车维护、小修、维修救援、专项修理和维修竣工检验工作；获得二类汽车维修经营业务、二类其他机动车维修经营业务许可的，可以从事相应车型的整车修理、总成修理、整车维护、小修、维修救援和专项修理工作；获得三类汽车维修经营业务、三类其他机动车维修经营业务许可的，可以分别从事发动机、车身、电气系统、自动变速器维修及车身清洁维护、涂漆、轮胎动平衡和修补、四轮定位检测调整、供油系统维护和油品更换、喷油泵和喷油器维修、曲轴修磨、气缸镗磨、散热器（水箱）、空调维修、车辆装潢（篷布、坐垫及内装饰）、车辆玻璃安装等专项工作。

第九条　获得一类摩托车维修经营业务许可的，可以从事摩托车整车修理、总成修理、整车维护、小修、专项修理和竣工检验工作；获得二类摩托车维修经营业务许可的，可以从事摩托车维护、小修和专项修理工作。

第十条　获得危险货物运输车辆维修经营业务许可的，除可以从事危险货物运输车辆维修经营业务外，还可以从事一类汽车维修经营业务。

第十一条　申请从事汽车维修经营业务或者其他机动车维修经营业务的，应当符合下列条件：

（一）有与其经营业务相适应的维修车辆停车场和生产厂房。租用的场地应当有书面的租赁合同，且租赁期限不得少于1年。停车场和生产厂房面积按照国家标准《汽车维修业开业条件》（GB/T 16739）相关条款的规定执行。

（二）有与其经营业务相适应的设备、设施。所配备的计量设备应当符合国家有关技术标准要求，并经法定检定机构检定合格。从事汽车维修经营业务的设备、设施的具体要求按照国家标准《汽车维修业开业条件》（GB/T 16739）相关条款的规定执行；从事其他机动车维修经营业务的设备、设施的具体要求，参照国家标准《汽车维修业开业条件》（GB/T 16739）执行，但所配备设施、设备应与其维修车型相适应。

（三）有必要的技术人员：

1. 从事一类和二类维修业务的应当各配备至少1名技术负责人员和质量检验人员。技术负责人员应当熟悉汽车或者其他机动车维修业务，并掌握汽车或者其他机动车维修及相关政策法规和技术规范；质量检验人员应当熟悉各类汽车或者其他机动车维修检测作业规范，掌握汽车或者其他机动车维修故障诊断和质量检验的相关技术，熟悉汽车或者其他机动车维修服务收费标准及相关政策法规和技术规范。技术负责人员和质量检验人员总数的60%应当经全国统一考试合格。

2. 从事一类和二类维修业务的应当各配备至少1名从事机修、电器、钣金、涂漆的维修技术人员；从事机修、电器、钣金、涂漆的维修技术人员应当熟悉所从事工种的维修技术和操作规范，并了解汽车或者其他机动车维修及相关政策法规。机修、电器、钣金、涂漆维修技术人员总数的40%应当经全国统一考试合格。

3. 从事三类维修业务的，按照其经营项目分别配备相应的机修、电器、钣金、涂漆的维修技术人员；从事发动机维修、车身维修、电气系统维修、自动变速器维修的，还应当配备技术负责人员和质量检验人员。技术负责人员、质量检验人员及机修、电器、钣金、涂漆维修技术人员总数的40%应当经全国统一考试合格。

（四）有健全的维修管理制度。包括质量管理制度、安全生产管理制度、车辆维修档案管理制度、人员培训制度、设备管理制度及配件管理制度。具体要求按照国家标准《汽车维修业开业条件》（GB/T 16739）相关条款的规定执行。

（五）有必要的环境保护措施。具体要求按照国家标准《汽车维修业开业条件》（GB/T 16739）相关条款的规定执行。

第十二条　从事危险货物运输车辆维修的汽车维修经营者，除具备汽车维修经营一类维修经营业务的开业条件外，还应当具备下列条件：

（一）有与其作业内容相适应的专用维修车间和设备、设施，并设置明显的指示性标志。

（二）有完善的突发事件应急预案，应急预案包括报告程序、应急指挥以及处置措施等内容。

（三）有相应的安全管理人员。

（四）有齐全的安全操作规程。

本规定所称危险货物运输车辆维修，是指对运输易燃、易爆、腐蚀、放射性、剧毒等性质货物的机动车维修，不包含对危险货物运输车辆罐体的维修。

第十三条　申请从事摩托车维修经营的，应当符合下列条件：

（一）有与其经营业务相适应的摩托车维修停车场和生产厂房。租用的场地应有书面的租赁合同，且租赁期限不得少于1年。停车场和生产厂房的面积按照国家标准《摩托车维修业开业条件》（GB/T 18189）相关条款的规定执行。

（二）有与其经营业务相适应的设备、设施。所配备的计量设备应符合国家有关技术标准要求，并经法定检定机构检定合格。具体要求按照国家标准《摩托车维修业开业条件》（GB/T 18189）相关条款的规定执行。

（三）有必要的技术人员：

1. 从事一类维修业务的应当至少有1名质量检验人员。质量检验人员应当熟悉各类摩托车维修检测作业规范，掌握摩托车维修故障诊断和质量检验的相关技术，熟悉摩托车维修服务收费标准及相关政策法规和技术规范。质量检验人员总数的60%应当经全国统一考试合格。

2. 按照其经营业务分别配备相应的机修、电器、钣金、涂漆的维修技术人员。机修、电器、钣金、涂漆的维修技术人员应当熟悉所从事工种的维修技术和操作规范，并了解摩托车维修及相关政策法规。机修、电器、钣金、涂漆维修技术人员总数的30%应当经全国统一考试合格。

（四）有健全的维修管理制度。包括质量管理制度、安全生产管理制度、摩托车维修档案管理制度、人员培训制度、设备管理制度及配件管理制度。具体要求按照国家标准《摩托车维修业开业条件》（GB/T 18189）相关条款的规定执行。

（五）有必要的环境保护措施。具体要求按照国家标准《摩托车维修业开业条件》（GB/T 18189）相关条款的规定执行。

第十四条　申请从事机动车维修经营的，应当向所在地的县级道路运输管理机构提出申请，并提交下列材料：

（一）《交通行政许可申请书》。

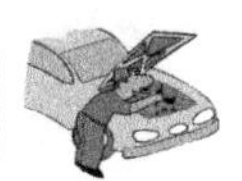

（二）经营场地、停车场面积材料、土地使用权及产权证明复印件。

（三）技术人员汇总表及相应职业资格证明。

（四）维修检测设备及计量设备检定合格证明复印件。

（五）按照汽车、其他机动车、危险货物运输车辆、摩托车维修经营，分别提供本规定第十一条、第十二条、第十三条规定条件的其他相关材料。

第十五条　道路运输管理机构应当按照《中华人民共和国道路运输条例》和《交通行政许可实施程序规定》规范的程序实施机动车维修经营的行政许可。

第十六条　道路运输管理机构对机动车维修经营申请予以受理的，应当自受理申请之日起15日内作出许可或者不予许可的决定。符合法定条件的，道路运输管理机构作出准予行政许可的决定，向申请人出具《交通行政许可决定书》，在10日内向被许可人颁发机动车维修经营许可证件，明确许可事项；不符合法定条件的，道路运输管理机构作出不予许可的决定，向申请人出具《不予交通行政许可决定书》，说明理由，并告知申请人享有依法申请行政复议或者提起行政诉讼的权利。

机动车维修经营者应当在取得相应工商登记执照后，向道路运输管理机构申请办理机动车维修经营许可手续。

第十七条　申请机动车维修连锁经营服务网点的，可由机动车维修连锁经营企业总部向连锁经营服务网点所在地县级道路运输管理机构提出申请，提交下列材料，并对材料真实性承担相应的法律责任：

（一）机动车维修连锁经营企业总部机动车维修经营许可证件复印件。

（二）连锁经营协议书副本。

（三）连锁经营的作业标准和管理手册。

（四）连锁经营服务网点符合机动车维修经营相应开业条件的承诺书。

道路运输管理机构在查验申请资料齐全有效后，应当场或在5日内予以许可，并发给相应许可证件。连锁经营服务网点的经营许可项目应当在机动车维修连锁经营企业总部许可项目的范围内。

第十八条　机动车维修经营许可证件实行有效期制。从事一、二类汽车维修业务和一类摩托车维修业务的证件有效期为6年；从事三类汽车维修业务、二类摩托车维修业务及其他机动车维修业务的证件有效期为3年。

机动车维修经营许可证件由各省、自治区、直辖市道路运输管理机构统一印制并编号，县级道路运输管理机构按照规定发放和管理。

第十九条　机动车维修经营者应当在许可证件有效期届满前30日到作出原许可决定的道路运输管理机构办理换证手续。

第二十条　机动车维修经营者变更许可事项的，应当按照本章有关规定办理行政许可事宜。

机动车维修经营者变更名称、法定代表人、地址等事项的，应当向作出原许可决定的道路运输管理机构备案。

机动车维修经营者需要终止经营的，应当在终止经营前30日告知作出原许可决定的道路运输管理机构办理注销手续。

第三章 维修经营

第二十一条 机动车维修经营者应当按照经批准的行政许可事项开展维修服务。

第二十二条 机动车维修经营者应当将机动车维修经营许可证件和《机动车维修标志牌》(见附件1) 悬挂在经营场所的醒目位置。

《机动车维修标志牌》由机动车维修经营者按照统一式样和要求自行制作。

第二十三条 机动车维修经营者不得擅自改装机动车，不得承修已报废的机动车，不得利用配件拼装机动车。

托修方要改变机动车车身颜色，更换发动机、车身和车架的，应当按照有关法律、法规的规定办理相关手续，机动车维修经营者在查看相关手续后方可承修。

第二十四条 机动车维修经营者应当加强对从业人员的安全教育和职业道德教育，确保安全生产。

机动车维修从业人员应当执行机动车维修安全生产操作规程，不得违章作业。

第二十五条 机动车维修产生的废弃物，应当按照国家的有关规定进行处理。

第二十六条 机动车维修经营者应当公布机动车维修工时定额和收费标准，合理收取费用。

机动车维修工时定额可按各省机动车维修协会等行业中介组织统一制定的标准执行，也可按机动车维修经营者报所在地道路运输管理机构备案后的标准执行，也可按机动车生产厂家公布的标准执行。当上述标准不一致时，优先适用机动车维修经营者备案的标准。

机动车维修经营者应当将其执行的机动车维修工时单价标准报所在地道路运输管理机构备案。

机动车生产厂家在新车型投放市场后六个月内，有义务向社会公布其维修技术信息和工时定额。具体要求按照国家有关部门关于汽车维修技术信息公开的规定执行。

第二十七条 机动车维修经营者应当使用规定的结算票据，并向托修方交付维修结算清单。维修结算清单中，工时费与材料费应当分项计算。维修结算清单标准规范格式由交通运输部制定。

机动车维修经营者不出具规定的结算票据和结算清单的，托修方有权拒绝支付费用。

第二十八条 机动车维修经营者应当按照规定，向道路运输管理机构报送统计资料。

道路运输管理机构应当为机动车维修经营者保守商业秘密。

第二十九条 机动车维修连锁经营企业总部应当按照统一采购、统一配送、统一标识、统一经营方针、统一服务规范和价格的要求，建立连锁经营的作业标准和管理手册，加强对连锁经营服务网点经营行为的监管和约束，杜绝不规范的商业行为。

第四章 质量管理

第三十条 机动车维修经营者应当按照国家、行业或者地方的维修标准和规范进行维修。尚无标准或规范的，可参照机动车生产企业提供的维修手册、使用说明书和有关技术资料进行维修。

第三十一条 机动车维修经营者不得使用假冒伪劣配件维修机动车。

机动车维修配件实行追溯制度。机动车维修经营者应当记录配件采购、使用信息，查验

产品合格证等相关证明，并按规定留存配件来源凭证。

托修方、维修经营者可以使用同质配件维修机动车。同质配件是指，产品质量等同或者高于装车零部件标准要求，且具有良好装车性能的配件。

机动车维修经营者对于换下的配件、总成，应当交托修方自行处理。

机动车维修经营者应当将原厂配件、副厂配件和修复配件分别标识，明码标价，供用户选择。

第三十二条　机动车维修经营者对机动车进行二级维护、总成修理、整车修理的，应当实行维修前诊断检验、维修过程检验和竣工质量检验制度。

承担机动车维修竣工质量检验的机动车维修企业或机动车综合性能检测机构应当使用符合有关标准并在检定有效期内的设备，按照有关标准进行检测，如实提供检测结果证明，并对检测结果承担法律责任。

第三十三条　机动车维修竣工质量检验合格的，维修质量检验人员应当签发《机动车维修竣工出厂合格证》（见附件2）；未签发机动车维修竣工出厂合格证的机动车，不得交付使用，车主可以拒绝交费或接车。

机动车维修竣工出厂合格证由省级道路运输管理机构统一印制和编号，县级道路运输管理机构按照规定发放和管理。

禁止伪造、倒卖、转借机动车维修竣工出厂合格证。

第三十四条　机动车维修经营者应当建立机动车维修档案，并实行档案电子化管理。维修档案应当包括：维修合同（托修单）、维修项目、维修人员及维修结算清单等。对机动车进行二级维护、总成修理、整车修理的，维修档案还应当包括：质量检验单、质量检验人员、竣工出厂合格证（副本）等。

机动车维修经营者应当按照规定如实填报、及时上传承修机动车的维修电子数据记录至国家有关汽车电子健康档案系统。机动车生产厂家或者第三方开发、提供机动车维修服务管理系统的，应当向汽车电子健康档案系统开放相应数据接口。

机动车托修方有权查阅机动车维修档案。

第三十五条　道路运输管理机构应当加强对机动车维修专业技术人员的管理，严格执行专业技术人员考试和管理制度。

机动车维修专业技术人员考试及管理具体办法另行制定。

第三十六条　道路运输管理机构应当加强对机动车维修经营的质量监督和管理，采用定期检查、随机抽样检测检验的方法，对机动车维修经营者维修质量进行监督。

道路运输管理机构可以委托具有法定资格的机动车维修质量监督检验单位，对机动车维修质量进行监督检验。

第三十七条　机动车维修实行竣工出厂质量保证期制度。

汽车和危险货物运输车辆整车修理或总成修理质量保证期为车辆行驶20000km或者100日；二级维护质量保证期为车辆行驶5000km或者30日；一级维护、小修及专项修理质量保证期为车辆行驶2000km或者10日。

摩托车整车修理或者总成修理质量保证期为摩托车行驶7000km或者80日；维护、小修及专项修理质量保证期为摩托车行驶800km或者10日。

其他机动车整车修理或者总成修理质量保证期为机动车行驶6000km或者60日；维护、

小修及专项修理质量保证期为机动车行驶700km或者7日。

质量保证期中行驶里程和日期指标，以先达到者为准。

机动车维修质量保证期，从维修竣工出厂之日起计算。

第三十八条　在质量保证期和承诺的质量保证期内，因维修质量原因造成机动车无法正常使用，且承修方在3日内不能或者无法提供因非维修原因而造成机动车无法使用的相关证据的，机动车维修经营者应当及时无偿返修，不得故意拖延或者无理拒绝。

在质量保证期内，机动车因同一故障或维修项目经两次修理仍不能正常使用的，机动车维修经营者应当负责联系其他机动车维修经营者，并承担相应修理费用。

第三十九条　机动车维修经营者应当公示承诺的机动车维修质量保证期。所承诺的质量保证期不得低于第三十七条的规定。

第四十条　道路运输管理机构应当受理机动车维修质量投诉，积极按照维修合同约定和相关规定调解维修质量纠纷。

第四十一条　机动车维修质量纠纷双方当事人均有保护当事车辆原始状态的义务。必要时可拆检车辆有关部位，但双方当事人应同时在场，共同认可拆检情况。

第四十二条　对机动车维修质量的责任认定需要进行技术分析和鉴定，且承修方和托修方共同要求道路运输管理机构出面协调的，道路运输管理机构应当组织专家组或委托具有法定检测资格的检测机构作出技术分析和鉴定。鉴定费用由责任方承担。

第四十三条　对机动车维修经营者实行质量信誉考核制度。机动车维修质量信誉考核办法另行制定。

机动车维修质量信誉考核内容应当包括经营者基本情况、经营业绩（含奖励情况）、不良记录等。

第四十四条　道路运输管理机构应当建立机动车维修企业诚信档案。机动车维修质量信誉考核结果是机动车维修诚信档案的重要组成部分。

道路运输管理机构建立的机动车维修企业诚信信息，除涉及国家秘密、商业秘密外，应当依法公开，供公众查阅。

第五章　监 督 检 查

第四十五条　道路运输管理机构应当加强对机动车维修经营活动的监督检查。

道路运输管理机构应当依法履行对维修经营者所取得维修经营许可的监管职责，定期核对许可登记事项和许可条件。对许可登记内容发生变化的，应当依法及时变更；对不符合法定条件的，应当责令限期改正。

道路运输管理机构的工作人员应当严格按照职责权限和程序进行监督检查，不得滥用职权、徇私舞弊，不得乱收费、乱罚款。

第四十六条　道路运输管理机构应当积极运用信息化技术手段，科学、高效地开展机动车维修管理工作。

第四十七条　道路运输管理机构的执法人员在机动车维修经营场所实施监督检查时，应当有2名以上人员参加，并向当事人出示交通运输部监制的交通行政执法证件。

道路运输管理机构实施监督检查时，可以采取下列措施：

（一）询问当事人或者有关人员，并要求其提供有关资料。

（二）查询、复制与违法行为有关的维修台账、票据、凭证、文件及其他资料，核对与违法行为有关的技术资料。

（三）在违法行为发现场所进行摄影、摄像取证。

（四）检查与违法行为有关的维修设备及相关机具的有关情况。

检查的情况和处理结果应当记录，并按照规定归档。当事人有权查阅监督检查记录。

第四十八条　从事机动车维修经营活动的单位和个人，应当自觉接受道路运输管理机构及其工作人员的检查，如实反映情况，提供有关资料。

第六章　法律责任

第四十九条　违反本规定，有下列行为之一，擅自从事机动车维修相关经营活动的，由县级以上道路运输管理机构责令其停止经营；有违法所得的，没收违法所得，处违法所得 2 倍以上 10 倍以下的罚款；没有违法所得或者违法所得不足 1 万元的，处 2 万元以上 5 万元以下的罚款；构成犯罪的，依法追究刑事责任：

（一）未取得机动车维修经营许可，非法从事机动车维修经营的。

（二）使用无效、伪造、变造机动车维修经营许可证件，非法从事机动车维修经营的。

（三）超越许可事项，非法从事机动车维修经营的。

第五十条　违反本规定，机动车维修经营者非法转让、出租机动车维修经营许可证件的，由县级以上道路运输管理机构责令停止违法行为，收缴转让、出租的有关证件，处以 2000 元以上 1 万元以下的罚款；有违法所得的，没收违法所得。

对于接受非法转让、出租的受让方，应当按照第四十九条的规定处罚。

第五十一条　违反本规定，机动车维修经营者使用假冒伪劣配件维修机动车，承修已报废的机动车或者擅自改装机动车的，由县级以上道路运输管理机构责令改正，并没收假冒伪劣配件及报废车辆；有违法所得的，没收违法所得，处违法所得 2 倍以上 10 倍以下的罚款；没有违法所得或者违法所得不足 1 万元的，处 2 万元以上 5 万元以下的罚款，没收假冒伪劣配件及报废车辆；情节严重的，由原许可机关吊销其经营许可；构成犯罪的，依法追究刑事责任。

第五十二条　违反本规定，机动车维修经营者签发虚假或者不签发机动车维修竣工出厂合格证的，由县级以上道路运输管理机构责令改正；有违法所得的，没收违法所得，处以违法所得 2 倍以上 10 倍以下的罚款；没有违法所得或者违法所得不足 3000 元的，处以 5000 元以上 2 万元以下的罚款；情节严重的，由许可机关吊销其经营许可；构成犯罪的，依法追究刑事责任。

第五十三条　违反本规定，有下列行为之一的，由县级以上道路运输管理机构责令其限期整改；限期整改不合格的，予以通报：

（一）机动车维修经营者未按照规定执行机动车维修质量保证期制度的。

（二）机动车维修经营者未按照有关技术规范进行维修作业的。

（三）伪造、转借、倒卖机动车维修竣工出厂合格证的。

（四）机动车维修经营者只收费不维修或者虚列维修作业项目的。

（五）机动车维修经营者未在经营场所醒目位置悬挂机动车维修经营许可证件和机动车维修标志牌的。

（六）机动车维修经营者未在经营场所公布收费项目、工时定额和工时单价的。

（七）机动车维修经营者超出公布的结算工时定额、结算工时单价向托修方收费的。

（八）机动车维修经营者未按规定建立电子维修档案，或者未及时上传维修电子数据记录至国家有关汽车电子健康档案系统的。

（九）违反本规定其他有关规定的。

第五十四条　违反本规定，道路运输管理机构的工作人员有下列情形之一的，由同级地方人民政府交通运输主管部门依法给予行政处分；构成犯罪的，依法追究刑事责任：

（一）不按照规定的条件、程序和期限实施行政许可的。

（二）参与或者变相参与机动车维修经营业务的。

（三）发现违法行为不及时查处的。

（四）索取、收受他人财物或谋取其他利益的。

（五）其他违法违纪行为。

第七章　附　　则

第五十五条　外商在中华人民共和国境内申请中外合资、中外合作、独资形式投资机动车维修经营的，应同时遵守《外商投资道路运输业管理规定》及相关法律、法规的规定。

第五十六条　机动车维修经营许可证件等相关证件工本费收费标准由省级人民政府财政部门、价格主管部门会同同级交通运输主管部门核定。

第五十七条　本规定自2015年8月8日起施行。经国家发展和改革委员会、国家工商行政管理总局同意，1986年12月12日交通部、原国家经委、原国家工商行政管理局发布的《汽车维修行业管理暂行办法》，1991年4月10日交通部颁布的《汽车维修质量管理办法》，2005年8月1日交通部颁布实施的《汽车维修质量管理办法》同时废止。

参 考 文 献

[1] 吉武俊，胡勇. 汽车维护与保养 [M]. 2 版. 北京：机械工业出版社，2016.

[2] 范爱民，张晓雷. 汽车维护与保养 [M]. 2 版. 北京：清华大学出版社，2015.

[3] 孙庆奎，焦建刚. 汽车检测与维修常用工具及设备 [M]. 北京：水利水电出版社，2015.

[4] 夏长明. 汽车使用与维护 [M]. 北京：机械工业出版社，2014.

[5] 姜龙青，罗新闻. 汽车维护与保养一体化教程 [M]. 北京：机械工业出版社，2012.

[6] 林志柏. 汽车保养灯归零、遥控防盗、设定编程及初始化速查手册 [M]. 北京：机械工业出版社，2012.

[7] 彭光乔，姚博瀚. 汽车保养与维护 [M]. 北京：北京理工大学出版社，2011.

[8] 赵计平. 实施汽车维护作业 [M]. 北京：机械工业出版社，2011.

[9] 北京市运输管理局编写组. 轿车维护、检测、诊断技术规范作业指南 [M]. 北京：人民交通出版社，2007.

[10] 嵇伟，孙庆华. 汽车运行材料 [M]. 北京：人民交通出版社，2007.

[11] 陈作兴，等. 汽车一、二级维护 [M]. 北京：机械工业出版社，2007.

[12] 项金林，等. 汽车维护 [M]. 北京：中国劳动社会保障出版社，2006.